The Codex Amiatinus is the earliest surviving manuscript of the complete Bible in the Latin Vulgate.

It was made at Wearmouth and Jarrow at Northumbria, England in 688 to 713.

Medicea Laurenziana Library at Florence, Italy. It has 1030 leaves you see 434 special color pages.

The Codex Amiatinus is the earliest surviving manuscript of the complete Bible in the Latin Vulgate. It is considered the most accurate copy of Saint Jerome's original translation and was used in the revision of the Vulgate by Pope Sixtus V in 1585–90. Preserved in the Medicea Laurenziana Library in Florence, it is one of the world's most important manuscripts. In his Ecclesiastical History of England, the English historian and scholar known as the Venerable Bede (673–735) records that the Benedictine monk Ceolfrid (642–716), abbot of Wearmouth and Jarrow and a teacher of Bede, commissioned three large Bibles from the abbey's Wearmouth-Jarrow scriptorium, two of which were placed in each of the twin churches in Wearmouth and Jarrow and the third of which was intended as a gift for the pope. The Bibles were copied from the sixth-century Codex Grandior, now lost. Of the three texts, only the exemplar that later came to be known as the Codex Amiatinus survives. Completed by seven different scribes, it was presented to Pope Gregory II by associates of Ceolfrid, who died on his way to Rome in 716. The manuscript was kept for centuries in the Abbey of the Holy Savior at Monte Amiata in Tuscany before it came to the Laurentian Library in 1782, following the suppression of the religious orders by Pietro Leopoldo I, Grand Duke of Tuscany (ruled 1765–90). The codex features two major illuminations, a portrait of the Old Testament prophet Ezra and a depiction of Christ in Majesty. Ezra is shown writing a manuscript on his lap, seated before an open book cupboard containing a Bible in nine volumes. The illumination is among the oldest images in the Western world to show a bookcase and the bindings of books. The codex also includes a two-page plan of the Tabernacle in the Temple at Jerusalem. The manuscript shows many Byzantine influences, particularly in the illuminations, and it was long thought to be of Italo-Byzantine, rather than of English, origin. A distinguishing feature of the codex is its large size. It consists of 1,030 folios measuring around 505 by 340 millimeters. Each bifolium required an entire calfskin to produce.

Patron – Saint Ceolfrid of Wearmouth – 642-716
Recipient – Pope Gregory II – died in 731
Date Created between 688 to 713
Publication Information was Wearmouth and Jarrow, England
Language is Latin
Title in Original Language - Biblia Sacra / Bibbia Amiatina

Place - <u>Northern Ireland</u> - <u>Durham</u> or <u>Sunderland</u>
Type of Item - Manuscript
Physical Description - 1030 folios, vellum: illuminated; 36 x 25.5 centimeters of text on pages of 50 x 34 centimeters
Institution at Medicea Laurenziana Library at Florence, Italy

References

Richard Gameson, "The Cost of the Codex Amiatinus," Notes & Queries 39, number 1 (March 1992).

George Hind, "St. Ceolfrid," in The Catholic Encyclopedia, volume 3 (New York: Robert Appleton Company, 1908). <http://www.newadvent.org/cathen/03536a.htm>.

"The Codex Amiatinus: the Earliest Surviving Complete Bible in the Latin Vulgate, Containing One of the Earliest Surviving Images of Bookbindings and a Bookcase (Circa 688 – 716)," in Jeremy Norman's HistoryofInformation.com.

Romanesque Bible Illumination
Walter Cahn in 1982

Page 29-34: The second illustrated manuscript of an entire Bible of late Antiquity known to us has a historically more assertive pedigree. It is the celebrated Codex Amiatinus, an enormous volume of 1,030 calfskins folios, written in the twin monasteries of Wearmouth and Jarrow in Northumbria at the end of the seventh century. An anonymous biography of Ceolfrith, who became abbot of both houses in 689, credits him with having enlarged the collection of books he and his predecessor Benedict Bishop brought from Rome. Among other things the writer states, "… he caused three pandects to be transcribed, two of which he placed in his two monasteries, in their churches. .. The third … he decided to present as a gift to St. Peter, the Prince of the Apostles." Ceolfrith took the volume with him when he set out for Rome toward the end of his like. He did not live to complete the journey, but brilliant scholarly detective work by G. B. de Rossi and others has established beyond doubt the the manuscript at San Salvatore in Monte Amiata in central Italy from the ninth or tenth century onward and now in the Biblioteca Medicea Laurenziana in Florence, is indeed the Bible which Ceolfrith intended to present to the pope.

The decoration of the Codex Amiatinus is unlike that of any other medieval Bible. The text proper, enhanced with only minor scribal embellishments, in preceded by a gathering of eight leaves with dedicatory verses, a full-page miniature of the scribe Ezra at work in his study, a plan of the Tabernacle sanctuary in the desert with its holy vessels, and a diagrammatic presentation of the order of the books and subdivisions of the Bible according to SS. Hilary, Jerome and Augustine. At the beginning of the New Testament, there is a full-page painting of Christ in Majesty surrounded by the four Evangelists with their symbols and followed by Canon Tables. It has been noted that some elements of this decoration were inspired by a manuscript executed for Cassiodorus, which Ceolfrith probably brought back to Northumbria following an earlier journey to Rome. Cassiodorus tells us that he inserted a drawing of the Temple of Solomon in a Bible prepared for him, which he calls "the largest Latin pandect" (Codex grandior). Cassiodorus also takes up in his Institutions the different sequences of biblical books and subdivisions enumerated by Hilary, Jerome and Augustine. Finally, he himself proposes a division of the Bible into nine parts and arranged for the production of a copy of the text, accompanied by commentary, in a corresponding number of volumes.

This division corresponds to that indicated by the titles inscribed on the spines of the nine books displayed in the open cupboard of the Ezra miniature. The painting quite likely intends a parallel between Ezra and Cassiodorus, both editors of Scripture. The figure of Ezra, seated on a bench and resting his feet on a low stool, resembles Byzantine author portraits. A tallith covers his head, and he is shown as an Old Testament priest, wearing phylacteries and a breastplate. Writing materials he scattered around him on the ground, and an inkwell (?) is seen on a low table at the right. The open book press, in which some authors have seen an allusion to the Torah shrine, is given great prominence. Its front face shows a decoration of crosses, symbolic animals, vases and geometric designs simulating ivory inlay work. The volumes neatly laid out on their shelves have tooled leather bindings with elaborate geometric patterns. Cassiodorus was concerned to promote this craft within his monastery. In addition to scribes, he writes, "we have provided workers skilled in bookbinding, in order that a handsome external form may clothe the beauty of sacred letters; in some measure, perhaps, we imitate the example of the parable of the Lord, who amid the glory of the heavenly banquet has clothed in wedding garments those whom He judges worthy of being invited to the table" (Matthew 22:11). In order to facilitate the work of these craftsmen, he devised for them a pattern book, depicting "various styles of binding in a single codex, that he who so desires may choose for himself the type of cover he prefers".

The Ezra miniature is painted in a style thoroughly steeped in the tradition of Mediterranean classicism. Such is the expertise of the artist's performance in this vein that it is assumed by some that he must have been an Italian visitor in Northumbria. There are, however, some discordant notes which suggest that the miniature is more likely a painstaking effort in a cause alien to the native sensibility of the painter: the abrupt manipulation of perspectival illusion, for example, or the discontinuities in the handling of color. Wherever the truth may lie, the decoration of the Codex Amiatinus cannot help but impress us as something foreign to the spirit of its time and milieu. That spirit is arguably represented in a more authentic fashion in the abstract, linear and, in a word, "Insular" art of other Northumbrian codices – the equally celebrated Lindisfarne Gospels, for example, executed nearby and partly based on the Codex Amiatinus or its model, or the fragment of another English Bible, once in the library of Canterbury. Yet the clash of styles also reflects the contradictory pull of values in a provincial society, dependent on its own energies but conscious at the same time of its estrangement from a distant ideal – real or imagined. The awkward classicism of the Ezra miniature might be regarded as the pictorial counterpart of the "Roman manner" (morem Romanorum), which, according to Bede, Ceolfrith sought to employ in his construction of the church of Jarrow. In this, there are reverberations of a religious and an artistic program, full of promise for the future.

February 19, 2020
Gutenberg Research Center
Director – Richard O. Estes
1321 Moonstone Avenue
Beaumont, California 92223

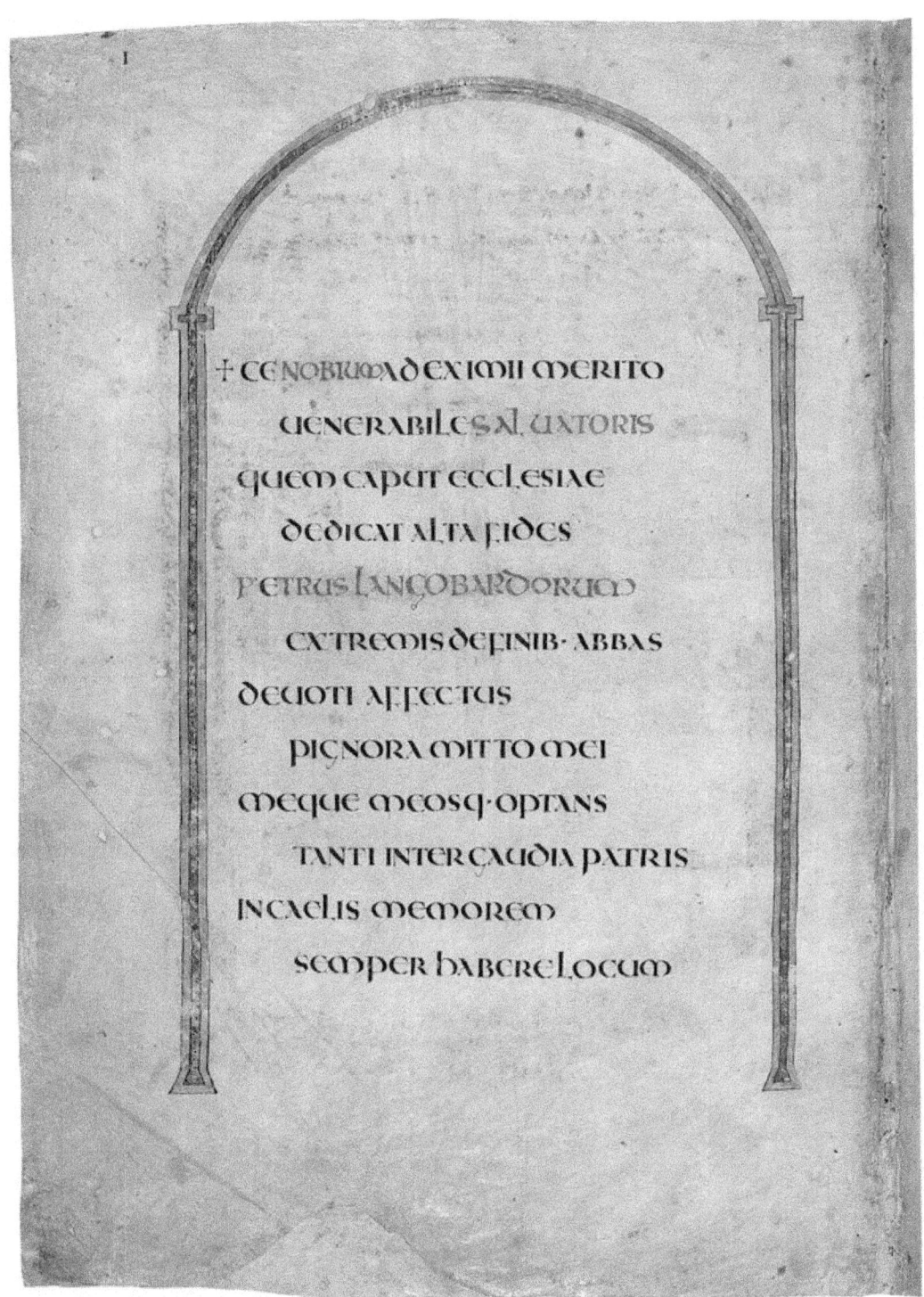

† CENOBIUM AD EXIMII MERITO
　　UENERABILES ALUATORIS
QUEM CAPUT ECCLESIAE
　　DEDICAT ALTA FIDES
PETRUS LANGOBARDORUM
　　EXTREMIS DEFINIB· ABBAS
DEUOTI AFFECTUS
　　PIGNORA MITTO MEI
MEQUE MEOSQ· OPTANS
　　TANTI INTER GAUDIA PATRIS
IN CAELIS MEMOREM
　　SEMPER HABERE LOCUM

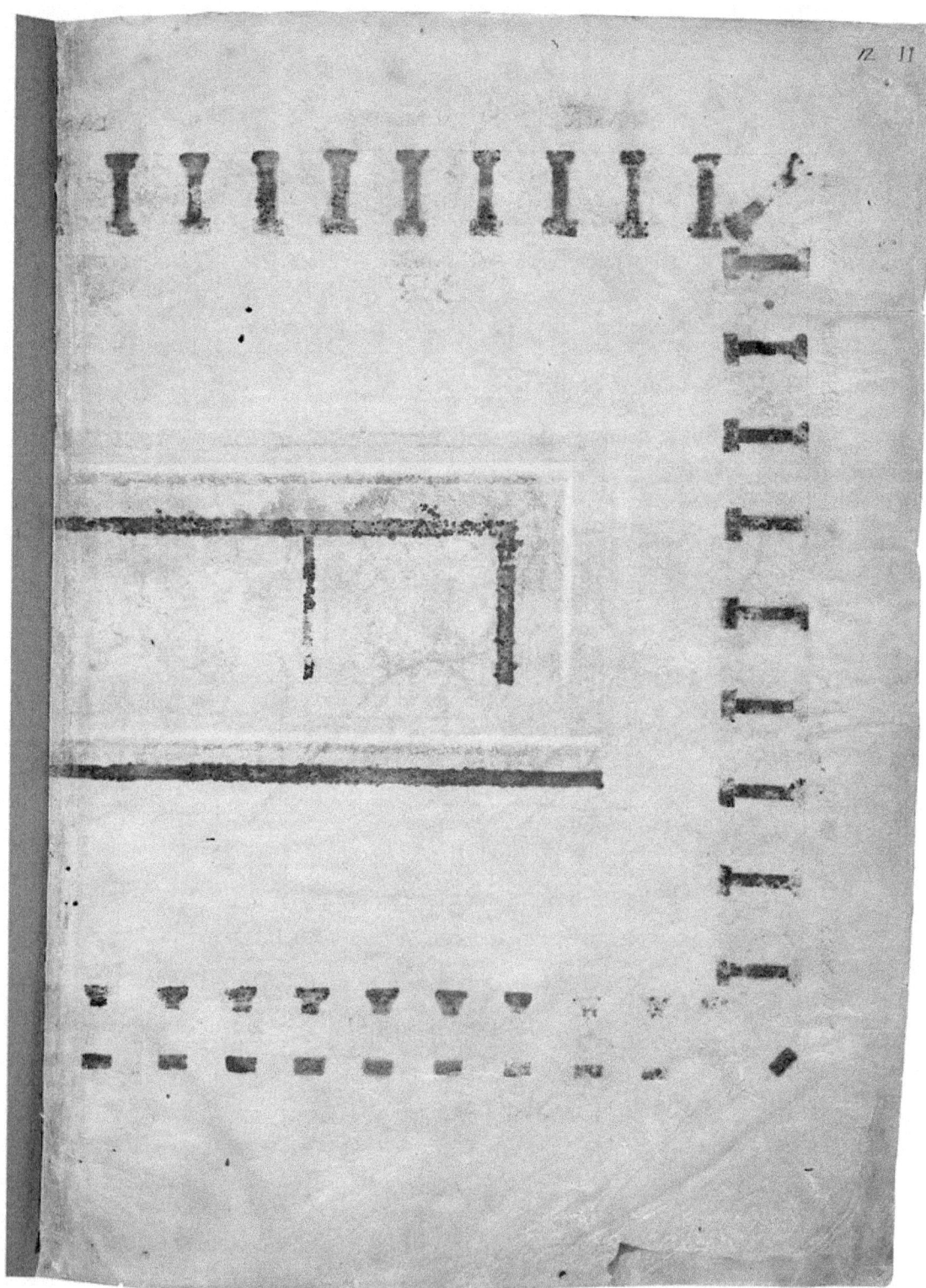

Page 4   the Ezekiel Temple

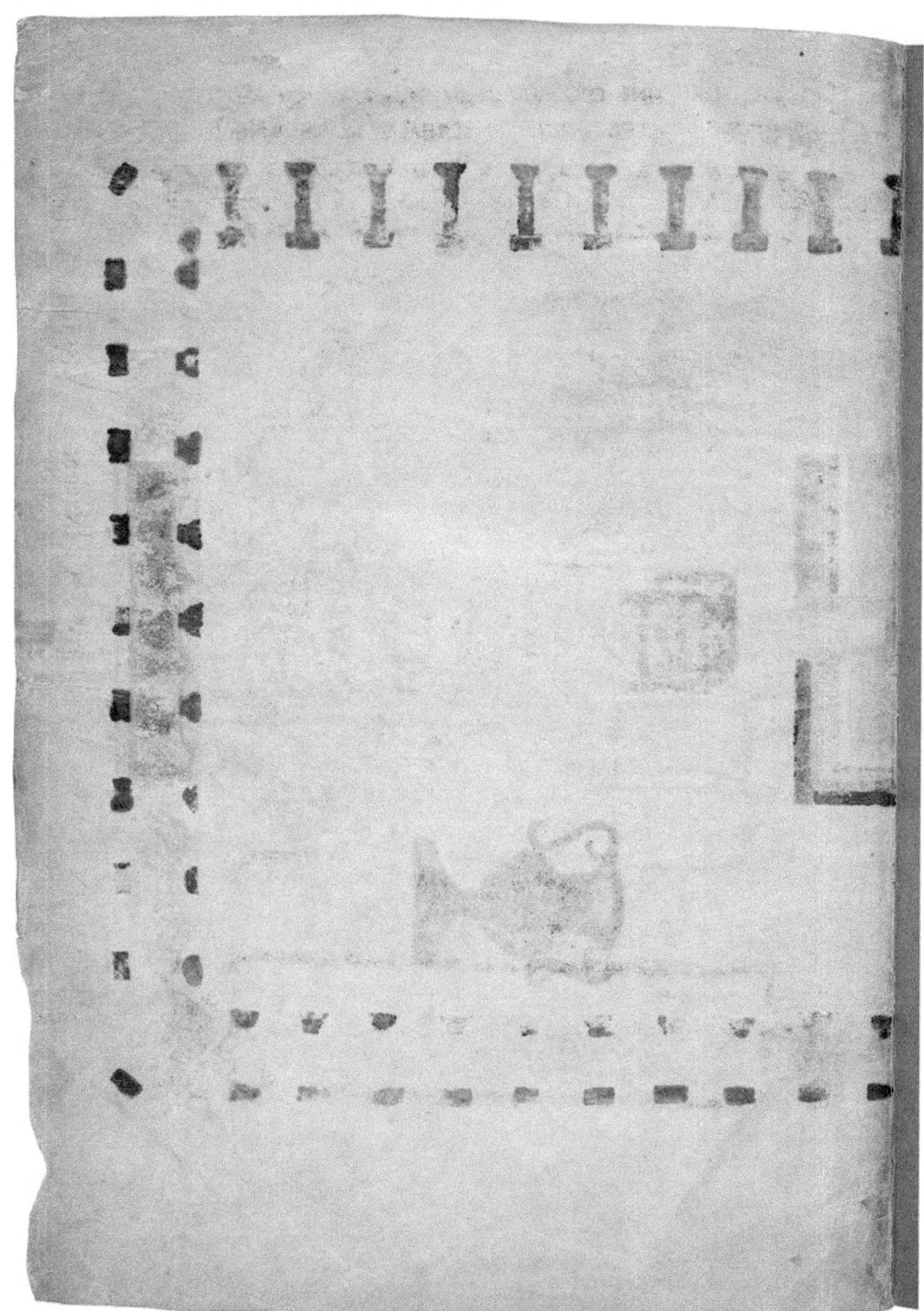

prologus

Si diuino ut dignum est amore flammati ad ueram cupimus sapientiam peruenire et in hac uita fragili aeterni saeculi desideramus imaginem contueri patrem luminum deprecemur ut nobis cor mundum tribuat actionem bonae uoluntatis exportat perseuerantiam sua uirtute concedat ut scripturarum diuinarum palatia ipsius misericordia largiente nos spiritaliter intrare ne nobis dicatur quare tu enarras iustitias meas et assumis testamentum meum per os tuum. Sed in illud illud potius audiamus gentem dicentes qui laboratis et onerati estis et ego uos reficiam. Magnum namque est beneficium audire hominem societati et quem ad modum ad ipsius ueniatur instituti. Festinemus itaque fratres

ad assumendum ponte uidam sollertia requirendam rationem. Qui quis enim in libris scripturis talibus occupatur paene excutis iam regni suauitate perfruitur. Nec nos mouent quod pater Augustinus in septuaginta unum libris testamentum uetus nouum que diuisit doctissimus autem Hieronymus idem detus nouum que testamentum xlviiii sermonibus comprehendit. Sed hoc autem corpore utriusque testamentum septuagenario numero prolatur impletur. Dulcia palmarum quantitate foratus prae eatus qui in mansione beata ingenti populus hebreorum numero licet haec calculo disparia uideantur doctrina tamen patrum ad instructionem caelestis ecclesiae concorditer omnimodis perducunt. Amen.

CODICIBVS SACRIS HOSTILI CLADE PERVSTIS
ESDRA DO FERVENS HOC REPARAVIT OPVS

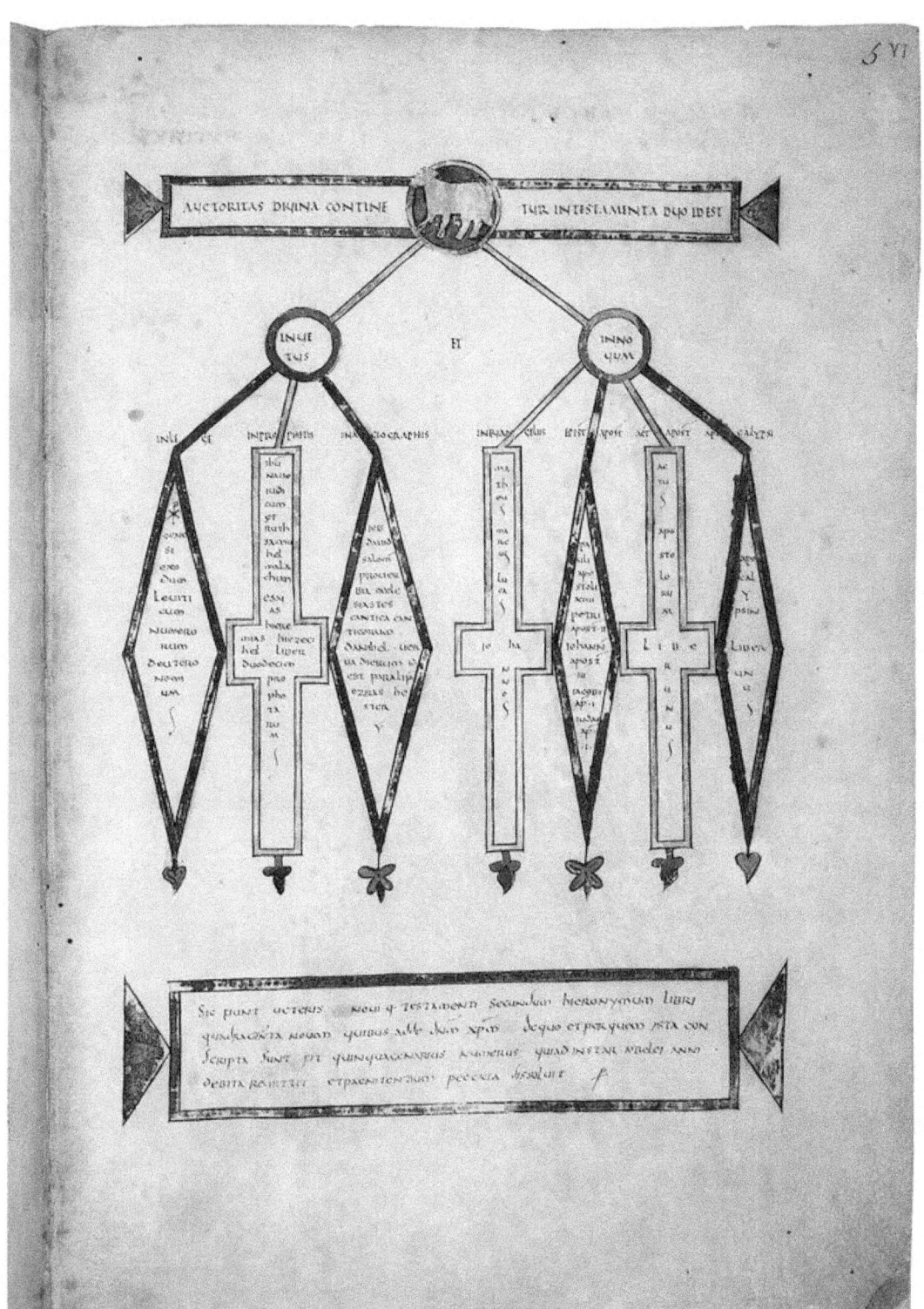

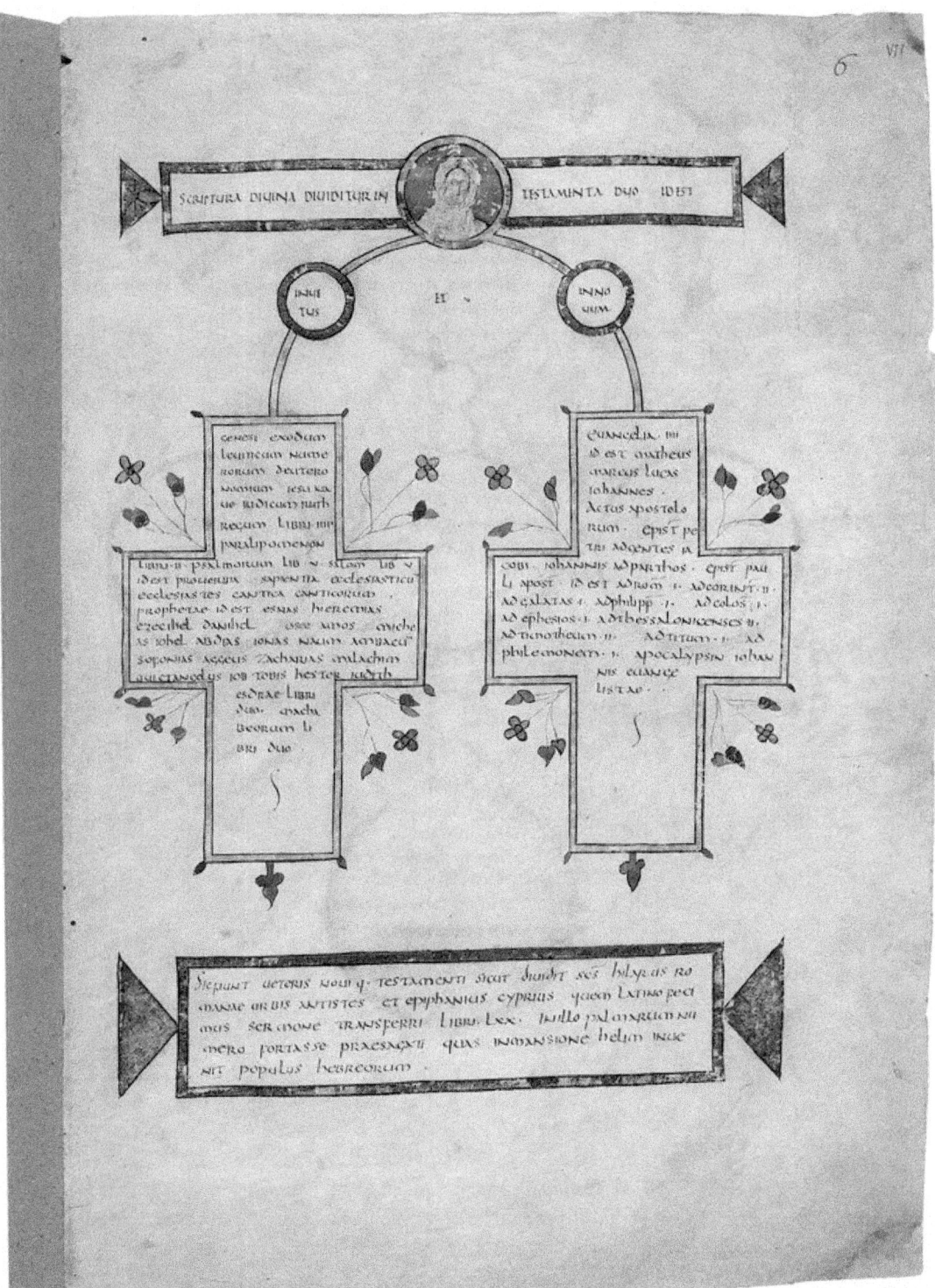

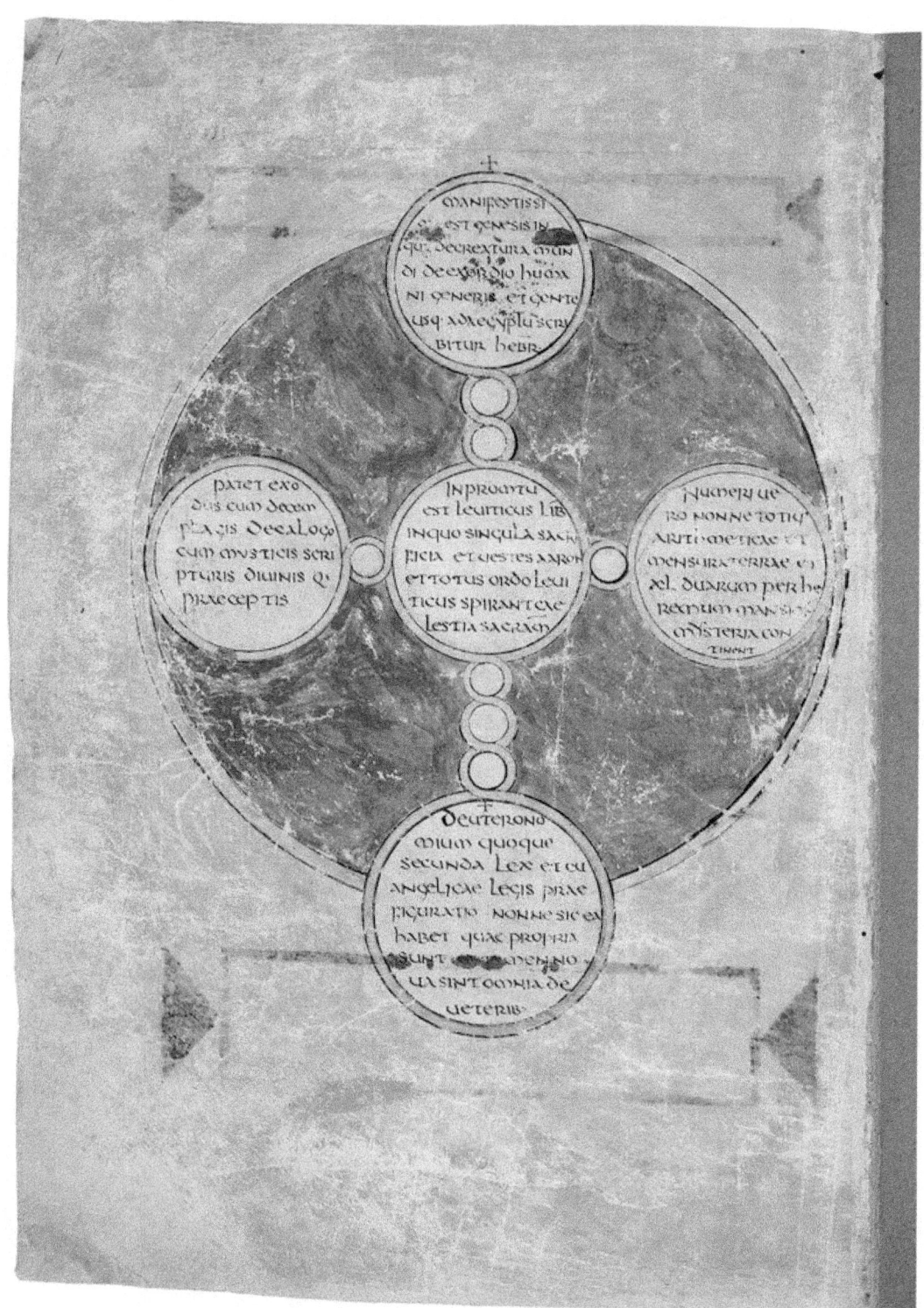

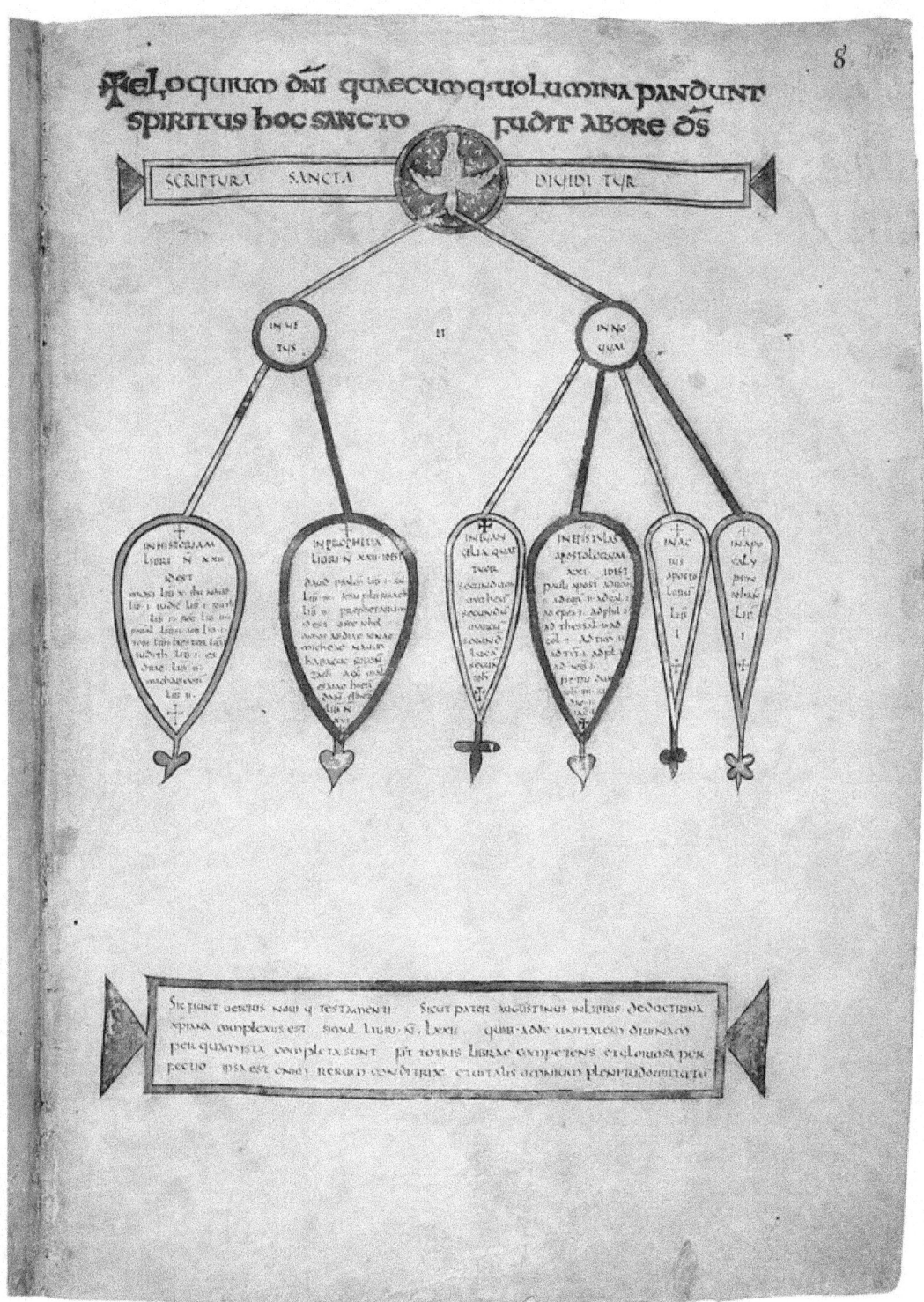

Desiderii mei desideratas
accepi epistulas, qui quodam praesagio
futurorum cum Daniele sortitus est
nomen, obsecrantis ut translatum in
latinam linguam de hebreo sermone
pentatheucum nostrorum auribus traderem. periculosum opus certe, obtrecta-
torum latratibus patens, qui me adserunt
in LXX interpretum suggillationem nova
pro veteribus cudere, ita ingenium quasi
vinum probantes, cum ego saepissime testatus sim me pro virili portione in tabernaculum dei offerre quae possim, nec opes
alterius aliorum paupertate foedari,
quod ut auderem Origenis me studium
provocavit, qui editioni antiquae translationem Theodotionis miscuit, aste-
risco ⁎ et obelo ÷ id est stella et veru
opus omne distinguens, dum aut inluce-
scere facit quae minus ante fuerant,
aut superflua quaeque iugulat et confo-
dit, maximeque quae evangelistarum et
apostolorum auctoritas promulgavit,
in quibus multa de veteri testamento legimus
quae in nostris codicibus non habentur,
ut est illud: ex Aegypto vocavi filium
meum, et quoniam nazareus vocabitur,
et: videbunt in quem compunxerunt,
et: flumina de ventre eius fluent aquae
vivae, et quae nec oculus vidit nec auris
audivit nec in cor hominis ascenderunt
quae praeparavit deus diligentibus se,
et multa alia quae proprium συνταγμα
desiderant. interrogemus ergo eos
ubi haec scripta sunt, et cum dicere non
potuerint, de libris hebraicis proferamus.
primum testimonium est
in Osee, secundum in Isaia, tertium
in Zaccharia, quartum in proverbiis,
quintum aeque in Isaia, quod multi
ignorantes apocryphorum deliramenta
sectantur et hibernas nenias libris
authenticis praeferunt. causas erro-
ris non est meum exponere. Iudaei

prudenti factum dicunt esse consilio, ne Ptolomeus unius dei cultor
etiam apud hebraeos duplicem divini-
tatem deprehenderet, quod maxime
idcirco faciebat, quia in Platonis dogma
cadere videbatur. denique ubicumque
sacratum aliquid scriptura testatur
de patre et filio et spiritu sancto, aut aliter
interpretati sunt aut omnino tacuerunt, ut et regi satis facerent et arca-
num fidei non vulgarent. et nescio quis
primus auctor LXX cellulas Alexandriae
mendacio suo extruxerit, quibus divisi
eadem scriptitarint, cum Aristheus eiusdem Ptolomei υπερασπιστης et multo
post tempore Iosephus nihil tale rettule-
rint, sed in una basilica congregatos
contulisse scribant, non prophetasse.
aliud est enim vatem aliud esse inter-
pretem. ibi spiritus ventura praedicit,
hic eruditio et verborum copia ea quae
intellegit transfert. nisi forte putan-
dus est Tullius οικονομικον Xeno-
phontis et Platonis πυθαγοραν et
Demosthenis προ Κτησιφωντος afflatus
rhetorico spiritu transtulisse. aut aliter
de eisdem libris per LXX interpretes,
aliter per apostolos spiritus sanctus testimonia texuit, ut quod illi tacuerunt hi
scriptum esse mentiti sint. quid
igitur? damnamus veteres? minime,
sed post priorum studia in domo domini
quod possumus laboramus. illi interpretati sunt ante adventum Christi
et quod nesciebant dubiis protulere
sententiis, nos post passionem et
resurrectionem eius non tam pro-
phetiam quam historiam scribimus.
aliter enim audita, aliter visa narran-
tur: quod melius intellegimus
melius et proferimus. audi igitur
aemule, obtrectator ausculta: non
damno, non reprehendo LXX, sed confidenter cunctis illis apostolos

praebero peristorium os omnibus xps sonat a
quos ante prophetas inter spiritalia
charismata positos lego. In quibus al. modi
paene gradum interpraetes tenent.
quid libore torquaeris. quid imperitorum
animos contra me concitas. sicubi tibi
in translatione uideor errare inter
roga hebreos diuersarum urbium magi
stros consule. quod illi habent de xpo
tui codices non habent. Aliud est si con
tra se postea ab apostolis usurpata
testimonia probauerunt. et emenda
tiora sunt exemplaria latina quam
greca. greca quam hebrea. uerum haec
contra inuidos. nunc te praecor deside
rii carissime. atque ipsam tam opus me
subire fecisti. et a genesi exordium
capere orationibus iuues quo possim
eodem spu quo scripti sunt libri in la
tinum eos transferre sermonem.

EXPLIC· PROLOG· INCIP·
CAPIT· LIB· GENES·

I Opus dipcium sex diebus et septimo
 requieuit
II Adam posuit ds in paradiso
 ut operaretur
III Adam cunctis animantib; nomina inposuit
 sed eua. de costis eius producta
 adduxit ad adam
IIII Serpens qui seduxit euam scilicet et
 adam adcuisa noncibi sed in
 oboedientiae
V Adam procreauit filios
VI Instigante aduerso cain occidit abel
 fratrem suum. et generatio
 cain oritur
VII Item genuit adam seth et cuncta gene
 ratio eius subsequitur. hic constituo
 offensus ds annos hominum cxx
VIII Paenitet me dixisse cos super
 terram prae malitia hominum

VIIII haec generationes noe cui tdixit
 te cum uidi iustum coram me in gene
 ratione hac praecepit et ut face
 ret arca et imo promisit ne ultra
 percuriut hominem praecepta tra
 dens noe et sic omni eris
 modum legis
X arcus foederis quidam apparuerit in
 caelo recordabitur dns quod ultra
 non erit a fons et generationes
 filiorum noe nati que filii post dilu
 uium ab his diuisae sunt gentes
 in terra post diluuium
XI Turrem quam teneae extruxerunt
 habitatores terrae in terra sennaar.
 ubi ad uidendum descendit ds. gene
 rationes tharae qui genuit abram
 et nahor. et aran. unde oritur isrl.
 principium sermonis dni ad abram
XII abraham facta fame in terra aecypti
 abiit cum uxore sua
XIII abraham et loth ascenderunt de
 aecypto. diuiserunt que ab inuicem.
 abraham habitauit in terra chanaan
 et loth in sodomis
XIIII abraham expugnatis regibus reduxit
 loth fratrem suum cum substan
 tia sua
XV melchisedech rex sale proferens
 panes et uinum occurrit
XVI abrahae promittitur ds filium habiturum
XVII apparuit ds abrahae cui etiam
 nomen ampliauit
XVIII praecepit dns circumcisionem abrahae
 et futurae generationi
XVIIII ampliatur nomen sarae. ob eo ni
XX apparuerunt abrahae tres uiri erepto
 loth subuertentes sodomam
XXI recordatus est ds abrahae et liberauit
 loth de subuersione urbium
XXII incubait loth cum filiabus suis
XXIII profectus abraham interc ades ubi
 uxorem sororem suam dixisset
 et temptatus est in ea abimelech

XXIIII	SARRA GENUIT ISAAC
XXV	AGAR ANCILLA ET FILIUM EIUS ISMAHEL DIMISIT A SE ABRAHAM IUBENTE DNO
XXVI	ABIMELECH ET FICHOL HUMILIANS SE ABRAHAE
XXVII	TEMPTAT DS ABRAHAM SI OFFERRET EI ISAAC
XXVIII	OBITUS SARAE ET LOCUS MONUMENTI
XXVIIII	PRAECEPIT ABRAHAM FAMULO SUO NE ACCIPERET FILIO SUO UXOREM DE FILIABUS CHANANEORUM SED DE COGNATIONE SUA
XXX	ABRAHAM ALIAM DUXIT UXOREM NOMINE CETTHURAM
XXXI	HAEC GENERATIONES ISMAHEL QUEM GENUIT AGAR
XXXII	GENERATIONES ISAAC CUI GENUIT REBECCA ESAU ET IACOB
XXXIII	ISAAC PEREGRINATUR COMPELLENTE FAME IN GERARA AD ABIMELECH TEMPTATURQUE REX IN UXORE EIUS
XXXIIII	IURGIUM PASTORUM ABIMELECH ET ISAAC PROPTER PUTEOS PATRIS SUI ABRAHAM
XXXV	APPARUIT ITEM DS ISAAC CONFORTANS EUM ET AEDIFICAVIT IBI ALTARE DNO
XXXVI	ISAAC HORTATUR FILIUM SUUM ESAU UT DE VENATIONE EIUS OFFERRET EI
XXXVII	VOCAVIT ITAQUE ISAAC IACOB ET BENEDIXIT DICENS NE ACCIPERET UXOREM DE FILIABUS CHANANEORUM
XXXVIII	VISIO QUAM VIDIT IACOB PERGENS AD LABAN DESTINATUS AB ISAAC PATRE SUO UBI FILIOS PROCREAVIT DUODECIM
XXXVIIII	REGRESSIO IACOB CUM FILIIS ET PECULIO AD PATREM SUUM
XL	PRAECES ET ONERA DIRIGIT AD ESAU FRATREM SUUM
XLI	TEMPTAT IACOB ANGELUS DNI VIRES CORPORIS CUI ETENERUM FEMORIS TETIGIT IN SIGNO
XLII	FILIA IACOB ET LIA DINA VIM PASSA EST A FILIO REGIS REGIONIS ILLIUS SYCHEM NOMINE FILIUS EMOR EUEI
XLIII	A DO DNI ADMONETUR IACOB FACERE ALTARE IN BETHEL QUI CUM AD EA VENTATA
	OMNI DOMO SUMIT ABICITE DEOS ALIENOS IBI ENIM APPARUIT EI CUM FUGERET FRATREM SUUM
XLIIII	APPARUIT ITERUM DS IACOB CUI ET NOMEN MUTAVIT DICENS ISRL ERIT NOMEN TUUM IBI OBIIT RABEL
XLV	FILII IACOB XII QUI DEQUA MATRE NASCERETUR INDICATUR ET OBITUS ISAAC CLXXX ANNORUM
XLVI	GENERATIONES ESAU DESCRIBSIT
XLVII	REGES QUI REGNAUERUNT IN TERRA EDOM ET NOMINA ESAU IN COGNATIONIB ET LOCA ET VOCABULIS SUIS IPSE EST ESAU PATER IDUMEORUM
XLVIII	IOSEPH ACCUSAT FRATRES SUOS IACOB PATRI SUO
XLVIIII	IOSEPH FRATRIB SUIS SOMNIUM REFERET ET QUOD INODIUM FRATRIB VENERIT
L	ALIUD QUOQ VIDIT SOMNIUM IOSEPH QUOD VIDENS PATER INSILENTIA VEL IN POSUIT
LI	IOSEPH DENUDATUS A FRATRIB MADIANITIS DUCTUS EST IN AEGYPTUM
LII	THAMAR UXOR HER QUAE POST OBITUM FRATRUM ETIAM CUM PATRE IPSORUM IUDAS SEMISCIT
LIII	AD ORDINEM REDIT SCRIPTURA ET ILLA NARRARET DE IOSEPH
LIIII	DUOB SERUIS REGIS ACCEPIT IN CARCERE TRADIS CUM IOSEPH SOMNIUM QUEM VIDERUNT DISPUTAT
LV	SOMNIA PHARAONIS IOSEPH EXPONIT
LVI	DUO FILII QUI NATI SUNT IOSEPH IN AEGYPTUM
LVII	FRATRES IOSEPH CUM ALIIS QUI PERGEBANT AD EMENDUM FRUMENTUM INGRESSI SUNT IN AEGYPTUM QUOS AGNOUIT IOSEPH FRATRES
LVIII	AGNITIS FRATRIB SUIS IOSEPH COMMOTUS MISERATIONE FLEUIT
LVIIII	NOMINA FILIORUM ISRL QUI INGRESSI SUNT IN AEGYPTUM
LX	NUNTIATA EST IOSEPH QD IN FIRMARET PPLE EIUS
LXI	PRAECEPIT IACOB FILIIS SUIS DICENS CONGREGAMINI UT ADNUNTIEM UOBIS UENTURA
LXII	OBITUS IACOB QUEM SEPELIERUNT IOSEPH CUM FRATRIB SUIS
LXIII	ORATUR IOSEPH FRATRES SUOS DICENS VISITAVIT UOS DNS ET ASCENDERE FACIETIS ACCEPTO AUFERTE OSSA MEA UOBISCUM

In principio creauit ds
   caelum et terram
Terra autem erat inanis et uacua
et tenebrae erant super
   faciem abissi
sps di ferebatur super aquas
dixitque ds fiat lux et facta est lux
et uidit ds lucem quod esset bona
et diuisit lucem ac tenebras
appellauitque lucem diem
   et tenebras noctem
factumque est uespere
   et mane dies unus
dixit quoque ds
fiat firmamentum in medio aquarum
et diuidat aquas ab aquis
et fecit ds firmamentum
diuisitque aquas quae erant sub
   firmamento abhis quae erant
   super firmamentum
et factum est ita
uocauitque ds firmamentum
   caelum
et factum est uespere et mane
   dies secundus
dixit uero ds
congregentur aquae quae sub caelo
   sunt in locum unum
et appareat arida
factumque est ita
et uocauit ds aridam terram
congregationesque aquarum
   appellauit maria
et uidit ds quod esset bonum et ait
germinet terra herbam uirentem
   et facientem semen
et lignum pomiferum faciens
   fructum iuxta genus suum
cuius semen in semet ipso sit super
   terram et factum est ita
et protulit terra herbam uiren
   tem et adferentem semen
   iuxta genus suum
lignumque faciens fructum

et habens unum quodque sementem
   secundum speciem suam
et uidit ds quod esset bonum
factumque est uespere et mane
   dies tertius
dixit autem ds
fiant luminaria in firmamento caeli
ut diuidant diem ac noctem
et sint in signa et tempora
   et dies et annos
ut luceant in firmamento caeli
et inluminent terram
et factum est ita
fecitque ds duo magna luminaria
luminare maius ut praeesset diei
et luminare minus ut praeesset
   nocti et stellas
et posuit eas in firmamento caeli
ut lucerent super terram
et praeessent diei ac nocti
et diuiderent lucem ac tenebras
et uidit ds quod esset bonum
et factum est uespere et mane
   dies quartus
dixit etiam ds
producant aquae reptile
   animae uiuentis
et uolatile super terram
sub firmamento caeli
creauitque ds coeta grandia
et omnem animam uiuentem
   atque mutabilem
quam produxerant aquae
   in species suas
et omne uolatile secundum
   genus suum
et uidit ds quod esset bonum
benedixitque eis dicens
crescite et multiplicamini
et replete aquas maris
auesque multiplicentur
   super terram
et factum est uespere
   et mane dies quintus

Dixit quoque ds;
 producat terra animam uiuentem
  in genere suo;
 iumenta et reptilia et bestias
  terrae secundum species suas;
Factumque est ita;
Et fecit ds bestias terrae
 iuxta species suas
et iumenta et omne reptile
 terrae in genere suo;
Et uidit ds quod esset bonum
 et ait;
Faciamus hominem ad imaginem
 et similitudinem nostram;
Et praesit piscibus maris
 et uolatilibus caeli
Et bestiis uniuersaeq; terrae;
Omnique reptili quod
 mouetur in terra;
Et creauit ds hominem
 ad imaginem suam
ad imaginem di creauit illum;
masculum et feminam creauit eos
Benedixitque illis ds et ait;
Crescite et multiplicamini et re
 plete terram et subicite eam;
Et dominamini piscibus maris
 et uolatilibus caeli
et uniuersis animantibus quae
 mouentur super terram;
Dixitque ds;
Ecce dedi uobis omnem herbam
 afferentem semen super terram
Et uniuersa ligna quae habent
 in semet ipsis semen generis sui
ut sint uobis in escam et cunctis
 animantibus terrae;
Omnique uolucri caeli et uniuersis
 quae mouentur in terra
et in quibus est anima uiuens
 ut habeant ad uescendum;
Et factum est ita;
Uiditque ds cuncta quae fecit
 et erant ualde bona;

Et factum est uespere
 et mane dies sextus;
Igitur perfecti sunt caeli
 et terra et omnis
 ornatus eorum;
Conpleuitque ds die septimo
 opus suum quod fecerat
Et requieuit die septimo
 ab uniuerso opere
 quod patrarat;
Et benedixit dei septimo
 et scificauit illum
quia in ipso cessauerat ab omni
 opere suo quod creauit
 ds ut faceret;
Istae generationes caeli et terrae
 quando creata sunt
in die quo fecit dns ds
 caelum et terram
Et omne uirgultum agri antequam
 oriretur in terra
omnemque herbam regionis
 priusquam germinaret;
Non enim pluerat dns ds
 super terram
et homo non erat qui opera
 retur terram;
Sed fons ascendebat e terra in
 ricans uniuersam super
 ficiem terrae;
Formauit igitur dns ds hominem
 de limo terrae
et inspirauit in faciem eius
 spiraculum uitae;
Et factus est homo in animam
 uiuentem;
Plantauerat enim dns ds paradisum
 uoluptatis a principio
in quo posuit hominem
 quem formauerat;
Produxitque dns ds de humo
 omne lignum pulchrum uisu
 et ad uescendum suaue
lignum etiam uitae in medio paradisi

lignumque scientiae boni et mali;
et flauius egrediebatur de loco
uoluptatis adinrigandum
paradisum;
quiinde diuiditur in quattuor capita.
nomen uni phison.
ipse est qui circuit omnem terram
euilath
ubi nascitur aurum
et aurum terrae illius optimum est;
ibi inuenitur bdellium
et lapis onichinus;
et nomen flauio secundo geon
ipse est qui circuit omnem terram
aethiopiae;
nomen uero fluminis tertii tigris.
ipse uadit contra assirios
flauius autem quartus ipse est
eufrates.
tulit ergo dns ds hominem et posuit
eum in paradiso uoluptatis
ut operaretur et custodiret illum
praecepitque ei dicens;
ex omni ligno paradisi comede
de ligno autem scientiae boni
et mali ne comedas;
in quocumque enim die comederis
ex eo morte morieris;
Dixit quoque dns ds;
non est bonum esse hominem solum
faciamus illi adiutorium
similem sui;
formatis igitur dns ds de humo
cunctis animantibus terrae
et uniuersis uolatilibus caeli adduxit
ea ad adam ut uideret
quid uocaret ea;
omne enim quod uocauit adam
animae uiuentis ipsum est
nomen eius;
appellauitque adam nominibus suis
cuncta animantia
et uniuersa uolatilia caeli et omnes
bestias terrae;

adam uero non inueniebatur
adiutor similis eius;
inmisit ergo dns ds soporem in adam.
cumque obdormisset tulit unam
de costis eius et repleuit
carnem pro ea;
et aedificauit dns ds costam quam
tulerat de adam in mulierem
et adduxit eam ad adam;
dixitque adam;
hoc nunc os ex ossibus meis
et caro de carne mea;
haec uocabitur uirago quoniam
de uiro sumpta est;
quam obrem relinquet homo
patrem suum et matrem
et adherebit uxori suae
et erunt duo in carne una;
erat autem uterque nudus
adam scilicet et uxor eius
et non erubescebant;
Sed et serpens erat callidior
cunctis animantibus terrae
quae fecerat dns ds;
qui dixit ad mulierem;
cur praecepit uobis ds ut non
comederitis de omni ligno
paradisi.
cui respondit mulier;
de fructu lignorum quae sunt
in paradiso edemus
de fructu autem ligni quod est
in medio paradisi.
praecepit nobis ds ne comederemus
et ne tangeremus illud
ne forte moriamur;
dixit autem serpens ad mulierem;
nequaquam morte moriemini;
scit enim ds quod in quocumque
die comederitis ex eo.
aperientur oculi uestri et eritis
ut dii scientes bonum et malum;
uidit igitur mulier quod bonum
esset lignum.

Genesis

et pulchrum oculis aspectuque
delectabile
et tulit de fructu illius et come
dit deditque uiro suo
qui comedit et apertisunt
oculi eorum
cumque cognouissent esse
se nudos
consuerunt folia ficus et fecerunt
sibi perizomata
et cum audissent uocem dni
deambulantis in paradiso
ad auram post meridiem
abscondit se adam et uxor eius
a facie dni in medio ligni paradisi
uocauitque dns ds adam
et dixit ei ubi es
qui ait uocem tuam audiui in para
diso et timui eo quod nudus
essem et abscondi me
cui dixit quis enim indicauit tibi
quod nudus esses
nisi quod ex ligno de quo tibi prae
ceperam ne comederes
comedisti
dixitque adam mulier quam dedis
ti sociam mihi dedit mihi
de ligno et comedi
et dixit dns ds ad mulierem
quare hoc fecisti
quae respondit serpens decepit
me et comedi
et ait dns ds ad serpentem
quia fecisti hoc maledictus es inter
omnia animantia et bestias terrae
super pectus tuum gradieris
et terram comedes cunctis
diebus uitae tuae
inimicitias ponam inter te
et mulierem
et semen tuum et semen illius
ipsa conteret caput tuum
et tu insidiaberis calcaneo eius
mulieri quoque dixit

multiplicabo erumnas tuas
et conceptus tuos
in dolore paries filios et sub uiri
potestate eris et ipse
dominabitur tui
adam uero dixit
quia audisti uocem uxoris tuae
et comedisti de ligno ex quo
praeceperam tibi ut non
comederes
maledicta terra in opere tuo
in laboribus comedes ex ea cunctis
diebus uitae tuae
spinas et tribulos germinabit tibi
et comedes herbam terrae
in sudore uultus tui uesceris pane
donec reuertaris in terram
de qua sumptus es
quia puluis es et in puluerem
reuerteris
et uocauit adam nomen uxoris suae
heua eo quod mater esset cunc
torum uiuentium
fecit quoque dns ds adam et uxori
eius tunicas pellicias
et induit eos et ait
ecce adam factus est quasi unus
ex nobis sciens bonum et malum
nunc ergo ne forte mittat
manum suam
et sumat etiam de ligno uitae
et comedat et uiuat in aeternum
emisit eum dns ds de paradiso
uoluptatis
ut operaretur terram de qua
sumptus est eiecitque adam
et collocauit ante paradisum
uoluptatis
cherubin et flammeum gladium
atque uersatilem
ad custodiendam uiam
ligni uitae
adam uero cognouit heuam
uxorem suam

genesis

quae concepit et peperit
cain dicens
possedi hominem per dnm
rursusque peperit fratrem
eius abel.
fuit autem abel pastor ouium
et cain agricola
factum est autem post
multos dies
ut offeret cain de fructibus
terrae munera dno
abel quoque obtulit de primoge
nitis gregis sui et de adipib; eorum
et respexit dns abel, et ad munera eius
ad cain uero et ad munera illius
non respexit
iratusque est cain uehementer
et concidit uultus eius
dixitque dns ad eum
quare mestus es et cur
concidit facies tua
nonne si bene egeris recipies
sin autem male statim in foribus
peccatum aderit
sed subte erit appetitus eius
et tu dominaberis illius
dixitque cain ad abel fratrem suum
egrediamur foras
cumque essent in agro
consurrexit cain aduersus abel
fratrem suum et interfecit eum
et ait dns ad cain, ubi est abel
frater tuus
qui respondit nescio num custos
fratris mei sum
dixitque ad eum quid fecisti
uox sanguinis fratris tui
clamat ad me de terra
nunc igitur maledictus eris
super terram
quae aperuit os suum et suscepit
sanguinem fratris tui de manu tua
cum operatus fueris eam non
dauit tibi fructus suos

uagus et profugus eris
super terram
dixitque cain ad dnm
maior est iniquitas mea quam
ut ueniam merear
ecce eicis me hodie a facie terrae
et a facie tua abscondar
et ero uagus et profugus
in terra
omnis igitur qui inuenerit me
occidet me
dixitque ei dns
nequaquam ita fiet
sed omnis qui occiderit cain
septuplum punietur
posuitque dns cain signum ut non
eum interficeret omnis
qui inuenisset eum
Egressusque cain a facie dni habi
tauit in terra profugus ad orien
talem plagam eden
cognouit autem cain uxorem suam
quae concepit et peperit enoch
et aedificauit ciuitatem, uocauitq;
nomen eius ex nomine
filii sui enoch
porro enoch genuit irad
et irad genuit mauiahel
et mauiahel genuit matusahel
et matusahel genuit lamech
qui accepit uxores duas
nomen uni ada, et nomen alteri sella
genuitque ada iobel, qui fuit pater
habitantium in tentoriis
adque pastorum
et nomen fratris eius iubal ipse fuit
pater canentium cithara
et organo
sella quoque genuit thubalcain
qui fuit malleator et faber in
cuncta opera aeris et ferri
soror uero thubalcain noema
dixitque lamech uxoribus suis
adae et sellae

audite uocem meam uxores lamech
auscultate sermonem meum
quoniam occidi uirum
in uulnus meum
et adulescentulam in liuorem meum
septupla ultio dauitur de cain
de lamech uero septuagies septies

VII Cognouit quoque adhuc adam
uxorem suam et peperit filium
uocauitque nomen eius
seth dicens
posuit mihi ds semen aliud pro abel
quem occidit cain
sed et seth natus est filius
quem uocauit enos
iste coepit inuocare nomen dni

V Hic est liber generationis adam
in die creauit qua ds hominem
ad similitudinem di fecit eum
masculum et feminam creauit eos
et benedixit illis et uocauit
nomen eorum adam in die
quo creati sunt
uixit autem adam CXXX annis
et genuit ad similitudinem
et imaginem suam
uocauitque nomen eius seth
et facti sunt dies adam postquam
genuit seth octingenti anni
genuitque filios et filias
et factum est omne tempus
quod uixit adam anni DCCC XXX
et mortuus est
uixit quoque seth centum quinq.
annos et genuit enos
uixitque seth postquam genuit
enos DCCC VII annis
genuitque filios et filias
et facti sunt omnes dies seth
nongentorum duodecim
annorum et mortuus est
uixit uero enos nonaginta
annis et genuit cainan
post cuius ortum uixit octingentis

quindecim annis
et genuit filios et filias
factique sunt omnes dies enos
nongentorum quinque
annorum et mortuus est
dixit quoque cainan septuaginta
annis et genuit malalehel
et uixit cainan postquam genuit
malalehel octingentos
quadraginta annos
genuitque filios et filias
et factisunt omnes dies cainan
DCCC X anni et mortuus est
dixit autem malalehel sexaginta
quinque annos et genuit iareth
et uixit malalehel postquam
genuit iareth octingentis
triginta annis
et genuit filios et filias
et factisunt omnes dies mala
lebel DCCC XCV anni
et mortuus est
dixitque iareth centum sexaginta
duobus annis et genuit enoch
et uixit iareth postquam genuit
enoch octingentos annos
et genuit filios et filias
et factisunt omnes dies iareth
nongenti sexaginta duo anni
et mortuus est
porro enoch uixit sexaginta
quinque annis et genuit
matusalam
et ambulauit enoch cum do
postquam genuit matusalam
trecentis annis
et genuit filios et filias
et factisunt omnes dies enoch
trecenti sexaginta quinq. anni
ambulauitque cum do et non
apparuit quia tulit eum ds
dixit quoque matusalam
centum octoginta septem
annos et genuit lamech

et uixit mathasalam postquam
genuit lamech septincentos
octoginta duo annos
et genuit filios et filias
et factisunt omnes dies matha
salae nongenti sexaginta
nouem anni et mortuus est
dixit autem lamech centum
octoginta duobus annis
et genuit filium uocauitque
nomen eius noe dicens
iste consolabitur nos ab operib;
et laborib; manuum nostrarum
in terra cuimale dixit dns
uixitque lamech postquam
genuit noe quincentos
nonaginta quinque annos
et genuit filios et filias
et factisunt omnes dies lamech
septincenti septuaginta
septem anni et mortuus est
Noe uero cum quingentorum
esset annorum genuit
sem cham et iafeth

VI. cumque coepissent homines
multiplicari super terram
et filias procreassent
uidentes filii dī filias hominum
quod essent pulchrae
acceperunt uxores sibi ex omnib;
quas elegerant
dixitque ds non permanebit
sps meus in homine in aeternum
quia caro est
erantque dies illius centum
uiginti annorum
Gigantes autem erant super
terram in diebus illis
postquam enim ingressi sunt
filii dī ad filias hominum
illaeque genuerunt
hi sunt potentes a saeclo
uiri famosi
uidens autem ds quod multa

malitia hominum esset in terra
et cuncta cogitatio cordis in
tenta esset ad malum
omni tempore
penituit eum quod hominem
fecisset in terra
et tactus dolore cordis
intrinsecus
delebo inquit hominem quem
creaui a facie terrae
ab homine usque ad animantia
a reptili usque ad uolucres caeli
paenitet enim me fecisse eos
Noe uero inuenit gratiam
coram dno

hae sunt generationes noe
noe uir iustus atque perfectus
fuit in generationibus suis
cum dō ambulauit
et genuit tres filios
sem ham iafeth
corrupta est autem terra coram
dō et repleta est iniquitate
cumque uidisset ds terram
esse corruptam
omnis quippe caro corruperat
uiam suam super terram
dixit ad noe finis uniuersae
carnis uenit coram me
repleta est terra iniquitate
a facie coram
et ego disperdam eos cum terra
fac tibi arcam de lignis leuigatis
mansiunculas in arca facies
et bitumine linies intrinsecus
et extrinsecus et sic facies eam
trecentorum cubitorum erit
longitudo arcae
quinquaginta cubitorum latitudo
et triginta cubitorum
altitudo illius
fenestram in arca facies et in cubito
consummabis summitatem
ostium autem arcae pones

ex latere deorsum
cenacula et tristega facies in ea
ecce ego adducam diluuii
aquas super terram
ut interficiam omnem carnem
in qua sps uitae est subter caelum
uniuersa quae in terra sunt
consumentur
ponamque foedus meum tecum
et ingredieris arcam tu et filii tui
uxor tua et uxores filiorum
tuorum tecum
et ex cunctis animantibus
uniuersae carnis
bina induces in arcam
ut uiuant tecum
masculini sexus et feminini
de uolacribus iuxta genus suum
et de iumentis in genere suo
et ex omni reptili terrae
secundum genus suum
bina de omnibus ingredientur
tecum ut possint uiuere
tolles igitur tecum ex omnibus
escis quae manducari possunt
et conportabis apud te
et erunt tam tibi quam illis
in cibum
fecit ergo noe omnia quae
praeceperat illi dns

VII dixitque dns ad eum
ingredere tu et omnis
domus tua arcam
te enim uidi iustum coram me
in generatione hac
ex omnibus animantibus mundis
tolle septena septena
masculum et feminam
de animantibus uero non mundis
duo duo masculum et feminam
sed et de uolatilibus caeli septena
septena masculum et feminam
ut saluetur semen super faciem
uniuersae terrae

adhuc enim et post dies septem
ego pluam super terram
quadraginta diebus et quadra
ginta noctibus
et delebo omnem substantiam
quam feci de super
ficie terrae
fecit ergo noe omnia quae
praeceperat dns illi
eratque sescentorum annorum
quando diluuii aquae inunda
uerunt super terram
et ingressus est noe et filii eius
uxor eius et uxores filiorum
illius cum eo in arcam
propter aquas diluuii
de animantibus quoque
mundis et inmundis
et de uolacribus et ex omni
quod mouetur super terram
duo et duo ingressa sunt ad noe
in arcam masculus et femina
sicut praeceperat dns noe
cumque transissent septem dies
aquae diluuii inundauerunt
terram
anno sescentesimo uitae noe
mense secundo septimo
decimo die mensis
rupti sunt omnes fontes
abyssi magnae
et cataractae caeli apertae sunt
et facta est pluuia super terram
quadraginta dieb et quadra
ginta noctibus
in articulo diei illius ingressus est
noe et sem et cham et iafeth
filii eius
uxor illius et tres uxores filio
rum eius cum eis in arcam
ipsi et omne animal secundum
genus suum
uniuersaque iumenta in genus suu
et omne quod mouetur super

genesis

terram ingenere suo
cunctumque uolatile
secundum genus suum
uniuersae aues omnesque
uolucres ingressae sunt
adnoe inarcam bini etbina
exomnicarne inquaerat
sps uitae
etquae ingressa sunt masculus
etfemina exomnicarne
introierunt
sicut praeceperat ei ds
etinclusit eum dns deforis
factumque est diluuium quadra
ginta diebus superterram
etmultiplicatae sunt aquae
eteleuauerunt arcam
insublime aterra
uehementer inundauerunt
etomnia repleuerunt
insuperficie terrae
porro arca ferebatur superaquas
etaquae praeualuerunt nimis
superterram
opertique sunt omnes montes
excelsi subuniuerso caelo
quindecim cubitis altior fuit aqua
supermontes quos operuerat
consumptaque est omnis caro
quaemouebatur superterram
uolucrum animantium bestiarum
omniumque reptilium quae
reptant superterram
uniuersi homines etcuncti
quibus spiraculum uitae est
interra mortui sunt
etdelebit omnem substantiam
quaeerat superterram
abhomine usque adpecus
tamreptile quamuolucres caeli
etdeleta sunt deterra
remansit autem solus noe
etquicum eo erant inarca
optinueruntque aquae terras

centum quinquaginta diebus
VIII. Recordatus est autem ds noe
cunctorumque animantium
etomnium iumentorum
quaeerant cumeo inarca
adduxit spm superterram
etinminutae sunt aquae
etclausi sunt fontes abyssi
etcataractae caeli
etpro hibitae sunt pluuiae
decaelo
reuersaeque aquae deterra
euntes etredeuntes
etcoeperunt minui post
centum quinquaginta dies
requieuitque arca mense
septimo uicesima septimadie
mensis super montes armeniae
atuero aquae ibant etdecresce
bant usque addecimum mensem
decimo enim mense primadie
mensis apparuerunt
cacumina montium
cumque transissent
quadraginta dies
aperiens noe fenestram arcae
quam fecerat dimisit coruum
qui egrediebatur etreuerte
batur donec siccarentur
aquae superterram
emisit quoque columbam posteum
utuideret siiam cessassent
aquae superfaciem terrae
quaecum noninuenisset ubi
requiesceret pes eius reuersa
est adeum inarcam
aquae enim erant super
uniuersam terram
extenditque manum etadprae
hensam intulit inarcam
expectatis autem ultra septem
diebus aliis rursum dimisit
columbam exarca
atilla uenit adeum aduesperam

portans ramum olibae uirentib-
foliis in oresuo
intellexit igitur noe quod cessassent aquae super terram
expectauitque nihilominus
septem alios dies et remisit
columbam
quae non est reuersa ultra ad eum
igitur sescentesimo primo
anno primo mense
prima die mensis
inminutae sunt aquae
super terram
et aperiens noe tectum arcae
aspexit uiditq- quod exsiccia
esset superficies terrae
mense secundo septima et uicesima die mensis arefacta est terra

Locutus est autem ds
ad noe dicens
egredere de arca tu et uxor tua
filii tui et uxores filiorum
tuorum tecum
cuncta animantia quae sunt
aput te ex omni carne
tam in uolatilib- quam in bestiis
et in uniuersis reptilibus quae
reptant super terram
educ tecum et ingredimini
super terram
crescite et multiplicamini
super eam
egressus est ergo noe et filii eius
uxor illius et uxores filiorum
eius cum eo
sed et omnia animantia iumenta
et reptilia quae repant
super terram
secundum genus suum
arcam egressa sunt
aedificauit aute noe altare dno
et tollens de cunctis pecorib-
et uolucrib- mundis obtulit
holocausta super altare

odoratusque est dns odorem
suauitatis et ait ad eum
nequaquam ultra maledicam
terrae propter homines
sensus enim et cogitatio humani
cordis in malum prona sunt
ab adulescentia sua
non igitur ultra percutiam
omnem animantem sicut feci
cunctis diebus terrae sementis
et messis frigus et aestus
aestas et hiemps nox et dies
non requiescent

IX Benedixitque ds noe et filiis eius
et dixit ad eos
crescite et multiplicamini
et inplete terram
et terror uester ac tremor sit
super cuncta animalia terrae
et super omnes uolucres caeli
cum uniuersis quae mouentur
super terram
omnes pisces maris manui
uestrae traditi sunt
et omne quod mouetur et uiuet
erit uobis in cibum
quasi holera uirentia tradidi
uobis omnia
excepto quod carnem cum sanguine non comedetis
sanguinem enim animarum
uestrarum requiram
de manu cunctarum bestiarum
et de manu hominis
de manu uiri et fratris eius requiram animam hominis
quicumque effuderit humanu
sanguinem fundetur
sanguis illius
ad imaginem quippe di
factus est homo
uos autem crescite et multiplicamini et ingredimini super
terram et inplete eam

haec quoque dixit ds ad noe
et ad filios eius cum eo
ecce ego statuam pactum meum
uobiscum et cum semine
uestro post uos
et ad omnem animam uiuentem
quae est uobiscum
tam inuolucribus quam iniumentis
et pecudibus terrae
cunctis quae egressa sunt de arca
et uniuersis bestiis terrae
statuam pactum meum uobiscum
et nequaquam ultra interficietur
omnis caro aquis diluuii neque
erit deinceps diluuium
dissipans terram
Dixitque ds hoc signum foe
deris quod do inter me et uos
et ad omnem animam uiuentem
quae est uobiscum in genera
tiones sempiternas
arcum meum ponam innubibus
et erit signum foederis inter me
et inter terram
cumque obduxero nubib; caelu
apparebit arcus meus innubibus
et recordabor foederis mei
uobis cum
et cum omni anima uiuente
quae carnem uegetat
et non erunt ultra aquae diluuii
ad delendum uniuersam carnem
eritque arcus innubib; et uidebo
illam et recordabor foederis
sempiterni
quod pactum est inter dm et in
ter omnem animam uiuentem
uniuersae carnis quae est
super terram
dixitque ds noe
hoc erit signum foederis
quod constitui inter me
et inter omnem carnem
super terram

Erant igitur filii noe qui egressi
sunt de arca sem cham iafeth
porro cham ipse est
pater chanaan
tres isti sunt filii noe et ab his
disseminatum est hominum
genus super uniuersam terram
coepitque noe uir agricola
exercere terram
et plantauit uineam bibensque
uinam inebriatus est et nudatus
in tabernaculo suo
quod cum uidisset cham
pater chanaan
uerenda scilicet patris sui
esse nudata
nuntiauit duobus fratribus
suis foras
at uero sem et iafeth pallium
inposuerunt umeris suis
et incedentes retrorsum opera
erunt uerecunda patris sui
facies que eorum auersae erant
et patris uirilia non uiderunt
euigilans autem noe ex uino
cum didicisset quae fecerat ei
filius suus minor ait
maledictus chanaan
seruus seruorum erit
fratribus suis dixitque
benedictus dns ds sem
sitchanaan seruus eius
dilatet ds iafeth et habitet
in tabernaculis sem
sitque chanaan seruus eius
dixit autem noe post diluuium
trecentis quinquaginta annis
et inpleti sunt omnes dies eius
nongentorum quinquaginta
annorum et mortuus est
Hae generationes filiorum noe
sem cham iafeth
natique sunt eis filii
post diluuium

filii iafeth gomer et magog
et madai
iaban et thubal et mosoch
et thiras
porro filii gomer ascenez
et ripath et thogorma
filii autem iaban elisa et tharsis
cetthim et dodanim
ab his divisae sunt insulae gentiu
in regionib. suis
unusquisq. secundam linguam
et familias in nationibus suis
filii autem cham chus et mes
raim et fut et chanaan
filii chus saba et hevila et saba
tha et regma et sabatacha
filii regma saba et dadan
porro chus genuit nemrod
ipse coepit esse potens in terra
et erat robustus venator
coram dno
ab hoc exivit proverbium
quasi nemrod robustus
venator coram dno
fuit autem principium regni eius
babylon et arach et achad
et calanne in terra sennaar
de terra illa egressus est assur
et aedificavit nineven et plateas
civitatis et calae
res enquoque inter nineven
et cale haec est civitas magna
at vero mesraim genuit ludim
et anamim et laabim
nepthuim et pethrusim
et cesluim
de quib. egressi sunt philisthim
et capthurim
canaan autem genuit sidonem
primogenitum suum
et theum et iebuseum
et amorreum gergeseum
eveum et araceum
sineum et aradium samariten

et amatheum
et post haec disseminati sunt
populi chananeorum
factique sunt termini chanaan
venientibus a sidone geraram
usque gazam
donec ingrediaris sodomam
et gomorram et adam
et seboim usque lesa
hii filii cham in cognationibus
et linguis et generationibus
terrisque et gentib. suis
desem quoque nati sunt patre
omnium filiorum eber fratre
iapeth maiore
filii sem aelam et assur et arpaxat
et lad et aram
filii aram us et hul et gether
et mes
at vero arfaxad genuit sala
de quo ortus est eber
nati que sunt eber filii duo
nomen unius falec eo quod in
diebus eius divisa sit terra
et nomen fratris eius iectan
qui iectan genuit helmodad
et saleph et asarmoth
iare et aduram et uzal
decla et ebal et abimahel
saba et ophir et evila et iobab
omnes isti filii iectan
et facta est habitatio eorum
de messa pergentib. usque
sephar montem orientalem
isti filii sem secundum cogna
tiones et linguas et regiones
in gentibus suis
hae familiae noe iuxta populos
et nationes suas
ab his divisae sunt gentes
in terra post diluvium
Erat autem terra labii unius
et sermonum earundem
cumq. proficiscerentur de oriente

invenerunt campum in terra
sennaar et habitaverunt in eo
dixitque alter ad proximum suum
venite faciamus lateres
et coquamus eos igni
habueruntq́ lateres pro saxis
et taitumen pro cemento
et dixerunt venite faciamus
nobis civitatem et turrem cuius
culmen pertingat ad caelum
et celebremus nomen nostrum
antequam dividamur
in universas terras
descendit autem dns ut videret
civitatem et turrem quam
aedificabant filii adam et dixit
ecce unus est populus et unum
labium omnibus
coeperuntq́ hoc facere nec
desistent a cogitationibus suis
donec eas opere compleant
venite ergo descendamus
et confundamus ibi
linguas eorum
ut non audiat unusquisque
vocem proximi sui
atque ita divisit eos dns ex illo
loco in universas terras
et cessaverunt aedificare
civitatem
et idcirco vocatum est
nomen eius babel
quia ibi confusum est labium
universae terrae
et inde dispersit eos dns super
faciem cunctarum regionum
Hae generationes sem
sem centum erat annorum
quando genuit arfaxad
biennio post diluvium
dixitque sem postquam genuit
arfaxad quingentos annos
et genuit filios et filias
porro arfaxad dixit triginta
quinque annos et genuit sale
dixitque arfaxad postquam
genuit sale trecentis
tribus annis
et genuit filios et filias
sale quoque dixit triginta
annis et genuit eber
dixitque sale postquam genuit
eber quadringentis trib. annis
et genuit filios et filias
dixit autem eber triginta quat
tuor annis et genuit falech
et vixit eber postquam genuit
falech quadringentis
triginta annis
et genuit filios et filias
dixitque falech triginta annis
et genuit reu
dixitque falech postquam
genuit reu ducentis
novem annis
et genuit filios et filias
dixit autem reu triginta duobus
annis et genuit sarug
dixitque reu postquam genuit
sarug ducentis septem annis
et genuit filios et filias
dixit vero sarug triginta annis
et genuit nabor
dixitque sarug postquam genuit
nabor ducentis annis
et genuit filios et filias
dixit autem nabor viginti novem
annis et genuit tharae
dixitque nabor postquam genuit
thare centum decem
et novem annis
et genuit filios et filias
dixitque thare septuaginta annis
et genuit abram et nabor
et aram
Hae sunt autem generationes
thare
thare genuit abram et nabor

et iram
porro aran genuit loth
mortuus que est aran ante
tharae patrem suum
in terra natiuitatis suae
in ur chaldaeorum
duxerunt autem abram
et nabor uxores
nomen autem uxoris
abram sarai
et nomen uxoris nabor melcha
filiae aran patris melchae
et patris ieschae
erat autem sarai sterelis
nec habebat liberos
tulit itaq; tharae abram filium
suum et loth filium aran
filium filii sui
et sarai nurum suam uxorem
abram filii sui
et eduxit eos de ur chaldeoru
ut irent in terram chanaan
ueneruntque usque haran
et habitauerunt ibi
et facti sunt dies tharae duce
torum quinque annorum
et mortuus est in haran
dixit autem dns ad abram
egredere de terra tua et de
cognatione tua et de domo
patris tui
in terram quam monstrabo tibi
faciamque te in gentem magna
et benedicam tibi et magnificabo
nomen tuum erisq; benedictus
benedicam benedicentib; tibi
et maledicam maledicentib; tibi
atque in te benedicentur uniuer
sae cognationes terrae
egressus est itaq; abram sicut
praeceperat ei dns et ibit
cum eo loth
septuaginta quinque annorum
erat abram cum egrederetur

de aran
tulit que sarai uxorem suam
et loth filium fratris sui
uniuersamq; substantiam
quam possiderant
et animas quas fecerant in aran
et egressi sunt ut irent
in terram chanaan
cumque uenissent in eam
pertransiuit abram terram
usque ad locum sichem usque
ad conuallem inlastrem
chananeus autem tunc erat
in terra
apparuit q; dns abram et dixit ei
semini tuo dabo terram hanc
qui aedificauit ibi altare dno
qui apparuerat ei
et inde transgrediens ad montem
qui erat contra orientem
bethel tetendit ibi taber
naculum suum
ab occidente habens bethel
et ab oriente ai
aedificauit quoque ibi altare dno
et inuocauit nomen eius
perrexitque abram uadens et
ultra progrediens ad meridie
facta est autem fames in terra
descenditq; abram in aegyptum
ut peregrinaretur ibi
praeualuerat enim fames in terra
cumque prope esset ut ingre
deretur aegyptum
dixit sarai uxori suae
noui quod pulchra sis mulier
et quod cum uiderint te aegyptii
dicturi sunt uxor ipsius est
et interficient me et te
reseruabunt
dic ergo obsecro te quod
soror mea sis
ut bene sit mihi propter te
et uiuat anima mea ob gratia tui

Cum itaque ingressus esset
abram aegyptum
uiderant aegyptii mulierem
quod esset pulchra nimis
et nuntiauerant principes
pharaoni et laudauerant
eam apud illum
et sublata est mulier
in domum pharaonis
abram uero bene usi sunt
propter illam
fueruntque ei oues et boues
et asini et serui et famulae
et asinae et cameli
flagellauit autem dns pharaonem plagis maximis
et domum eius
propter sarai uxorem abram
uocauitque pharao abram
et dixit ei
quidnam est quod fecisti mihi
quare non indicasti quod
uxor tua esset
quam ob causam dixisti esse
sororem tuam ut tollerem
eam mihi in uxorem
nunc igitur ecce coniux tua
accipe eam et uade
praecepitque pharao
super abram uiris
et deduxerant eum et uxorem
illius et omnia quae habebat
XIII Ascendit ergo abram de aegypto
ipse et uxor eius et omnia
quae habebat
et loth cum eo ad australem
plagam
erat autem diues ualde in possessione argenti et auri
reuersusque est per iter
quo uenerat a meridie in bethel
usque ad locum ubi prius fixerat
tabernaculum inter
bethel et ai

in loco altaris quod fecerat prius
et inuocauit ibi nomen dni
sed et loth qui erat cum abram
fuerunt greges ouium et armenta et tabernacula
nec poterat eos capere terra
ut habitarent simul
erat quippe substantia
eorum multa
et non quibant habitare
communiter
unde et facta est rixa inter
pastores gregum abram
et loth
eo autem tempore chananeus
et ferezeus habitabant
in terra illa
dixit ergo abram ad loth ne quaeso sit iurgium inter me et te
et inter pastores meos
et pastores tuos
fratres enim sumus
ecce uniuersa terra
coram te est
recede a me obsecro
si ad sinistram ieris ego
ad dexteram tenebo
si tu dexteram elegeris
ego ad sinistram pergam
eleuatis itaque loth oculis
uidit omnem circa regionem
iordanis quae uniuersa
inrigabatur
antequam subuerteret dns
sodomam et gomorram
sicut paradisus dni et sicut
aegyptus uenientibus in segor
elegitque sibi loth regionem
circa iordanem et recessit
ab oriente
diuisique sunt alter ab altero
a fratre suo
abram habitauit in terra chanaan
loth moratus est in oppidis

quae erant circa iordanem
et habitauit in sodomis
homines autem sodomitae
pessimi erant et peccatores
coram dno nimis
dixitque dns ad abram postquam
diuisus est loth ab eo
leua oculos tuos et uide
a loco in quo nunc es
ad aquilonem et ad meridiem
ad orientem et ad occidentem
omnem terram quam conspicis
tibi dabo et semini tuo
usque in sempiternum
faciamque semen tuum
sicut puluerem terrae
si quis potest hominum
numerare puluerem
semen quoque tuum
numerare poterit
surge et perambula terram
in longitudine et in latitudine
sua quia tibi daturus sum eam
XIII Mouens igitur abram
tabernaculum suum
uenit et habitauit iuxta conuallem
mambre quod est
in ebron
aedificauitque ibi altare dno
Facta est autem in illo tem
pore ut amrafel rex sennaar
et arioch rex ponti
et codorlahomor rex elamitaru
et thadar rex gentium
inirent bellum contra bara
regem sodomorum
et contra bersa regem gomorrae
et contra sennaab regem adamae
et contra semeber regem seboi
contraque regem balae
ipsa est segor
omnes hii conuenerant in ualle
siluestrem quae nunc est
mare salis

duodecim enim annis serui
erant codorlahomor
et tertio decimo anno
recesserant ab eo
igitur quarto decimo anno
uenit codorlahomor
et reges qui erant cum eo
percusseruntque rafaim
in astaroth carnaim
et zuzim cum eis
et emim in sabe cariathaim
et chorreos in montib· seir
usque ad campestria pharan
quae est in solitudine
Reuersique sunt et uenerunt
ad fontem mesfat
ipsa est cades
et percusserunt omnem regio
nem amalechitarum
et amorraeum qui habitabat
in asonthamor
et egressi sunt rex sodomorum
et rex gomorrae
rexque adamae et rex seboim
nec non et rex balae
quae est segor
et direxerunt contra eos aciem
in ualle siluestri
scilicet aduersum codorla
homor regem aelamitarum
et thadar regem gentium
et amrafel regem sennaar
et arioch regem ponti
quattuor reges aduersus quinq.
uallis autem siluestris habebat
puteos multos bituminis
itaque rex sodomorum et
gomorrae terga uerterunt
cecideruntque ibi
et qui remanserant fugerunt
ad montem
tulerunt autem omnem sub
stantiam sodomorum
et gomorrae

et uniuersa quae adcibum per
tinent et abierunt
necnon et loth et substantiam eius
filium fratris abram quihabi
tabat insodomis
et ecce unus quieuaserat nunti
auit abram hebraeo
quihabitabat inconualle
mambre amorrei
fratris eschol et fratris aner
hiienim pepigerant foedus
cum abram
quod cum audisset abram captū
uidelicet loth fratrem suum
numerauit expeditos uerna
culos suos trecentos
decem et octo
et persecutus est eos usq. dan
et diuisis sociis inruit
super eos nocte
percussitque eos et persecutus
est asque oban quae est
ad leuam damasci
reduxitque omnem substan
tiam et loth fratrem suum
cum substantia illius
mulieres quoq. et populum
egressus est autem rex sodo
morum inoccursum eius
postquam reuersus est acaede
codorlahomor et regum
qui cum eo erant
in ualle sabe quae est uallis regis
XV At uero melchisedech rex salem
proferens panem et uinum
erat enim sacerdos di altissimi
benedixit ei et ait
benedictus abram dō excelso
qui creauit caelum et terram
et benedictus ds excelsus
quo protegente hostes
in manibus tuis sunt
et dedit ei decimas exomnibus
dixit autem rex sodomorum
adabram
da mihi animas cetera tolle tibi
qui respondit ei leuo manum
meam addnm dm excelsum
possessorem caeli et terrae
quod a filo subteminis usq. ad
corrigiam caligae non accipiā
exomnib. quae tua sunt
nedicas ego ditaui abram
exceptis his quae comederunt
iuuenes
et partib. uirorum qui uene
runt mecum
aner eschol et mambre
isti accipient partes suas
XVI his itaq. transactis
factus est sermo dni adabram
per uisionem dicens
noli timere abram
ego protector tuus sum et mer
ces tua magna nimis
dixitq. abram dnecē
quid dabis mihi
ego uadam absque liberis
et filius procuratoris domus
meae iste damascus eliezer
addiditque abram
mihi autem non dedisti semen
et ecce uernaculus meus
heres meus erit
statimq. sermo dni factus est
ad eum dicens
non erit hic heres tuus sed qui
egredietur deutero tuo
ipsum habebis heredem
eduxitque eum foras et ait illi
suspice caelum et numera
stellas sipotes
et dixit ei sic erit semen tuum
credidit dnō et deputatum
est ei ad iustitiam
dixitque adeum
ego dns quieduxi te de ur
chaldaeorum

dabo tibi terram istam
et possideres eam
at ille ait dne ds unde scire
possum quod possessurus
sim eam
respondens dns
sume inquit uaccam triennem
et capram trimam et arietem
annorum trium
turturem quoq. et columbam
qui tollens uniuersa haec
diuisit per mediam
et utrasque partes contra se
altrinsecus posuit aues
autem non diuisit
descenderuntque aduolucres
super cadauera et abigebat
eas abram
cumque sol obcumberet sopor
inruit super abram
et horror magnus et tenebro-
sus inuasit eum
dictumque est ad eum
scito praenoscens quod peregrinum futurum sit semen
tuum in terra non sua
et subicient eos seruituti
et adfligent quadringentis annis
uerum tamen gentem cui seru-
ituri sunt ego iudicabo
et post haec egredientur
cum magna substantia
tu autem ibis ad patres tuos
in pace sepultus in senectute bona
generatione autem quarta
reuertentur huc
necdum enim completae sunt
iniquitates amorraeorum
usq. ad praesens tempus
cum ergo obcubuisset sol facta
est caligo tenebrosa
et apparuit clibanus fumans
et lampans ignis transiens

inter diuisiones illas
in die illo pepigit dns cum
abram foedus dicens
semini tuo dabo terram hanc
a fluuio aegypti usq. ad fluuium
magnum flumen eufraten
cinaeos et cenezaeos et cet-
monaeos et hettheos
et ferezaeos
raphaim quoq. et amorraeos
et chananaeos et gerge-
saeos et iebusaeos
igitur sarai uxor abram
non genuerat liberos
sed habens ancillam aegyptiam
nomine agar dixit marito suo
ecce conclusit me dns ne parerem
ingredere ad ancillam meam
si forte saltem ex illa
suscipiam filios
cumque ille adquiesceret
deprecanti
tulit agar aegyptiam
ancillam suam
post annos decem quam habitare coeperant in terra chanaan
et dedit eam uiro suo uxorem
qui ingressus est ad eam
at illa concepisse se uidens
despexit dominam suam
dixitq. sarai ad abram
inique agis contra me
ego dedi ancillam meam
in sinum tuum
quae uidens quod conceperit
despectui me habet
iudicet dns inter me et te
cui respondens abram
ecce ait ancilla tua in manu
tua est utere ea ut libet
affligente igitur eam
sarai fugam iniit
cumq. inuenisset illam angelus
dni iuxta fontem aquae

in solitudine qui est in deserto
sur dixit ad eam
agar ancilla sarai unde uenis
et quo uadis
quae respondit a facie sarai
dominae meae ego fugio
dixitque ei angelus dni
reuertere ad dominam tuam
et humiliare sub manib· ipsius
et rursum multiplicans
inquit multiplicabo semen
tuum et non numerabitur
prae multitudine
ac deinceps ecce inquit concepi
sti et paries filium
uocabisq· nomen eius ismahel
eo quod audierit dns
adflictionem tuam
hic erit ferus homo
manus eius contra omnes et
manus omnium contra eum
et e regione uniuersorum
fratrum suorum figet
tabernacula
uocauit autem nomen dni
qui loquebatur ad eam
tu ds qui uidisti me
dixit enim profecto hic uidi
posteriora uidentis me
propterea appellauit
puteum illum
puteum uidentis et uidentis me
ipse est inter cades et barad
Peperitq· abrae filium quid uoca
uit nomen eius ismahel
octoginta et sex annorum erat
quando peperit ei agar
ismahelem

XVII Postquam uero nonaginta
et nouem annorum esse
coeperat
apparuit ei dns dixitq· ad eum
ego ds omnipotens ambula
coram me et esto perfectus
ponamq· foedus meum
inter me et te
et multiplicabo te
uehementer nimis
cecidit abram pronus in faciem
dixit que ei ds
ego sum et pactum meum tecum
eris que pater multarum
gentium
nec ultra uocabitur
nomen tuum abram
sed appellaueris abraham
quia patrem multarum
gentium constitui te
faciamq· te crescere
uehementissime
et ponam in gentib· recesque
ex te egredientur
et statuam pactum meum
inter me et te
et inter semen tuum post te
in generationib· suis foedere
sempiterno
ut sim ds tuus et seminis tui
post te
daboq· tibi et semini tuo terram
peregrinationis tuae
omnem terram chanaan
in possessionem aeternam
eroq· ds eorum

XVIII Dixit iterum ds ad abraham
et tu ergo custodies pactum meum
et semen tuum post te
in generationib· suis
hoc est pactum quod obser
uabis inter me et uos et
semen tuum post te
circum cidetur ex uobis
omne masculinum
et circum cidetis carnem
praeputii uestri
ut sit signum foederis
inter me et uos
infans octo dierum circum

cidetur inuobis
omne masculinum ingenera
tionib. uestris
tam uernaculus quam empti
cius circumcidetur
etquicumq. non fuerit
destirpe uestra
eritque pactum meum incarne
uestra infoedus aeternum
masculus cuius praeputii
caro circumcisa non fuerit
deleatur anima illa
depopulo suo
quia pactum meum
irritum fecit

XVII Dixit quoque ds adabraham
sarai uxorem tuam nonuocabis
sarai sed sarram
etbenedicam ei etexilla dabo
tibi filium cuibenedicturus sum
eritque innationes etreges
populorum orientur exeo
cecidit abraham infaciem
etrisit dicens incorde suo
putasne centenario nascetur
filius etsara nonaginaria
pariet
dixitque addm utinam ismahel
uiuat coram te
etait ds adabraham
sara uxor tua pariet tibi filium
uocabisq. nomen eius isaac
etconstituam pactum meum
illi infoedus sempiternum
etsemini eius posteum
superismahel quoq. exaudiuite
ecce benedicam ei etaugebo
etmultiplicabo eum ualde
duodecim duces generauit
etfaciam illum ingentem
magnum
pactum uero meum statuam
adisaac
quem pariet tibisarra tempore

isto inanno altero
cumq. finitus esset sermo
loquentis cum eo
ascenditds ababraham
tulit autem abraham ismahe
lem filium suum
etomnes uernaculos domus
suae uniuersosque
quos emerat
cunctos mares exomnib.
uiris domus suae
etcircumcidit carnem
praeputii eorum
statim inipsa die sicut
praeceperat eids
nonaginta nouem erat annorum
quando circumcidit carnem
praeputii sui
etismahel filius eius tredecim
annos impleuerat tempore
circumcisionis suae
eidem die circumcisus est
abraham etismahel
filius eius
etomnes uiri domus illius
tam uernaculi quam empticii
etalienigenae pariter
circumcisi sunt

XX Apparuit autem ei dns incon
XVIII ualle mambrae
sedenti inostio tabernaculi sui
inipso feruore diei
cumq. eleuasset oculos appa
ruerunt ei tres uiri
stantes propeeum
quos cum uidisset cucurrit
inoccursum eorum deostio
tabernaculi
etadorauit interra et dixit
dne siinueni gratiam inoculis
tuis netranseas seruum tuum
sed afferam paruulum aquae
etlauate pedes uestros
etrequiescite subarbore

ponam bucellam panis et con
  fortate cor uestrum
postea transibitis
idcirco enim declinastis
  ad seruum uestrum
qui dixerunt fac ut locutus es
festinauit abraham in taber
  naculum ad sarram
dixitque ei
accelera tria sata similae con
  misce et fac subcinericios
  panes
ipse uero ad armentum cucurrit
et tulit inde uitulum tener
  rimum et optimum
deditq puero qui festinauit
et coxit illum
tulit quoq botyrum et lac
et uitulum quem coxerat
et posuit coram eis
ipse uero stabat iuxta eos
  sub arbore
cumq comedissent
  dixerunt ad eum
ubi est sarra uxor tua
ille respondit ecce in taber
  naculo est   cui dixit
reuertens ueniam ad te
  tempore isto uita comite
et habebit filium sarra uxor tua
quo audito sarra risit post
  ostium tabernaculi
erant autem ambo senes
  prouectęq aetatis
et desierant sarae fieri
  muliebria
quae risit occulte dicens
postquam consenui et dominus
  meus uetulus est uoluptati
  operam dabo
dixit autem dns ad abraham
quare risit sara dicens num
  uere paritura sum anus
numquid do est quicquam
difficile
iuxta condictum reuertar ad te
hoc eodem tempore uita comite
et habebit sara filium
negauit sara dicens non risi
  timore perterrita
dns autem non est inquit ita
  sed risisti
cum ergo surrexissent inde
  uiri direxerunt oculos suos
  contra sodomam
et abraham simul gradiebatur
  deducens eos
dixitque dns
num celare potero abraham
  quae gesturus sum
cum futurus sit in gentem
  magnam ac robustissimam
et benedicendae sint in illo
  omnes nationes terrae
scio enim quod praecepturus
  sit filiis suis et domui
  suae post se
ut custodiant uiam dni et faci
  ant iustitiam et iudicium
ut adducat dns propter abra
  ham omnia quae locatus
  est ad eum
dixit itaque dns
clamor sodomorum et gomor
  rae multiplicatus est
et peccatum earum adgra
  uatum est nimis
descendam et uidebo utrum
  clamorem qui uenit ad me
  opere compleuerint
an non est ita ut sciam
conuerteruntq se inde
et abierunt sodomam
abraham uero adhuc stabat
  coram dno
et adpropinquans ait
numquid perdes iustum
  cum impio

si fuerint quinquaginta iusti
　in ciuitate peribunt simul
et non parces loco illi propter
　quinquaginta iustos
　si fuerint in eo
absit a te ut rem hanc facias
et occidas iustum cum impio
fiatq; iustus sicut impius
non est hoc tuum qui iudicas
　omnem terram nequa
　quam facies iudicium
dixitq; dns ad eum si inuenero
　sodomis quinquaginta iustos
　in medio ciuitatis
dimittam omni loco propter eos
respondens abraham ait
quia semel coepi loquar ad dnm
　meum cum sim puluis
　et cinis
quid si minus quinquaginta
　iustis quinq; fuerint
delebis propter quinq;
　uniuersam urbem
et ait non delebo si inuenero
　ibi quadraginta quinque
rursumq; locutus est ad eum
si autem quadraginta inuenti
　fuerint quid facies
ait non percutiam propter
　quadraginta
ne quaeso indigneris dne
　si loquar
quid si inuenti fuerint
　ibi triginta
respondit non faciam si in
　uenero triginta
quia semel ait coepi loquar
　ad dnm meum
quid si inuenti fuerint
　ibi uiginti
dixit non interficiam
　propter uiginti
obsecro inquit ne irascaris
　dne si loquar adhuc semel

quid si inuenti fuerint
　ibi decem
dixit non delebo propter dece̅
Abiitq; dns postquam cessauit
　loqui ad abraham
et ille reuersus est
　in locum suum
ueneruntq; duo angeli
　sodomam uespere
sedente loth in foribus ciuitatis
qui cum uidisset surrexit
　et iuit obuiam eis
adorauitq; pronus in terra
　et dixit
obsecro domini declinate
　in domum pueri uestri
　et manete ibi
lauate pedes uestros
　et mane proficiscimini
　in uiam uestram
qui dixerunt minime sed in
　platea manebimus
compulit illos oppido ut
　deuerterent ad eum
ingressisq; domum illius
　fecit conuiuium
coxit azyma et comederunt
prius autem quam irent cubitu̅
uiri ciuitatis uallauerunt
　domum
a puero usq; ad senem
omnis populus simul
uocaueruntq; loth
　et dixerunt ei
ubi sunt uiri qui introierunt
　ad te nocte
educ illos huc ut cognos
　camus eos
egressus ad eos loth post ter
　gum ad cludens ostium ait
nolite quaeso fratres mei
　nolite malum hoc facere
habeo duas filias quae necdum
　cognouerunt uirum

educam eas aduos et abutimini
eis sicut placuerit uobis
dum modo uiris istis
nihil faciatis mali
quia ingressi sunt sub umbra
culmi tegminis mei
at illi dixerunt recede illuc
et rursus ingressus es ut aduena
numquid ut iudices
te ergo ipsum magis quam
hos affligemus
uimque faciebant loth
uehementissime
iam prope erat ut refrin
gerent fores
et ecce miserunt manum uiri
et introduxerunt ad se loth
claseruntq. ostium
et eos qui erant foris percus
serunt caecitate a minimo
usq. ad maximum
ita ut ostium inuenire
non possent
dixerunt autem ad loth
habes hic tuorum quempiam
generum aut filios aut filias
omnes qui tui sunt
educ de urbe hac
delebimus enim locum istum
eo quod increuerit clamor
eorum coram dno
qui misit nos ut perdamus illos
egressus itaq. loth locutus
est ad generos suos
qui accepturi erant filias
eius et dixit
surgite egredimini de loco isto
quia delebit dns ciuitatem hanc
et uisus est eis quasi
ludens loqui
cumq. esset mane cogebant
eum angeli dicentes
surge tolle uxorem tuam
et duas filias quas habes

ne et tu pariter pereas
in scelere ciuitatis
dissimulante illo adpraehen
derunt manum eius et manu
uxoris ac duarum filiarum eius
eo quod parceret dns illi
et duxerunt eum posueruntq.
extra ciuitatem
ibi locutus est ad eum
salua animam tuam noli respi
cere post tergum
nec stes in omni circa regione
sed in monte saluum te fac
ne et tu simul pereas
dixitque loth ad eos
quaeso dne mi si inuenit seruus
tuus gratiam coram te
et magnificasti misericordiam
tuam quam fecisti mecum
ut saluares animam meam
nec possum in monte saluari
ne forte adpraehendat me
malum et moriar
est ciuitas haec iuxta ad quam
possum fugere parua
et saluabor in ea
numquid non modica est
et uiuet anima mea
dixitque ad eum
ecce etiam in hoc suscepi
preces tuas
et non subuertam urbem
pro qua locutus es
festina et saluare ibi quia
non potero facere quicquam
donec ingrediaris illuc
idcirco uocatum est nomen
urbis illius segor
sol egressus est super terram
et loth ingressus est in segor
igitur dns pluit super sodo
mam et gomorram sulphur
et ignem a dno de caelo
et subuertit ciuitates has

etomnem circa regionem
uniuersos habitatores urbium
et cuncta terrae uirentia
respiciensq; uxor eius post se
uersa est in statuam salis

XXI Abraham autem consurgens
mane ubi steterat prius
cum dno
intuitus est sodomam
et gomorram
et uniuersam terram
regionis illius
uiditq; ascendentem fauillam
de terra quasi fornacis fumu'
cum enim subuerteret ds ciui
tates et regiones illius
recordatus abrahae liberauit
loth de subuersione urbium
in quib; habitauerat
ascenditq; loth de segor
et mansit in monte
duaeq; filiae eius cum eo
timuerat enim manere in segor
et mansit in spelunca ipse
et duae filiae eius

XXII Dixitq; maior ad minorem
pater noster senex est
et nullus uirorum
remansit in terra
qui possit ingredi ad nos
iuxta morem uniuersae terrae
ueni inebriemus eum uino
dormiamusq; cum eo
ut seruare possimus ex patre
nostro semen
dederunt itaq; patri suo
bibere uinum nocte illa
et ingressa est maior dormi
uitque cum patre
at ille non sensit nec quando
accubuit filia nec quando
surrexit
altera quoq; die dixit
maior ad minorem

ecce dormiui heri cum
patre meo
demus ei bibere uinum
etiam hac nocte
et dormies cum eo ut salue
mus semen de patre nostro
dederunt et in illa nocte
patri uinum
ingressaq; minor filia
dormiuit cum eo
et nec tunc quidem sensit
quando concubuerit uel
quando illa surrexerit
conceperunt ergo duae
filiae loth de patre suo
peperitq; maior filiam et
uocauit nomen eius moab
ipse est pater moabitarum
usq; in praesentem diem
minor quoq; peperit filiam
et uocauit nomen eius amon
id est filius populi mei
ipse est pater ammanitarum
usque hodie

XXIII Profectus inde abraham
in terram australem
habitauit inter cades et sur
et peregrinatus est in geraris
dixitque de sara uxore sua
soror mea est
misit ergo abimelech rex
terrae et tulit eam
uenit autem ds ad abimelech
per somnium noctis et ait ei
en morere propter mulierem
quam tulisti habet enim uirum
abimelech uero non tetige
rat eam
et ait dne
num gentem ignorantem
et iustam interficies
non ipse dixit mihi soror
mea est
et ipsa ait frater meus est

genes

in simplicitate cordis mei et
munditia manuum feci hoc
dixitque ad eum ds
et ego scio quod simplici
corde feceris
et ideo custodiui te
ne peccares in me
et non dimisi ut tangeres eam
nunc igitur redde uxorem
uiro suo
quia propheta est et orauit
pro te et uiues
si autem nolueris reddere
scito quod morte morieris
tu et omnia quae tua sunt
statimque de nocte consurgens
abimelech uocauit omnes
seruos suos
et locutus est uniuersa
uerba haec in auribus eorum
timueruntque omnes uiri ualde
uocauit autem abimelech
etiam abraham et dixit ei
quid fecisti nobis quid
peccauimus in te
quia induxisti super me
et super regnum meum
peccatum grande
quae non debuisti facere
fecisti nobis
rursusque expostulans ait
quid uidisti ut hoc faceres
respondit abraham
cogitaui mecum dicens
forsitan non est timor di
in loco isto
et interficient me
propter uxorem meam
alias autem et uere
soror mea est
filia patris mei et non filia
matris meae et duxi eam uxorem
postquam autem eduxit me ds
de domo patris mei dixi ad eam

hanc misericordiam
facies mecum
in omni loco ad quem ingredi
emur dices quod frater
tuus sim
tulit igitur abimelech oues
et boues et seruos et ancillas
et dedit abraham
reddiditque illi saram uxorem
suam et ait
terra coram uobis est ubicumque
tibi placuerit habita
sarae autem dixit
ecce mille argenteos
dedi fratri tuo
hoc erit tibi in uelamen oculorum
ad omnes qui tecum sunt
et quocumque perrexeris
mementoque te deprehensam
orante autem abraham sanauit
ds abimelech et uxorem
ancillasque eius et pepererunt
concluserat enim ds omnem
uuluam domus abimelech
propter sara uxorem abraham
xxiiii Uisitauit autem dns saram
sicut promiserat et imple
uit quae locutus est
concepitque et peperit filium
in senectute sua
tempore quo praedixerat
ei ds
uocauitque abraham nomen
filii sui quem genuit ei
sara isaac
et circumcidit eum octauo
die sicut praeciperat ei ds
cum centum esset annorum
hac quippe aetate patris
natus est isaac
dixitque sara risum fecit mihi ds
quicumque audierit
conridebit mihi
rursumque ait

quis auditurum crederet
abraham quod sara
lactaret filium
quem peperit ei iam seni
creuit igitur puer
et ablactatus est
fecitq; abraham grande
conuiuium
indie ablactationis eius
cumq; uidisset sara filium
agar aegyptiae ludentem
cum isaac filio eius
dixit ad abraham
eice ancellam hanc et filium eius
non enim erit heres filius
ancillae cum filio meo isaac
dure accepit hoc abraham
pro filio suo
cui dixit ds
non tibi uideatur asperum
super puero et super
ancilla tua
omnia quae dixerit tibi sara
audi uocem eius
quia in isaac uocabitur
tibi semen
sed et filium ancillae faciam
in gentem magnam
quia semen tuum est

xxv Surrexit itaq; abraham mane
et tollens panem et utrem
aquae inposuit scapulae eius
tradiditq; puerum
et dimisit eam
quae cum abisset errabat
in solitudine bersabee
cumq; consumpta esset
aqua in utre
abiecit puerum subter unam
arborum quae ibi erant
et abiit seditq; e regione procul
quantum potest arcus iacere
dixit enim non uidebo
morientem puerum

et sedens contra leuauit
uocem suam et fleuit
exaudiuit autem ds uocem pueri
uocauitq; angelus dni agar
decaelo dicens
quid agis agar noli timere
exaudiuit enim ds uocem
pueri deloco in quo est
surge tolle puerum
et tene manum illius
quia in gentem magnam
faciam eum
aperuitq; oculos eius ds
quae uidens puteum aquae
abiit et impleuit utrem
deditq; puero bibere
et fuit cum eo
qui creuit et moratus est
in solitudine et factus est
iuuenis sagittarius
habitauitq; in deserto pharan
et accepit illi mater sua
uxorem de terra aegypti

xxvi Eodem tempore dixit abime
lech et phicol princeps
exercitus eius ad abraham
ds tecum est in uniuersis
quae agis
iura ergo per dnm ne noceas
mihi et posteris meis
stirpique meae
sed iuxta misericordiam
quam feci tibi
facies mihi et terrae in qua
uersatus es aduena
dixitq; abraham ego iurabo
et increpauit abimelech
propter puteum aquae quem
ui abstulerant serui illius
respondit abimelech
nesciui quis fecerit hanc rem
sed et tu non indicasti mihi
et ego non audiui praeter hodie
tulit itaq; abraham oues

et boues et dedit abimelech
percusseruntq. ambo foedus
et statuit abraham septem
agnas gregis seorsum
cui dixit abimelech
quid sibi uolunt septem agnae
istae quas stare fecisti seorsa̅
at ille septem inquit agnas
accipies de manu mea
ut sint intestimonium mihi
quoniam ego fodi puteum ista̅
idcirco uocatus est locus
ille bersabee
quia ibi uterq. iurauit et in
ierunt foedus pro puteo
iuramenti
surrexit autem abimelech
et ficol princeps
militiae eius
reuersiq. sunt in terram
philistinorum
abraham uero plantauit
nemus in bersabee
et inuocauit ibi nomen d̅n̅i̅
d̅i̅ aeterni
et fuit colonus terrae phi
listinorum dieb. multis
Quae postquam gesta sunt
temptauit d̅s̅ abraham
et dixit ad eum
abraham ille respondit ad sum
ait ei tolle filium tuum uni
genitum quem diligis isaac
et uade in terram uisionis atq.
offeream ibi holocaustum
super unum montium quem
monstrauero tibi
igitur abraham denocte
consurgens strauit asinu̅ suu̅
ducens secum duos iuuenes
et isaac filium suum
cumq. concidisset ligna
in holocaustum
abiit ad locum quem prae

ceperat ei d̅s̅
die autem tertio eleuatis
oculis uidit locum procul
dixitq. ad pueros suos
expectate hic cum asino
ego et puer illuc usq.
properantes postquam
adorauerimus reuer
temur aduos
tulitq. quoq. ligna holocausti
et inposuit super isaac
filium suum
ipse uero portabat inmanib;
ignem et gladium
cumque duo pergerent simul
dixit isaac patri suo pater mi
at ille respondit quid uis fili
ecce inquit ignis et ligna ubi est
uictima holocausti
dixit abraham d̅s̅ prouidebit
sibi uictimam holocausti
fili mi
pergebant ergo pariter
ueneruntq. ad locum quem
ostenderat ei d̅s̅
in quo aedificauit altare et
desuper ligna composuit
cumq. conligasset isaac
filium suum
posuit eum in altari super
struem lignorum
extenditq. manum et arripuit
gladium ut immolaret filiu̅
et ecce angelus d̅n̅i̅ de caelo
clamauit dicens
abraham abraham
qui respondit adsum dixitq.
non extendas manum tuam
super puerum neq.
facias ei quicquam
nunc cognoui quod timeas d̅n̅m̅
et non peperceris filio tuo
unigenito propter me
leuauit abraham oculos

uiditq· post tergum arietem
inter uepres herentem
cornibus
quem adsumens obtulit
holocaustum profilio
appellauitq· nomen loci
illius dns uidet
unde usq· hodie dicitur
in monte dns uidebit
uocauit autem angelus dni
abraham secundo
decaelo dicens
per memetipsum iuraui
dicit dns
quia fecisti rem hanc et non
pepercisti filio tuo unigenito
benedicam tibi et multipli
cabo sementuum sicut
stellas etuelut harenam
quae est in litore maris
possidebit sementuum
portas inimicorum suorum
etbenedicentur in semine
tuo omnes gentes terrae
quia oboedisti uoci meae
reuersus est abraham
adpueros suos
abieruntq· bersabee simul
et habitauit ibi
his ita gestis nuntiatum est
abraham quod melcha quoq·
genuisset filios nahor
fratri suo
hus primogenitum et buz
fratrem eius
camuhel patrem syrorum
et chased et azau
pheldas quoq· et iedlaphae
batuel dequo nata est rebecca
octo istos genuit melcha
nahor fratri abraham
concubina uero illius nomine
roma peperit tabee et gaon
et thaas et maacha

dixit autem sara centum
uiginti et septem annis
et mortua est inciuitate
arbee quae est hebron
in terra chanaan
uenitque abraham ut plange
ret et fleret eam
cumq· surrexisset abofficio
funeris
locutus est adfilios heth dicens
aduena sum et peregrinus
apud uos
date mihi ius sepulchri uobiscum
ut sepeliam mortuam meam
responderantq· filii heth
audi nos domine princeps
dies aput nos
inelectis sepulchris nostris
sepeli mortuam tuam
nullusq· prohibere te pote
rit quin in monumento eius
sepelias mortuam tuam
surrexit abraham et adora
uit populum terrae
filios uidelicet heth
dixitque adeos
si placet animae uestrae
ut sepeliam mortuam meam
audite me et intercedite
apud ephron filium soor
ut det mihi speluncam dupli
cem quam habet in extrema
parte agri sui
pecunia digna tradat mihi eam
coram uobis in possessi
onem sepulchri
habitabat autem ephron
in medio filiorum heth
responditq· ad abraham cunc
tis audientib· qui ingrediebantur portam ciuitatis
illius dicens
nequaquam ita fiat domine mi
sed magis auscultaquod loquar

agrum trado tibi et spelun
cam quae in eo est praesen
tib. filiis populi mei
sepeli mortuum tuum
adorabit abraham coram
populo terrae
et locutus est ad ephron
circum stante plebe
quaeso ut audias me
dabo tibi pecuniam pro agro
suscipe eam et sic sepeliam
mortuum meum in eo
respondit ephron
domine mi audi
terram quam postulas
quadringentis argenti
siclis ualet
istud est praetium inter me et te
sed quantum est hoc sepeli
mortuum tuum
quod cum audisset abraham
adpendit pecuniam quam
ephron postulaverat audi
entib. filiis beth
quadringentos siclos argenti
et probatae monetae publicae
confirmatus q. est ager quon
dam ephronis in quo erat
spelunca duplex respici
ens mambre
tam ipse quam spelunca et
omnes arbores eius in cunc
tis terminis per circuitum
abrahae in possessionem
uidentib. filiis beth et cunctis
qui intrabant portam
ciuitatis illius
atq. ita sepeliuit abraham
saram uxorem suam in spe
lunca agri duplici
qui respiciebat mambre haec
est hebron in terra chanaan
et confirmatus est ager
et antrum quod erat in eo

abrahae in possessionem
monumenti a filiis beth
/xxviiii Erat autem abraham senex
dierumq. multorum
et dns in cunctis benedixerat ei
dixitq. ad seruum seniorem
domus suae
qui praeerat omnib. quae habebat
pone manum tuam subter
femur meum
ut adiurem te per dnm dm
caeli et terrae
ut non accipias uxorem filio
meo de filiab. chananaeor
inter quos ego habito
sed ad terram et ad cognati
onem meam proficiscaris
et inde accipias uxorem
filio meo isaac
respondit seruus
si noluerit mulier uenire
mecum in terram hanc
num reducere debeo filium
tuum ad locum de quo
egressus es
dixit abraham caue ne quando
reducas illuc filium meum
dns ds caeli, qui tulit me
de domo patris mei et de
terra natiuitatis meae
qui locatus est mihi
et iurauit dicens
semini tuo dabo terram hanc
ipse mittet angelum suum
coram te
et accipies inde uxorem
filio meo
sin autem noluerit mulier
sequi te non teneberis
iuramento
filium tantum meum
ne reducas illuc
posuit ergo seruus manum
subter femur abraham domini sui

et iurauit illi super sermone hoc
tulitq decem camelos de grege
dominisui etabiit
ex omnib bonis eius
portans secum
profectusq perrexit mesopo
tamiam adurbem nahor
cumq camelos fecisset
accumbere
extra oppidum iuxta puteum
aquae uespere
eo tempore quo solent muli
eres egredi ad auriendam
aquam dixit
dne ds domini mei abraham
occurre obsecro hodie mihi
et fac misericordiam
cum dno meo abraham
ecce ego sto propter
fontem aquae
et filiae habitatorum huius
ciuitatis egredientur
ad auriendam aquam
igitur puella cui ego dixero
inclina hydriam tuam ut bibam
et illa responderit bibe quin
et camelis tuis dabo potum
ipsa est quam praeparasti
seruo tuo isaac
et per hoc intellegam quod
feceris misericordiam
cum domino meo
necdum intra se uerba
compleuerat
et ecce rebecca egrediebatur
filia bathuel filii melchae
uxoris nahor fratris abraham
habens hydriam in scapula
puella decora nimis uirgoq
pulcherrima et incog
nita uiro
descenderat autem adfontem
et impleuerat hydriam
ac reuertebatur

occurritq ei seruus et ait
pauxillum mihi ad sorben
dum praebe aquae
de hydria tua
quae respondit
bibe domine mi
celeriterq deposuit hydriam
super ulnam suam
et dedit ei potum
cumq ille bibisset adiecit
quin et camelis tuis hauriam
aquam donec cuncti bibant
effundensq hydriam in cana
lib recurrit ad puteam
ut auriret aquam
et haustam omnib camelis dedit
ille autem contempla
batur eam tacitus
scire uolens utrum prospe
rum fecisset iter suum
dns annon
postquam uero biberant cameli
protulit uir inaures aureas
appendentes siclos duos
et armellas totidem pondo
siclorum decem
dixitq ad eam cuius es filia
indica mihi
est in domo patris tui
locus ad manendum
quae respondit filia bathuelis
sum filii melchae quem
peperit nahor
et addidit dicens
palearum quoq et feni
plurimum est apud nos
et locus spatiosus ad manendum
inclinauit se homo et ado
rauit dnm dicens
benedictus dns ds domini
mei abraham
qui non abstulit miseri
cordiam et ueritatem
suam a domino meo

et recto me itinere perduxit
  in domum fratris domini mei
cucurritq· puella et nun-
  tiauit in domum matris suae
  omnia quae audierat
habebat autem rebecca
  fratrem nomine laban
qui festinus egressus est
  ad hominem ubi erat fons
cumq· uidisset inaures et armillas in manib· sororis suae
et audisset cuncta uerba
  referentis
  haec locuta est mihi homo
uenit ad uirum qui stabat
  iuxta camelos propter
  fontem aquae dixitq· ad eum
Ingredere benedicte dñi
  cur foris stas
praeparaui domum et locum
  camelis
et introduxit hospitium
  ac destrauit camelos
deditq· paleas et faenum
  et aquam ad lauandos pedes
  camelorum et uirorum
  qui uenerant cum eo
et appositus est in con-
  spectu eius panis
qui ait· non comedam donec
  loquar sermones meos
respondit ei loquere
at ille inquit· seruus
  abraham sum·
et dñs benedixit domino
  meo ualde
magnificatusq· est et dedi(t)
  ei oues et boues argentum
  et aurum seruos et ancillas camelos et asinos
et peperit sara uxor domini
  mei filium domino meo
  in senectute sua
deditq· illi omnia quae habuerat

et adiurauit me dominus
  meus dicens
non accipies uxorem filio meo
  de filiab· chananaeorum
  in quorum terra habito
sed ad domum patris mei perges
  et de cognatione mea accipies
  uxorem filio meo
ego uero respondi domino meo
  quid si noluerit uenire
  mecum mulier
dñs ait in cuius conspectu ambulo
  mittet angelum suum tecum
  et diriget uiam tuam
accipies q· uxorem filio meo
  de cognatione mea
  et de domo patris mei
innocens eris a maledictione
  mea cum ueneris ad propinquos meos et non dederint tibi
uenier go hodie ad fontem
  et dixi
dñe ds domini mei abraham
  si direxisti uiam meam
  in qua nunc ambulo
ecce sto iuxta fontem aquae
  et uirgo quae egredietur
  ad auriendum aquam
  audierit a me
da mihi paxillulam aquae
  ad bibendum ex hydria tua
et dixerit mihi et tu bibe
  et camelis tuis hauriam
ipsa est mulier quam praeparauit dñs filio domini mei
dum haec mecum tacitus
  uoluerem
apparuit rebecca ueniens
  cum hydria quam portabat
  in scapula
descenditq· ad fontem
  et hausit aquam
et aio ad eam
da mihi paululam bibere

genes

quae festina deposuit
hydriam de umero
et dixit mihi
et tu bibe et camelis tuis
potum tribuam
bibi et adaquauit camelos
interrogauique eam
et dixi cuius es filia
quae respondit
filia bathuelis sum filii nabor
quem peperit illi melcha
suspendi itaq; inaures adornan
dam faciem eius et armillas
posui in manib;
pronusq; adoraui dnm bene
dicens dno do domini
mei abraham
qui perduxisset me
recto itinere
ut sumerem filiam fratris
domini mei filio eius
quam obrem si facitis miseri
cordiam et ueritatem cum
domino meo indicate mihi
sin autem aliud placet et hoc
dicite ut uadam ad dextram
siue ad sinistram
responderunt laban et bathuel
a dno egressus est sermo non
possumus extra placitum
eius quicquam aliud
tecum loqui
en rebecca coram te est
tolle eam et proficiscere
et sit uxor filii domini tui
sicut locutus est dns
quod cum audisset puer abra
ham adorauit in terra dnm
prolatisq; uasis argenteis
et aureis ac uestib; dedit ea
rebeccae pro munere
fratrib; quoq; eius et matri
dona obtulit
initoq; conuiuio uescentes

pariter et bibentes
manserunt ibi
surgens autem mane
locutus est puer
dimittite me ut uadam
ad dominum meum
responderunt fratres
eius et mater
maneat puella saltem
decem dies aput nos
et postea proficiscetur
nolite ait me retinere quia
dns direxit uiam meam
dimittite me ut pergam
ad dominum meum
dixerunt uocemus puellam
et quaeramus ipsius uoluntate
cumq; uocata uenisset sciscitati s̄
uis ire cum homine isto
quae ait uadam
dimiserunt ergo eam et nutri
cem illius seruumq;
abraham et comites eius
inprecantes prospera sorori
suae atq; dicentes
soror nostra es
crescas in mille milia et pos
sideat semen tuum portas
inimicorum suorum
igitur rebecca et puellae
illius ascensis camelis
secutae sunt uirum
qui festinus reuertebatur
ad dominum suum
eo tempore isaac deambula
bat per uiam quae ducit
ad puteum cuius nomen est
uiuentis et uidentis
habitabat enim in terra australi
et egressus fuerat ad medi
tandum in agro inclinata
iam die
cumq; leuasset oculos uidit
camelos uenientes procul

rebecca quoq. conspecto isaac
descendit decamelo
et ait adpueram quis est ille
homo qui uenit peragrum
inoccursum nobis
dixit ei ipse est dominus meus
at illa tollens cito pallium
operuit se
seruus autem cuncta quae
gesserat narrauit isaac
qui introduxit eam intaber
naculum sarrae matris
suae et accepit uxorem
et intantum dilexit ut dolo
rem qui exmorte matris
acciderat temperaret
ABRAham uero aliam duxit uxo
rem nomine cetthuram
quae peperit ei zam ram
et iexan et madan et mazian
et iesboc et sue
iexan quoq. genuit saban
et dodan
filii dodan fuerunt assurim
et lathasim et loomim
at uero exmazian ortus est
epha et opher et enoch
et abida et eldaa
omnes hii filii cetturae
deditq. abraham cuncta
quae possiderat isaac
filiis autem concubinarum
largitus est munera
et separauit eos abisaac
filio suo dum adhuc ipse
uiueret adplagam orientale
fuerant autem dies uitae
eius centum septuaginta
quinq. annorum
et deficiens mortuus est
insenectute bona
prouectaeq. aetatis
et plenus dierum
congregatus q. est

adpopulum suum
et sepelierunt eum isaac
et ismahel filii sui
inspelunca duplici quaesita
est inagro ephron filii soor
hetthei eregione mamre
quam emerat afiliis heth
ibi sepultus est ipse
et sara uxor eius
et post obitum illius bene
dixit ds isaac filio eius
qui habitabat iuxta puteum
nomine uiuentis et uidentis
Hae sunt generationes
ismahel filii abraham
quem peperit ei agar aegyp
tia famula sarae
et haec nomina filiorum
eius inuocabulis et cene
rationib. suis
primogenitus ismahelis
nabaioth
dein cedar et abdeel
et mabsam
masma quoq. et duma
et massa
adad et thema
itur et naphis et cedma
isti sunt filii ismahel
et haec nomina percastella
et oppida eorum
duodecim principes
tribuum suarum
anni uitae ismahel centum
triginta septem
deficiens mortuus est et ad
positus adpopulum suum
habitauit autem abeuila usq.
sur quae respicit aegyptum
introeuntib. assyrios
coram cunctis fratribus
suis obiit
Hae quoq. sunt generationes
isaac filii abraham

abraham genuit isaac
qui cum quadraginta esset
 annorum
duxit uxorem rebecca filiam
 bathuel syri de mesopo
 tamiam sororem laban
deprecatusq· est dnm
 pro uxore sua eo quod
 esset sterelis
qui exaudiuit eam
et dedit conceptum rebeccę
sed conlidebantur in utero
 eius paruuli
quae ait si sic mihi futurum
 erat quid necesse fuit
 concipere
perrexitq· ut consuleret dnm
qui respondens ait
duae gentes in utero tuo sunt
et duo populi ex uentre
 tuo diuidentur
populusq· populum superabit
 et maior minori seruiet
iam tempus pariendi
 uenerat
et ecce gemini in utero
 repperti sunt
qui primus egressus est
 rufus erat et totus in mo
 rem pellis hispidus
uocatumq· nomen eius esau
protinus alter egrediens
 plantam fratris tene
 bat manu
et idcirco appellauit eum iacob
sexagenarius erat isaac
 quando nati sunt paruuli
quib· adultis factus est
esau uir gnarus uenandi
 et homo agricola
iacob autem uir simplex
 habitabat in tabernaculis
isaac amabat esau eo quod
 de uenationib· illius

uesceretur
et rebecca diligebat iacob
coxit autem iacob pulmentum
ad quem cum uenisset
 esau de agro lassus ait
da mihi de coctione hac rufa
 quia oppido lassus sum
quam ob causam uocatum
 est nomen eius edom
cui dixit iacob uende mihi
 primogenita tua
ille respondit en morior
 quid mihi proderunt
 primogenita
ait iacob iura ergo mihi
iurauit esau et uendidit
 primogenita
et sic accepto pane et lentis
 edulio comedit et bibit
et abiit parui pendens quod
 primogenita uendidisset
ORTA autem fame super terram
postea sterelitatem quae
 acciderat in dieb· abraham
abiit isaac ad abimelech regem
 phalestinorum in gerara
apparuitq· ei dns et ait
ne descendas in aegyptum
 sed quiesce in terra quam
 dixero tibi et peregri
 nare in ea
eroq· tecum et benedicam tibi
tibi enim et semini tuo dabo
 uniuersas regiones has
conplens iuramentum quod
 spondi abraham patri tuo
et multiplicabo sementuam
 sicut stellas caeli
daboq· posteris tuis uniuer
 sas regiones has
et benedicentur in semine
 tuo omnes gentes terrae
eo quod oboedierit abraham
 uoci meae et custodierit

praecepta mea et man
data mea
et caeremonias legesque
seruauerit
Mansit itaq; Isaac in Geraris
Quicum interrogaretur uiris
loci illius super uxore sua
respondit soror mea est
timuerat enim confiteri
quod sibi esset sociata
coniugio
reputans ne forte interfice
rent eum propter illius
pulchritudinem
Cumq; pertransissent dies
plurimi et ibi demoraretur
prospiciens abimelech pale
stinorum rex per fenestram
uidit eum iocantem cum
rebecca uxore sua
et arcessito ait
perspicuum est quod
uxor tua sit
cur mentitus es
sororem tuam esse
Respondit timui ne mo
rerer propter eam
Dixitq; abimelech quare
inposuisti nobis
potuit coire quispiam
de populo cum uxore tua
et induxeras super nos
grande peccatum
praecepitq; omni populo dicens
Qui tetigerit hominis huius
uxorem morte morietur
Seruit autem Isaac in terra
illa et inuenit in ipso
anno centuplum
benedixitq; ei dns et locu
pletatus est homo
et ibat proficiscens
atq; succrescens
donec magnus uehementer

effectus est
habuit quoq; possessionem
ouium et armentorum
et familiae plurimum
Ob haec inuidentes ei palestini
omnes puteos quos fode
rant serui patris illius
abraham illo tempore
obstruxerunt in plentes humo
intantum ut ipse abimelec
diceret ad isaac
Recede a nobis quoniam poten
tior nostri factus es ualde
et ille descendens ueniret
ad torrentem Gerarae
habitaretq; ibi
Rursus fodit alios puteos
quos foderant serui
patris sui abraham
et quos illo mortuo olim
obstruxerant philisthim
Appellauitq; eos hisdem
nominib; quib; ante pater
uocauerat
foderunt in torrente et reppe
rerunt aquam uiuam
Sed et ibi iurgium fuit pastorum
Gerarae aduersum pasto
res isaac dicentium
nostra est aqua
quamobrem nomen putei
ex eo quod acciderat
uocauit calumniam
foderunt et alium et pro
illo quoq; rixati sunt
Appellauitq; eam inimicitias
profectus inde fodit alium
puteum pro quo non
contenderunt
Itaq; uocauit nomen illius
latitudo dicens
nunc dilatauit nos dns et fecit
crescere super terram
Ascendit autem ex illo loco

genes

IN BERSABEE
UBI APPARUIT EI DNS IN IPSA
NOCTE DICENS
EGO SUM DNS ABRAHAM
PATRIS TUI
NOLI METUERE QUIA TECUM SUM
BENEDICAM TIBI ET MULTIPLICABO
SEMEN TUUM PROPTER
SERUUM MEUM ABRAHAM
ITAQ AEDIFICAUIT IBI ALTARE
ET INUOCATO NOMEN DNI
EXTENDIT TABERNACULUM
PRAECEPITQ SERUIS SUIS
UT FODERENT PUTEUM
AD QUEM LOCUM CUM UENIS
SENT DE GERARIS
ABIMELECH ET OCHOZAT AMICUS
ILLIUS ET PHICOL DUX MILITUM
LOCUTUS EST EIS ISAAC
QUID UENISTIS AD ME HOMINEM
QUEM ODISTIS ET EXPULI
STIS A UOBIS
QUI RESPONDERUNT UIDIMUS
TECUM ESSE DNM ET ID
CIRCO NUNC DIXIMUS
SIT IURAMENTUM INTER NOS
ET INEAMUS FOEDUS
UT NON FACIAS NOBIS QUICQUAM MALI
SICUT ET NOS NIHIL TUORUM
ATTIGIMUS
NEC FECIMUS QUOD TE LAEDERET
SED CUM PACE DIMISIMUS
AUCTUM BENEDICTIONE DNI
FECIT ERGO EIS CONUIUIUM
ET POST CIBUM UEL POTUM
SURGENTES MANE IURAUE
RUNT SIBI MUTUO
DIMISITQ EOS ISAAC PACI
FICE IN LOCUM SUUM
ECCE AUTEM UENERUNT
IN IPSO DIE SERUI ISAAC
ADNUNTIANTES EI DE PUTEO
QUEM FODERANT
ATQ DICENTES INUENIMUS AQUAM

UNDE APPELLAUIT EUM
ABUNDANTIAM
ET NOMEN URBI INPOSITUM EST
BERSABEE USQUE IN PRAE
SENTEM DIEM
ESAU UERO QUADRAGENARIUS
DUXIT UXORES
IUDITH FILIAM BEERI HETTHEI
ET BASEMATH FILIAM HELON
EIUSDEM LOCI
QUAE AMBAE OFFENDERANT
ANIMUM ISAAC ET REBECCAE
SENUIT AUTEM ISAAC ET CALIGA
UERUNT OCULI EIUS
ET UIDERE NON POTERAT
UOCAUITQ ESAU FILIUM SUUM
MAIOREM ET AIT EI FILI MI
QUI RESPONDIT AD SUM
PATER
UIDES INQUIT QUOD SENUERIM
ET IGNOREM DIEM
MORTIS MEAE
SUME ARMA TUA PHARETRA ET
ARCUM ET EGREDERE FORAS
CUMQ UENATU ALIQUID
ADPRAEHENDERIS
FAC MIHI INDE PULMENTUM
SICUT UELLE ME NOSTI
ET AFFER UT COMEDAM ET BENE
DICAT TIBI ANIMA MEA
ANTEQUAM MORIAR
QUOD CUM AUDISSET REBECCA
ET ILLE ABISSET IN AGRUM UT IUS
SIONEM PATRIS EXPLERET
DIXIT FILIO SUO IACOB
AUDIUI PATREM TUUM LOQUEN
TEM CUM ESAU FRATRE TUO
ET DICENTEM EI
AFFER MIHI UENATIONEM TUAM
ET FAC CIBOS UT COMEDAM
ET BENEDICAM TIBI CORAM DNO
ANTEQUAM MORIAR
NUNC ERGO FILI MI ADQUI
ESCE CONSILIIS MEIS

genes

et pergens ad gregem adfer
mihi duos haedos optimos
ut faciam ex eis escas patri tuo
quib; libenter uescitur
quas cum intuleris et come
derit benedicat tibi
priusquam moriatur
cui ille respondit
nosti quod esau frater meus
homo pilosus sit
et ego lenis
si adtractauerit me pater
meus et senserit
timeo ne putet sibi me
uoluisse inludere
et inducat super me maledic
tionem pro benedictione
ad quem mater inquit sit
ista maledictio fili mi
tantum audi uocem meam
et perge afferq; quae dixi
abiit et adtulit deditq; matri
parauit illa cibos sicut noue
rat uelle patrem illius
et uestib; esau ualde bonis
quas apud se habebat
domi induit eum
pelliculas q; hedorum
circumdedit manib; et
colli nuda protexit
dedit pulmentum et panes
quos coxerat tradidit
quib; inlatis dixit pater mi
et ille respondit audio
quis tu es fili mi
dixitq; iacob ego sum esau
primogenitus tuus
feci sicut praecepisti mihi
surge sede et comede
de uenatione mea
ut benedicat mihi anima tua
rursum isaac ad filium suum
quomodo inquit tam cito
uenire potuisti fili mi

qui respondit uoluntatis di
fuit ut cito mihi occur
reret quod uolebam
dixitq; isaac accede huc
ut tangam te fili mi
et probem utrum tu sis
filius meus esau an non
accessit ille ad patrem
et palpato eo dixit isaac
uox quidem uox iacob est
sed manus manus sunt esau
et non cognouit eum quia
pilosae manus similitudine
maioris expresserant
benedicens ergo illi ait
tu es filius meus esau
respondit ego sum
at ille offer inquit mihi
cibos de uenatione tua
fili mi
ut benedicat tibi anima mea
quos cum oblatos comedis
set obtulit ei etiam uinum
quo haus to dixit ad eum
accede ad me et da mihi
osculum fili mi
accessit et osculatus est eum
statimq; ut sensit uesti
mentorum illius fragran
tiam benedicens ait
ecce odor filii mei sicut odor
agri cui benedixit dns
det tibi dns de rore caeli
et de pinguedine terrae
abundantiam frumenti
et uini
et seruiant tibi populi
et adorent te tribus
esto dominus fratrum
tuorum et incurbentur
ante te filii matris tuae
qui maledixerit te sit maledicty
et qui benedixerit tibi bene
dictionib; repleatur

uix isaac sermonem
  impleuerat
et egresso iacob foras
  uenit esau
coctosq; deuenatione cibos
  intulit patri dicens
surge pater mi et comede
  deuenatione filii tui et
  benedicat mihi anima tua
dixitq; illi isaac quis enim es tu
qui respondit ego sum primo
  genitus filius tuus esau
expauit isaac stupore
  uehementi et ultra
  quam credi potest
ad mirans ait
quis igitur ille est qui dudum
  captam uenationem
  adtulit mihi
et comedi ex omnib;
  prius quam tu uenires·
benedixiq; ei erit benedictus
auditis esau sermonibus
  patris inrugiit clamore
  magno et consternatus ait
benedic etiam mihi pater mi
qui ait uenit germanus tuus
  fraudulenter et accepit
  benedictionem tuam
at ille subiunxit
iuste uocatum est
  nomen eius iacob
subplantauit enim me
  en altera uice
primogenita mea ante tulit
et nunc secundo subripuit
  benedictionem meam·
rursumq; ad patrem
num quit non reseruasti
  ait et mihi benedictionem·
respondit isaac dominum
  tuum illum constitui
et omnes fratres eius seruituti
  illius subiugaui

frumento et uino
  stabiliui eum
tibi post haec fili mi
  ultra quid faciam·
cui esau nam nunquid inquit
  tantum benedictionem
  habes pater ·:·
mihi quoq; obsecro
  at benedicas
cumq; eiulatu magno fleret
motus isaac dixit ad eum
in pinguedine terrae
  et in rore caeli
desuper erit benedictio tua
uiues gladio et fratri tuo
  seruies
tempusq; ueniet cum excu
  tias et soluas iugum eius
  de ceruicib; tuis
oderat ergo semper esau iacob
  pro benedictione qua
  benedixerat ei pater
dixitq; in corde suo
ueniant dies luctus patris
  mei et occidam fratrem
  meum iacob
nuntiata sunt haec rebeccae
quae mittens et uocans iacob
  filium suum dixit ad eum
ecce esau frater tuus minatur
  ut occidat te·
nunc ergo fili audi uocem meam
et consurgens fuge ad laban
  fratrem meum in haran
habitauisq; cum eo dies paucos
  donec requiescat
  furor fratris tui
et cesset indignatio eius
obliuiscaturq; eorum
  quae fecisti in eum
postea mittam et adducam
  te inde huc
cur utroq; orbabor
  filio una die

dixit quoq. rebecca adisaac
taedet me uitae meae
propter filias heth
siacceperit iacob uxorem
destirpe huius terrae
nolo uiuere
Uocauit itaq. isaac iacob et bene
dixit praecepitq. ei dicens
noli accipere coniugem
degenere chanaan
sed uade et proficiscere
inmesopotamiam syriae
addomum bathuel
patrem matris tuae
et accipe tibi inde uxorem
defiliab. laban abunculi tui
ds autem omnipotens
benedicat tibi
et crescere te faciat
atque multiplicet
ut sis inturbas populorum
et det tibi benedictiones abra
ham et semini tuo post te
ut possideas terram peregri
nationis tuae quampolli
citus est auo tuo
cumq. dimisisset eum isaac
profectus uenit inmesopo
tamiam syriae
adlaban filium bathuel syri
fratrem rebeccae matris suae
uidens autem esau quod bene
dixisset pater suus iacob
et misisset eum inmesopo
tamiam syriae ut inde
uxorem duceret
et quod post benedictionem
praecepisset ei dicens
non accipies coniugem
defiliab. chanaan
quodq. oboediens iacob
parentib. isset insyriam
probans quoq. quod non liben
ter aspiceret filias

chanaan pater suus
ibit adismahelem et duxit
uxorem absq. his
quas prius habebat
melech filiam ismahel filii
abraham sororem nabaioth
Igitur egressus iacob deber
sabee pergebat haran
cumq. uenisset adquendam
locum et uellet ineo requi
escere post solis occubitum
tulit delapidib. qui iacebant
et subponens capiti suo
dormiuit ineodem loco
uiditq. insomnis scalam stante
super terram et cacumen
illius tangens caelum
angelos quoq. di ascendentes
et discendentes pereum
et dnm innixum scalae
dicentem sibi
ego sum dns ds abraham
patris tui et ds isaac
terram inqua dormis tibi
dabo et semini tuo
eritq. germen tuum
quasi pulius terrae
dilataueris adoccidentem
et orientem et septentri
onem et meridiem
et benedicentur inte et in
semine tuo cunctae
tribus terrae
et ero custos tuus quo
cumque perrexeris
et reducam te interram hanc
nec dimittam nisi comple
uero uniuersa quae dixi
cumq. euigilasset
iacob desomno ait
uere dns est inloco isto
et ego nesciebam
pauensque quam terribilis
inquit est locus iste

non est hic aliud nisi domus dī
et portae caeli
Surgens ergo mane tulit
lapidem quem subposu
erat capiti suo
et erexit in titulum
fundens oleum desuper
appellauitq· nomen urbis
bethel quae prius laza
uocabatur
uouit etiam uotum dicens
si fuerit ds mecum
et custodierit me
in uia per quam ambulo
et dederit mihi panem ad ues
cendum et uestem
ad induendum
reuersusq· fuero prospere
ad domum patris mei
erit mihi dns in dm
et lapis iste quem erexi
in titulum uocabitur
domus dī
cunctorumq· quae dederis
mihi decimas offeram tibi
Profectus ergo iacob uenit
ad terram orientalem
et uidit puteum in agro
tresque greges ouium
accubantes iuxta eum
nam ex illo adaquabantur
pecora
et os eius grandi lapide
claudebatur
morisq· erat ut cunctis
ouib· congregatis
deuoluerent lapidem
et refectis gregib· rursum
super os putei ponerent
dixitq· ad pastores
fratres unde estis
qui responderunt de haran
quos interrogans
num quid ait nostis

laban filium nabor
dixerunt nouimus
sanus ne est inquit
ualet inquiunt
et ecce rahel filia eius
uenit cum grege suo
dixitq· iacob adhuc multum
diei superest
nec est tempus ut reda
cantur ad caulas greges
date ante potum ouib· et sic
eas ad pastum reducite
qui responderunt non pos
sumus donec omnia pecora
congregentur
et amoueamus lapidem
de ore putei ut adaquemus
greges
adhuc loquebatur
et ecce rahel ueniebat
cum ouib· patris sui
nam gregem ipsa pascebat
quam cum uidisset iacob
et sciret consobrinam suam
ouesq· laban auunculi sui
amouit lapidem quo puteus
claudebatur
et adaquato grege
osculatus est eam
et eleuata uoce fleuit et in
dicauit ei quod frater esset
patris eius et filius rebeccae
at illa festinans nuntiauit
patri suo
qui cum audisset uenisse
iacob filium sororis suae
cucurrit obuiam
conplexusq· eum et in oscula
ruens duxit in domum suam
auditis autem causis
itineris respondit
os meum es et caro mea
et postquam expleti sunt dies
mensis unius dixit ei

genes

Nam quia frater meus es
gratis servies mihi
dic quid mercedis accipias
habebat vero filias duas
nomen maioris lia minor
appellabatur rahel
sed lia lippis erat oculis
rahel decora facie et ve-
nusto aspectu
quam diligens iacob ait
serviam tibi pro rahel filia
tua minore septem annis
respondit laban melius
est ut tibi eam dem
quam viro alteri
mane aput me
serviuit igitur iacob pro
rahel septem annis
et videbantur illi paucidies
prae amoris magnitudine
dixitque ad laban
da mihi uxorem meam quia
iam tempus expletum est
ut ingrediar ad eam
qui vocatis multis amico
rum turbis ad convivium
fecit nuptias
et vespere filiam suam
liam introduxit ad eum
dans ancillam filiae
zelfan nomine
ad quam cum ex more iacob
fuisset ingressus
facto mane vidit liam
et dixit ad socerum
quid est quod facere voluisti
nonne pro rahel servivi tibi
quare inposuisti mihi
respondit laban non est in
loco nostro consuetudinis
ut minores ante tra-
damus ad nuptias
imple ebdomadem dierum
huius copulae

et hanc quoque dabo tibi pro
opere quo serviturus es
mihi septem annis aliis
adquievit placito et ebdomadae transacta rahel
duxit uxorem
cui pater servam ballam
dederat
tandemque potitus optatis
nuptiis amorem sequen-
tis priori praetulit
serviens apud eum
septem annis aliis
videns autem dns quod
despiceret liam aperuit
vulvam eius
sorore steteli permanente
quae conceptum genuit
filium vocavit que nomen
eius ruben dicens
vidit dns humilitatem meam
nunc amabit me vir meus
rursumque concepit et pe-
perit filium et ait
quoniam audivit dns haberi
me contemtui dedit
etiam istum mihi
vocavit nomen illius simeon
concepit tertio et genuit
alium dixitque
nunc quoque copulabitur
mihi maritus meus
eo quod pepererim illi
tres filios
et idcirco appellavit nomen
eius levi
quarto concepit et pepe-
rit filium et ait
modo confitebor dno et ob
hoc vocavit eum iudam
cessavitque parere
cernens autem rahel quod
infecunda esset invidit
sorori et ait marito suo

da mihi liberos alioquin moriar
ait iratus respondit iacob
num pro do ego sum qui pri
uauit te fructu uentris tui
at illa habeo inquit famulam
ballam ingredere ad eam
ut pariat super genua mea
et habeam ex ea filios
deditq́; ei ballam in coniugium
quae ingresso ad se uiro con
cepit et peperit filium
dixitq́; rahel iudicauit mihi
d̅n̅s̅ et exaudiuit uocem
meam dans mihi filium
et idcirco appellauit
nomen illius dan
rursumq́; balla concipiens
peperit alterum
pro quo ait rahel
comparauit me d̅s̅ cum
sorore mea et inualui
uocauitq́; eum neptali
sentiens lia quod parere
desisset
zelfan ancillam suam
marito tradidit
quae post conceptum edente
filium dixit feliciter
et idcirco uocauit nomen
eius gad
peperit quoq́; zelfa
alteram dixitq́; lia
hoc pro beatitudine mea
beata quippe me dicent
mulieres propterea
appellauit eum aser
egressus autem ruben tempo
re messis triticeae in agr̅
repperit mandragoras
quos matri liae detulit
dixitq́; rahel da mihi partem
de mandragoris filii tui
illa respondit parum ne tibi
uidetur quod praeripueris

maritum mihi
nisi etiam mandragoras
filii mei tuleris
ait rahel dormiat tecum
hac nocte pro mandra
goris filii tui
redeuntiq́; ad uesperam
de agro iacob
egressa est in occursum lia
et ad me inquit intrabis quia
mercede conduxi te pro
mandragora filii mei
dormiuit cum ea nocte illa
et exaudiuit d̅s̅ praeces eius
concepitq́; et peperit filium
quintum et ait
dedit d̅s̅ mercedem mihi quia
dedi ancillam meam uiro meo
appellauitq́; nomen illius
issachar
rursum lia concipiens pepe
rit sextum filium et ait
ditauit me d̅s̅ dote bona
etiam hac uice
mecum erit maritus meus
eo quod genuerim ei
sex filios
et idcirco appellauit
nomen eius zabulon
post quem peperit filiam
nomine dinam
recordatus quoq́; d̅n̅s̅ rahelis
exaudiuit eam et aperuit
uuluam illius
quae concepit et peperit
filium dicens
abstulit d̅s̅ obprobrium meum
et uocauit nomen illius
ioseph dicens
addat mihi d̅n̅s̅ filium alteram
Nato autem ioseph dixit
iacob socero suo
dimitte me ut reuertar in pa
triam et ad terram meam

da mihi uxores et liberos
meos pro quibus seruiui
tibi ut abeam
tu nosti seruitutem
qua seruierim tibi
ait ei laban inueniam gratiam
in conspectu tuo
experimento didici quod bene
dixerit mihi ds propter te
constitue mercedem tuam
quam dem tibi
at ille respondit
tu nosti quomodo seruierim
tibi et quanta in manibus
meis fuerit possessio tua
modicum habuisti ante
quam uenirem
et nunc diues effectus es
benedixitq; tibi ds
ad introitum meum
iustum est igitur ut aliquando
prouideam etiam domui meae
dixitq; laban quid dabo tibi
at ille ait nihil uolo
sed si feceris quod postulo
iterum pascam et custo
diam pecora tua
gyra omnes greges tuos
et separa cunctas oues
uarias et sparso uellere
et quodcumq; furuum et maca
losum uariumq; fuerit tam
in ouib; quam in capris
erit merces mea
respondebitq; mihi cras ius ti
tia mea quando placiti tem
pus aduenerit coram te
et omnia quae non fuerint
uaria et maculosa et fulua
tam in ouib; quam in capris
furtim me arguent
dixit laban gratum habeo
quod petis
et separauit in die illo capras

et oues hircos et arietes
uarios atq; maculosos
cunctum autem gregem
unicolorem id est albi
et nigri uelleris
tradidit in manu filiorum suoru
et posuit spatium itineris
inter se et generum
dierum trium
qui pascebat reliquos
greges eius
tollens ergo iacob uirgas
populeas uirides et amygda
linas et ex platanis
ex parte decorticauit eas
detractisq; corticib; in his
quae spoliata fuerant
candor apparuit
illa uero quae integra erant
uiridia permanserunt
atq; in hunc modum color
effectus est uarius
posuitq; eas in canalib;
ubi effundebatur aqua
ut cum uenissent greges
ad bibendum
ante oculos haberent uirgas
et in aspectu earum conciperen
factumq; est ut in ipso calore
coitus oues intuerentur
uirgas
et parerent maculosa et uaria
et diuerso colore respersa
diuisitq; gregem iacob et posui
uirgas ante oculos arietum
erant autem alba quaeq;
et nigra laban
cetera uero iacob separatis
inter se gregibus
igitur quando primo tempore
ascendebantur oues
ponebat iacob uirgas in canalib;
aquarum ante oculos
arietum et ouium

utinearum contemplatione
conciperent
quando uero serotina admis
sura erat et conceptus
extremus non ponebat eas
factaq́ sunt ea quae erant
serotina laban et quae
primi temporis iacob
ditatusq́ est homo ultra modū
et habuit greces multos
ancillas et seruos came
los et asinos
postquam autem audiuit
uerba filiorum laban
dicentium
tulit iacob omnia quae fue
runt patris nostri
et de illius facultate ditatus
factus est inclytus
animaduertit quoq́ faciem
laban quod non esset erga se
sicut heri et nudius tertius
maxime dicente sibi dño
reuertere in terram patrum
tuorum et ad generationem
tuam eroq́ tecum
misit et uocauit rahel et liam
in agrum ubi pascebat
greces dixitq́ eis
uideo faciem patris uestri
quod non sit erga me sicut
heri et nudius tertius
ds autem patris mei
fuit mecum
et ipsae nostis quod totis
uirib; meis seruierim
patri uestro
sed pater uester circum
uenit me
et mutauit mercedem meam
decem uicibus
et tamen non dimisit eum
ds ut noceret mihi
si quando dixit uariae

erunt mercedes tuae
pariebant omnes oues
uarios fetos
quando uero e contrario ait
alba quaeque accipies
pro mercede
omnes greces alba pepererun
tulitq́ ds substantiam patris
uestri et dedit mihi
postquam enim conceptus
ouium tempus aduenerat
leuaui oculos meos
et uidi in somnis
ascendentes mares super
feminas uarios et macolo
sos et diuersorum colorum
dixitq́ angelus dñi ad me
in somnis
iacob et ego respondi adsum
qui ait leua oculos tuos
et uide uniuersos masculos
ascendentes super feminas
uarios respersos atque
maculosos
uidi enim omnia quae
fecit tibi laban
ego sum ds bethel ubi
unxisti lapidem et
uotum uouisti mihi
nunc ergo surge et recede
de terra hac reuertens
in terram natiuitatis tuae
responderunt rahel et lia
num quid habemus residui
quicquam in facultatib;
et hereditate domus
patris nostri
nonne quasi alienas
reputauit nos
et uendidit comeditque
praetium nostrum
sed ds tulit opes patris
nostri et nobis eas tradidit
ac filiis nostris

genesis

unde omnia quae praecepit pac
XXX Surrexit itaque iacob et inpositis
liberis et coniugibus suis
super camelos abiit
tulitque omnem substan
tiam et greges et quicquid
in mesopotamia adquesierat
pergens ad isaac patrem
suum in terram chanaan
eo tempore laban ierat
ad tondendas oues
et rachel furata est idola
patris sui
noluitque iacob confiteri
socero quod fugeret
cumque abisset tam ipse quam
omnia quae iuris eius erant
et amne transmisso pergeret
contra montem galaad
nuntiatum est laban die ter
tio quod fugeret iacob
qui adsumptis fratribus suis
persecutus est eum
diebus septem
et conpraehendit
in monte galaad
uiditque in somnis
dicentem sibi dnm
caue ne quicquam aspere
loquaris contra iacob
iamque iacob extenderat
in monte tabernaculum
cum ille consecutus eum cum
fratribus suis in eodem mon
te galaad fixit tentorium
et dixit ad iacob
quare ita egisti ut clam
me abigeris filias meas
quasi captiuas gladio
cur ignorante me
fugere uoluisti
nec indicare mihi ut prosecue
rer te cum gaudio et canticis
et tympanis et cithara

non es passus ut oscularer
filios meos ac filias
stulte operatus es
et nunc ualet quidem manus
mea reddere tibi malum
sed ds patris uestri
heri dixit mihi
caue ne loquaris cum iacob
quicquam durius
esto ad tuos ire cupiebas
et desiderio tibi erat
domus patris tui
cur furatus es deos meos
respondit iacob
quod inscio te profectus sum
timui ne uiolenter
auferres filias tuas
quod autem furti arguis
aput quemcumque inueneris
deos tuos necetur coram
fratribus nostris
scrutare quidquid tuorum
aput me inueneris et aufer
haec dicens ignorabat quod
rachel furata esse idola
ingressus est itaque laban
tabernaculum iacob et liae
et utriusque famulae
non inuenit
cumque intrasset ten
torium rachelis
illa festinans abscondit idola
subter stramen cameli
et sedit desuper
scrutanti que omne tentorium
et nihil inuenienti ait
ne irascatur dominus meus
quod coram te adsur
gere nequeo
quia iuxta consuetudinem
feminarum nunc accidit mihi
sic delusa sollicitudo
quaerentis est
tumensque iacob cum iurgio an

quam ob culpam meam et ob
quod peccatum sic ex
arsisti post me
et scrutatus es omnem
supellectilem meam
quid invenisti de cuncta sub
stantia domus tuae
pone hic coram fratrib· meis
et fratribus tuis
et iudicent inter me et te
idcirco uiginti annis fui tecum
oues tuae et caprae steriles
non fuerunt
arietes gregis tui non comedi
nec captum a bestia ostendi tibi
ego damnum omne reddebam
quicquid furto periebat
a me exigebas
die noctuq· aestu urebar
et gelu
fugiebat somnus a oculis meis
sic per uiginti annos in domo
tua seruiui tibi
quattuordecim pro filiab·
et sex pro gregib· tuis
inmutasti quoq· mercedem
meam decem uicibus
nisi ds patris mei abraham
et timor isaac adfuisset mihi
forsitan modo nudum me
dimisisses
adflictionem meam et laborem
manuum mearum respexit
ds et arguit te heri
Respondit ei laban
filiae et filii et greges tui et
omnia quae cernis mea sunt
quid possum facere filiis
et nepotib· meis
ueni ergo et ineamus foedus
ut sit in testimonium
inter me et te
tulit itaq· iacob lapidem et
erexit illum in titulam

dixitque fratrib· suis
adferte lapides
qui congregantes fecerunt
tumulum comede
runtque super eum
quem uocauit laban
tumulus testis
et iacob aceruum testimonii
uterque iuxta proprietatem
linguae suae
dixitque laban
tumulus iste testis erit
inter me et te hodie
et idcirco appellatum est
nomen eius galaad
idest tumulus testis
intueatur dns et iudicet
inter nos quando reces
serimus a nobis
si adflixeris filias meas
et si intro duxeris uxores
alias super eas
nullus sermonis nostri testis
est absque do qui prae
sens respicit
dixitque rursus ad iacob
en tumulus hic et lapis
quem erexi inter me
et te testis erit
tumulus inquam iste et lapis
sint in testimonio
si aut ego transiero illum
pergens ad te
aut tu praeteriens malum
mihi cogitans
ds abraham et ds nabor iudicet
inter nos ds patris eorum
iurauit iacob per timorem
patris sui isaac
immolatisq· uictimis in monte
uocauit fratres suos
ut ederent panem
qui cum comedissent
manserunt ibi

Laban uero denocte consur
cens osculatus est
filios acfiliassuas
etbenedixit illis reuer
sus inlocum suum

Iacob quoque abiit itinere
quo coeperat
fueruntque ei obuiam
angeli di
quos cum uidisset ait
castra di sunt haec
et appellauit nomen loci
illius manaim idest castra

Misit autem et nuntios ante
se adesau fratrem suum
interra seir inregionib· edom
praecepitq· eis dicens
sic loquimini domino meo esau
haec dicit frater tuus iacob
aput laban peregrinatus sum
et fui usq· inpraesentem diem
habeo boues et asinos oues
et seruos atq· ancillas
mittoque nunc legationem
addominum meum
ut inueniam gratiam
inconspectu tuo
Reuersi sunt nuntii
adiacob dicentes
uenimus adesau fratrem tuu
et ecce properat inoccursum
tibi cum quadringentis uiris
timuit iacob ualde etper
territus diuisit populum
qui secum erat
greges quoque et oues
boues et camelos induas
turmas dicens
siuenerit esau adunam tur
mam et percusserit eam
alia turma quaereliqua
est saluabitur
dixitque iacob
ds patris mei abraham

et ds patris mei isaac
dne quidixisti mihi
reuertere interram tuam
et inlocum natiuitatis tuae
et benefaciam tibi
minor sum cunctis miserati
onibus et ueritate quam
explesti seruo tuo
inbaculo meo transiui
iordanen istum
et nunc cum duabus turmis
regredior
erue me demanu fratris
mei demanu esau
quia ualde eum timeo
neforte ueniens percutiat
matrem cumfiliis
tu locatus es quod bene
mihi faceres
et dilatares semen meum
sicut harenam maris
quae prae multitudine
numerari nonpotest
cumque dormisset ibi
nocte illa
separauit debis quaehabebat
munera esau fratri suo
capras ducentas hircos uiginti
oues ducentas arietes uiginti
camelas fetas cumpullis
suis triginta
uaccas quadraginta et tauros
uiginti
asinas uiginti et pullos
earum decem
et misit permanus seruorum
suorum singulos
seorsum greges
dixitque pueris suis
antecedite me et sit spatium
intergregem et gregem
et praecepit priori dicens
siobuium habueris esau
fratrem meum

ET INTERROGAUERIT TE CUIUS ES
ET QUO UADIS ET CUIUS SUNT
ISTA QUAE SEQUERIS
RESPONDEBIS SERUI TUI IACOB
MUNERA MISIT DOMINO MEO
ESAU IPSE QUOQ POST
NOS SEQUITUR
SIMILITER MANDATA DEDIT
SECUNDO AC TERTIO ET CUNC
TIS QUI SEQUEBANTUR
GREGES DICENS
HISDEM UERBIS LOQUIMINI AD
ESAU CUM INUENERITIS EUM
ET ADDITIS IPSE QUOQ SERUUS
TUUS IACOB ITER NOSTRUM
INSEQUITUR
DIXIT ENIM PLACABO ILLUM
MUNERIB QUAE PRAECE
DUNT ET POSTEA UIDEBO
FORSITAN PROPITIABITUR MIHI
PRAECESSERUNT ITAQUE
MUNERA ANTE EUM
IPSE UERO MANSIT NOCTE
ILLA IN CASTRIS
CUMQ MATURE SURREXISSET
TULIT DUAS UXORES SUAS
ET TOTIDEM FAMULAS
CUM UNDECIM FILIIS
ET TRANSIUIT UADUM IACOB
TRANSDUCTISQ OMNIBUS
QUAE AD SE PERTINEBANT
REMANSIT SOLUS
ET ECCE UIR LUCTABATUR
CUM EO USQUE MANE
QUI CUM UIDERET QUOD EUM
SUPERARE NON POSSIT
TETIGIT NERUUM FEMORIS EIUS
ET STATIM EMARCUIT
DIXITQUE AD EUM DIMITTE ME
IAM ENIM ASCENDIT AURORA
RESPONDIT NON DIMITTAM TE
NISI BENEDIXERIS MIHI
AIT ERGO QUOD NOMEN EST TIBI
RESPONDIT IACOB AT ILLE
NEQUAQUAM INQUIT IACOB
APPELLABITUR NOMEN
TUUM SED ISRAHEL
QUONIAM SI CONTRA DM FORTIS
FUISTI QUANTO MAGIS CONTRA
HOMINES PRAEUALEBIS
INTERROGAUIT EUM IACOB
DIC MIHI QUO APPELLE
RIS NOMINE
RESPONDIT CUR QUAERIS
NOMEN MEUM
ET BENEDIXIT EI IN EODEM LOCO
UOCAUITQUE IACOB NOMEN
LOCI ILLIUS PHANUHEL DICENS
UIDI DM FACIE AD FACIEM ET
SALUA FACTA EST ANIMA MEA
ORTUS QUE EST EI STATIM SOL
POSTQUAM TRANSGRESSUS
EST PHANUHEL
IPSE UERO CLAUDICABAT PEDE
QUAM OB CAUSAM NON COMEDUNT
FILII ISRAHEL NERUUM QUI
EMARCUIT IN FEMORE IACOB
USQUE IN PRAESENTEM DIEM
EO QUOD TETIGERIT NERUUM
FEMORIS EIUS ET OBSTUPUERIT
LEUANS AUTEM IACOB OCULOS
SUOS UIDIT ESAU UENIENTEM
ET CUM EO QUADRINGENTOS UIROS
DIUISITQ FILIOS LIAE ET RAHEL
AMBARUMQ FAMULARUM
ET POSUIT UTRAMQ ANCILLAM
ET LIBEROS EARUM IN PRINCIPIO
LIAM UERO ET FILIOS EIUS
IN SECUNDO LOCO
RAHEL AUTEM ET IOSEPH
NOUISSIMOS
ET IPSE PRAECEDIENS ADORAUIT
PRONUS IN TERRAM SEPTIES
DONEC ADPROPINQUARET
FRATER EIUS
CURRENS ITAQ ESAU OBUIAM
FRATRI SUO AMPLEXATUS EST EUM
STRINGENSQUE COLLUM

et osculans flevit
levatisq. oculis vidit mulieres
et parvulos earum et ait
quid sibi volunt isti
et si ad te pertinent
respondit parvuli sunt
quos donavit mihi ds
servo tuo
et adpropinquantes ancillae
et filii earum incurvati sunt
accessitq. lia cum liberis suis
et cum similiter adorassent
extremo ioseph et rahel
adoraverunt
ait esau quenam sunt inquit
istae turmae quas obvias habui
respondit ut invenirem gra
tiam coram domino meo
et ille habeo ait plurima
frater sint tua tibi
dixit iacob noli ita obsecro
sed si inveni gratiam in oculis
tuis accipe munusculum
de manibus meis
sic enim vidi faciem tuam
quasi viderim vultum di
esto mihi propitius et suscipe
benedictionem
quam adtuli tibi
et quam donavit mihi ds
tribuens omnia haec
vix fratre conpellente
suscipiens ait
gradiamur simul eroque
socius itineris tui
dixit iacob nosti domine mi
quod parvulos habeam teneros
et oves ac boves fetas mecum
quas si plus in ambulando
fecero laborare
morientur una die
cuncti greges
praecedat dominus meus
ante servum suum

et ego sequar paulatim vesti
gia eius sicut videro posse
parvulos meos
donec veniam ad dominum
meum in seir
respondit esau oro te ut de
populo qui mecum est
saltem socii remaneant
viae tuae
non est inquit necesse hoc uno
indigeo ut inveniam gratiam
in conspectu dom[ini] mei
Reversus est itaq. illo die esau
itinere quo venerat in seir
et iacob venit in soccoth
ubi aedificata domo
et fixis tentoriis
appellavit nomen loci illius
soccoth idest tabernacula
transivitq. in salem urbem
sicimorum quae est
in terra chanaan
postquam regressus est
de mesopotamia siriae
et habitavit iuxta oppidum
emitque partem agri in qua
fixerat tabernaculum
a filiis emor patris sichem
centum agnis
et erecto ibi altari invocavit
super illud fortissimum
d[eu]m israhel
Egressa est autem dina filia
liae ut videret mulieres
regionis illius
quam cum vidisset sichem
filius emor eveus prin
ceps terrae illius
adamavit et rapuit et dormivit
cum illa vi opprimens
virginem
et conglutinata est
anima eius cum ea
tristemque blanditiis deliniit

et pergens ademor
 patrem suum
accipe mihi inquit puellam
 hanc coniugem
quod cum audisset iacob
absentibus filiis et in pastu
 occupatis pecorum
siluit donec redirent
egresso autem emor patre
 sichem ut loqueretur
 ad iacob
ecce filii eius veniebant de agro
auditoque quod acciderat
 irati sunt valde
eo quod foedam rem esset
 operatus in israhel
et violata filia iacob rem
 inlicitam perpetrasset
locutus est itaq. emor ad eos
sichem filii mei adhesit
 anima filiae vestrae
date eam illi uxorem et iunga
mus vicissim conubia
filias vestras tradite nobis
 et filias nostras accipite
 et habitate nobiscum
terra in potestate vestra est
 exercete negotiamini
 et possidete eam
sed et sichem ad patrem et ad
 fratres eius ait
inveniam gratiam coram vobis
 et quaecumque stata
 eritis dabo
augete dotem munera
 postulate libens tribuam
 quod petieritis
tantum date mihi puellam
 hanc uxorem
responderunt filii iacob
 sichem et patri eius in dolo
saevientes ob stuprum
 sororis
non possumus facere
 quod petitis
nec dare sororem nostram
 homini incircumciso
quod inlicitum et nefa
 rium est apud nos
sed in hoc valebimus
 foederari
si esse volueritis
 nostri similes
et circumcidatur in vobis
 omne masculini sexus
tunc dabimus et accipiemus
 mutuo filias nostras
 ac vestras
et habitabimus vobiscum
 erimusq. unus populus
sin autem circumcidi nolu
 eritis tollemus filiam
 nostram et recedimus
placuit oblatio eorum emor
 et sichem filio eius
nec distulit adulescens
 quin statim quod pete
 batur expleret
amabat enim puellam valde
 et ipse erat inclytus in omni
 domo patris sui
ingressique portam urbis
 locuti sunt populo
viri isti pacifici sunt et vo
 lunt habitare nobiscum
negotientur in terra et ex
 erceant eam quae spatiosa
 et lata cultorib. indiget
filias eorum accipiemus
 uxores et nostras illis
 dabimus
unum est quod differtur
 tantum bonum
si circumcidamus masculos
 nostros ritum gentis
 imitantes
et substantia eorum et pecora
 et cuncta quae possident

NOSTRA ERUNT
TANTUM INHOC ADQUIESCAMUS
ET HABITANTES SIMUL UNUM
EFFICIEMUS POPULUM
ADSENSI SUNT OMNES CIRCUM
CISIS CUNCTIS MARIBUS
ET ECCE DIE TERTIO QUANDO
GRAUISSIMUS UULNERUM
DOLOR EST
ARREPTIS DUO IACOB FILII SYMEON
ET LEUI FRATRES DINAE GLADIIS
INGRESSI SUNT URBEM
CONFIDENTER
INTERFECTISQUE OMNIBUS
MASCULIS EMOR ET SICHEM
PARITER NECAUERUNT
TOLLENTES DINAM DE DOMO
SICHEM SOROREM SUAM
QUIBUS EGRESSIS INRUERUNT
SUPER OCCISOS CETERI
FILII IACOB
ET DEPOPULATI SUNT URBEM
IN ULTIONEM STUPRI
OUES EORUM ET ARMENTA
ET ASINOS CUNCTAQUE UASTAN
TES QUAE IN DOMIBUS
ET IN AGRIS ERANT
PARUULOS QUOQ. ET UXORES
EORUM DUXERE CAPTIUAS
QUIBUS PATRATIS AUDACTER IACOB
DIXIT AD SYMEON ET LEUI
TURBASTIS ME ET ODIOSUM
FECISTIS CHANANAEIS ET FERE
ZEIS HABITATORIBUS
TERRAE HUIUS
NOS PAUCI SUMUS ILLI CONGRE
GATI PERCUTIENT ME ET DELE
BOR EGO ET DOMUS MEA
RESPONDERUNT NUMQUID
AT SCORTO ABUTI DEBUERE
SOROREM NOSTRAM

Item INTEREA LOCUTUS EST DS AD IACOB
SURGE ET ASCENDE BETHEL
ET HABITA IBI

FAC QUE ALTARE DO QUI APPA
RUIT TIBI QUANDO FUGIEBAS
ESAU FRATREM TUUM
IACOB UERO CONUOCATA
OMNI DOMO SUA AIT
ABICITE DEOS ALIENOS QUI
IN MEDIO UESTRI SUNT
ET MUNDAMINI AC MUTATE
UESTIMENTA UESTRA
SURGITE ET ASCENDAMUS
IN BETHEL
UT FACIAMUS IBI ALTARE DO
QUI EXAUDIUIT ME IN DIE
TRIBULATIONIS MEAE
ET FUIT SOCIUS ITINERIS MEI
DEDERUNT ERGO EI OMNES DEOS
ALIENOS QUOS HABEBANT
ET IN AURES QUAE ERANT
IN AURIBUS EORUM
AT ILLE INFODIT EA SUB TEREBIN
THAM QUAE EST POST
URBEM SICHEM
CUMQUE PROFECTI ESSENT
TERROR DI INUASIT OMNES
PER CIRCUITUM CIUITATIS
ET NON SUNT AUSI PERSEQUI
RECEDENTES
UENIT IACOB LUZAM QUAE EST
IN TERRA CHANAAN COGNO
MENTO BETHEL
IPSE ET OMNIS POPULUS CUM EO
AEDIFICAUITQUE IBI ALTARE
ET APPELLAUIT NOMEN
LOCI DOMUS DI
IBI ENIM APPARUIT EI DS CUM
FUGERET FRATREM SUUM
EODEM TEMPORE MORTUA EST
DEBBORA NUTRIX REBECCAE
ET SEPULTA EST AD RADICES BET
HEL SUBTER QUERCUM
UOCATUMQUE EST NOMEN LOCI
QUERCUS FLETUS

Item APPARUIT AUTEM ITERUM DS IACOB
POSTQUAM REUERSUS EST

genes

de mesopotamiam syriae
benedixitque ei dicens
non uocaueris ultra iacob sed
 israhel erit nomen tuum
et appellauit eum israhel
dixitque ei · ego ds omnipote
 ns cresce et multiplicare
gentes et populi nationum
 erunt exte
reges de lumbis tuis egredi
 entur
terramque quam dedi abraham
 et isaac dabo tibi et semini
 tuo post te
et recessit ab eo
Ille uero erexit titulum
 lapideum in loco quo
 locutus ei fuerat ds
libans super eum libamina
 et effundens oleum uocans
 que nomen loci bethel
egressus inde uenit uerno
 tempore ad terram quae
 ducit efratham
in qua cum parturiret rahel
 ob difficultatem partus
 periclitari coepit
dixitque ei obstetrix noli time
 re quia et hunc habebis filium
egrediente autem anima
 prae dolore et imminente
 iam morte
uocauit nomen filii benoni
 idest filius doloris mei
pater uero appellauit eum
 beniamin idest filius
 dexterae
 Mortua est ergo rahel
 et sepulta in uia quae ducit
 efratham idest bethleem
erexitque iacob titulum
 super sepulchrum eius
hic est titulus monumenti
 rahel usque in praesentem diem

egressus inde fixit tabernacu
 lum trans turrem gregis
cumque habitaret in illa regione
abiit ruben et dormiuit cum
 bala concubina patris sui ·
 quod illum minime latuit
xlv Erant autem filii iacob duodeci
 filii liae primogenitus ruben
 et symeon et leui et iudas
 et issachar et zabulon
filii rahel ioseph et beniamin
filii balae ancillae rahelis
 dan et nepthalim
filii zelfae ancillae liae
 gad et aser
hi filii iacob qui nati sunt ei
 in mesopotamiam syriae
uenit etiam adisaac patrem
 suum in mambre ciuitatem
 arbae haec est hebron
in qua peregrinatus est
 abraham et isaac
et conpleti sunt dies isaac
 centum octocinta annorum
consumptusque aetate mortuus
 est et adpositus populo suo
 senex et plenus dierum
et sepelierunt eum esau
 et iacob filii sui
xxxvi hae sunt autem generationes
 esau ipse est edom
esau accepit uxores de fili
 abus chanaan
ada filiam elom bethei
 et oolibama filiam anae
 filiae sebeon heuei
besemath quoque filiam
 ismahel sororem nabaioth
peperit autem ada eliphaz
besemath genuit rahel
oolibama edidit hieus
 et hielon et core
hi filii esau qui nati sunt ei
 in terra chanaan

tulit autem esau uxores suas
et filios et filias et omnem
animam domus suae
et substantiam et pecora
et cuncta quae habere
poterat in terra chanaan
et abiit in alteram regionem
recessitque a fratre suo iacob
diuites enim erant ualde
et simul habitare non
poterant
nec sustinebat eos terra
peregrinationis eorum
prae multitudine gregum
habitauitque esau in monte
seir ipse est edom
xxxvi hae sunt generationes esau
patris edom in monte seir
et haec nomina filiorum eius
eliphaz filius ada uxoris esau
rauhel filius basemath
uxoris eius
fueruntque filii eliphaz
theman omor sepha
et catham et cenez
erat autem thamna con
cubina eliphaz filii esau
quae peperit ei amalech
hi sunt filii adae uxoris esau
filii autem rauhel naath
et zara semma et meza
hi filii basemath uxoris esau
isti quoque erant filii ooli
bama filiae ana filiae sebeon
uxoris esau quos genuit ei
hieus et hielom et core
hi duces filiorum esau
filii eliphaz primogeniti esau
dux theman dux omor
dux sepham
dux chenez dux core dux
catham dux amalech
hi filii eliphaz in terra
edom et hi filii adae

hi quoque filii rauhel
filii esau
dux naath dux zara dux
semma dux meza
hi duces rauhel in terra edom
isti filii basemath
uxoris esau
hi autem filii oolibama
uxoris esau
dux hieus dux hielon dux core
hi duces oolibama filiae
ana uxoris esau
isti filii esau et hi duces
eorum ipse est edom
isti filii seir horraei
habitatores terrae
lothan et sobal et sebeon
et anam dison et eser et disan
hi duces horrei   filii seir
in terra edom
facti sunt autem filii lothan
horrei et theman
erat autem soror lothan
thamna et isti filii sobal
aluam et maneeth et ebal
sephi et onam et hi
filii sebeon
abaia et anam
iste est ana qui inuenit aquas
calidas in solitudine
cum pasceret asinos
sebeon patris sui
habuitque filiam disan
et filiam oolibama
et isti filii disan amdan et
esban et iethran et charan
hi quoque filii eser
balan et zeban et acham
habuit autem filios disan
hus et aran
isti duces horraeorum
dux lothan dux sobal
dux sebeon
dux ana dux dison dux eser

dux disan
isti duces horraeorum qui
imperauerunt in terra seir

xlvii Reges autem qui regnauerunt
in terra edom
antequam haberent regem
filii israhel, fuerunt hii
bale filius beor
nomenq. urbis eius denaba
mortuus est autem balac
et regnauit pro eo iobab filius zara de bosra
regnauit pro eo husan
de terra themanorum
hoc quoq. mortuo regnauit
pro eo adad filius badad
qui percussit madian
in regione moab
et nomen urbis eius abuth
cumque mortuus esset
adad regnauit pro eo
sem la de masereca
hoc quoq. mortuo regnauit
pro eo saul de fluuio rooboth
cumque et hic obisset succes
sit in regnum balaanan
filius achobor
isto quoque mortuo regna
uit pro eo adad
nomen quoq. urbis eius phau
et appellabatur uxor illius
meezabel filia matred
filiae mizaab
haec ergo nomina esau
in cognationib. et locis
et uocabulis suis
dux thamna dux alua
dux ietheth
dux oolibama dux ela
dux phinon
dux cenez dux theman
dux mabsar
dux mabdiel dux iram
hii duces edom habitantes
in terram imperii sui

cumq. mortuus esset iobab

ipse est esau pater idumaeorum
xxxvii Habitauit autem iacob in terra
chanaan in qua peregrinatus
est pater suus
et hae sunt generationes eius
ioseph cum sedecim esset
annorum pascebat gregem
cum fratrib. suis
adhuc puer
et erat cum filiis balae et
zelphae uxorum patris sui
accusauitq. fratres suos
aput patrem crimine
pessimo
israhel autem diligebat ioseph
super omnes filios suos
eo quod in senectute
genuisset eum
fecitq. ei tunicam polymitam
uidentes autem fratres eius
quod a patre plus cunctis
filiis amaretur oderant eum
nec poterant ei quicquam
pacificum loqui

xl Accidit quoque ut uisum som
nium referret fratrib.
quae causa maioris odii
seminarium fuit
dixitq. ad eos
audite somnium meum
quod uidi
putabam ligare nos
manipulos in agro
et quasi consurgere manipu
lum meum et stare
destrosque manipulos
circumstantes adorare
manipulum meum
responderunt fratres eius
numquid rex noster eris
aut subiciemur dicioni tuae
haec ergo causa somniorum
atque sermonum inuidiae
et odii fomitem ministrauit

Aliud quoque uidit somnium
quod narrans fratrib· ait·
uidi per somnium quasi solem
et lunam et stellas
undecim adorare me·
quod cum patri suo et fra
trib· rettulisset·
increpauit eum pater et dixit·
quid sibi uult hoc somnium
quod uidisti
num ego et mater tua et fra
tres adorabimus te
super terram·
inuidebant igitur ei fratres sui·
pater uero rem tacitus
considerabat·
cumque fratres illius in pascen
dis gregib· patris mora
rentur in sichem·
dixit ad eum israhel·
fratres tui pascunt
oues in sicimis·
ueni mittam te ad eos·
quo respondente
praesto sum ait
uade et uide si cuncta prospera
sint erga fratres tuos
et pecora·
et renuntia mihi quid agatur·
missus de ualle hebron·
uenit in sichem·
inuenitq· eum uir erran
tem in agro·
et interrogauit quid quaereret·
at ille respondit·
fratres meos quaero
indica mihi ubi pascant greges·
dixitq· ei uir· recesserunt
de loco isto·
audiui autem eos dicentes
eamus in dothain·
perrexit ergo ioseph post
fratres suos et inuenit
eos in dothain·

qui cum uidissent· procul. eam
antequam accederet ad eos·
cogitauerunt eum occidere
et mutuo loquebantur·
ecce somniator uenit uenite
occidamus eum·
et mittamus in cisternam
ueterem·
dicamusque fera pessima
deuorauit eum·
et tunc apparebit quid illi
prosint somnia sua·
audiens hoc ruben· nitebatur
liberare eum de manibus
eorum· et dicebat·
non interficiatis animam eius·
nec effundatis sanguinem·
sed proicite eum in cisternam
hanc quae est in solitudine·
manusq· uestras seruate
innoxias·
hoc autem dicebat uolens
eripere eum de manibus
eorum· et reddere patri suo·
confestim igitur ut per
uenit ad fratres
nudauerunt eum tunica
talari et polimita
miseruntq· in cisternam
quae non habebat aquam
et sedentes ut comederent
panem
uiderunt uiatores ismahelitas
uenire de galaad
et camelos eorum portare
aromata et resinam
et stacten in aegyptum
dixit ergo iudas
fratribus suis
quid nobis pro dest si occide
rimus fratrem nostrum
et celauerimus
sanguinem   ipsius
melius est ut   uenundetur

ismahelitis et manus nostrae
non polluantur
frater enim et caro nostra est
adquieuerunt fratres
sermonibus eius
et praetereuntib- mazanitis
negotiatorib- extrahen
tes eum decisterna
uendiderunt ismahelitis
uiginti argenteis
qui duxerunt eum inaegyptum
reuersusq- ruben adcister
nam noninuenit puerum
et scissis uestib- pergens
adfratres ait
puer nonconparet
et ego quoibo
tulerunt tunicam eius
et insanguinem haedi
quem occiderant tinxerunt
mittentes qui ferrent
adpatrem et dicerent
hanc inuenimus uide utrum
tunica filii tui sit an non
quam cum cognouisset
pater ait
tunica filii mei est ferapes
sima comedit eum
bestia deuorauit ioseph
scissisque uestib- indutus
est cilicio
lugens filium multo tempore
con cregatis autem cunctis
liberis eius ut lenirent
dolorem patris
noluit consolationem reci
pere et ait
descendam adfilium meum
lugens ininfer num
et illo perseue rante
infletu
madianei uendi derunt
ioseph inaecip tum
putipharae eu nucho

pharaonis magistro
militiae
eo tempore descendens
iudas afratrib- suis
diuertit aduirum odolla
mitem nomine hiram
uiditque ibi filiam hominis
chananei uocabulo suae
et uxore accepta ingressus
est adeam
quae concepit et peperit
filium uocauitque
nomen eius her
rursum concepto fetu natum
filium nominauit onam
tertium quoq- peperit
quem appellauit sela
qui nato parere ultra cessauit
dixit autem iudas uxorem
primogenito suo her
nomine thamar
fuit q- her primogenitus
iudae nequam inconspectu
dni et abeo occisus est
dixit ergo iudas adonam
filium suum
ingredere aduxorem fratris
tui et sociare illi ut susci
tes semen fratri tuo
ille sciens nonsibi nasci filios
introiens aduxorem fratris
sui semen fundebat interra
ne liberi fratris nomine
nascerentur
et idcirco percussit eum dns
quod rem detestabilem
faceret
quam obrem dixit iudas
thamar nurui suae
esto uidua indomo patris tui
donec crescat sela
filius meus
timebat enim ne etipse more
retur sicut fratres eius

quae abiit et habitauit
indomo patris sui
euolutis autem multis dieb-
mortua est filia
suae uxor iudae
qui post luctum consola
tione suscepta
ascendebat ad tonsores
ouium suarum
ipse et hiras opilio grecis
odollamita in thamnas
nuntiatumq. est thamar
quod socer illius ascenderet
in thamnas ad tondendas oues
quae depositis uiduitatis ues
tib. adsumpsit theristrum
et mutato habitu sedit in biuio
itineris quod ducit thamnam
eo quod creuisset sela et non
eum accepisset maritum
quam cum uidisset iudas suspi
catus est esse meretricem
operuerat enim uultum
suum ne cognosceretur
ingrediensq. ad eam ait
dimitte me ut coeam tecum
nesciebat enim quod
nurus sua esset
qua respondente quid mihi
dabis ut fruaris concubitu meo
dixit mittam tibi hedum
de gregib. rursum illa dicente
patiar quod uis si dederis mihi
arrabonem donec mittas
quod polliceris
ait iudas qui dais tibi
pro arrabone dari
respondit anulum tuum
et armillam et baculum
quem manu tenes
ad unum igitur coitum con
cepit mulier et surgens abiit
depositoq. habitu quem adsump
serat induta est uestibus

uiduitatis
misit autem iudas hedum per
pastorem suum odollamiten
ut reciperet pignus quod
dederat mulieri
qui cum non inuenisset eam
interrogauit homines
loci illius
ubi est mulier quae sede
bat in biuio
respondentib. cunctis non
fuit in loco isto meretrix
reuersus est ad iudam et
dixit ei non inueniam
sed et homines loci illius
dixerunt mihi numquam ibi
sedisse scortum
ait iudas habeat sibi certe
mendacii nos arguere
non poterit
ego misi hedum quem
promiseram
et tu non inuenisti eam
ecce autem post tres menses
nuntiauerunt iudae dicentes
fornicata est thamar
nurus tua
et uidetur uterus illius
intumescere
dixit iudas producite eam
ut comburatur
quae cum duceretur ad poenam
misit ad socerum suum dicens
de uiro cuius haec sunt concepi
cognosce cuius sit anulus
et armilla et baculus
qui agnitis muneribus ait
iustior me est quia non
tradidi eam sela filio meo
et tamen ultra non cog
nouit illam
instante autem partu apparu
erunt gemini in utero
atque in ipsa effusione infantum

unus protulit manum
in qua obstetrix ligauit
coccinum dicens
iste egreditur prior
illo uero retrahente manum
egressus est alter
dixitque mulier
quare diuisa est propter
te maceria
et ob hanc causam uocauit
nomen eius phares
postea egressus est frater
in cuius manu erat coccinum
quem appellauit zara

Igitur ioseph ductus est
in aegyptum
emitque eum putiphar eunu
chus pharaonis princeps
exercitus uir aegyptius
de manu ismahelitarum a quib.
perductus erat
fuitque dns cum eo
et erat uir in cunctis pro
spere agens
habitabatque in domo
domini sui
qui optime nouerat esse
dnm cum eo
et omnia quaecumque ret ab eo
dirigi in manu illius
inuenitque ioseph gratiam
coram domino suo
et ministrabat ei
a quo praepositus omnibus
gubernabat creditam sibi
domum et uniuersa
quae tradita fuerant ei
benedixitque dns domui
aegypti propter ioseph
et multiplicauit tam in aedib.
quam in agris cunctam
eius substantiam
nec quicquam aliud nouerat
praeter panem quo uescebatur.

erat autem ioseph pulchra
facie et decoras aspectu
post multos itaque dies iecit
domina oculos suos in ioseph
et ait dormi mecum
qui nequaquam adquiescens
operi nefario dixit ad eam
ecce dominus meus omnib.
mihi traditis ignorat quid
habeat in domo sua
nec quicquam est quod non in
mea sit potestate uel tradi.non
derit mihi praeter te
quae uxor eius es
quomodo ergo possum
hoc malum facere
et peccare in dm meum
huiuscemodi uerbis mulier
per singulos dies molesta
erat adulescenti
at ille recusabat stuprum
accidit autem ut quadam die
intraret ioseph domum
et operis quippiam sine
arbitris faceret
at illa adprehensa lacinia
uestimenti eius diceret
dormi mecum
qui relicto in manu illius
pallio fugit et egres
sus est foras
cumque uidisset mulier
uestem in manib. suis
et se esse contemptam
uocauit homines domus
suae et ait ad eos
en introduxit uirum haebre
um ut inluderet nobis
ingressus est ad me
ut coiret mecum
cumq. ego succlamassem
et audisset uocem meam
reliquid pallium quod
tenebam et fugit foras

in argumentum ergo fidei reten
tum pallium ostendit marito
reuertenti domum ait
ingressus est ad me seruus
hebraeus quem adduxisti
ut inluderet mihi
cumque uidisset me clamare
reliquit pallium
et defugit foras
his auditis dominus et nimium
credulus uerbis coniugis
iratus est ualde
tradiditque ioseph in carce
rem ubi uincti custodieban
tur et erat ibi clausus
fuit autem dns cum ioseph
et misertus illius dedit ei
gratiam in conspectu prin
cipis carceris
qui tradidit in manu ipsius
uniuersos uinctos qui in
custodia tenebantur
et quicquid fiebat
sub ipso erat
nec nouerat aliquid
cunctis ei creditis
dns enim erat cum illo
et omnia eius opera
dirigebat

his ita gestis accidit ut pec
carent duo eunuchi pincerna
regis aegypti et pistor
domino suo
iratusq. pharao contra eos
nam alter pincernis praeerat
alter pistoribus
misit eos in carcerem
principis militum
ubi erat uinctus ioseph
at custos carceris tradidit
eos ioseph qui et ministra
bat eis
aliquantum temporis flux
erat et illi in custodia

tenebantur
uiderantque ambo somnium
nocte una iuxta interprae
tationem congruam sibi
adquos cum introisset ioseph
mane et uidisset eos tristes
sciscitatus est dicens
cur tristior est hodie
solito facies uestra
qui responderunt
somnium uidimus et non est
qui interpraetetur nobis
dixitque ad eos ioseph
numquid non dei est
interpretatio
referte mihi quid uideritis
narrauit prior praepositus
pincernarum somnium suum
uidebam coram me uitem
in qua erant tres propagines
crescere paulatim gemmas
et post flores uuas
maturescere
calicemque pharaonis
in manu mea
tuli ergo uuas et expressi in
calicem quem tenebam et
tradidi poculum pharaoni
respondit ioseph
haec est interpraetatio
somnii
tres propagines tres
adhuc dies sunt
post quos recordabitur
pharao magisterii tui
et restituet te in gradum
pristinum
dabisque ei calicem iuxta
officium tuum sicut
facere ante consueras
tantum memento mei
cum tibi bene fuerit
et facies mecum misericordiā
ut suggeras pharaoni

et educat me de isto carcere
qui furto sublatus sum
de terra hebreorum
et hic innocens in lacum
missus sum
uidens pistorum magister
quod prudenter somnium
dissoluisset ait
et ecco uidi somnium quod
haberem tria canistra farinae
super caput meum
et in uno canistro quod erat
excelsius
portare me omnes cibos
qui fiunt arte pistoria
auesque comedere ex eo
respondit ioseph
haec est interpraetatio somnii
tria canistra tres adhuc
dies sunt
post quos auferet pharao
caput tuum ac suspendet te
in cruce
et lacerabunt uolucres
carnes tuas
ex inde tertius natalicius
pharaonis erat
qui faciens grande conuiuium
pueris suis
recordatus est inter epulas
magistri pincernarum et
pistorum principis
restituitq. alterum in locum
suum ut porrigeret
regi poculum
alterum suspendit in pati
bulo ut coniectoris
ueritas probaretur
ad tamen succedentibus
prosperis praepositus
pincernarum oblitus est
interpraetis sui
Post duos annos uidit pharao
somnium
putabat se stare super flauium
de quo ascendebant
septem boues
pulchrae et crasse nimis
et pascebantur in locis
palustribus
aliae quoq. septem emerge
bant de flamine foedae
confectaeq. macie
et pascebantur in ipsa amnis
ripa in locis uirentibus
deuorauerantq. eas quarum
mira species et habitudo
corporum erat
experrectus pharao rursum
dormiuit et uidit alterum
somnium
septem spicae pullulabant
in culmo uno plenae
atque formonsae
aliae quoque totidem spicae
tenues et percussae
uredine oriebantur
deuorantes omnem priorum
pulchritudinem
euicilans post quietem
et facto mane pauore
perterritus
misit ad coniectores aecypti
cunctos q. sapientes
et accersitis narrauit somniu
nec erat qui interpre
taretur
tunc demum reminiscens
pincernarum magister ait
confiteor peccatum meum
iratus rex seruis suis me
et magistrum pistorum
retrudi iussisti in carce
rem principis militum
ubi una nocte uterq. uidimus
somnium praesagum
futurorum
erat ibi puer hebraeus

eiusdem ducis militum
famulas
cuinarrantes somnia audiuimus
quicquid postea rei
probauit euentus
egoenim redditus sum
officio meo etille
suspensus est incruce
protinus adregis imperium
eductum decarcere
totonderunt ioseph
acueste mutata obtule
rantei cuille ait
uidi somnia nec est quiedisse
rat quae audiuite pruden
tissime conicere
Respondit ioseph
absque meds respondebit
prospera pharaoni
narrauit ergo ille
quod uiderat
putabam mestare super
ripam fluminis
etseptem boues deamne
conscendere pulchras
nimis et obesis carnibus
quae inpastu paludis
uirecta carpebant
etecce has sequebantur
aliae septem boues
intantum deformes et maci
lentae utnumquam tales
inuniuersa terra
aegypti uiderim
quae deuoratis et consumtis
prioribus nullum saturi
tatis dedere uestigium
sed simili macie et squa
lore torpebant
euigilans rursum sopore
depraessus uidi somnium
septem spicae pullulabant
inculmo uno plenae
atq. pulcherrimae

aliae quoque septem tenues
et percussae uredine
oriebantur estipula
quae priorum pulchritu
dinem deuorarunt
narraui coniectoribus somnium
et nemo est quiedisserat
Respondit ioseph somnium
regis unum est
quae facturus est ds ostendit
pharaoni
septem boues pulchrae et
septem spicae plenae septem
ubertatis anni sunt
eandemque uim somnii
conpraehendunt
septem quoq. boues tenues
atq. machilentae quaeascen
derunt posteas
et septem spicae tenues et
uento urente percussae
septem anni sunt
uenturae famis
quihoc ordine conplebuntur
ecce septem anni uenient
fertilitatis magnae inuni
uersa terra aegypti
quos sequentur septem anni
alii tantae sterelitatis
utobliuioni tradatur cuncta
retro abundantia
consumtura est enim
fames omnem terram
et uberatis magnitudinem
perditura inopiae
magnitudo
quod autem uidisti secundo
adeandem rem pertinens
somnium firmitatis
indicium est
eoquod fiat sermo di
et uelocius impleatur
nunc ergo prouideat rex uirū
sapientem et industriam

et praeficiat eum
terrae aegypti
qui constituat praepositos
per singulas regiones
et quintam partem fructum
per septem annos fertilitatis
qui nunc iam futuri sunt
congreget in horrea
et omne frumentum sub
pharaonis potestate
condatur
servaturq. in urbib. et paretur
futurae septem annorum
fami quae praessura est
aegyptum
et non consumetur
terra inopia
placuit pharaoni consilium
et cunctis ministris eius
Locutasque est ad eos
num invenire poterimus
talem virum qui spadi
plenus sit
dixit ergo ad ioseph
quia ostendit ds tibi omnia
quae locutus es
numquid sapientiorem
et similem tui invenire
poterimus
tu eris super domum meam
et ad tui oris imperium cunctis
populus oboediet
uno tantum regni solio
te praecedam
dicens quoq. rursum
pharao ad ioseph
ecce constitui te super univer
sam terram aegypti
tulit anulum de manu sua
et dedit in manu eius
vestivitq. eum stola byssina
et collo torquem auream
circum posuit
fecitq. ascendere super
currum suum secundum
clamante praecone
ut omnes coram eo
genu flecterent
et praepositum esse scirent
universae terrae aegypti
dixit quoq. rex ad ioseph
ego sum pharao
absque tuo imperio non mo
vebit quisquam manum aut
pedem in omni terra aegypti
vertitq. nomen illius et voca
vit eum lingua aegyptiaca
salvatorem mundi
dedit quoq. illi uxorem
aseneth filiam putiphare
sacerdotis heliopoleos
Egressus itaq. ioseph
ad terram aegypti
triginta autem erat annorum
quando stetit in conspectu
regis pharaonis
circuivit omnes regiones
aegypti
venitq. fertilitas septem
annorum
et in manipulos redactae sege
tes congregatae sunt
in horrea aegypti
omnis etiam frugum abundan
tia in singulis urbib. con
dita est
tantaq. fuit multitudo tri
tici ut arinae maris
coequaretur
et copia mensuram
excederet
Nati sunt autem ioseph filii
duo antequam veniret fames
quos ei peperit aseneth filia
putifares sacerdotis
heliopoleos
vocavitq. nomen primogeniti
manasse dicens

oblivisci me fecit ds omnium
laborum meorum
et domum patris mei
nomen quoq; secundi appel
lauit ephraim dicens
crescere me fecit ds in terra
paupertatis mexe
Igitur transactis septem annis
ubertatis quifuerant
inaegypto
coeperunt uenire septem
anni inopiae quos prae
dixerat ioseph
et inuniuerso orbe
fames praeualuit
incuncta autem terra
aegypti non erat panis
quia esuriente clamauit
populus adpharaonem
alimenta petens
quib; ille respondit
ite adioseph et quicquid
uobis dixerit facite
crescebat enim cotidie fames
inomni terra aegypti
aperuitq; ioseph uniuersa
horrea etuendebat aegyptiis
nam et illos oppresserat
fames
omnis que prouinciae uenie
bant inaegyptum
ut emerent escas
et malum inopiae
temperarent
Audiens autem iacob quod
alimenta uenderentur
inaegypto dixit filiis suis
quare neglegitis audiui
quod triticum uenun
detur inaegypto
descendite et emite
nobis necessaria
ut possemus uiuere et non
consummamur inopia

XLII Descendentes igitur fratres
ioseph decem ut emerent
frumenta inaegypto
beniamin domi retento ab
iacob. qui dixerat fratrib; eius
ne forte in itinere quicquam
patiatur mali
ingressi sunt terram aegypti
cumaliis qui pergebant
ademendum
erat autem fames in terra
chanaan
et ioseph princeps aegypti
atque ad illius nutum frumen
ta populis uendebantur
cumque adorassent eum
fratres sui et agnouisset eos
quasi ad alienos durius loque
batur interrogans eos
unde uenistis
qui responderunt de terra
chanaan ut ememus uictui
necessaria
et tamen fratres ipse cogno
scens nonest agnitus abeis
recordatusq; somniorum
quae aliquando uiderat ait
exploratores estis ut uide
atis inferiora terrae uenistis
qui dixerunt nonest ita dne
sed seruitui uenerant ut
emerent cibos. omnes
filii unius sumus
pacifici uenimus nec quicquam
famuli tui macinantur mali
quib; ille respondit aliter est
inmunita terrae huius
considerare uenistis
et illi duodecim inquiunt
serui tui fratres sumus filii
uirii unius in terra chanaan
minimus cum patre nostro est
alius nonest super
hocest ait quod locutus sum

exploratores estis
iam nunc experimentum
uestri accipiam
persalutem pharaonis non
ecredemini hinc donec ueniat
frater uester minimus
mittite euobis unum
et adducite eum
uos autem eritis inuinculis
donec prouentur quae
dixistis utrum falsa
an uerasint
alioquin persalutem phara
onis exploratores estis
tradiditergo eos custo
die tribus diebus
die autem tertio eductis
decustodia ait
facite quod dixi et uiuetis
dm enim timeo
si pacifici estis frater uester
unus ligetur incarcere
uos autem abite etferte
frumenta quae emistis
indomos uestras
et fratrem uestrum mini
mum adme adducite
ut possimus uestros probare
sermones et non moriemini
fecerunt ut dixerat et
locuti sunt inuicem
merito haec patimur
quia peccauimus in
fratrem nostrum
uidentes angustiam animae
illius cum deprecaretur
nos et non audiuimus
idcirco uenit supernos
ista tribulatio
equibus unus ruben ait
nam quid non dixi uobis
nolite peccare inpue
rum et non audistis me
en sanguis eius exquiritur

nesciebant autem quod in
telligeret ioseph eo quod
perinterpretem
loqueretur adeos
auertitq se parumper
et fleuit
et reuersus locutus
est adeos
tollens symeon et ligans
illis praesentibus
iussitque ministris ut imple
rent saccos eorum tritico
et reponere pecunias sincu
lorum insacculis suis datis
supra cibariis inuia cm
qui fecerunt ita
at illi portantes frumenta
in asinis profecti sunt
apertoq unus sacco ut daret
iumento paxulum
indiuersorio
contemplatus pecuniam inore
sacculi dixit fratrib suis
reddita mihi est pecunia
en habetur insacco
etobstupefacti turbatique
dixerunt mutuo
quidnam est hoc quod
nobis fecit ds
uenerunt q̄ adiacob patrem
suum interra chanaan
et narrauerunt ei omnia quae
accidissent sibi dicentes
locutus est nobis dominus
terrae dure
et putauit nos exploratores
prouinciae
cui respondimus
pacifici sumus nec ullas
molimur insidias
duodecim fratres uno
patre geniti sumus
unus non est super
minimus cum patre uersatur

in terra chanaan
qui ait nobis sic probabo
quod pacifici sitis
fratrem uestrum unum
dimittite aput me
et cibaria domib. uestris neces
saria sumite et abite
fratrem q. uestrum minimum
adducite ad me
ut sciam quod non sitis
exploratores
et istum qui tenetur in uin
culis recipere possitis
ac de inceps emendi quae
uultis habeatis licentiam
his dictis cum frumenta
effunderent singuli
reppererunt in ore sacco
rum pecunias
exterritisq. simul omnibus
dixit pater iacob
absque liberis me esse fecistis
ioseph non est super, simeon
tenetur in uinculis.
beniamin aufertis
in me haec mala omnia
reciderunt
cui respondit ruben
duos filios meos interfice
si non reduxero illum tibi
trade in manu mea et ego
eum restituam
at ille non descendit inquit
filius meus uobiscum
frater eius mortuus est
et ipse solus remansit
si quid ei aduersi contigerit
in terra ad quam pergitis
deducetis canos meos
cum dolore ad inferos
XLIII. Interim fames omnem
terram uehementer
premebat
consamptisque cibis quos

ex aegypto detulerant
dixit iacob ad filios suos
reuertimini et emite nobis
pauxillum escarum
respondit iudas
denuntiauit nobis uir ille sub
testificatione
iurandi dicens
non uidebitis faciem meam
nisi fratrem uestrum mini
mum adduxeritis uobiscum
si ergo uis mittere eum nobis
cum pergimus pariter
et ememus tibi necessaria
sin autem non uis non ibimus
uir enim ut saepe diximus
denuntiauit nobis dicens
non uidebitis faciem meam
absque fratre uestro
minimo. dixit eis israhel,
in meam hoc fecistis miseriam
ut indicaretis ei alium
habere uos fratrem
at illi responderunt
interrogauit nos homo per
ordinem nostram progeniem
si pater uiueret si habe
remus fratrem
et nos respondimus ei con
sequenter iuxta id quod
fuerat sciscitatus
num quid scire poteramus
quod dicturus esset ad
ducite uobiscum
fratrem uestrum
iudas quoq. dixit patri suo
mitte puerum mecum
ut proficiscamur et
possimus uiuere
ne moriamur nos et par
uuli nostri
ego suscipio puerum de manu
mea require illum
nisi reduxero et tradidero

cum tibi ero peccati inte
reus omni tempore
si non intercessisset dilatio
iam uice altera uenissemus
igitur israhel pater
eorum dixit ad eos
si sic necesse est facite
quod uultis
sumite de optimis terrae
fructib; inuasis uestris
et deferte uiro munera
modicum resinae et mellis
et storacis et stactis
et tereb̄nthi et ami
dalarum
pecuniamq; duplicem
ferte uobiscum
et illam quam inuenistis
in sacculis reportate
ne forte errore factum sit
sed et fratrem uestrum
tollite et ite ad uirum
ds̄ autem meus omnipotens
faciat eum uobis placabilē
et remittat uobiscum
fratrem uestrum quem
tenet et hunc beniamin
ego autem quasi orbatus
absque liberis ero
tulerunt ergo uiri munera
et pecuniam duplicem
et beniamin
descenderuntq; inaecp̄tum
et steterunt coram ioseph
quos cum ille uidisset
et beniamin simul
praecepit dispensatori
domus suae dicens
introduc uiros domum
et occide uictimas
et instrue conuiuium
quoniam mecum sunt
comesuri meridie
fecit ille quod sibi fuerat

imperatum
et introduxit uiros domum
ibique exterriti dixe
runt mutuo
propter pecuniam quam
retulimus prius in saccis
nostris introducti sumus
ut deuoluat in nos calumniam
et uiolenter subiciat serui
tuti et nos et asinos nostros
quam obrem in ipsis forib;
accidentes ad dispensato
rem domus locuti sunt
oramus dn̄e ut audias nos
iam ante descendimus
ut emeremus escas
quibus emptis cum uenis
semus ad diuersorium
aperuimus sacculos nos
tros et inuenimus pecu
niam in ore sacculorum
quam nunc eodem pon
dere reportamus
sed et aliud adtulimus
argentum ut emamus
quae necessaria sunt
non est in nostra conscien
tia quis eam posuerit
in marsuppiis nostris
at ille respondit pax
uobiscum nolite timere
ds̄ uester et ds̄ patris ues
tri dedit uobis thesauros
in sacculis uestris
nam pecuniam quam dedis
tis mihi probatam
ego habeo
eduxitque ad eos simeon
et introductis domum
adtulit aquam et lauerunt
pedes suos
deditq; pabula asinis eorum
ill i uero parabant munera
donec ingrederetur

ioseph meridie
audierant enim quod ibi
comesuri essent panem
igitur ingressus est ioseph
domum suam
optulerunt q- ei munera
tenentes in manibus
et adorauerunt proni
interram
at ille clementer resaluta
tis eis interrogauit dicens
saluus ne est pater uester
senex dequo dixeratis mihi
adhuc uiuit
et incurbati adorauerunt eum
adtollens autem oculos suos
ioseph uidit beniamin fra
trem suum uterinum
et ait
iste est frater uester parua
lus dequo dixeratis mihi
et rursum ds inquit misere
atur tui filii mi
festinauit q- quia com mota
fuerant uiscera eius super
fratre suo eterumpe
bant lacrimae
et introiens cubiculum fleuit
rursum q- lota facie egressus
continuit se et ait
ponite panes
quib- adpositis seorsum ioseph
et seorsum fratribus
aecip tiis quoq- qui uescebantur
tur simul seorsum
inlicitum est enim aecip tiis
comedere cum hebreis
et profanam putant huius
cemodi conuiuium
sederunt coram eo
primogenitus iuxta
primogenita sua
et minimus iuxta
aetatem suam

et mirabantur nimis sumptis
partib- quas abeo
acceperant
maiorq- pars uenit beniamin
ita ut quinq- partib- excederet
biberantq- et inebriati
sunt cum eo
praecepit autem ioseph dispen
satori domus suae dicens
imple saccos eorum frumento
quantum possunt capere
et pone pecuniam singulo
rum in summitate sacci
scyfum autem meum argen
teum et praetium quod
dedit trittici pone in ore
sacculi iunioris
factumq- est ita
et orto mane dimissi sunt
cum asinis suis
iamq- urbem exierant et prae
cesserant pululum
tunc ioseph arcessito
dispensatore domus
surge inquit persequere
uiros et adpraehensis
dicito
quare reddidistis malum
pro bono
scyfus quem furati estis
ipse est in quo bibit dominus
meus et in quo augurari
solet· pessimam rem
fecistis
fecit ille ut iusserat
et adpraehensis per ordi
nem locutus est
qui responderunt quare sic
loquitur dominus noster
ut seruitui tantum flagi
tii commiserint
pecuniam quam inuenimus
in summitate sacculorum
reportauimus ad te

qui responderunt sospes est. Seruus tuus pater noster adhuc uiuit.

de terra chanaan
et quomodo consequens est
ut furatis imus de domo
domini tui aurum uel argentu
aput quemcumq. fuerit
inuentum seruorum tuo
rum quod quaeris moriatur
et nos serui erimus
dni nostri
qui dixit fiat iuxta uestram
sententiam
apart quem fuerit inuentus
sctus ipse sit seruus meus
uos autem eritis innoxii
itaque festinato deponentes
in terram saccos aperu
erunt singuli
quos scrutatus incipiens
a maiore usq. ad minimum
inuenit sctum in sacco
beniamin
at illi scissis uestib. oneratisq.
rursum asinis reuersi
sunt in oppidum
primusq. iudas cum fratrib.
ingressus est ad ioseph
necdum enim de loco
abierant
omnesq. ante eum in terra
pariter corruerunt
quib. ille ait cur sic
agere uoluistis
an ignoratis quod non sit
similis mei in augurandi
scientia
cui iudas
quid respondebimus inquit
domino meo uel quid
loquamur
aut iusti poterimus
obtendere
ds inuenit iniquitatem
seruorum tuorum
en omnes serui sumus

domini mei et nos et iput
quem inuentus est sctus
respondit ioseph absit
ut sic agam
qui furatus est sctum
ipse sit seruus meus
uos autem abite liberi
ad patrem uestrum
accedens propius iudas
confidenter ait
oro domine mi loquatur
seruus tuus uerbum in
aurib. tuis et ne irascaris
famulo tuo
tu es enim post pharaonem
dominus meus
interrogasti prius seruos
tuos habetis patrem
aut fratrem
et nos respondimus
tibi domino meo
est nobis pater senex et
puer paruulus qui in senec
ta illius natus est
cuius uterinus frater
mortuus est
et ipsum solum habet
mater sua
pater uero tenere
diligit eum
dixisti seruis tuis addu
cite eum ad me
et ponam oculos meos
super illum
suggessimus domino meo
non potest puer relin
quere patrem suum
si enim illum dimiserit
morietur
et dixisti seruis tuis
nisi uenerit frater uester
minimus uobiscum
non uidebitis ultra
faciem meam

cum ergo ascenderemus
ad famulum tuum
patrem nostrum
narrauimus ei omnia quae
locutus est dominus
noster
et dixit pater noster
reuertimini et emite nobis
paruum tritticum
cui diximus ire non possumus
si frater minimus noster
descendet nobiscum pro
ficiscemur simul
alioquin illo absente non
audeuimus uidere faciem
uiri at ille respondit
uos scitis quod duos genu
erit mihi uxor mea
egressus est unus et dixistis
bestia deuorauit eum
et hucus que non paret
si tuleritis et istum et aliquid
ei in uia contigerit
deducetis canos meos cum
merore ad inferos
igitur si intrauero ad seruum
tuum patrem nostrum
et puer defuerit
cum anima illius ex huius
anima pendeat
uideritq. eum non esse nobis
cum morietur et deducent
famuli tui canos eius cum
dolore ad inferos
ego propriae seruus tuus qui
in meam hunc recipi fidem
et spopondi dicens
nisi reduxero eum peccati
reus ero in patrem meum
omni tempore
manebo itaq. seruus tuus
pro puero in ministerio
domini mei
et puer ascendat cum fratri
bus suis
non enim possumus redire
ad patrem absente puero
nec calamitatis quae oppres
sura est patrem meum
testis adsistam

/ xlviii Non se poterat ultra cohibere
xlv. ioseph multis coram
ad stantibus
unde praecepit ut crede
rentur cuncti foras
et nullus interesset alienus
agnitioni mutuae
eleuauitq. uocem
cum fletu
quam audierunt aegyptii
omnisq. domus pharaonis
et dixit fratrib. suis
ego sum ioseph adhuc
pater meus uiuit
nec poterant respondere
fratres nimio timore
perterriti
ad quos ille clementer
accedite inquit ad me
et cum accessissent prope
ego sum ait ioseph frater
uester quem uendidistis
in aegypto
nolite pauere nec uobis durum
esse uideatur quod uendi
distis me in his regionibus
pro salute enim uestra
misit meus ante uos in aegypto
biennium est quod famis
esse coepit in terra
et adhuc quinq. anni restant
quib. nec arari poterit
nec meti
praemisitq. me ds utre ser
uemini super terram
et escas ad uiuendum
habere possitis
non uestro consilio sed di

hac uoluntate missus sum.
qui fecit me quasi patrem
pharaonis
et dominum uniuersae
domus eius
ac principem in omni
terra aegypti
festinate et ascendite ad pa
trem meum et dicite ei
haec mandat filius tuus ioseph
dns mefecit dominum uniuer
sae terrae aegypti
descende ad me ne moreris
et habita in terra gessem
eris que iuxta me tu et filii
tui et filii filiorum tuorum
oues tuae et armenta et uni
uersa quae possides
ibique te pascam
adhuc enim quinq. anni
residui sunt famis
ne et tu pereas et domus tua
et omnia quae possides
en oculi uestri et oculi fratris
mei beniamin uident quod
os meum loquitur ad uos
nuntiate patri meo uniuer
sam gloriam meam
et cuncta quae uidistis
in aegypto
festinate et adducite
eum ad me
cumque amplexus recidisset
in collum beniamin
fratris sui fleuit
illo quoq. flente similiter
super collum eius
osculatus q. est omnes fra
tres suos et ploraurit
super singulos
postquam ausi sunt
loqui ad eum
auditumq. est et celebri ser
mone uulgatum in aula

regis uenerunt fratres ioseph
et gauisus est pharao atque
omnis familia eius
dixit q. ad ioseph
ut imperaret fratribus
suis dicens
onerantes iumenta rite
in terra chanaan
et tollite inde patrem uestrum
et cognationem et uenite
ad me
et ego dabo uobis omnia
bona aegypti
ut comedatis medullam terrae
praecipe etiam ut tollant
plaustra de terra aegypti
ad subuectionem paruulorum
suorum et coniugum
ac dicito
tollite patrem uestrum et
properate quantocius
uenientes ne dimittatis quic
quam desuper lectile uestra
qui omnes opes aegypti
uestrae erunt
feceruntq. filii israhel ut eis
mandatum fuerat
quib. dedit ioseph plaustra
secundum pharaonis impe
rium et cibaria in itinere
singulis q. proferri iussit
binas stolas
beniamin uero dedit trecen
tos argenteos cum quinq.
stolis optimis
tantundem pecuniae et uesti
mentum mittens
patri suo
addens eis asinos decem qui
sub ueherent ex omnib.
diuitiis aegypti
et totidem asinos trit
ticum in itinere panesq.
portantes

dimisit ergo fratres suos
et proficiscentib; ait
ne irascimini invia
qui ascendentes exaegypto
uenerunt interram chanaan
adpatrem suum iacob
et nuntiauerunt ei dicentes
ioseph uiuit et ipse dominatur
inomni terra aegypti
quo audito quasi degraui
somno euigilans tamen
non credebat eis
illi contra referebant
omnem ordinem rei
cumq; uidisset plaustra
et uniuersa quae miserat
reuixit sps eius et ait
sufficit mihi siadhuc filius
meus ioseph uiuit
uadam et uidebo illum
antequam moriar

Profectusq; israhel cum
omnib; quae habebat uenit
adputeum iuramenti
et mactatis ibi uictimis do
patris sui isaac
audiuit eum peruisionem
noctis
uocantem se et dicentem
sibi iacob iacob
cui respondit ecce adsum
ait illi ds ego sum fortissi
mus ds patris tui noli ti
mere descende inaegyptum
quia ingentem magnam
faciam te ibi
ego descendam tecum illac
et ego adducam te inde
reuertentem
ioseph quoq; ponet manum
suam super oculos tuos
surrexit iacob aputeo
iuramenti
tuleruntq; eum filii sui

cum paruulis et uxo
ribus suis
inplaustris quae miserat
pharao adportandum senem
et omnia quae possidebat
interra chanaan
uenitque inaegyptum cum
omni semine suo
filii eius et nepotes filiae et
cuncta simul progenies
haec sunt autem nomina
filiorum israhel qui ingressi
sunt inaegyptum ipsi
cum liberis suis
primogenitus ruben
filii ruben enoch et phallu
et esron et charmi
filii symeon iemuhel et iamin
et aod et iachin et sacher
et saul filius chananitidis
filii leui gerson caath
et merari
filii iuda her et onan et sela
et phares et zara
mortui sunt autem her
et onan interra canaan
natique sunt filii phares
esron et amul
filii issachar thola et phua
et iob et semron
filii zabulon sared
et helon et ielel
hii filii liae quos genuit in
mesopotamiam syriae
cum dina filia sua
omnes animae filiorum eius
et filiarum triginta tres
filii gad sephion et haggi
suni et eseron heri
et arodi et areli
filii aser abne et iesua
et iesui et beria
sara quoq; soror eorum
filii beria heber et melchihel

hii filii zelfae quam dedit
laban liae filiae suae
ethos genuit iacob
sedecim animas
filii rachel uxoris iacob
ioseph et beniamin
natique sunt ioseph filii in
terra aegypti quos genuit ei
asenech filia putiphare
sacerdotis heleopoleos
manasses et ephraim
filii beniamin bela et bechor
et asbel gera et naaman
et rechi et rosmophim
et opphim et ared
hii filii rachel quos genuit
iacob omnes animae tredecim
filii dan usim
filii nepthalim iasihel et geuni
et hieser et sallem
hii filii balae quam laban racheli
filiae suae dedit
et hos genuit iacob omnes
animae septem
cunctae animae quae ingres
sae sunt cum iacob aegyptum
et egresse de femore illius
absque uxorib; filiorum
sexaginta sex
filii autem ioseph qui nati sunt
ei in terra aegypti animae duae
omnes animae domus iacob
quae ingressa est in aegyptum
fuere septuaginta
misit autem iudam ante se
ad ioseph ut nuntiaret ei et
ille occurreret in gesen
quo cum peruenisset iuncto
ioseph curro suo ascendit
obuiam patri ad eundem
locum
uidensq; eum inruit super
collum eius et inter
amplexus fleuit

dixitque pater ad ioseph
iam laetus moriar quia uidi
faciem tuam et super
stitem te relinquo
et ille locutus est ad fratres
et ad omnem domum
patris sui
ascendam et nuntiabo phara
oni dicamque ei
fratres mei et domus patris
mei qui erant in terra
chanaan uenerunt ad me
et sunt uiri pastores ouium
curamque habent alen
dorum gregum
pecora sua et armenta et
omnia quae habere pote
erunt adduxere secum
cumq; uocauerit uos et dix
erit quod est opus uestrum
respondebitis uiri pastores
sumus serui tui ab infantia
nostra usq; ad praesens
et nos et patres nostri
haec autem dicetis ut habitare
possitis in terra cessen
quia detestantur aegyptii
omnes pastores ouium
ingressus est ergo ioseph
et nuntiauit pharaoni
dicens
pater meus et fratres oues
eorum et armenta et cunc
ta quae possident uene
runt de terra chanaan
et ecce consistunt
in terra cessen
extremos quoq; fratrum
suorum quinq; uiros
statuit coram rege
quos ille interrogauit
quid habetis operis
responderunt pastores
ouium sumus serui tui

genes

et nos et patres nostri
ad peregrinandum in terra
tua uenimus
quoniam non est herba
gregib(us) seruorum tuorum
ingrauescente fame
in terra canaan
petimus q(ue) ut nos esse iubeas
seruos tuos in terra gessen
dixit itaq(ue) rex ad ioseph
pater tuus et fratres tui
uenerunt ad te
terra aegypti in conspectu
tuo est
in optimo loco fac habitare
eos et trade eis
terram gessen
quod si nosti esse in eis uiros
industrios constitue
illos magistros peco
rum meorum
post haec introduxit ioseph
patrem suum ad regem
et statuit eum coram eo
qui benedicens illi et interro
gatus ab eo quod sunt dies
annorum uitae tuae
respondit dies peregrinationis
meae centum triginta anno
rum sunt parui et mali
et non peruenerunt usq(ue) ad
dies patrum meorum
quib(us) peregrinati sunt
et benedicto rege egres
sus est foras
ioseph uero patri et fratribus
suis dedit possessionem
in aegypto
in optimo loco terrae solo
ramesses ut praeceperat
pharao
et alebat eos omnemq(ue) domu(m)
patris sui praebens
cibaria singulis

in toto enim orbe panis
deerat
et oppresserat fames terram
maxime aegypti et canaan
e quibus omnem pecuniam
congregauit pro uen
ditione frumenti
et intulit eam in aerarium
regis
cumq(ue) defecisset empto
ris praetium
uenit cuncta aegyptus
ad ioseph dicens
da nobis panes quare morimur
coram te deficiente
pecunia
quib(us) ille respondit
adducite pecora uestra
et dabo uobis pro eis cibos
si praetium non habetis
qua e cum adduxissent dedit
eis alimenta pro equis
et ouib(us) et bubus et asinis
sustentauitq(ue) eos illo anno
pro commutatione
pecorum
uenerunt q(ue) anno secundo
et dixerunt ei
non celauimus d(omi)n(u)m nostrum
quod deficiente pecunia
et pecora simul defecerint
nec clam te est quod
absque corporibus
et terra nihil habeamus
cur ergo morimur
te uidente
et nos et terra nostra
tui erimus
eme nos in seruitutem
regiam
et praebe semina ne pereunte
cultore redigatur
terra in solitudine(m)
emit igitur ioseph

terram aegypti
uendentibus singulis posses
siones suas praemagni
tudine famis
subiecitq. eam pharaoni
et cunctos populos eius
a nouissimis terminis aegypti
usque ad extremos
fines eius
praeter terram sacerdotum
quae arege tradita
fuerat eis
quib. et statuta cibaria ex hor
reis publicis prebebantur
et idcirco non sunt conpulsi
uendere possessiones suas
dixit ergo ioseph ad populos
en ut cernitis et uos et terram
uestram pharao possidet
accipite semina et serite
agros ut fruges
habere possitis
quintam partem regi
dabitis quattuor reli
quas permitto uobis
in sementem et cibos famulis
et liberis uestris
qui responderunt salus
nostra in manu tua
tantum respiciat nos dns
noster et laeti serui
emus regi
ex eo tempore usq. in prae
sentem diem in uniuersa
terra aegypti regibus
quinta pars soluitur
et factum est quasi in legem
absque terra sacerdotali
quae libera ab hac con
dicione fuit
Habitauit ergo israhel
in aegypto
id est in terra gesen
et possedit eam

auctusque est et multipli
catus nimis
et uixit in ea decem
et septem annis
factique sunt omnes dies
uitae illius centum quadra
ginta et septem annorum
cumque adpropinquare
cerneret mortis diem
uocauit filium suum
ioseph et dixit ad eum
si inueni gratiam in conspectu
tuo pone manum tuam
sub femore meo
et facies mihi misericor
diam et ueritatem
ut non sepelias me in aegypto
sed dormiam cum
patrib. meis
et auferas me de hac terra
condasque in sepulchro
maiorum
cui respondit ioseph ego
faciam quod iussisti
et ille iura ergo inquit mihi
quo iurante adorauit israhel
dm̄ conuersus ad lectuli
caput
Uisita transactis nuntiatum
est ioseph quod egrotaret
pater eius
qui adsumptis duob. filiis
manasse et ephraim
ire perrexit
dictum q. est seni ecce filius
tuus ioseph uenit ad te
qui confortatus sedit in lec
tulo et ingresso ad se ait
ds omnipotens apparuit mihi
in laza quae est in terra
chanaan
benedixit q. mihi et ait
ego te augebo et multiplicabo
et faciam in turbas populorū

dabo que tibi terram hanc
et semini tuo post te in pos
sessionem sempiternam
duo igitur filii tui qui nati sunt
tibi in terra aegypti ante
quam uenirem huc ad te
mei erunt ephraim
et manasses
sicut ruben et symeon
reputabuntur mihi
reliquos autem quos genu
eris post eos tui erunt
et nomine fratrum suorum
uocabuntur in posses
sionibus suis
mihi enim quando ueniebam
de mesopotamia mortua
est rachel in terra canaan
ipso itinere
eratque uernum tempus
et ingrediebar euphratam
et sepeliui eam iuxta uiam eufra
tae quae alio nomine
appellatur bethleem
uidens autem filios eius
dixit ad eum qui sunt isti
respondit filii mei sunt
quos dedit mihi ds
in hoc loco
adduc inquit eos ad me
ut benedicam illis
oculi enim israhel caligina
uerant prae nimia senectute
et clare uidere non poterat
adplicatosq. ad se osculatus
et circumplexus dixit
ad filium
non sum fraudatus
aspectu tuo
insuper ostendit mihi
ds semen tuum
cumque tulisset eos ioseph
a gremio patris
adorauit pronus in terra

et posuit ephraim a dexte
ram suam id est ad sini
stram israhel
manasse uero in sinistra sua
ad dexteram scilicet patris
adplicuitq. ambos ad eum
qui extendens manum dex
tram posuit super caput
ephraim iunioris fratris
sinistram autem super caput
manasse qui maior natu
erat commutans manus
benedixitque filio suo
ioseph et ait
ds in cuius conspectu ambu
lauerunt patres mei
abraham et isaac
ds qui pascet me ab adulescen
tia mea usque in prae
sentem diem
angelus qui eruit me de cunc
tis malis
benedicat pueris istis et in
uocetur nomen meum
super eos
nomina quoq. patrum meoru
abraham et isaac
et crescant in multitudi
nem super terram
uidens autem ioseph quod
posuisset pater suus dexte
ram manum super
caput ephraim
grauiter accepit et adpre
hensu patris manum leuare
conatus est de capite
ephraim
et transferre super
caput manasse
dixitque ad patrem
non ita conuenit pater quia
hic est primogenitus
pone dexteram tuam
super caput eius

quirennuens ait
scio filii scio
et iste quidem erit inpopulos
et multiplicabitur
sed frater eius iunior
maior illo erit
et semen illius crescet
in gentes
benedixitq. eis inipso
tempore dicens
inte benedicetur israhel
atque dicetur
faciat tibi ds sicut ephraim
et sicut manasse
constituitq. ephraim
ante manasse
et ait adioseph filium suum
en ego morior et erit
ds uobiscum
reducetq. uos adterram
patrum uestrorum
do tibi partem unam
extra fratres tuos
quam tuli demanu amorrei
ingladio et arcu meo
Uocauit autem iacob filios
suos et ait eis
congregamini utadnuntiem
quae uentura sunt uobis
nouissimis diebus
congregamini et audite
filii iacob
audite israhel patrem
uestrum
ruben primogenitus meus
tu fortitudo mea et prin
cipium doloris mei
prior indonis maior imperio
effusas es sicut aqua
non crescas
quia ascendisti cubile patris
tui et maculasti
stratum eius
Symeon et leui fratres uasa

iniquitatis bellantia
in consilio eorum neueniat
anima mea
et incoetu illorum non
sit gloria mea
quia in furore suo occiderun
uirum et inuoluntate sua
suffoderunt murum
maledictus furor eorum
quia pertinax
et indignatio illorum
quia dura
diuidam eos iniacob et dis
pergam inisrahel
Iuda te laudabunt fratres tui
manus tua incernicibus
inimicorum tuorum
adorabunt te filii patris tui
catulus leonis iuda adprae
dam fili mi ascendisti
requiescens adcubuisti ut leo
et quasi leaena quis
suscitauit eum
non auferetur sceptrum
deiuda et dux defemorib.
eius donec ueniat qui mit
tendus est et ipse erit
expectatio gentium
ligans aduineam pullum
suum et aduitem o filiam
asinam suam
lauauit uino stolam suam
et sanguine uuae
pallium suum
pulchriores oculi eius
uino et dentes lacte
candidiores
Zabulon inlitore maris habi
tauit et instatione nauium
pertingens usq. adsidonem
Issachar asinus fortis accu
bans inter terminos
uiditque requiem quod esset
bona et terram quod optima

et subposuit umerum
suum adportandum
factusque est tributis
serviens
Dan iudicauit populum suum
sicut alia trib. Israhel
fiat Dan coluber inuia
cerastes insemita
mordens ungulas equi
ut cadat ascensor eius
retro salutare tuum
expectabo dne
Gad accinctus proeliabitur
ante eum et ipse accin
getur retrorsum
Aser pinguis panis eius et prae
bebit delicias regibus
Nepthalim ceruus emissus
et dans eloquia pulchri
tudinis
Filius accrescens Ioseph
filius accrescens et
decorus aspectu
filiae discurrunt super murum
sed exasperauerunt eum
et iurgati sunt inuideruntque
illi habentes iacula
sedit in fortiarcus eius et
dissolutasunt uincula brachi
orum et manuum illius per
manus potentis Iacob
inde pastor egressus est
lapis Israhel
ds patris tui erit adiutor
tuus et omnipotens
benedicet tibi
benedictionibus caeli
desuper
benedictionib. abissi
iacentis deorsum
benedictionib. uberum
et uuluae
benedictiones patris tui con
fortatae sunt benedicti

onibus patrum eius
donec ueniret desiderium
collium aeternorum
fiant in capite Ioseph et in
uertice nazareni inter
fratres suos
Beniamin lupus rapax mane
comedet praedam uespere
diuidet spolia
Omnes hii in tribubus Isra
hel duodecim
haec locutus est eis
pater eorum
benedixitque singulis duodecim
benedictionib. propriis et
praecepit eis dicens
ego congregor ad popu
lum meum
sepelite me cum patrib. meis
in spelunca duplici
quae est in agro ephron
cetthei contra mambrae
in terra Chanaan
quam emit Abraham cum
agro ab Ephron cettheo
in possessionem sepulchri
ibi sepelierunt eum et
Sarram uxorem eius
ibi sepultus est Isaac cum
Rebecca coniuge
ibi et Lia condita est
Finitisque mandatis quibus
filios instruebat
collegit pedes super
lectulum et obiit
adpositusque est ad popu
lum suum
quod cernens Ioseph ruit
super faciem patris
flens et deosculans eum
praecepitque seruis suis
medicis ut aromatib.
condirent patrem
quib. iussa explentib. transi

erant quadraginta dies
iste quippe mos erat cada
　uerum conditorum
fleuitq. eum aegyptus
　septuaginta dies
et expleto planctus tempore
　locutus est ioseph ad fam
　liam pharaonis dicens
si inueni gratiam in con
　spectu uestro
loquimini in aurib. pharaonis
eo quod pater meus adiura
　uerit me dicens
en morior in sepulchro meo
　quod fodii mihi in terra
　chanaan sepelies me
ascendam igitur et sepeliam
　patrem meum ac reuertar
dixitq. ei pharao
ascende et sepeli patrem tuu
　sicut adiuratus es
quo ascendente ierunt cum
　illo omnes senes
　domus pharaonis
cunctique maiores natu
　terrae aegypti
domus ioseph cum fratrib.
　suis absq. paruulis et gre
　gib. atque armentis quae
　dereliquerant in terra gesen
habuit quoq. in comitatu
　currus et equites
et facta est turba non modica
ueneruntq. ad aream quae sita
　est trans iordanen
ubi celebrantes exequias
　planctu magno atq. uehe
　menti inpleuerunt
　septem dies
quod cum uidissent habitato
　res terrae chanaan dixerunt
planctus magnus est
　iste hebraeis
et idcirco appellauerunt

nomen loci illius planc
　tus aegypti
fecerunt ergo filii iacob
　sicut praeceperat eis
et portantes eum in terram
　canaan sepelierunt in
　spelunca duplici
quam emerat abraham cum
　agro in possessionem sepul
　chri ab ephron etthaeo
　contra faciem mambrae
reuersusq. est ioseph in aegyp
　tum cum fratrib. suis et
　omni comitatu sepulto
　patre
quo mortuo timentes fratres
　eius et mutuo conloquentes
ne forte memor sit iniuriae
　quam passus est
et reddat nobis malum
　omne quod fecimus
mandauerunt ei pater tuus
　praecepit nobis antequam
　moreretur
ut haec tibi uerbis illius
　diceremus
obsecro ut obliuiscaris sce le
　ris fratrum tuorum
et peccati atq. malitiae
　quam exercuerunt in te
nos quoq. oramus ut seruis
　di patris tui dimittas
　iniquitatem hanc
quib. auditis fleuit ioseph
ueneruntq. ad eum
　fratres sui
et proni in terra adorauerunt
　et dixerunt serui tui sumus
quib. ille respondit
nolite metuere num di
　possumus rennuere
　uoluntatem
uos cogitastis de me malum
　et ds uertit illud

INBONUM
UTEXALTARET ME SICUT INPRAE
SENTIARUM CERNITIS
UTSALUOS FACERET MULTOS
POPULOS
NOLITE METUERE EGO PASCAM
UOS ET PARUULOS UESTROS
CONSOLATUSQ. EOS ET BLANDE
ACLENITER EST LOCUTUS
ET HABITAUIT INAEGYPTO CUM
OMNI DOMO PATRIS SUI
UIXITQ. CENTUM DECEM ANNOS
ET UIDIT EPHRAIM FILIOS USQ.
AD TERTIAM GENERATIONEM
FILII QUOQ. MACHIR FILII MANASSE
NATI SUNT INGENIB. IOSEPH
QUIBUS TRANSACTIS LOCUTUS
EST FRATRIB. SUIS
POST MORTEM MEAM DS UISI
TAUIT UOS ET ASCENDERE
FACIET DE TERRA ISTA
AD TERRAM QUAM IURAUIT
ABRAHAM ISAAC ET IACOB
CUMQ. ADIURASSET EOS ATQUE
DIXISSET DS UISITAUIT UOS
ASPORTATE OSSA MEA UOBIS
CUM DE LOCO ISTO
MORTUUS EST EXPLETIS CENTUM
DECEM UITAE SUAE ANNIS
ET CONDITUS AROMATIB. REPO
SITUS EST IN LOCULO INAEGYPTO

EXPLIC LIB GEN

INCIPIUNT CAPIT

I Numerus eorum quinq. egressi sunt
   inaegyptum, crementum populi
   acdepressio eius arege, obstetri
   ces conuocat et ut masculos
   necarent imperat. denatiuitate
   mosi et adoptione apud filiam
   pharaonis, ubi aegyptium per
   cutit, aconspectu pharaonis
   fugiit, filias sacerdotum madian
   apastorib. defendit, et seppho
   ram sortitur uxorem

II Mortuo rege aegypti clamorem
   israhel ds exaudiuit. moses in
   monte choreb dnm conspicit.
   inrubo flam marte uocatus acce
   dit ad pharaonem ire praecipitur.
   signa deposcit et accepit. excusat
   et ineloquentem seesse pronun
   tiat. iratus dns ut cum aaron
   pergeret iubet

III Mosi regredienti inaegyptum occur
    rit angelus dni ob circumcisione
    filii et sponsione sanguinum.
    aaron praecipitur obuiam mosi
    pergere. auditab eo quae dns
    imperarat. signa faciunt coram
    populo credunt. laetantur ex
    altant pharaonis aurib. incerant
    imperia dns resultat ac duriora
    populo quam incerebat incessit.
    flagellat principes israhel.
    mosi et aaron dn iudicium inprae
    cantur. nec ultra eorum ser
    monib. credunt amore
    angustia coartati

IIII Catalogus familiae leuitarum et
     ubi moses a do deus constituitur
     pharaoni. signa quae coram
     pharaone faciunt. uirga conuer
     titur indraconem. aquae uer
     tuntur insanguinem. produ
     cuntur ranae. quae totam in
     quinarent supellectilem.
     nec inhis trib. plagis coherceri

sed potius induratur
- V Dns iubet pharaonem iterum
convenire, imperat ut aron pulverem terrae percuteret ut
omnis pulvis verteretur in scin-
fas, itemq. muscis diversi generis cuncta repletur aegyptus,
excepta terra inqua filii israhel
habitabant. pestem superuni-
versa animantia gravem induci
iubet. vulnera et vesicae turgentes in hominib. ex cineris aspersi-
one fiunt. grando superinduci-
tur qua universa virentia popula-
retur. et paenitentia simulans
donec requies daretur deprecatur multo gravius induratur
- VI Praecipitur mosi ut ad eam ingrediatur lucustae levantur tenebrae
super inducuntur et in omnibus
his minime cohibetur
- VII Lex paschae praecipitur et quod
media nocte aegyptus percati-
endus sit nuntiatur super lim-
inaria et postes isrl. pro signo
sanguine liniuntur in noctis medio
primogenita aegyptiorum ex-
tincuntur. pharao consurgit
ac sine mora populum de terra
sua exire conpellit
- VIII Profectio isrl de ramesse in soccoth
ubi religionem paschae audiunt
et quib. comedere sit licitum.
loquitur dns ad mosen quod secu-
turus sit pharao israhel. et ubi pha-
rio israhelem secutus est super
mare. ac timore coartati murmu-
raverunt contra mosen, mosiq.
praecipitur ut mota castra mare
percutiat ac findat, de transitu
eorum et nece aegyptiorum.
et canticum triumphorum
- VIIII De mari rubro translati in marath
veniunt aquae dulcantur

et iudicia proponuntur in heli-
am veniunt duodecim fontes
et septuaginta arbores palmarum inveniunt. ac deinde in sinai
murmurant. panem et carnes
desiderant. manna de caelo prae-
statur et modus qui sufficiat
imperatur
- X Ubi venerunt raphidim et non
erat aqua ad bibendum ac in circa
petra percussa aquae fluxerunt
depugna israhel. et amalech.
de iethro cognato mosi et de
iudicib. constitutum
- XI De raphidim veniunt sinai ubi moses
ad montem ascendet ad dnm iubet
in tertium diem scificare populum. decalogum proponit.
populus terretur vocib. dni et
rogat ut per mosen praecepta
dni audiat
- XII Ubi leges pro singulis reb. dns imperat. vel quo iudicio quis
plectendus sit
- XIII Ubi aedificato altare moses offeret holocaustum et sanguine
respercet populum et librum.
praecepitur ascenderet ad montem ut tabulas accipiat lapideas. iubetur a populo primitias
accipere aurum et argentum
vel ceteras species. ad tabernaculum faciendum, vel universam suppellectilem eius, vestes
que sacerdotales et leviticas,
vel quo ordine in sacerdotium
consecrentur. et iura sacrificii
mandantur
- XIIII Ubi praecipitur quid singuli pro
animab. suis praetium offerant
dno, et labium aeneum scuario.
conpositio thimiamatis, oleum
scificationis. et denominatio
prudentium virorum

liber · exodi

quiuniuersa perficiant
XV UBI TABULAS TESTIMONII ACCEPIT
ET TARDANTE MOSE POPULUS IDO
LUM FABRICATUR · DNS MOSTRA
TUS NUNTIAT · ET ILLE PRONUS AD
ORAT · DE MONTE DESCENDENS TABU
LAS FRANGIT · UITULUM ARRIPUIT
CONBUSIT ATQ · CONTRIUIT · ET CUM
LEUITICA FAMILIA QUANTOS POTU
IT INTERFECIT · AC RURSUM DNM
DEPRAECATUR
XVI UBI TABERNACULUM FOEDERIS EXTRA
CASTRA PONIT · IN QUO DNS FACIE AD
FACIEM CUM MOSI LOQUITUR · ET
ROGAT OSTENDI SIBI GLORIA DNI A DEO
INDE ALIAS IUBETUR TABULAS PRAE
PARARE CUM QUIB · ASCENDIT IN
MONTEM, IBIQ · QUAE POPULUS
CUSTODIRE DEBEAT IMPERATUR ·
ET DECEM UERBA FOEDERIS
CONSCRIBUNTUR
XVII UBI CLARIFICATO UULTU DE MONTE
DESCENDIT · AC UELATA FACIE POPU
LO QUAE DNS IUSSERAT ENARRABAT ·
OBSERUATIONEM SABBATI ET OB
LATIONEM · AD CONSTRUCTIONEM
TABERNACULI POPULUS SPONTE
OFFERET · ET PRUDENTES UIRI
SAPIENTIAE SPU UT FACIANT
ADIMPLENTUR
XVIII UBI PERFECTUM TABERNACULUM
CUNCTUS POPULUS OFFERET ·
ET A SACERDOTIB · CONLOCATUM
GLORIA DNI OPERIETUR ·

EXPLIC CAPIT

INCIPIT IPSE

LIBER FELICITER

HAEC SUNT NOMINA
FILIORUM ISRAHEL,
QUI INGRESSI SUNT AECYPTUM
CUM IACOB
SINGULI CUM DOMIBUS
SUIS INTROIERUNT
RUBEN SYMEON LEUI IUDA
ISSACHAR ZABULON ET BENIAMIN
DAN ET NEPTHALIM GAD ET ASER
ERANT IGITUR OMNES ANIMAE
EORUM QUI EGRESSI SUNT
DE FEMORE IACOB SEPTUAGINTA
IOSEPH AUTEM IN AECYPTO ERAT
QUO MORTUO ET UNIUERSIS FRA
TRIB · EIUS OMNIQUE
COGNATIONE ILLA
FILII ISRAHEL CREUERUNT
ET QUASI GERMINANTES
MULTIPLICATI SUNT
AC ROBORATI NIMIS IMPLE
UERUNT TERRAM
SURREXIT INTEREA REX NOUUS
SUPER AECYPTUM QUI IGNO
RABAT IOSEPH
ET AIT AD POPULUM SUUM
ECCE POPULUS FILIORUM ISRA
HEL MULTUS ET FORTIOR
NOBIS EST
UENITE SAPIENTER OPPRI
MAMUS EUM
NE FORTE MULTIPLICETUR
ET SI INGRUERIT CONTRA
NOS BELLUM
ADDATUR INIMICIS NOSTRIS
EXPUGNATISQ · NOBIS
EGREDIATUR E TERRA
PRAEPOSUIT ITAQ · EIS MAGISTROS
OPERUM UT ADFLIGERENT
EOS ONERIBUS
AEDIFICAUERUNTQ · URBES
TABERNACULORUM PHA
RAONI PHITON ET RAMESSES
QUANTOQ · OPPRIMEBANT EOS
TANTO MAGIS MULTIPLICA

bantur et crescebant
oderantq filios israhel
aecyptii
et adfligebant inludentes eis
atque admaritudinem
perducebant uitam eorum
operib duris luti et lateris
omniq famulatu quo inter
rae operib praemebantur
dixit autem rex aecypti ob
stetricib hebraeorum
quarum una uocabatur
sephra altera phua
praecipiens eis
quando obstetricabitis
hebraeas et partus tem
pus aduenerit
si masculus fuerit interficite
illum si femina reseruate
timuerant autem
obstetrices dm
et non fecerunt iuxta prae
ceptum regis aecypti sed
conseruabant mares
quib adse accersitis
rex ait
quidnam est hoc quod facere
uoluistis ut pueros
seruaretis
quae responderant
non sunt hebreae sicut
aecyptiae mulieres
ipsae enim obstetricandi
habent scientiam
et prius quam ueniamus
ad eas pariunt
bene ergo fecit ds
obstetricibus
et creuit populus con
fortatusq est nimis
et quia timuerant obstetri
ces dm aedificauit
illis domos
Praecepit autem pharao
omni populo suo dicens
quicquid masculini sexus
natum fuerit in flumen
proicite
quicquid feminei
reseruate
Ecressus est post haec uir
de domo leui accepta
uxore stirpis suae
quae concepit et peperit
filium
et uidens eum elegantem
abscondit trib mensib
cumq ia celare non posset
sumpsit fiscellam scirpeam
et leuit eam bitumine
ac pice
posuitq intus infantulam
et exposuit eam in careto
ripae flummis
stante procul sorore eius
et considerante
euentum rei
ecce autem descendebat
filia pharaonis ut labare
tur in flumine
et puellae eius gradiebantur
per crepidinem aluei
quae cum uidisset fiscel
lam in papirione
misit unam e famulis suis
et allatam aperiens cernens
que in ea paruulum
uagientem
miserata eius ait
de infantib hebraeorum est
cui soror pueri eius inquit
ut uadam et uocem tibi
hebream mulierem quae
nutrire possit infantulam
Respondit uade
perrexit puella et uoca
uit matrem eius
adquam locuta est

filia pharaonis
accipe hunc puerum istum
et nutri mihi
ego tibi dabo mercedem tuam
suscepit mulier et nutri-
uit puerum
adultumq. tradidit
filiae pharaonis
quem illa adoptauit
in locum filii
uocauitq. nomen eius mosi
dicens quia de aqua tuli eum
In die b· illis postquam
creuerat moses
egressus ad fratres suos
uidit adflictionem eorum
et uirum aegyptium percutien-
tem quendam de hebraeis
fratrib· suis
cumque circumspexisset
huc atq. illuc
et nullum adesse uidisset
percussum aegyptium
abscondit sabulo
et egressus die altero
conspexit duos hebraeos
rixantes
dixitq. ei qui faciebat iniuriam
quare percutis proximum tuum
qui respondit· quis te constituit
principem et iudicem
super nos
num occidere me uis sicut
occidisti aegyptium
timuit moses et ait· quomodo
palam factum est
uerbum istud
audiuitq. pharao sermo-
nem hunc et quaerebat
occidere mosen
qui fugiens de conspectu eius
moratus est in terra madian
et sedit iuxta puteum
erant sacerdoti madian

septem filiae
quae uenerunt ad aur-
iendas aquas
et impletis canalib· adaquare
cupiebant greces patris sui
superuenerunt pastores
et eiecerunt eas
surrexitq. moses et defen-
sis puellis adaquauit
oues earum
quae cum reuertissent
ad raguhel patrem
suum dixit ad eas
cur uelocius uenistis solito
responderunt uir aegyptius
liberauit nos de manu
pastorum
insuper et hausit aquam nobis
cum potumq. dedit ouib·
at ille ubi est inquit quare
dimisistis hominem
uocate eum ut comedat panem
iurauit ergo moses quod
habitaret cum eo
accepitq. sefforam
filiam eius
quae peperit filium quem
uocauit gersam
dicens aduena fui in terra
aliena
alium uero genuit eleazar
dicens
ds enim patris mei adiutor
meus eripuit me de manu
pharaonis
Post multum temporis
mortuus est rex aegypti
et ingemescentes filii israhel
propter opera uoci-
ferati sunt
ascenditq. clamor eorum
ad dm ab operibus
et audiuit gemitum eorum
ac recordatus foederis

quod pepigerat cum
abraham isaac et iacob
respexit filios israhel
et cognouit eos
Moses autem pascebat
oues iethro cognati sui
sacerdotis madiam
cumque minasset gregem
ad interiora deserti
uenit ad montem di horeb
apparuit ei dns in flamma
ignis de medio rubi
et uidebat quod rubus arderet
et non combureretur
dixit ergo moses uadam et
uidebo uisionem hanc magna
quare non comburatur rub
cernens autem dns quod
pergeret ad uidendum
uocauit eum de medio
rubi et ait
moses moses qui respon
dit adsum
at ille ne adpropies inquit huc
solue calciamentum
de pedib tuis
locus enim in quo stas
terra sca est
et ait ego sum ds patris tui
ds abraham ds isaac ds iacob
abscondit moses faciem suam
non enim audebat aspicere
contra dm
cui ait dns uidi adflictionem
populi mei in aegypto
et clamorem eius audiui
propter duritiam eorum
qui praesunt operibus
et sciens dolorem eius descen
di ut liberarem eum de ma
nib aegyptiorum
et educerem de terra illa in
terram bonam et spatiosam
in terram quae fluit

lacte et melle
ad loca chananei et hetthei
et amorrei
pherezei et euei et iebusei
clamor ergo filiorum
israhel uenit ad me
uidiq adflictionem eorum
qua aegyptiis opprimuntur
sed ueni mittam te
ad pharaonem
ut educas populum meum
filios israhel de aegypto
dixit moses ad dm
quis sum ut uadam
ad pharaonem et edu
cam filios israhel
qui dixit ei ero tecum
et hoc habebis signum
quod miserim te
cum eduxeris populum
de aegypto
immolabis do super
montem istum
ait moses ad dm
ecce ego uadam ad filios
israhel et dicam eis
ds patrum uestrorum
misit me ad uos
si dixerint mihi quod est nomen
eius quid dicam eis
dixit ds ad mosen
ego sum qui sum
ait sic dicis filiis israhel
qui est misit me ad uos
dixitq iterum ds ad mosen
haec dicis filiis israhel
dns ds patrum uestrum
ds abraham et ds isaac et
ds iacob misit me ad uos
hoc nomen mihi est
in aeternum
et hoc memoriale meum in
generatione et genera
tionem

uade congrega seniores isra
   hel et dices ad eos
dns ds patrum uestrorum
   apparuit mihi
ds abraham et ds isaac et ds
   iacob dicens
uisitans uisitaui uos et omnia
   quae acciderunt uobis
   inaegypto uidi
et dixi ut educam uos
   de adflictione aegypti
in terram chananei et cetthei
   et amorrei ferezei et euei
   et iebusei
ad terram fluentem lacte
   et melle
et audient uocem tuam
ingredierisq tu et seniores
   israhel ad regem aegypti
   et dices ad eum
dns ds hebraeorum
   uocauit nos
ibimus uiam trium dierum
   per solitudinem
ut immolemus dno do nostro
sed ego scio quod non dimittet
   uos rex aegypti ut eatis
   nisi per manum ualidam
extendam enim manum meam
   et percutiam aegyptum
in cunctis mirabilib meis
   quae facturus sum
   in medio eorum
post haec dimittet uos
daboq gratiam populo meo
   huic coram aegyptiis
et cum egredimini non
   exibitis uacui
sed postulabit mulier a uicina
   sua et ab hospita uasa argentea
   et aurea ac uestes
ponetisq eas super filios
   et filias uestras et expoli
   atis aegyptum

respondens moses ait
non credent mihi neque
   audient uocem meam
sed dicent non apparuit
   tibi dns
dixit ergo ad eum
quid est hoc quod tenes
   in manu tua
respondit uirga
ait proice eam in terram
proiecit et uersa est
   in colubrum ita ut
   fugeret moses
dixitq dns extende manum
   tuam et adpraehende
   caudam eius
et extendit et tenuit
   uersaq est in uirgam
ut credant inquit quod apparu
   erit tibi dns ds patrum
   tuorum
ds abraham et ds isaac
   et ds iacob
dixitq dns rursum mitte
   manum in sinum tuum
quam cum misisset in sinum
   protulit eam leprosam
   in star niuis
retrahe ait manum
   in sinum tuum
retraxit et protulit iterum
   et erat similis carni
   reliquae
si non crediderint inquit tibi
   neq audierint sermonem
   signi prioris
credent uerbo signi
   sequentis
quod si nec duob quidem
   his signis crediderint neq
   audierint uocem tuam
sume aquam fluminis et
   effunde eam super aridam
et quicquid auxeris de fluuio

uertetur in sanguinem
ait moses obsecro dne
non sum eloquens
ab heri et nudius tertius et ex
quo locutus es ad seruum tuu
inpeditioris et tardioris
linguae sum
dixit dns ad eum
quis fecit os hominis aut quis
fabricatus est mutum et
surdum uidentem et cae
cum nonne ego
perge igitur et ego ero in ore
tuo doceboq. te quid
loquaris
at ille obsecro inquit dne mitte
quem missurus es
iratus dns ad mosen ait
aaron frater tuus leuites scio
quod eloquens sit
ecce ipse egreditur
in occursum tuum
uidensq. te laetabitur corde
loquere ad eum pone uerba
mea in ore eius
ego ero in ore tuo
et in ore illius
et ostendam uobis quid
agere debeatis
ipse loquetur pro te ad popu
lum et erit os tuum
tu autem eris ei in his quae
ad dm pertinent
uirgam quoq. hanc sume
in manu tua in qua facta
rus es signa
abiit moses et reuersus est
ad iethro cognatum suum
dixitq. ei uadam et reuertar
ad fratres meos in aegyptum
ut uideam si adhuc uiuant
cui ait iethro uade in pace
Dixit ergo dns ad mosen
in madian

uade reuertere in aegyptum
mortui enim sunt omnes
qui quaerebant animam tuam
tulit moses uxorem
et filios suos
et inposuit eos super asinum
reuersusq. est in aegyptum
portans uirgam di
in manu sua
dixitq. ei dns reuertenti
in aegyptum
uide ut omnia ostenta
quae posui in manu tua
facias coram pharaone
ego indurabo cor eius et
non dimittet populum
dicesq. ad eum haec dicit dns
filius meus primogenitus
israhel
dixi tibi dimitte filium
meum ut seruiat mihi
et noluisti dimittere eum
ecce ego interficiam filium
tuum primogenitum
cumque esset in itinere
in diuersorio
occurrit ei dns et uolebat
occidere eum
tulit ilico seffora
acutissimam petram
et circumcidit praepu
tium filii sui
tetigitq. pedes eius et ait
sponsus sanguinum
tu mihi es
et dimisit eum postquam
dixerat sponsus sanguinum
ob circumcisiones
dixit autem dns ad aaron
uade in occursum mosi
in deserto
qui perrexit obuiam ei in
montem di et osca
latus est eum

Narrauitq, moses aaron
omnia uerba dni quibus
miserat eum
et signa quae mandauerat
ueneruntq, simul et congre
gauerunt cunctos
filios israhel
Locutusq, est aaron omnia
uerba quae dixerat dns
admosen
et fecit signa coram populo
et credidit populus
audieruntq, quod uisitasset
dns filios israhel
et quod respexisset
adflictiones eorum
et proni adorauerunt
post haec ingressi sunt
moses et aaron et dix
erunt pharaoni
haec dicit dns ds israhel
dimitte populum meum
ut sacrificet mihi in deserto
At ille respondit
quis est dns ut audiam uocem
eius et dimittam filios
israhel
nescio dm et israhel
non dimittam
dixeruntq, ds hebreorum
uocauit nos
ut eamus uiam trium dierum
in solitudinem
et sacrificemus dno
do nostro
ne forte accidat nobis
pestis aut gladius
ait adeos rex aegypti
quare moses et aron sollici
tatis populum aboperi
bus suis
ite adonera uestra
dixitq, pharao multus est
populus terrae uidetis

quod turba succreuerit
quanto magis si dederitis eis
requiem aboperibus
praecepit ergo indie illo
praefectis operum et ex
actorib, populi dicens
nequaquam ultra dabitis
paleas populo
adconficiendos lateres
sicut prius
sed ipsi uadant et colligant
stipulam
et mensuram laterum quos
prius faciebant inponetis
super eos nec minuetis
quicquam
uacantenim et idcirco
uociferantur dicentes
eamus et sacrificemus
do nostro
opprimantur operibus
et expleant ea
ut non adquiescant
uerbis mendacibus
Igitur regressi praefecti ope
rum et exactores ad popu
lum dixerunt
sic dixit pharao non do
uobis paleas
ite et colligite sicubi
inuenire potueritis
nec minuitur quicquam
deopere uestro
dispersusq, est populus per
omnem terram aegypti
adcolligendas paleas
praefecti quoq, operum
instabant dicentes
conplete opus uestrum
cotidie
ut prius facere solebatis
quando dabantur uobis
paleae
flagellatiq, sunt qui prae

erant operib. filiorum
israhel.
ab exactorib. pharaonis
dicentibus
quare non impletis mensuram
laterum sicut prius nec
heri nec hodie
ueneruntq. praepositi
filiorum israhel.
et uociferati sunt ad pha
raonem dicentes
cur ita agis circa seruos tuos
paleae non dantur nobis et late
res similiter imperantur
en famuli tui flagellis
caedimur
et iniuste agitur contra
populum tuum
qui ait uacatis otio et idcirco
dicitis eamus et sacri
ficemus dno
ite ergo et operamini paleae
non dabuntur uobis
et reddetis consuetum
numerum laterum
uidebantq. se praepositi
filiorum israhel. in malo
eo quod diceretur eis non
minuetur quicquam
de lateribus per singulos dies
occurreruntq. mosi et aaron
qui stabant ex aduerso egre
dientib. a pharaone
et dixerunt ad eos uideat
dns et iudicet
quoniam fetere fecistis
odorem nostrum coram
pharao et seruis eius
et praebuistis ei gladium
ut occideret nos
reuersusq. moses
ad dnm ait
dne cur adflixisti populum
istum quare misisti me

ex eo enim quo ingressus sum
ad pharaonem ut loquerer
nomine tuo
adflixit populum tuum
et non liberasti eos
dixit dns ad mosen nunc
uidebis quae facturus
sim pharaoni
per manum enim fortem
dimittet eos
et in manu robusta eiciet
eos de terra sua
Locutus est dns ad mosen
dicens
ego dns qui apparui abraham
et isaac et iacob
in do omnipotente
et nomen meum adonai
non indicaui eis
pepigiq. cum eis foedus ut
darem illis terram
chanaan
terram peregrinationis
eorum in qua fuerunt
aduenae
ego audiui gemitum filiorum
israhel. quo aegyptii
oppresserunt eos
et recordatus sum
pacti mei
ideo dic filiis israhel. ego dns
qui educam uos de ergastulo
aegyptiorum
et eruam de seruitute
ac redimam in brachio
excelso
et iudiciis magnis et adsumam
uos mihi in populum
et ero uester dns scietisque
quod ego sim dns ds uester
qui eduxerim uos de erga
stulo aegyptiorum
et induxerim in terram
super quam leuaui

exodi

manum meam
ut darem eam abraham
isaac et iacob
daboq̄ illam uobis possi
dendam ego d̄ns
narrauit ergo moses
omnia filiis israhel
qui non adquieuerunt ei
propter angustiam sp̄s
et opus durissimum
Locutus est d̄ns ad mosen
dicens
ingredere et loquere
ad pharao rege aegipti
ut dimittat filios israhel
de terra sua
respondit moses coram d̄no
ecce filii israhel non me
audiunt
et quomodo audiet me
pharao
praesertim cum sim
incircumcisis labiis
Locutus est d̄ns ad mosen
et aaron
et dedit mandatum
ad filios israhel
et ad pharao regem aegipti
ut educerent filios israhel
de terra aegipti
Isti sunt principes domorum
per familias suas
filii ruben primogeniti
israhelis
enoch et fallu asrom
et charmi
hae cognationes ruben
filii simeon nanuhel
et iamin et aod
iachin et seor et saul
filius chananitidis
hae progenies simeon
et haec nomina filiorum leui
per cognationes suas

gerson et caath et merari
anni autem uitae leui fuerunt
centum triginta septem
filii gerson lobeni et semei
per cognationes suas
filii caath amram et isuar
et hebron et oziel
anniq̄ uitae caath centum
triginta tres
filii merari mooli et musi
hae cognationes leui
per familias suas
accepit autem amram uxo
rem iocabed patruelem suā
quae peperit ei aaron
et mosen
fuerunt q̄ anni uitae amram
centum triginta septem
filii quoq̄ isaar core et nepheg
et zechri
filii quoq̄ oziel misahel
et helsaphā et sethri
accepit autem aaron uxorem
elisabe filiam aminadab
sororem nasson
quae peperit ei nadab et abiud
et elezar et ithamar
filii quoq̄ chore asir et hel
cana et abiasab
hae sunt cognationes
coritarum
at uero elazar filius aaron
accepit uxorem de fili
abus p̄tihel
quae peperit ei finees
hii sunt principes familiarum
leuiticarum per cogna
tiones suas
iste est aaron et moses
quib̄ praecepit d̄ns
ut educerent filios israhel
de terra aegipti per
turmas suas
hii sunt qui locuntur

ad pharao regem aegypti
ut educant filios israhel
de aegypto
iste moses et aaron
in die quo locutus est dns
ad mosen in terra aegypti
et locutus est dns
ad mosen dicens
ego dns loquere ad pharao
regem aegypti
omnia quae ego loquor tibi
et ait moses coram dno
en incircumcisus labiis sum
quomodo audiet me pharao
dixitq. dns ad mosen
ecce constitui te dm
pharaonis
aaron frater tuus erit
propheta tuus
tu loqueris omnia
quae mando tibi
ille loquetur ad pharaonem
ut dimittat filios israhel
de terra sua
sed ego indurabo cor eius
et multiplicabo signa et
ostenta mea in terra aegypti
et non audiet uos
inmittamq. manum meam
super aegyptum
et educam exercitum et popu
lum meum filios israhel
de terra aegypti
per iudicia maxima
et scient aegyptii quod
ego sim dns
qui extenderim manum
meam super aegyptum
et eduxerim filios israhel
de medio eorum
fecit itaq. moses et aaron
sicut praeceperat dns
ita fecerunt
erat autem moses

octoginta annorum
et aaron octoginta trium
quando locuti sunt
ad pharaonem
dixitq. dns ad mosen et aaron
cum dixerit uobis pharao
ostendite signa
dices ad aaron tolle uirgam
tuam et proicecam coram
pharao ac uertetur
in colubram
ingressi itaq. moses et aaron
ad pharaonem
fecerunt sicut praecepe
rat dns
tulit itaq. aaron uirgam coram
pharao et seruis eius
quae uersa est in colubram
uocauit autem pharao sapi
entes et maleficos
et fecerunt etiam ipsi per
incantationes aegyptias
et arcana quaedam
similiter
proiecerunt q. singuli
uirgas suas
quae uersae sunt in dracones
sed deuorauit uirga aaron
uirgas eorum
induratumq. est cor
pharaonis
et non audiuit eos sicut
praeceperat dns
dixit autem dns ad mosen
ingrauatum est cor pharaonis
non uult dimittere
populum
uade ad eum mane
ecce egreditur ad aquas
et stabis in occursum eius
super ripam fluminis
et uirgam quae conuersa
est in draconem
tolles in manu tua

dicesq̄ ad eum
dn̄s dn̄s hebraeorum misit
　me ad te dicens
dimitte populum meum
　ut sacrificet mihi in deserto
et usq̄ ad praesens
　audire noluisti
haec igitur dicit dn̄s
in hoc scies quod dn̄s sim
ecce percutiam uirga quae
　in manu mea est aquam
　fluminis
et uertetur in sanguinem
pisces quoq̄ qui sunt
　in fluuio morientur
et conputrescent aquae
et adfligentur aegyptii
　bibentes aquam fluminis
dixit quoq̄ dn̄s ad mosen
dic aaron
tolle uirgam et extende
　manum tuam super
　aquas aegypti
et super fluuios eorum
　et riuos ac paludes et
　omnes lacos aquarum
ut uertantur in sanguinem
et sit cruor in omni terra
　aegypti
tam in ligneis uasis
　quam in saxeis
feceruntq̄ ita moses et aaron
　sicut praeceperat dn̄s
et leuans uirgam percussit
　aquas fluminis
coram pharao et seruis eius
　quae uersae sunt
　in sanguinem
et pisces qui erant in flu
　mine mortui sunt
conputruitq̄ fluuius
et non poterant aegyptii
　bibere aquam fluminis
et fuit sanguis in omni

terra aegypti
feceruntq̄ similiter male
　fici aegyptiorum incan
　tationib. suis
et induratum est cor
　pharaonis
nec audiuit eos sicut
　praeceperat dn̄s
auertitq̄ se et ingressus
　est domum suam
nec adposuit cor etiam
　hac uice
foderunt autem omnes
　aegyptii per circuitum
　fluminis aquam ut biberent
non enim poterant bibere
　de aqua fluminis
inpletiq̄ sunt septem dies
　postquam percussit
　dn̄s fluuium
dixit quoq̄ dn̄s ad mosen
ingredere ad pharao
　et dices ad eum
haec dicit dn̄s
dimitte populum meum
　ut sacrificet mihi
sin autem nolueris dimittere
ecce ego percutiam omnes
　terminos tuos ranis
et ebulliet fluuius ranas
quae ascendent et ingre
　dientur domum tuam
et cubiculum lectuli tui
et super stratum tuum
et in domos seruorum tuoru̅
et in populum tuum
et in fornos tuos
et in reliquias ciborum tuoru̅
et ad te et ad populum tuum
et ad omnes seruos tuos
　intrabunt ranae
dixit quoque dn̄s ad mosen
　dic aaron
extende manum tuam

exod:

super fluuios et super
 ribos ac paludes
et educ ranas super
 terram aegypti
extendit aaron manum
 super aquas aegypti
et ascenderunt ranae oper
 eruntq. terram
feceruntq. malefici per incan
 tationes suas similiter
eduxeruntq. ranas super
 terram aegypti
uocauit autem pharao
 mosen et aaron et dixit
orate dnm ut auferat ranas
 a me et a populo meo
et dimittam populum
 ut sacrificet dno
dixitq. moses pharaoni
constitue mihi quando
 deprecer pro te et pro
 seruis tuis et pro populo tuo
ut abigantur ranae a te
 et a domo tua
et tantum in flumine
 remaneant
qui respondit cras
at ille iuxta uerbum
 inquit tuum faciam
ut scias quia non est sicut
 dns ds noster
et recedent ranae a te
 et a domo tua et a ser
 uis tuis et a populo tuo
tantum in flumine
 remanebunt
egressiq. sunt moses
 et aaron a pharaone
et clamauit moses ad dnm
 pro sponsione ranarum
 quam condixerat pharaoni
fecitq. dns iuxta uerbum mosi
et mortuae sunt ranae de do
 mib. et uillis et ex agris

congregaueruntq. eas
 in inmensos aceres et con
 putruit terra
uidens autem pharao quod
 data esset requies
ingrauauit cor suum et
 non audiuit eos sicut
 praeceperat dns
Dixitq. dns ad mosen
 loquere ad aaron
extende uirgam tuam et
 percute puluerem terrae
et sint sciniphes in uniuersa
 terra aegypti
feceruntq. ita
et extendit aaron manu
 uirgam tenens
percussitq. puluerem
 terrae
et facti sunt sciniphes in
 hominib. et in iumentis
omnis puluis terrae uersus
 est in sciniphes per totam
 terram aegypti
feceruntq. similiter male
 fici incantationib. suis
ut educerent sciniphes
 et non potuerunt
erantq. sciniphes tam in homi
 nib. quam in iumentis
et dixerunt malefici pha
 raoni digitus di est
induratumq. est cor pharao
 nis et non audiuit eos
 sicut praeceperat dns
Dixit quoq. dns ad mosen
consurge diluculo et sta
 coram pharaone
egredietur enim ad aquas
et dices ad eum haec dicit dns
dimitte populum meum
 ut sacrifice mihi
quod si non dimiseris eum
 ecce ego inmittam in te

exodi

ET IN SERUOS TUOS
ET IN POPULUM TUUM
ET IN DOMOS TUAS
OMNE GENUS MUSCARUM
ET INPLEBUNTUR DOMUS
AECYPTIORUM MUSCIS
DIUERSI GENERIS
ET UNIUERSA TERRA
IN QUA FUERINT
FACIAMQ. MIRABILE IN DIE ILLA IN
TERRAM GESEN IN QUA
POPULUS MEUS EST
UT NON SINT IBI MUSCAE
ET SCIAS QUIA EGO DNS
IN MEDIO TERRAE
PONAMQ. DIUISIONEM INTER
POPULUM MEUM
ET POPULUM TUUM
CRAS ERIT SIGNUM ISTUD
FECITQ. DNS ITA
ET UENIT MUSCA GRAUISSIMA
IN DOMO PHARAONIS ET
SERUORUM EIUS
ET IN OMNEM TERRAM AECYPTI
CORRUPTAQ. EST TERRA AB HUIUS
CEMODI MUSCIS
UOCAUIT PHARAO MOSEN
ET AARON ET AIT ILLIS
ITE SACRIFICATE DO UESTRO
IN TERRA
ET AIT MOSES NON POTEST
ITA FIERI
ABOMINATIONES ENIM AECYPTI
ORUM IMMOLABIMUS
DNO DO NOSTRO
QUOD SI MACTAUERIMUS EA
QUAE COLUNT AECYPTII
CORAM EIS
LAPIDIB· NOS OBRUENT
UIA TRIUM DIERUM PERCE
MUS IN SOLITUDINE
ET SACRIFICAUIMUS DNO DO
NOSTRO SICUT PRAECEPE
RIT NOBIS

DIXITQ. PHARAO
EGO DIMITTAM UOS UT SACRI
FICETIS DNO DO UESTRO
IN DESERTO
ITA TAMEN LONGIUS NE AB
EATIS ROGATE PRO ME
ET AIT MOSES EGRESSUS A TE
ORABO DNM
ET RECEDET MUSCA A PHARA
ONE ET A SERUIS EIUS ET
A POPULO EIUS CRAS
UERUM TAMEN ULTRA
NOLI FALLERE
UT NON DIMITTAS POPULUM
SACRIFICARE DNO
EGRESSUSQ. MOSES A PHARAO
ORAUIT DNM
QUI FECIT IUXTA UERBUM ILLIUS
ET ABSTULIT MUSCAS A PHARAO
ET A SERUIS ET A POPULO EIUS
NON SUPERFUIT NE UNA QUIDEM
ET INGRAUATUM EST
COR PHARAONIS
ITA UT NE HAC QUIDEM UICE
DIMITTERET POPULUM
IX DIXIT AUTEM DNS AD MOSEN
INGREDERE AD PHARAONEM
ET LOQUERE AD EUM
HAEC DICIT DNS DS HEBRAEORUM
DIMITTE POPULUM MEUM
UT SACRIFICET MIHI
QUOD SI ADHUC RENNUIS
ET RETINES EOS
ECCE MANUS MEA ERIT
SUPER AGROS TUOS
ET SUPER EQUOS ET ASINOS
ET CAMELOS ET BOUES
ET OUES PESTIS UALDE
GRAUIS
ET FACIET DNS MIRABILE INTER
POSSESSIONES ISRAHEL ET POS
SESSIONES AECYPTIORUM
UT NIHIL OMNINO INTEREAT
EX HIS QUAE PERTINENT

ad filios israhel
constituitq· dn̅s tempus
dicens
cras faciet dn̅s uerbum
istud in terram
fecit ergo dn̅s uerbum
hoc altero die
mortuaq· sunt omnia
animantia aegyptiorum
de animalib· uero filiorum
israhel nihilomnino periit
et misit pharao ad uidendum
nec erat quicquam mortuum
de his quae possederat
israhel
ingrauatumq· est cor phara
onis et non dimisit populum
et dixit dn̅s ad mosen et aaron
tollite plenas manus
cineris de camino
et sparcat illud moses in
caelum coram pharao
sitq· puluis super omnem
terram aegypti
erunt enim in hominib· et in
iumentis uulnera et
uesicae turgentes
in uniuersa terra aegypti
tuleruntq· cinerem
de camino et stete
runt coram pharao
et sparsit illud moses
in caelum
factaq· sunt uulnera uesi
carum turgentium
in hominib· et iniumentis
nec poterant malefici
stare coram mosen
propter uulnera quae
in illis erant et in omni
terra aegypti
indurauitq· dn̅s cor
pharaonis
et non audiuit eos sicut

locutus est dn̅s ad mosen
dixit quoq· dn̅s ad mosen
mane consurge et sta coram
pharao et dices ad eum
haec dicit dn̅s d̅s hebreorum
dimitte populum meum
ut sacrificet mihi
quia in hac uice mittam omnes
plagas meas super cor tuum·
super seruos tuos et
super populum tuum
ut scias quod non sit similis
mei in omni terra
nunc enim extendens manum
meam percutiam te
et populum tuum peste
peribisq· de terra
id circo autem posui te
ut ostendam in te forti
tudinem meam
et narretur nomen meum
in omni terra
adhuc retines populum meu̅
et non uis eum dimittere
en pluam hac ipsa hora
cras grandinem multam
nimis
qualis non fuit in aegypto
a die qua fundata est usque
in praesens tempus
mitte ergo iam nunc et con
grega iumenta tua et omnia
quae habes in agro
homines enim et iumenta
et uniuersa quae inuenta
fuerint foris
nec congregata de agris
ceciderintq· super ea grando
et morientur
qui timuit uerbum dn̅i
de seruis pharao
fecit confugere seruos suos
et iumenta in domos
qui autem neclexit

sermonem dni
dimisit seruos suos et
iumenta inagris
et dixit dns admosen
extende manum tuam in
caelum ut fiat grando
inuniuersa terra aegypti
super homines et super
iumenta
et super omnem herbam
agri in terra aegypti
extenditq moses
uirgam incaelum
et dns dedit tonitrua
et grandinem
ac discurrentia fulgura
super terram
pluitq dns grandinem super
terram aegypti
grando et ignis mixta pari
ter ferebantur
tantaeq fuit magnitudinis
quanta antenumquam appa
ruit inuniuersa terra
aegypti
exquo gens illa condita est
et percussit grando in
omni terra aegypti
cuncta quae fuerunt
inagris
abhomine usq adiumentum
cunctamq herbam agri
percussit grando
et omne lignum regionis
confregit
tantum interra gesen ubi
erant filii israhel grando
non cecidit
misitq pharao et uocauit
mosen et aaron dicens
adeos
peccaui etiam nunc
dns iustus ego autem
et populus meus impii

orate dnm et desinant toni
trua di et grando
ut dimittam uos et nequa
quam hic ultra maneatis
ait moses cum egressus fuero
decurbe extendam palmas
meas addnm
et cessabunt tonitrua
et grando nonerit
ut sciatis quia dni est terra
noui autem quod et tu
et serui tui needum
timeatis dnm dm
linum ergo et hordeum
lesum est
eo quod hordeum
esset uirens
et linum iam folliculos
germinaret
triticum autem et phar
non sunt laesa
quia serotina erant
egressusq moses aphara
one exurbe
tetendit manus addnm
et cessauerunt tonitrua
et grando
nec ultra stillauit pluuia
super terram
uidens autem pharao quod
cessasset pluuia et
grando et tonitrua
auxit peccatum et ingra
uatum est cor eius et seruo
rum illius induratum
est nimis
nec dimisit filios israhel
sicut praeceperat dns
permanum mosi

VI Et dixit dns admosen
ingredere adpharao
ego enim induraui cor eius
et seruorum illius
ut faciam signa mea haec in eo

et narres in auribus filii tui
et nepotum tuorum
quoties contriuerim
  aegyptios
et signa mea fecerim in eis
et sciatis quia ego dns
introierunt ergo moses
  et aaron ad pharaonem
  et dixerunt ad eum
haec dicit dns ds hebraeorum
usquequo non uis
  subici mihi
dimitte populum meum
  ut sacrificet mihi
sin autem resistis et non
  uis dimittere eum
ecce ego inducam cras
  lucustam in fines tuos
quae operiat super
  ficiem terrae
nec quicquam eius appareat
sed comedatur quod resi
  duum fuit grandini
conrodet enim omnia ligna
  quae germinant in agris
et inplebunt domos tuas
  et seruorum tuorum
  et omnium aegyptiorum
quantam non uiderunt
  patres tui et aui
ex quo orti sunt super terram
  usq. in praesentem diem
auertitq. se et egressus est
  a pharaone
dixerunt autem serui
  pharaonis ad eum
usquequo patiemur
  hoc scandalum
dimitte homines ut sacri
  ficent dno suo
nonne uides quod peri
  erit aegyptus
reuocaueruntq. mosen
  et aaron ad pharaonem

qui dixit eis
ite sacrificate dno do
  uestro
quinam sunt qui ituri sunt
ait moses cum paruulis
  nostris et senib. pergemus
  cum filiis et filiabus
  cum ouib. et armentis
est enim sollemnitas
  dni nostri
et respondit
sic dns sit uobiscum quomo
  do ego dimittam uos
  et paruulos uestros
cui dubium est quod
  pessime cogitetis
non fiet ita
sed ite tantum uiri et
  sacrificate dno
hoc enim et ipsi petistis
statimq. eiecti sunt de con
  spectu pharaonis
dixit autem dns ad mosen
extende manum tuam super
  terram aegypti ad lucustam
  ut ascendat super eam
ut deuoret omnem herbam
  quae residua fuit grandini
extendit moses uircam
  super terram aegypti
et dns induxit uentum uren
  tem tota die illa et nocte
et mane facto uentus urens
  leuauit lucustas
quae ascenderunt super
  terram aegypti
et sederunt in cunctis
  finib. aegyptiorum
  innumerabiles
quales ante illud tempus
  non fuerant nec postea
  futurae sunt
operueruntq. uniuersam
  superficiem terrae

exodi

astantes omnia
deuorantes ergo herbam
 terrae
et quicquid pomorum
 in arborib. fuit quae
 grando dimiserat
nihil omnino uirens
 relictum est
in lignis et in herbis terrae
 in cuncta aegypto
quam obrem festinus pha
 rao uocauit mosen
et aaron et dixit eis
peccaui in dnm dm uestrum
 et in uos
sed et nunc dimittite mihi
 peccatum etiam hac uice
et orate dnm dm uestrum
 ut auferat a me mor
 tem istam
egressusq. de conspectu
 pharaonis orauit dnm
qui flare fecit uentum ab occi
 dente uehementissimum
et arreptam lucustam pro
 iecit in mare rubrum
non remansit ne una quidem
 in cunctis finib. aegypti
et indurauit dns cor
 pharaonis
nec dimisit filios israhel
dixit autem dns ad mosen
extende manum tuam
 in caelum
et sint tenebrae super
 terram aegypti
tam densae ut palpari
 queant
extendit moses manum
 in caelum
et factae sunt tenebrae
 horribiles in uniuersa
 terra aegypti
trib. dieb. nemo uidit

fratrem suum
nec mouit se de loco
 in quo erat
ubicumq. autem habitabant
 filii israhel lux erat
uocauitq. pharao mosen
 et aaron et dixit eis
ite sacrificate dno
 oues tro
oues tantum uestrae
 et armenta maneant
paruuli uestri eant uobiscum
et ait moses
hostias quoq. et holocausta
 dabis nobis
quae offeramus dno
 do nostro
cuncti greges pergent
 nobiscum
non remanebit ex eis ungula
quae necessaria sunt in cul
 tum dni di nostri
praesertim cum ignoremus
 quid debeat immolari
donec ad ipsum locum
 peruenia mus
indurauit autem dns
 cor pharaonis
et noluit dimittere eos
dixitq. pharao ad eum
recede a me caue neultra
 uideas faciem meam
quocumq. die apparueris
 mihi morieris
respondit moses ita fiat
 ut locutus es
non uidebo ultra faciem tuam
et dixit dns ad mosen
adhuc una plaga tangam pha
 raonem et aegyptum
et post haec dimittet uos
et exire conpellet
dices ergo omni plebi
ut postulet uir ab amico suo

et mulier a uicina sua uasa
argentea et aurea
dabit autem dns gratiam
populo coram aecyptiis
fuitq. moses uir magnus
ualde in terra aecypti
coram seruis pharao
et omni populo
et ait haec dicit dns
media nocte egrediar
in aecyptum
et morietur omne primo
genitum in terra
aecyptiorum
a primogenito pharaonis
qui sedet in solio eius
usq. ad primogenitum ancil
lae quae est ad molam
et omnia primogenita
iumentorum
eritq. clamor magnus in uni
uersa terra aecypti
qualis nec ante fuit nec
postea futurus est
apat omnes autem filios
israhel non muttiet canis
ab homine usq. ad pecus
ut sciatis quanto miraculo
diuidat dns aecyptios
et israhel
descendentq. omnes
serui tui isti ad me
et adorabunt me dicentes
egredere tu et omnis
populus tuus qui sub
iectus est tibi
post haec egrediemur
et exiuit a pharaone
nimis iratus
dixit autem dns ad mosen
non audiet uos pharao
ut multa signa fiant in
terra aecypti
moses autem et aaron

fecerunt omnia ostenta
quae scribta sunt coram
pharaone
et indurauit dns cor
pharaonis
nec dimisit filios israhel
de terra sua
dixit quoq. dns ad mosen
et aaron in terra aecypti
mensis iste uobis princi
pium mensium
primus erit in mensib. anni
loquimini ad uniuersum
coetum filiorum israhel
et dicetis ad eos
decima die mensis huius
tollat unusquisq. agnum
per familias et domos suas
sin autem minor est
numerus
ut sufficere possit
ad uescendum agnum
adsumet uicinum suum qui
iunctus est domui eius
iuxta numerum animarum
quae sufficere possant
ad esum agni
erit autem agnus absque
macula masculus anniculus
iuxta quem ritum tolle
tis et hedum
et seruabitis eum usq. ad
quartam decimam diem
mensis huius
immolauitq. eum uniuersa
multitudo filiorum isra
hel ad uesperam
et sument de sanguine ac
ponent super utramq.
postem
et in superliminarib. domo
rum in quibus come
dent illum
et edent carnem nocte illa

assam igni
et azymos panes cum lactu
cis agrestibus
non comedetis ex eo crudum
quid nec coctum aqua
sed tantum assum igni
caput cum pedib; eius et in
testinis uorabitis
nec remanebit ex eo quic
quam usq; mane
si quid residui fuerit
igne comburetis
sic autem comedetis illum
Renes uestros accingetis
calciamentum habebitis
in pedibus
tenentes baculos in manib;
et comeditis festinantes
est enim phase id est
transitus dni
et pertransibo per terram
aegypti nocte illa
percutiamq; omnem primo
genitum in terra aegypti
ab homine usq; ad pecus
et in cunctis diis aegypti
faciam iudicia ego dns
erit autem sanguis uobis
in signum in aedib; in
quib; eritis
et uidebo sanguinem
et transibo uos
nec erit in uobis plaga
disperdens
quando percussero
terram aegypti
habebitis autem hanc diem
in monumentum
et celebrabitis eam
sollemnem dno
in generationib; uestris
cultu sempiterno
septem dieb; azyma
comedetis

in die primo non erit fermen
tum in domib; uestris
quicumq; comederit fermen
tatum peribit anima illa
de israhel.
a die primo usq; ad diem
septimum
dies primus erit sca atque
sollemnis
et dies septima eadem
festiuitate uenerabilis
nihil operis facietis in eis
exceptis his quae ad ues
cendum pertinent
et obseruabitis azyma
in eadem enim ipsa die educam
exercitum uestrum
de terra aegypti
et custodietis diem istum
in generationes uestras
ritu perpetuo
primo mense quarta decima
die mensis ad uesperam
comedetis azyma
usque ad diem uicensimam
primam eiusdem mensis
ad uesperam
septem dieb; fermentum
non inuenietur in domib;
uestris
qui comederit fermenta
tum peribit anima eius
de coetu israhel.
tam de aduenis quam
de indi genis terrae
omne fermentatum
non co   meditis
in cunctis   habitaculis
uestris   edetis azyma
Uocauitq; moses omnes
seniores filiorum israhel.
et dixit ad eos
ite tollentes animal per
familias uestras

immolate phase
fasciculumq. hysopi tinguite
in sanguinem qui est
in limine
et aspergite exeo super limi
nare et utramq. postem
nullus uestrum egrediatur
ostium domus suae
usq. mane
transiit enim dns per
cutiens aegyptios
cumq. uiderit sanguinem
in super liminari et in
utroq. poste
transcendet ostium et non
sinet percussorem ingredi
domus et ledere
custodi uerbum istud legi
timum tibi et filiis tuis
usq. in sempiternum
cumq. introieritis terram
quam dns daturus est uobis
ut pollicitus est
obseruabitis caeri
monias istas
et cum dixerint uobis filii
uestri quae est ista
religio
dicetis eis uictima tran
situs dni est
quando transiuit super
domos filiorum israhel
in aegypto
percutiens aegyptios et domos
nostras liberans
incurbatusq. populus
adorauit
et egressi filii israhel fece
runt sicut praeceperat
dns mosi et aaron
factum est autem
in noctis medio
percussit dns omne primo
genitum in terra aegypti
a primogenito pharaonis
qui sedebat in solio eius
usque ad primogenitum
captiuae quae erat
in carcere
et omne primogenitum
iumentorum
surrexitq. pharao nocte
et omnes serui eius
cunctaq. aegyptus
et ortus est clamor
magnus in aegypto
neq. enim erat domus in qua
non iaceret mortuus
uocatisq. mosen et aaron
nocte ait
surgite egredimini a populo
meo et uos et filii israhel
ite immolate dno
sicut dicitis
oues uestras et armenta
adsumite ut petieratis
et abeuntes benedicite mihi
urgebantq. aegyptii popu
lum de terra exire ueloci
ter dicentes omnes
moriemur
tulit igitur populus con
sparsam farinam ante
quam fermentaretur
et ligans in pallis posuit
super humeros suos
feceruntq. filii israhel
sicut praeceperat moses
et petierunt ab aegyptiis
uasa argentea et aurea
uestemq. plurimam
dedit autem dns gratiam
populo coram aegyptiis
ut commodarent eis
et spoliauerunt aegyptios
vm Profectiq. sunt filii israhel
de ramesse in soccoth
sescenta ferme milia

peditum uirorum
absque paruulis
sed etuulgus promiscuum
innumerabile ascendit
cum eis
oues etarmenta etanimantia
diuersi generis multanimis
coxeruntq: farinam quam
dudum conspersam
deaecypto tulerant
et fecerunt subcineri
cios panes azimos
Neq: enim poterant
fermentari
cogentib: exire aecyptiis
etnullam facere sinen
tibus moram
Nec pulmenti quiquam occur
rerant praeparare
habitatio autem filiorum
israhel quamanserant
inaecypto fuit quadrigen
torum triginta annorum
quib: expletis eademdie
egressus est omnis exer
citus dñi deterra aecypti
Nox est ista obseruabilis
dñi quando eduxit eos
deterra aecypti
hanc obseruare debent
omnes filii israhel in
generationib: suis
Dixitq: dñs admosen
etaaron
haec est religio phas e
omnis alienigena non
comedet exeo
omnis autem seruus
empticius
circum cidetur etsic
comedet
Aduena et mercennarius
non edent exeo
inunadomo comedetur

nec efferetis decarnibus
eius foras
nec os illius confringetis
omnis coetus filiorum
israhel faciet illud
quod siquis peregrinorum
inuestram uoluerit tran
sire coloniam et facere
pase dñi
circum cidetur prius omne
masculinum eius et tunc
rite celebrabit
eritq: sicut indicena terrae
siquis autem circum cisas
non fuerit non uescetur
exeo
eadem lex erit indicenae
et colono qui peregrina
tur aputuos
Feceruntomnes filiisra
hel sicut praeceperat
dñs mosi etaaron
et ineadem die eduxit dñs
filios israhel deterra
aecypti per turmas suas
Locutusq: est dñs
admosen dicens
scifica mihi omne primo
genitum quod aperit uul
bam infiliis israhel
tam dehominib: quam de
iumentis mea sunt
enim omnia
Et ait moses adpopulum
Mementote die huius
inqua egressi estis de
aecypto etdedomo
seruitutis
quoniam inmanu forti edux
it uos dñs deloco isto
utnon comedatis fermen
tatum panem
hodie egredimini mense
nouarum frugum

cumq́ue te introduxerit dns
in terram chananaei et ceth
thaei et amorraei
et euaei et iebusaei
quam iurauit patrib́
tuis ut daret tibi
terram fluentem
lacte et melle
celebrabis hunc morem
sacrorum mense isto
septem dieb́ uesceris
azymis
et in die septimo erit
sollemnitas dni
azymam comedetis
septem diebus
non apparebit aput te
aliquid fermentatum
nec in cunctis finib́ tuis
narrauis q́ filio tuo
in die illo dicens
hoc est quod fecit dns
mihi quando egressus
sum de aegypto
et erit quasi signum
in manu tua
et quasi monumentum
ante oculos tuos
et ut lex dni semper
in ore tuo
in manu enim forti eduxit
te dns de aegypto
custodies huiuscemodi
cultum statuto tem
pore a dieb́ in dies
cumq́ introduxerit te
in terram chananaei
sicut iurauit tibi et
patrib́ tuis
et dederit eam tibi
separabis omne quod
aperit uuluam dno
et quod primitiuum est
in pecorib́ tuis

quicquid habueris masculini
sexus consecrabis dno
primogenitum asini
mutabis oue
quod si non redimeris
interficies
omne autem primogenitum
hominis de filiis tuis
praetio redimes
cumq́ interrogauerit te
filius tuus cras dicens quid
est hoc respondebis ei
in manu forti eduxit nos
dns de aecypto de domo
seruitutis
nam cum induratus esset
pharao et nollet nos
dimittere
occidit dns omne primo
genitum in terra aecypti
a primogenito hominis
asq́ ad primogenitum
iumentorum
idcirco immolo dno omne
quod aperit uuluam
masculini sexus
et omnia primogenita filio
rum meorum redimo
erit igitur quasi signum
in manu tua
et quasi ad pensum quid
ob recordationem in
ter oculos tuos
eo quod in manu forti
eduxerit nos dns
de aecypto
igitur cum emisisset
pharao populum
non eos duxit dns per uiam
terrae philisthim quae
uicina est
reputans ne forte paenite
ret eum si uidisset aduer
sus se bella consurgere

et reuerteretur inaegyptum
sed circumduxit peruiam
deserti quae est iuxta
mare rubrum
Et armati ascenderunt filii
israhel deterra aegypti
tulitq; quoq; moses ossa
ioseph secum
eo quod adiurasset filios
israhel dicens
uisitauit uos ds eferte ossa
mea hinc uobiscum
profectiq; desocoth castra
metati sunt inetham inex
tremis finib; solitudinis
dns autem praecedebat eos
adostendendam uiam
perdiem incolumna nubis
et pernoctem incolumna ignis
ut dux esset itineris
utroq; tempore
numquam defuit columna
nubis perdiem
nec columna ignis pernoctem
coram populo
Locutus est autem dns
ad mosen dicens
loquere filiis israhel
reuersi castrametentur
eregione phiahiroth
quae est inter magdolum
et mare contra beelsephon
inconspectu eius castra
ponetis supermare
dicturusq; est pharao
super filiis israhel
coartati sunt interra
conclusit eos desertum
et indurabo cor eius
ac persequetur uos
et glorificabor inpharao
et inomni exercitu eius
scientq; aegyptii quia
ego sum dns

feceruntq; ita
et nuntiatum est regi aegyp
tiorum quod fugisset
populus
Inmutatumq; est cor phara
onis et seruorum eius
super populo et dixerunt
quid uoluimus facere ut
dimitteremus israhel
neseruiret nobis
iunxit ergo currum et
omnem populum suum
adsumpsit secum
tulitq; sescentos
currus electos
quicquid inaegypto
curruum fuit
et duces totius exercitus
indurauitq; dns cor phara
onis regis aegypti
et persecutus est
filios israhel
at illi egressi erant
inmanu excelsa
cumq; persequerentur
aegyptii uestigia prae
cedentium
reppererunt eos incastris
super mare
omnis equitatus et currus
pharaonis et uniuersus
exercitus
erant inahiroth contra
beelsephon
cumq; adpropinquasset
pharao
leuantes filii israhel oculos
uiderunt aegyptios post
se et timuerunt ualde
clamaueruntq; addnm
et dixerunt admosen
forsitan non erant sepul
chra inaegypto
ideo tulisti nos ut more

remur insolitudine
quid hoc facere uoluisti
ut educeres nos ex aegypto
nonne iste est sermo quem
loquebamur ad te
in aegypto dicentes
recede a nobis ut seruia
amus aegyptiis
multo enim melius est
seruire eis quam mori
in solitudine
et ait moses ad populum
nolite timere
state et uidete magnalia dni
quae facturus est hodie
aegyptios enim quos nunc uidetis
nequaquam ultra uidebitis
usque in sempiternum
dns pugnauit pro uobis
et uos tacebitis
Dixitque dns ad mosen
quid clamas ad me
loquere filiis israhel
ut proficiscantur
tu autem eleua uirgam tuam
et extende manum super
mare et diuide illad
ut gradiantur filii israhel
in medio mari per siccum
ego enim indurabo cor
aegyptiorum ut per
sequantur uos
et glorificabor in pharaone
et in omni exercitu eius
in curribus et in equitibus illius
et scient aegyptii quod
ego sum dns
cum glorificatus fuero in
pharaone et in curribus
atque in equitibus eius
tollensque se angelus dni qui
praecedebat castra isra
hel abiit post eos
et cum eo pariter

columna nubis
priora dimittens post tergum
stetit inter castra aegyp
tiorum et castra israhel
et erat nubes tenebrosa
et inluminans noctem
ita ut ad se inuicem toto
noctis tempore acce
dere non ualerent
cumque extendisset moses
manum super mare
abstulit illud dns flante
uento uehementi et
urente tota nocte
et uertit in siccum
diuisaque est aqua
et ingressi sunt filii israhel
per medium maris sicci
erat enim aqua quasi murus
ad extra eorum et leua
persequentesque aegyptii
ingressi sunt post eos
omnis equitatus pharA
onis currus eius et equi
tes per medium maris
Iamque aduenerat uigilia
matutina
et ecce respiciens dns super
castra aegyptiorum per
columnam ignis et nubis
interficit exercitum eorum
et subuertit rotas curruum
ferebanturque in profundum
dixerunt ergo aegyptii
fugiamus israhelem
dns enim pugnat pro eis
contra nos
et ait dns ad mosen
extende manum tuam
super mare ut reuer
tantur aquae ad aegyptios
super currus et equites
eorum
cumque extendisset moses

manum contra mare
reuersum est primo diluci
lo ad priorem locum
fugientib-q- aegyptiis
occurrerunt aquae
et inuoluit eos dns in
mediis fluctibus
reuersaeq- sunt aquae
et operuerunt currus et
equites cuncti exercitus
pharaonis
qui sequentes ingressi
fuerant mare
ne unus quidem super
fuit ex eis
filii autem israhel per rex
erunt per medium
sicci maris
et aquae eis erant quasi
pro muro a dextris
et a sinistris
liberauitq- dns in die illo isra
hel de manu aegyptiorum
et uiderunt aegyptios mor
tuos super litus maris
et manum magnam quam ex
ercuerat dns contra eos
timuitq- populus dnm et
crediderunt dno et mosi
famulo eius
XV Tunc cecinit moses filii isra
hel carmen hoc dno
et dixerunt
Cantemus dno glorios e enim
honorificatus est
equum et ascensorem
proiecit in mare
fortitudo mea et laus
mea dns
et factus est mihi in salutem
iste ds meus et glori
ficabo eum
ds patris mei et exaltabo eum
dns quasi pugnator

omnipotens nomen eius
currus pharaonis et exerci
tum eius proiecit in mare
electi principes eius submersi
sunt in mari rubro
abyssi operuerunt eos
descenderunt in profundum
quasi lapis
dextera tua dne magnificem
in fortitudine
dextera tua dne percus
sit inimicum
et in multitudine gloriae
tuae deposuisti aduer
sarios meos
misisti iram tuam quae deuo
rauit eos ut stipulam
et in spu furoris tui con
gregatae sunt aquae
stetit unda fluens
congregatae sunt abyssi
in medio mari
dixit inimicus persequar
et con praehendam
diuidam spolia in plebitur
anima mea
euaginabo gladium meum
interficiet eos manus mea
flauit sps tuus et operuit
eos mare
submersi sunt quasi plum
bum in aquis uehementib-
quis similis tibi in fortib-
dne quis similis tibi
magnificus in scitate
terribilis atq- laudabilis
et faciens mirabilia
extendisti manum tuam
et deuorauit eos terra
dux fuisti in misericordia tua
populo quem redemisti
et portasti eum in fortitu
dine tua ad habitaculum
scm tuum

ascenderunt populi
et irati sunt
dolor obtinuit habita
tores phylistiim
tunc conturbati sunt princi
pes edom robustos moab
obtinuit tremor
obriguerunt omnes habita
tores chanaan
Inruat super eos formido
et pavor magnitudinis
brachii tui
fiant inmobiles quasi lapis
donec transeat populus
tuus dne
donec pertranseat popu
lus tuus iste quem
possedisti
Introduces eos et plantabis
in monte hereditatis tuae
firmissimo habitaculo tuo
quod operatus es dne
Sctuarium dne quod firma
uerunt manus tuae
dns regnauit in aeternum
et ultra
Ingressus est enim equas
pharao cum curribus et equi
tatibus eius in mare
et reduxit super eos dns
aquas maris
filii autem israhel ambula
uerunt per siccum
in medio eius
Sumpsit ergo maria prophe
tis soror aaron tympa
num in manu sua
egresseq sunt omnes muli
eres post eam cum tympa
nis et choris
quib praecinebat dicens
cantemus dno glorios e
enim magnificatus est
equum et ascensorem

eius deiecit in mare
Tulit autem moses israhel
de mari rubro et egressi
sunt in desertum sur
ambulaueruntq trib dieb
in solitudinem et non
inueniebant aquam
et uenerunt in marath
nec poterant bibere aquas
de marath eo quod
essent amare
unde et congruum loco
nomen inposuit
uocans illud mara id est
amaritudinem
et murmurauit populus
contra mosen dicens
quid bibemus
At ille clamauit ad dnm qui
ostendit ei lignum
quod cum misisset in aquas
in dulcedinem uersae sunt
Ibi constituit ei praecepta
atque iudicia
et ibi temptauit eum dicens
si audieris nomen dni dei tui
et quod rectum est
coram eo feceris
et oboedieris mandatis eius
custodierisq omnia
praecepta illius
cunctum languorem quem
posui in aegypto non
inducam super te
ego enim sum dns sanator tuus
Uenerunt autem filii
israhel in helim
ubi erant duodecim fontes
aquarum et septua
ginta palmae
et castrametati sunt
iuxta aquas
profectiq sunt de helim
et uenit omnis multitudo

filiorum israhel. inde
sertum sin
quodest interbelim etsinai
quinto decimo die
mensis secundi
postquam egressi sunt
deterra aegypti
et murmuravit omnis con
gregatio filiorum israhel.
contra mosen etcontra
aaron insolitudine
dixeruntq. adeos
filiisrahel.
utinam mortui essemus per
manum dni interra aegypti
quando sedebamus super
ollas carnium
et comedebamus panes
insaturitate
cureduxisti nos
indesertum istud
utoccideretis omnem
multitudinem fame
dixit autem dns admosen
ecce ego pluam uobis
panes decaelo
egrediatur populus etcol
ligat quaesufficiant
persingulos dies
ut temptem eum utrum
ambulet inlege mea annon
die autem sexta parent
quodinferant
et sit duplum quam colligere
solebant persingulos dies
dixeruntq. moses etaaron
adomnes filios israhel.
uespere scietis quod dns
eduxerit uos deterra
aegypti
et mane uidebitis gloriam dni
audiuit enim murmur
uestrum contra dnm
nos uero quid sumus

quia mussitatis contra nos
et ait moses
dabit dns uobis uespere
carnes edere
et mane panes insaturitate
eo quod audierit murmu
rationes uestras
quibus murmurati estis
contra eum
nos enim quidsumus
nec contra nos est murmur
uestrum sed contra dnm
dixitq. moses adaaron dic
uniuersae congregati
oni filiorum israhel.
accedite coram dno audiuit
enim murmur uestrum
cumq. loqueretur aaron
adomnem coetum
filiorum israhel.
respexerunt adsoli
tudinem
et ecce gloria dni appa
ruit innube
locutus est autem dns
admosen dicens
audiui murmurationem
filiorum israhel.
loquere adeos
uespere comedetis
carnes et mane satu
rabimini panib.
et scietis quodsim dns
ds uester
factum est autem uespere
et ascendens coturnix
cooperuit terra
mane quoq. ros iacuit per
circuitu castrorum
cumq. operuisset super
ficiem terrae
apparuit insolitudine
minutum et quasi
pilo tunsum

in similitudinem pruinae
super terram
quod cum uidissent
filii israhel
dixerunt adinuicem man hu
quod significat quid
est hoc
ignorabant enim quid esset
quib· ait moses
iste est panis quem dedit dns
uobis aduescendum
hic est sermo quem
praecepit dns
colligat exeo unusquisque
quantum sufficit
aduescendum
gomor per singula capita
iuxta numerum animarum
uestrarum quae habitant
in tabernaculo sic tolletis
feceruntq· ita filii israhel
et collegerunt alius plus
alius minus
et mensi sunt ad men
suram gomor
nec qui plus collegerat
habuit amplius
nec qui minus parauerat
repperit minus
sed singuli iuxta id quod
edere poterant con
gregarunt
dixitq· moses ad eos
nullus relinquat exeo
in mane
qui non audierunt eum
sed dimiserunt quidam
exeis usq· mane
et scatere coepit uermib·
atq· conputruit
et iratus est contra eos
moses
collegebant autem mane
singuli quantum sufficere

poterat aduescendum
cumq· incaluisset sol
lique fiebat
in die uero sexta college
runt cibos duplices
id est duo gomor per
singulos homines
uenerunt autem omnes
principes multitudinis
et narrauerunt mosi
qui ait eis hoc est quod
locutus est dns
requies sabbati scificata
erit dno
cras quodcumq· operan
dum est facite
et quae coquenda sunt
coquite
quicquid autem reliquum
fuerit reponite
usque in mane
feceruntq· ita ut prae
ceperat moses
et non conputruit neq· uer
mis inuentus est in eo
dixitq· moses
comedite illud hodie quia
sabbatum est dno
non inuenietur hodie
in agro
sex dieb· collicite
in die autem septimo
sabbatum est dni
iocirco non inuenietur
uenit septima dies
et egressi depopulo ut colli
gerent non inuenerunt
dixit autem dns admosen
usque quo non uultis custo
dire mandata mea
et legem meam
uidete quod dns dederit
uobis sabbatum
et propter hoc tribuerit

Q·VII·

exodi

uobis die sexto cibos
duplices
maneat unusquisq́; apud
semetipsam
nullus ecrediatur deloco
suo die septimo
et sabbatizauit populus
die septimo
appellauitq́; domus israhel
nomen eius man
quod erat quasi semen
coriandri album
gustusq́; eius quasi similae
cum melle
dixit autem moses
iste est sermo quem
praecepit dns
inple gomor exeo et custo
diatur infuturas retro
generationes
ut nouerint panem quo
alui uos insolitudine
quando educti estis
deterra aegypti
dixitq́; moses ad aaron
sume uas unum et mitte
ibi man quantum potest
capere gomor
et repone coram dno ad
seruandum ingenerati
ones uestras
sicut praecepit dns mosi
posuitq́; illud aaron intaber
naculum reseruandum
filii autem israhel comede
runt man quadraginta
annis donec uenirent
interram habitabilem
hoc cibo aliti sunt usq́; quo
tangerent fines terrae
chanaan
gomor autem decima pars
est oephae

igitur profecta omnis
multitudo filiorum isra
hel dedeserto sin
per mansiones suas iuxta
sermonem dni
castra metata est inraphidim
ubi non erat aqua adbiben
dum populo
qui iurcatus contra
mosen ait
da nobis aquam ut bibamus
quib; respondit moses
quid iurgamini contra me
cur temptatis dnm
sitiuit ergo populus ibi
prae aquae penuria
et murmurauit contra
mosen dicens
cur nos fecisti exire
deaegypto
ut occideres et nos et liberos
nostros ac iumenta siti
clamauit autem moses
addnm dicens
quid faciam populo huic
ad huc paululum
et lapidabunt me
ait dns admosen
ante cede populum et sume
tecum deseniB; israhel
et uircam qua percussisti
mare tolle inmanu tua
et uade
en ego stabo coram te ibi
super petram choreB
percutiesq́; petram et ex
ibit ex ea aqua ut bibat
populus
fecit moses ita coram
seniB; israhel
et uocauit nomen loci
illius temptatio
propter iurgium filiorum
israhel
et quia temptauerant

dnm dicentes
est ne dns innobis annon
uenit autem amalech et
  pugnabat contra israhel.
  inraphidim
dixitque moses adiosue
elige uiros et egressus
  pugna contra amalech
cras ego stabo inuerticem
  collis
habens uircam dni in manu mea
fecit iosue ut locutus ei
  erat moses
et pugnauit contra amalech
moses autem et aaron
  et hur ascenderunt
  super uerticem collis
cumq leuaret moses manus
  uincebat israhel.
sin autem paululum remisis
  set superabat amalech
manus autem mosi
  erant graues
sumentes igitur lapidem
  posuerunt subter
  eum inquo sedit
aaron autem et hur sustin
  ebant manus eius
  exutraq. parte
et factum est ut manus
  ipsius non lassarentur
  usq. adocca sum solis
fugauitq. iosue amalech
  et populum eius in
  ore gladii
Dixit autem dns admosen
scribe hoc obmonumen
  tum inlibro
et trade inauribus iosue
delebo enim memoriam
  amalech subcaelo
aedificauitq. moses altare
et uocauit nomen eius dns
  exaltatio mea dicens

quia manus solio dni et bellum
  dierit contra amalech
  ageneratione ingene
  ratione
cumq. audisset iethro
  sacerdos madian
  cognatus mosi
omnia quae fecerat dns
  mosi et israhel populo suo
eo quod eduxisset dns
  israhel. de aegypto
tulit sefforam uxorem
  mosi quam remiserat
  et duos filios eius
quorum unus uoca
  batur gersan
dicente patre aduena fui
  in terra aliena
alter uero eliezer
dsenim ait patris mei
  adiutor meus
et eruit me de gladio
  pharaonis
uenit ergo iethro
  cognatus mosi
et filii eius et uxor eius
  admosen indesertum
ubi erat castrametatus
  iuxta montem di
et mandauit mosi dicens
ego cognatus tuus
  iethro uenio adte
et uxor tua et duo filii
  tui cum ea
qui egressus inoccursum
  cognati sui
adorauit et osculatus
  est eum
salutaueruntq. se mutuo
  uerbis pacificis
cumq. intrasset
  tabernaculum
narrauit moses cognato suo
cuncta quae fecerat dns

pharaoni etaecyptiis
propter israhel.
uniuersum laborem quiacci
disset eis initinere
quoliberarat eos dns
laetatus q. est iethro super
omnib. bonis quaefece
rat dns israheli
eoquod eruisset eum de
manu aecyptiorum etait
benedictus dns quiliberauit
uos demanu aecyptiorum
etdemanu pharaonis
quieruit populum suum
demanu aecypti
nunc cognoui quia magnus
dns superomnes deos
eoquod superbe egerint
contra illos
obtulit ergo iethro cognatus
mosi holocausta et
hostias dō
ueneruntq. aaron etomnes
senes israhel.
utcomederent panem
cumeo coram dño
Altero autem die sedit moses
utiudicaret populum
quiadsistebat mosi demane
usq. aduesperam
quod cum uidisset
cognatus eius
omnia scilicet quae agebat
inpopulo ait
quid est hoc quod facis in
plebe cur solus sedis
etomnis populus praestola
tur demane usque
aduesperam
cui respondit moses
uenit adme populus quae
rens sententiam dī
cumq. acciderit ei aliqua
disceptatio

ueniunt adme ut iudicem
inter eos
etostendam praecepta dī
etleges eius
at ille non bonam inquit
rem facis
stulto labore consumeris
et tu et populus iste
qui tecum est
ultra uires tuas est negotium
solus illud nonpoteris
sustinere
sed audi uerba mea atq. con
silia et erit dōs tecum
esto tu populo inhis quae
ad dm̄ pertinent
ut referas quae dicun
tur adeum
ostendas q. populo caerimo
nias etritum colendi
uiam perquam ingredi debe
ant. et opus quod facere
prouide autem deomni
plebe uiros potentes
et timentes dm̄
inquib. sit ueritas et qui
oderint auaritiam
etconstitue exeis tribunos
etcenturiones etquinqua
genarios etdecanos
qui iudicent populum
omni tempore
quicquid autem maius
fuerit referant adte
et ipsi minora tantum
modo iudicent
leuiusq. tibisit partito
inalios onere
si hoc feceris implebis
imperium dī
et praecepta eius poteris
sustentare
et omnis hic populus reuer
tetur cum pace adloca sua

quib· auditis moses
recito omnia quae ille
successerat
et electis uiris strenuis
de cuncto israhel
constituit eos prin
cipes populi
tribunos et centuriones
et quinquagenarios
et decanos
qui iudicabant plebem
omni tempore
quicquid autem grauius
erat referebant ad eum
faciliora tantum modo
iudicantes
dimisitq· cognatum qui
reuersus abiit inter
ram suam
Mense tertio egressionis
israhel de terra aegypti
in die hac
uenerunt in solitudinem sinai
nam profecti de rafidim et
peruenientes usq· inde
sertam sinai castrametati
sunt in eodem loco
ibique israhel fixit tentoria
e regione montis
moses autem ascendit ad dm̄
uocauitq· eum dn̄s
de monte et ait
Haec dicis domui iacob et ad
nuntiatis filiis israhel
uos ipsi uidetis quae fece
rim aegyptiis
quomodo portauerim uos
super alas aquilarum
et adsumpserim mihi
si ergo audieritis
uocem meam
et custodieritis
pactum meum
eritis mihi in peculium

de cunctis populis
mea est enim omnis terra
et uos eritis mihi regnum
sacerdotale et gens sc̄a
haec sunt uerba quae loque
ris ad filios israhel
uenit ergo mo ses et
conuocatis maioribus
natu populi
exposuit omnes sermones
quos mandauerat dn̄s
responditq· uniuersus
populus simul
cuncta quae locutus est
dn̄s noster faciemus
cumq· retulisset moses
uerba populi ad dn̄m
ait dn̄s iam nunc ueniam
ad te in caligine nubis
ut audiat me populus
loquentem ad te
et credat tibi in perpetuum
nuntiauit ergo moses
uerba populi ad dn̄m
qui dixit ei uade ad populum
et sc̄ifica illos hodie
et cras
lauentq· uestimenta sua
et sint parati in diem tertium
die enim tertio descendet
dn̄s coram omni plebe
super montem sinai
constituesq· terminos popu
lo per circuitum et dices
cauete ne ascendatis
in montem
nec tangatis fines illius
omnis qui tigerit montem
morte morietur
manus non tanget eum
sed lapidibus obprimetur
aut confodietur iaculis
siue iumentum fuerit
siue homo non uiuet

exodi

cum coeperint clangere
bucina tunc ascendant
in montem
descendit moses de monte
ad populum et sci
ficauit eum
cumq; lauissent uestimen
ta sua ait ad eos
estote parati in diem tertium
ne adpropinquetis uxo
rib; uestris
iam aduenerat dies tertius
et mane inclaruerat
et ecce coeperunt audiri
tonitrua ac micare
fulgura
et nubes densissima ope
rire montem
clangorq; bucinae uehemen
tius perstrepebat timuit
populus qui erat in
castris
cumq; eduxisset eos moses
in occursum di de loco
castrorum
steterunt ad radicem montis
totus autem mons
sinai fumabat
eo quod discendisset dns
super eum inigne
et ascenderet fumus ex eo
quasi de
fornace
eratq; mons omnis
terribilis
et sonitus bucinae paulatim
crescebat in maius et pro
lixius tendebatur
moses loq.batur et dns
respondebat ei
descenditq; dns super
montem sina in ipso
montis uertice
et uocauit mosen

in cacumen eius
quo cum ascendisset
dixit ad eum
descende et contestare
populum
ne forte uelit transcedere
terminum aduiden
dum dnm
et pereat ex eis plurima
multitudo
sacerdotes quoq; qui acce
dunt ad dnm scificentur
ne percutiat eos
dixitq; moses ad dnm
non poterit uulgus ascen
dere in montem sinai
tu enim testificatus es
et iussisti dicens
pone terminos circa mon
tem et scifica illos
cuiait dns uade descende
ascendensq; tu et aaron tecu
sacerdotes autem et popu
lus ne transeat terminos
nec ascendant ad dnm ne for
te interficiat illos
descendit moses ad populum
et omnia narrauit eis

Locutus quoq; est dns cunc
tos sermones hos

A ego sum dns ds tuus qui eduxi
te de terra aegypti de
domo seruitutis
B non habebis deos alienos
coram me
non facies tibi sculptile
neq; omnem similitudinem
quae est in caelo desuper
et quae in terra deorsum
nec eorum quae sunt
in aquis subterra
non adorauis ea neq; coles
ego sum dns ds tuus
fortis zelotes

uisitans iniquitates
patrum in filiis
in tertiam et quartam
generationem eorum
qui oderunt me
et faciens misericor
diam in milia
his qui diligunt me et custo
diunt praecepta mea
Non adsumes nomen
dñi dei tui in uanum
nec enim habebit insontem
dñs eum qui adsumpserit
nomen dñi dei sui frustra
Memento ut diem
sabbati scifices
sex dieb· operaueris et
facies omnia opera tua
septima autem die sabbati
dñi dei tui non facies
omne opus
tu et filius tuus et filia tua
seruus tuus et ancilla tua
iumentum tuum et aduena
qui est intra portas tuas
sex enim dieb· fecit dñs
caelum et terram et
mare et omnia quae
in eis sunt
et requieuit die septimo
idcirco benedixit dñs diei
sabbati et scificauit eum
honora patrem tuum
et matrem
ut sis longeuus super terram
quam dñs ds tuus
dabit tibi
Non occides
Non moechaueris
Non furtum facies
Non loquaris contra proxi
mum tuum falsum
testimonium
Non concupisces domum

proximi tui
nec desiderabis uxorem eius
non seruum non ancillam
non bouem non asinum
nec omnia quae illius sunt
Cunctus quoq· populus
uidebat uoces et lampa
das et sonitum bucinae
montemq· fumantem
et perterriti ac pauore
concussi
steterunt procul
dicentes mosi
loquere tu nobis et audiemus
non loquatur nobis dñs
ne forte moriamur
et ait moses ad populum
nolite timere
ut enim probaret uos
uenit dñs
et ut terror illius esset in
uobis et non peccaretis
stetitq· populus de longe
moses autem accessit ad
caliginem in qua erat ds
Dixit praeterea dñs
ad mosen
haec dicis filiis israhel
uos uidetis quod de caelo
locutus sum uobis
non facietis mecum deos
argenteos
nec deos aureos
facietis uobiscum
Altare de terra
facietis mihi
et offeretis super eo holo
causta et pacifica uestra
oues uestras et boues
in omni loco in quo fuerit
memoria nominis mei
ueniam ad te et bene
dicam tibi
quod si altare lapideum

feceris mihi
non aedificabis illud
de sictis lapidibus
si enim leuaueris cultrum
tuum super ea polluetur
non ascendes per gradus
ad altare meum
ne reueletur turpitudo tua
haec sunt iudicia quae
proponis eis
si emeris seruum hebraeum
sex annis seruiet tibi
in septimo egredietur
liber gratis
cum quali ueste intraue
rit cum tali exeat
si habens uxorem et uxor
egrediatur simul
sin autem dns dederit
ei uxorem
et peperit filios et filias
mulier et liberi eius
erunt domini
ipse uero exibit cum
uestitu suo
quod si dixerit seruus
diligo dominum meum
et uxorem ac liberos
non egrediar liber
offeret eum dns dnis
et adplicabitur ad ostium
et postes
perforauitq̄ aurem
eius subula
et erit seruus in saeculum
Siquis uendiderit filiam
suam in famulam
non egredietur sicut ancil
lae exire consueuerant
si displicuerit oculis domini
sui cui tradita fuerit
dimittet eam
populo autem alieno uen
dendi non habebit potes

tatem si spraeuerit eam
sin autem filio suo
dsponderit eam
iuxta mo rem filiarum
faciet illi
quod si alteram ei acciperit
prouidebit puelle nuptias
et uestimenta et praetium
pudicitiae non negabit
si tria ista non fecerit egre
dietur gratis absque
pecunia
qui percusserit hominem
uolens occidere
morte moriatur
qui autem non est
insidiatus
sed ds illum tradidit
in manu eius
constituam tibi locum
quo fugere debeat
siquis de industria
occiderit proximum
suum et per insidias
ab altari meo euelles
eum ut moriatur
Qui percusserit patrem
suum et matrem
morte moriatur
qui furatus fuerit
hominem et uen
diderit eum
conuictus noxae morte
moriatur
qui maledixerit patri
suo et matri morte
moriatur
Si rixati fuerint uiri
et percusserit alter
proximum suum
lapide uel pugno
et ille mortuus non
fuerit sed iacuerit
in lectulo

Exodus

Si surrexerit et ambulauerit
foris super bacalum suum
innocens erit qui per
cassit
ita tamen ut operas eius et in
pensas in medicos restituat
Qui percusserit seruum suum
uel ancillam uirga
et mortui fuerint in manib.
eius criminis reus erit
Sin autem uno die super
uixerit uel duobus
non subiacebit poenae
quia pecunia eius est
Si rixati fuerint uiri et
percusserit quis muli
erem precnantem
et abortiuum quidem fece
rit sed ipsa uixerit
subiacebit damno quantum
expetierit maritus muli
eris et arbitri iudicarint
Sin autem mors eius fue
rit subsecuta
reddet animam pro anima
oculum pro oculo
dentem pro dente
manum pro manu
pedem pro pede
adustionem pro adustione
uulnus pro uulnere
liuorem pro liuore
Si percusserit quispiam
oculum serui sui aut
ancillae et luscos eos
fecerit
dimittet liberos pro
oculo quem eruit
Dentem quoq. si excus
serit seruo uel ancil.
lae suae
similiter dimittet liberos
Si bus cornu petierit
uirum aut mulierem

et mortui fuerint
lapidib. obruetur et non
comedentur carnes eius
dñs quoq. bouis innocens erit
quod si bus cornupeta fuerit
ab heri et nudius tertius
et contestati sunt dominum
eius nec recclusit eam
occideritq. uirum
aut mulierem
et bos lapidib. obruetur et
dominum illius occident
quod si praetium ei fuerit
inpositum
dabit pro anima sua quicquid
fuerit postulatus
filiam quoq. et filiam si cor
nu percusserit simili
sententia subiacebit
Si seruum ancillamq.
inuaserit
triginta siclos argenti
dabit dño
Bus uero lapidib. opprimetur
Siquis aperuerit cister
nam et foderit et non
operuerit eam
ceciderit^{q.} bos uel
asinus in eam
dominus cisternae reddet
praetium iumentorum
quod autem mortuum
est ipsius erit
Si bos alienus bouem alte
rius uulnerarit
et ille mortuus fuerit
uendent bouem uiuum
et diuident praetium
cadauer autem mortui
inter se dispertient
Sin autem sciebat quod
bos cornipeta esset ab
heri et nudius tertius
et non custodiuit eum

dominus suas
reddet bouem pro boue
et cadauer integrum accipiet
Siquis furatus fuerit
bouem et ouem
et occiderit uel uendiderit
quinq; boues pro uno
restituet
et quattuor oues
pro una oue
Si effringens fur domum
siue suffodiens fuerit
inuentus
et accepto uulnere
mortuus fuerit
percussor non erit
reus sanguinis
quod si orto sole
hoc fecerit
homicidium perpetrauit
et ipse morietur
si non habuerit quod pro
furto reddat uenun
dabitur
si inuentum fuerit aput
eum quod furatus est
uiuens siue bos siue asi
nus siue ouis
duplum restituet
Si leserit quispiam agrum
uel uineam
et dimiserit iumentum suu
ut depascatur aliena
quicquid optimum habuerit
in agro suo uel in uinea
pro damni aestimatione
restituet
Si egressus ignis inuenerit
spinas
et conpraehenderit
aceruos frugum
siue stantes segetes in agris
reddet damnum qui ignem
succenderit

Siquis commendauerit
amico pecuniam aut
uas in custodiam
et ab eo qui susciperat
furto ablata fuerint
si inuenitur fur duplum
reddet
si latet dnm domus adpli
cabitur ad deos
et iurabit quod non exten
derit manum in rem
proximi sui ad perpe
trandam fraudem
tam in boue quam in asino
et oue ac uestimento
et quicquid damnum
inferre potest
ad deos utriusq; causa
perueniet
et si illi iudicauerint duplum
restituet proximo suo
Siquis commendauerit
proximo suo asinum
bouem ouem et omne
iumentum ad custodiam
et mortuum fuerit aut
debilitatum uel captum
ab hostibus
nullasque hoc uiderit
ius iurandum erit
in medio
quod non extenderit manu
ad rem proximi sui
suscipietq; dns iuramen
tum et ille reddere
non cogetur
quod si furto ablatum
fuerit restituet
damnum domino
si comestum a bestia
deferet ad eum quod occi
sum est et non restituet
qui proximo suo quic
quam horum mutuo

postulauerit
et debilitatum aut mortuū
fuerit domino non prae
sente reddere con
pelletur
quod si inpraesentiarum
fuit dominus non
restituet
maxime si conductum
uenerat pro mercede
operis sui
Si seduxerit quis uirginem
necdum sponsatam
et dormierit cum ea
dotauit eam et habebit
uxorem
Si pater uirginis dare
noluerit
reddet pecuniam iuxta
modum dotis quam uirgi
nes accipere consuerunt
Maleficos non patiaris
uiuere
qui coierit cum iumento
morte moriatur
qui immolat diis occidetur
praeter dno soli
Aduenam non contristabis
neq adfliges eum
aduenae enim et ipsi fuistis
in terra aegypti
uiduae et pupillo
non nocebitis
Si laeseritis eos
uociferabuntur ad me
et ego audiam clamo
rem eorum
et indignabitur furor meus
percutiamq. uos gladio
et erunt uxores
uestrae uiduae
et filii uestri pupilli
Si pecuniam mutuam
dederis populo meo
pauperi qui habitat tecum
non urgebis eum quasi exactor
nec usuris opprimes
Si pignus a proximo tuo
acceperis uestimentum
ante solis occasum
reddes ei
ipsum enim solum est
quo operietur indumen
tum carnis eius
nec habet aliud in quo
dormiat
si clamauerit ad me exau
diam eum quia miseri
cors sum
Diis non detrahes et prin
cipi populi tui non
maledices
decimas tuas et primitias
tuas non tardabis offerre
primogenitum filiorum
tuorum dabis mihi
de bub. quoq. et ouib.
similiter facies
septem dieb. sit cum
matre sua
die octauo reddes
illum mihi
uiri eritis mihi sci
carnem quae a bestiis
fuerit praegustata
non comedetis sed pro
icietis canibus
Non suscipietis uocem
mendacii
nec iunges manum tuam
ut pro impio dicas fal
sum testimonium
Non sequeris turbam
ad faciendum malum
nec in iudicio plurimorum
adquiesces sententiae
ut a uero deuies
pauperis quoq. non mise

reueris in negotio

Si occurreris boui inimici
tui aut asino erranti
reduc ad eum

Si uideris asinum odientis te
iacere sub onere
non pertransibis sed sub
leuabis cum eo

Non declinabis in iudicio
pauperis

Mendacium fugies

Insontem et iustum
non occides
quia aduersor impium

Nec accipias munera quae
excecant etiam prudentes
et auertunt uerba
iustorum

Peregrino molestus non
eris scitis enim aduena
rum animas
quia et ipsi peregrini fuis
tis in terra aegypti

Sex annis seminabis terram
tuam et congregabis
fruges tuas

Anno autem septimo dimit
tis eam et requiescere
facies

ut comedant pauperes
populi tui
et quicquid reliqui fuerit
edant bestiae agri

Ita facies in uinea et in
oliueto tuo

Sex dieb. operaueris
septima die cessabis
ut requiescat bos
et asinus tuus
et refrigeretur filius ancil
lae tuae et aduena

Omnia quae dixi uobis
custodite
et per nomen externorum

deorum non iurabitis
neque audietur ex ore
uestro

Tribus uicibus per singulos
annos mihi festa cele
brabitis

Sollemnitatem azimo
rum custodies
septem dieb. comedes azi
ma sicut praecepi tibi
tempore mensis nouorum
quando egressus es
de aegypto

Non apparebis in conspectu
meo uacuus

Et sollemnitatem mensis
primitiuorum operis tui
quaecumq. serueris
in agro

Sollemnitatem quoq.
in exitu anni
quando congregaueris
omnes fruges tuas
de agro

Ter in anno apparebit
omne masculinum
tuum coram dno do

Non immolabis super
fermento sanguinem
uictimae meae

Nec remanebit adeps sollem
nitatis meae usq. mane

Primitias fructum terrae
tuae deferes in domum
dni dei tui

Nec coques hedum in lacte
matris suae

Ecce ego mittam angelum
meum qui praecedat te
et custodiat in uia
et introducat ad locum
quem paraui

Obserua eum et audi uocem
eius nec contemnendum

putes
quia non dimittet cum
  peccaueritis
et est nomen meum in illo
quod si audieris uocem eius
  et feceris omnia quae
  loquor
inimicus ero inimicis tuis
et adfligam adfligentes te
praecedetq́ te angelus meus
et introducet te ad amor
  raeum et cetthaeum
  et perezaeum
cananaeumq́ et euaeum
  et iebusaeum
quos ego contribo
non adorabis deos eorum
  nec coles eos
non facies opera eorum
sed destrues aras eorum
  et confringes statuas
seruietisq́ dño dō uestro
ut benedicam panibus
  uestris et aquis
et auferam infirmitatem
  de medio tui
non erit infecunda nec ste
  relis terra tua
numerum dierum
  tuorum implebo
terrorem meum mittam
  in praecursum tuum
et occidam omnem populū
  ad quem ingredieris
cunctorumq́ inimicorum
  tuorum coram te
  terga uertam
emittens crabrones prius
qui fugabunt euaeum et cha
  nanaeum et cetthaeum
  antequam introeas
non eiciam eos a facie tua
  anno uno
ne terra in solitudinem

redigatur
et crescant contra te bestiae
paulatim expellam eos
  de conspectu tuo
donec augearis et possi
  deas terram
ponam autem terminos
  tuos a mari rubro usque
  ad mare palestinorum
et a deserto usq́ ad fluuium
  tradam manib́ uestris
  habitatores terrae
et eiciam eos de conspectu
  uestro
non inibitis cum eis foedus
  nec cum diis eorum
non habitent in terra tua
ne forte peccare te
  faciant in me
si serueris diis eorum
  quod tibi certo erit
  in scandalum

mosi quoq́ dixit
ascende ad dñm tu et aaron
  nadab et abiu
et septuaginta senes
  ex israhel
et adorabitis procul
solusq́ moses ascendat
  ad dñm
et illi non adpropinquabunt
nec populus ascendet
  cum eo

Uenit ergo moses et narra
uit plebi omnia uerba dñi
  atque iudicia
responditq́ cunctus
  populus una uoce
omnia uerba dñi quae locu
  tus est faciemus
scribsit autem moses uni
  uersos sermones dñi
et mane consurgens aedifi
  cauit altare ad radices

montis.
et duodecim titulos per
 duodecim trib israhel.
misitq. iuuenes de filiis
 israhel.
et obtulerunt holocausta
immolaueruntq. uictimas
 pacificas dno uitulos.
tulit itaq. moses dimidium
 partem sanguinis et
 misit in crateras.
partem autem residuam
 fudit super altare.
adsumensq. uolumen foede
 ris legit audiente populo.
qui dixerunt.
omnia quae locutus est
 dns faciemus.
et erimus oboedientes.
ille uero sumptum sangui
 nem respersit in popu
 lum et ait.
hic est sanguis foederis quod
 pepigit dns uobis cum
 super cunctis sermonib. eius.
ascenderuntq. moses
 et aaron nadab et abiu
et septuaginta senes
 ex israhel.
et uiderunt dm israhel.
sub pedib. eius quasi opus
 lapidis sappiri.
et quasi caelum cum
 serenum est.
nec super eos qui procul
 recesserant de filiis isra
 hel misit manum suam
uideruntq. dm et come
 derunt ac biberunt.
Dixit autem dns ad mosen
 ascende ad me in montem
 et esto ibi.
daboq. tibi tabulas lapideas
 et legem ac mandata quae

scribsi ut doceas eos.
surrexerunt moses et
 iosue minister eius.
ascendensq. moses in mon
 tem dī seniorib. ait.
expectate hic donec reuer
 tamur ad uos.
habetis aaron et hur
 uobiscum.
si quid natum fuerit quaes
 tionis referetis ad eos.
cumq. ascendisset moses
 operuit nubes montem.
et habitauit gloria dni super
 sinai tegens illum nube
 sex diebus.
septimo autem die uocauit
 eum dns de medio caliginis.
erat autem species gloriae
 dni quasi ignis ardens
super uerticem montis
 in conspectu filiorum
 israhel.
ingressusq. moses medium
 nebulae ascendit in montem.
et fuit ibi quadraginta dieb.
 et quadraginta noctibus.
Locutus q. est dns
 ad mosen dicens.
loquere filiis israhel ut tol
 lant mihi primitias.
ab homine qui offert ultro
 neus accipietis eas.
haec sunt autem quae
 accipere debetis.
aurum et argentum et aes.
hyacinthum et purpuram
 coccumq. bistinctum
 et byssum.
pilos capra rum et pelles
 arietum rubricatas
pelles hyacin thinas
 et ligna setthim.
oleum ad luminaria

concinnanda
aromata unguentum et
thimiama boni odoris
lapides onichinos et gemmas
adornandum ephod
ac rationale
facientq. mihi scuarium
et habitabo in medio eorum
iuxta omnem similitudinem
tabernaculi quod ostendam tibi
et omnium uasorum
in cultu eius
sicq. facietis illud
arcam de lignis setthim
conpingite
cuius longitudo habeat
duos semis cubitos
latitudo cubitum
et dimidium
altitudo cubitum similiter
ac semissem
et deaurabis eam auro mundissimo intus et foris
faciesq. supra coronam
auream per circuitum
et quattuor circulos aureos
quos pones per quattuor
arcae angulos
duo circuli sint in latere
uno et duo in altero
facies quoq. uectes
de lignis setthim
et operies eos auro
induces q. per circulos
qui sunt in arcae lateribus
ut portetur in eis
qui semper erunt in circulis nec umquam extrahentur ab eis
ponesq. in arcam testificationem quam ego
dabo tibi
facies et propitiatorium
de auro mundissimo
duos cubitos et dimidium
tenebit longitudo eius
semissem et cubitum
latitudo
duosquoq. cherubin aureos
et productiles facies
ex utraq. parte oraculi
cherubin unus sit in latere
uno et alter in altero
utrumq. latus propitiatorii tegant
expandentes alas et operientes oraculum
respiciantq. se mutuo
uersis uultib. in propitiatorium
quo operienda est arca
in qua pones testimonium
quod dabo tibi
inde praecipiam et loquar ad te
supra propitiatorio scilicet
ac medio duorum cherubin
qui erunt supra arcam
testimonii
cunctaq. quae mandabo per te
filiis israhel
facies et mensam de lignis
setthim
habentem duos cubitos
longitudinis et in latitudine cubitum
et in altitudinem cubitum
ac semissem
et inaurabis eam auro
purissimo
faciesq. illi labium aureum
per circuitum
et ipsi labio coronam interrasilem altam quattuor
digitis
et super illam alteram
coronam aureolam
quattuor quoq. circulos

aureos praeparabis.
et pones eos in quattuor
  angulis eiusdem mensae
  per singulos pedes.
subter coronam erunt
  circuli aurei.
ut mittantur uectes per
  eos et possit mensa
  portari.
ipsosq. uectes facies
  de lignis setthim.
et circum dabis auro ad sub
  uehendam mensam.
parabis et acitabula ac phy
  alas turibula et cyatos
  in quibus offerenda sunt
  libamina
ex auro purissimo.
et pones super mensam
  panes propositionis in
  conspectu meo semper.
facies et candelabrum ducti
  le de auro mundissimo.
astile eius et calamos
  scyphos et sperulas ac lilia
  ex ipso procedentia.
sex calami egrediantur
  de lateribus.
tres ex uno latere
  et tres ex altero.
tres scyphi quasi in nucis
  modum per calamos
  singulos.
sperulasq. simul ac lilium
  et tres similiter scyphi
  in star nucis in calamo
  altero.
sperulaq. et lilium.
hoc erit opus sex calamo
  rum qui producendi
  sunt de hastili.
in ipso autem candelabro
  erunt quattuor scyphi
  in nucis modum.

sperulaeq. per singulos
  et lilia.
sperula sub duob. cala
  mis per tria loca.
qui simul sex fiunt proceden
  tes de astili uno.
et sperulae igitur et calami
  ex ipso erunt.
uniuersa ductilia de auro
  purissimo.
facies et lucernas septem
  et pones eas super cande
  labrum ut luceant
  ex aduerso.
emunctoria quoque et ubi
  quae emuncta sunt
  extinguantur fient
  de auro purissimo.
omne pondus candelabri
  cum uniuersis uasis suis
  habebit talentum auri
  mundissimi.
inspice et fac secundum
  exemplar quod tibi in
  monte monstratum est.
tabernaculum uero
  ita facies.
decem cortinas de bysso
  retorta et hiacintho
  ac purpura coccoque
  bis tincto.
uariatas opere pluma
  rio facies.
longitudo cortinae unius
  habebit uiginti octo
  cubitos.
latitudo quattuor cubi
  torum erit.
unius mensurae fient
  uniuersa tentoria.
quinque cortinae sibi
  iungentur mutuo
  et alia quinq. nexu simili
  coherebunt.

exodi

ansulas hiacinthinas in lateribus acsummitatibus
facies cortinarum
ut possint inuicem copulari
quinquagenas ansulas cor-
tina habebit inutraque
parte
ita insertas utansa contra
ansam ueniat
et altera alteri possit aptari
facies et quinquaginta
circulos aureos
quibus cortinarum uela iun-
genda sunt utunum
tabernaculum fiat
facies et saga cilicina undecim
adoperiendum tectum
tabernaculi
longitudo sagi unius habebit
triginta cubitos
et latitudo quattuor
aequa erit mensura sago-
rum omnium
equib· quinq· iunges seorsum
et sex sibi mutuo copulabis
ita ut sextum sagum in fronte tecti duplices
facies et quinquaginta ansas
inore sagi unius ut coniungi
cum altero queat
et quinquaginta ansas
inore alterius
ut cum altero copuletur
quinquaginta fibulas aeneas
quibus iungantur ansae
et unum ex omnib· operi-
mentum fiat
quod autem super fuerit
in sagis quae parantur tecto
idest unum sagum quod
amplius est
ex medietate eius coope-
ries posteriora taber-
naculi

et cubitus ex una parte pen-
debit et alter ex altero
qui plus est in sagorum
longitudine
utramque latus taber-
naculi protegens
facies et operimentum
aliud tecto de pellibus
arietum rubricatis
et super hoc rursum aliud
operimentum de hiacin-
thinis pellibus
facies et tabulas stantes
tabernaculi de lignis
setthim
quae singulae denos cubitos
in longitudine habeant
et in latitudine singulos
ac semissem
in lateribus tabulae duae
castraturae fient
quibus tabula alteri tabulae
conectatur
atq· in hunc modum cunctae
tabulae parabuntur
quarum uiginti erant in
latere meridiano quod
uergit ad austrum
quibus quadraginta bases
argenteas fundes
ut binae bases singulis tabulis
per duos angulos
subiciantur
in latere quoq· secundo tabernaculi quod uergit ad
aquilonem
uiginti tabulae erunt
quadraginta habentes
bases argenteas
binae bases singulis tabulis
subponentur
ad occidentalem uero
plagam tabernaculi
facies sex tabulas

et rursum alias duas
quae inangulis erigantur
post tergum tabernaculi
eruntq; coniunctae adcor
sum usq; sursum
et una omnis conpago
retinebit
duab; quoq; tabulis quae in
angulis ponendae sunt simi
lis iunctura servabitur
et erunt simul tabulae octo
bases earum argenteae
sedecim
duabus basibus per unam
tabulam supputatis
facies et uectes delignis
setthim quinque
adcontinendas tabulas inuno
latere tabernaculi
et totidem alios inaltero
eiusdem numeri adocciden
talem plagam
qui mittuntur per
medias tabulas
a summo usque adsummum
ipsasque tabulas deaurabis
et fundes eis anulos aureos
perquos uectes tabulata
contineant
quos operies laminis aureis
et erices tabernaculum
iuxta exemplum quod tibi
inmonte monstratum est
facies et uelum dehya
cintho et purpura
coccoq; bistincto et bysso
retorta
opere plumario et pulchra
uarietate contextum
quod adpendes ante quat
tuor columnas delignis
setthim
quae ipsae quidem deau
ratae erunt

et habebunt capita aurea
sed bases argenteas
inseretur autem uelum
per circulos intra quod
pones arcam testamenti
et quo sanctuarium et sanctuarii
sanctuaria diuidentur
pones et propitiatorium
super arcam testimonii
in sco scorum
mensamq; extra uelum
et contra mensam
candelabrum
inlatere tabernaculi
meridiano
mensa enim stabit in
parte aquilonis
facies et tentorium inin
troitu tabernaculi
dehyacintho et purpura
coccoq; bistincto et bysso
retorta opere plumario
et quinq; columnas deaura
bis lignorum setthim
antequas ducetur tentorium
quarum erunt capita aurea
et bases aeneae
facies et altare delignis
setthim
quod habebit quinq; cubitos
inlongitudine
et totidem inlatitudine
idest quadrum
et tres cubitos inaltitudine
cornua autem perquattuor
angulos exipso erunt
et operies illud aere
facies q; inusus eius
leuetas adsuscipiendos
cineres
et forcipes atq; fuscinulas
et igniū receptacula
omnia uasa ex aere
fabricabis

craticulamq. in modum
retis aeneam
per cuius quattuor angulos
erunt quattuor anuli aenei
quos pones subter arc
lam altaris
eritq. craticula usq.
altaris medium
facies et uectes altaris
de lignis sethim duos
quos operies laminis
aeneis
et induces per circulos
eruntq. ex utroq. latere
altaris ad portandum
non solidum sed inane
et cauum intrinsecus
facies illud
sicut tibi in monte
monstratum est
facies et atrium tabernaculi
in cuius plaga australi
contra meridiem
erunt tentoria de bysso
retorta
centum cubitos unum latus
tenebit in longitudine
et columnas uiginti cum basib.
totidem aeneis
quae capita cum celaturis suis
habebunt argentea
similiter in latere aquilonis
per longum erunt tento
ria centum cubitorum
columnae uiginti et bases
aeneae eiusdem numeri
et capita earum cum cela
turis suis argentea
in latitudine uero atrii quod
respicit ad occidentem
erunt tentoria per quinqua
ginta cubitos
et columnae decem
basesq. totidem

In ea quoq. atrii latitudine
quae respicit ad orientem
quinquaginta cubiti erunt
in quib. quindecim cubitorum
tentoria lateri uno
deputabuntur
columnaeq. tres et bases
totidem
et in latere altero erunt
tentoria cubitos obtinen
tia quindecim
columnas tres et bases
totidem
in introitu uero atrii
fiet tentorium cubito
rum uiginti
ex hyacintho et purpura
coccoq. bis tincto et bysso
retorta opere plumarii
columnas habebit quattuor
cum basib. totidem
omnes columnae atrii
per circuitum
uestitae erunt argenti
laminis
capitib. argenteis
et basib. aeneis
in longitudine occupauit
atrium cubitos centum
in latitudine quinquaginta
altitudo quinque
cubitorum erit
fietq. de bysso retorta et
habebit bases aeneas
cuncta uasa tabernaculi in
omnes usus et caerimonias
tam paxillos eius quam atrii
ex aere facies
Praecipe filiis israhel
ut offerant tibi oleum
de arborib. oliuarum
purissimum piloque
contusum
ut ardeat lucerna semper

in tabernaculo testimonii
extra uelum quod appen
sum est testimonio
et conlocabunt eam aaron
et filii eius
et usq. mane luceat
coram dno
perpetuus erit cultus per
successiones eorum
a filiis israhel.
Adplica quoq. ad te aaron
fratrem tuum cum filiis
suis de medio filiorum
israhel.
ut sacerdotio fungantur mihi
aaron nadab et abiu eleazar
et ithamar
faciesq. uestem scām fratri
tuo in gloriam et decorem
et loqueris cunctis
sapientib. corde
quos repleui spiritu
prudentiae
ut faciant uestes aaron in quib.
scificatus ministret mihi
haec autem erunt uestimenta
quae facient
rationale et super umerale
tunicam et lineam strictam
cidarim et balteum
facient uestimenta scā
aaron fratri tuo et filiis eius
et sacerdotio fungantur mihi
accipientq. aurum et hā
cinthum et purpuram
coccumq. bistinctam
et bissum
facient autem super hume
rale de auro et hyacintho
ac purpura
coccoq. bistincto et bisso
retorta opere polymito
duas oras iunctas habebit
in utroq. latere summam

tatum ut in unum redeant
ipsaq. textura et cuncta
operis uarietas
erit ex auro et hyacintho
et purpura
coccoq. bistincto et bisso
retorta
sumesq. lapides duos onchi
nos et scalpes in eis nomina
filiorum israhel.
sex nomina in lapide uno
et sex reliqua in altero
iuxta ordinem natiui
tatis eorum
opere sculptoris et cela
tura gemmarii
scalpes eos nominib.
filiorum israhel.
inclusos auro atque
circumdatos
et pones in utroq. latere
super umeralis memori
ale filiis israhel.
portabitq. aaron nomina
eorum coram dno
super utrumq. umerum
ob recordationem
facies et uncinos ex auro
et duas catenulas auro
purissimo
sibi inuicem coherentes
quas inseres uncinis
rationale quoq. iudicii facies
opere polymito
iuxta texturam super
umeralis
ex auro hyacintho et purpura
coccoq. bistincto et bisso
retorta
quadrangulum erit
et duplex
mensura palmi habebit tam
in longitudine quam
in latitudine

pones q̄ in eo quattuor
ordines lapidum
In primo uersu erit lapis
sardius et topadius
et smaragdus
In secundo carbunculus
sappirus et iaspis
In tertio ligirius achates
et amethistus
In quarto chrysolitus onichi
nus et berillus
Inclusi auro erunt per
ordines suos
habebunt q̄ nomina
filiorum israhel.
duodecim nominibus
celabuntur
singuli lapides nominibus
singulorum per duo
decim tribus
facies in rationali catenulas
sibi inuicem coherentes
ex auro purissimo
et duos anulos aureos
quos pones in utraq̄ ratio
nalis summitate
catenasq̄ aureas iunces
anulis qui sunt in mar
ginibus eius
et ipsarum catenarum
extrema duob. copula
buntur uncinis
in utroq̄ latere superume
ralis quod rationale
respicit
facies et duos anulos aureos
quos pones in summitatib.
rationalis
et in oris quae e regione sunt
superumeralis
et posteriora eius aspiciunt
necnon et alios duos
anulos aureos
qui ponendi sunt in utroq̄

latere superumeralis
deorsum
quod respicit contra faciem
iuncturae inferioris
ut aptari possit cum
super umerali
et instringetur ratio
nale anulis suis
cum anulis super umeralis
uitta hyacinthina
ut maneat iunctura
fabrae facta
e tase inuicem rationale
et super umerale nequae
ant separari
portabitq̄ aaron nomina
filiorum israhel.
in rationali iudicii super
pectus suum quando
ingreditur sanctuarium
memoriale coram d̄no
in aeternum
pones autem in rationali
iudicii doctrinam
et ueritatem
quae erunt in pectore
aaron quando ingredi
tur coram d̄no
et gestauit iudicium filiorum
israhel. in pectore suo in con
spectu d̄ni semper
facies et tunicam superume
ralis totam hyacinthinam
in cuius medio supra erit
capitium et ora per gyrum
eius textilis
sicut fieri solet in extremis
uestium partib. ne facile
rumpantur
deorsum uero ad pedes eius
dem tunicae per circuitum
quasi mala panica facies
ex hȳacintho et purpura
et cocco bistincto

mixtis in medio tintinabulis
ita ut tintinnabulum aureum
aureum et malum
rursumq. tintinabulum
aliud aureum et malum
punicum
et uestietur ea aaron in
officium ministerii
ut audiatur sonitus quando
ingreditur et egreditur
sctuarium
in conspectu dni et non
moriatur
facies et lamminam
de auro purissimo
in qua scalpes opere cela
toris scm dno
licabis q. eam uitta
hiacinthina
et erit super tiaram inmi
nens fronti pontificis
portabitq. aaron iniqui
tates eorum
quae obtulerint et sctificae
rint filiis israhel
in cunctis muneribus
et donariis suis
erit autem lammina semper
in fronte eius
ut placatus eis sit dns
stringesq. bisso tunicam
et tiaram bissinam facies
et balteum opere plumarii
porro filiis aaron tunicas
lineas parabis
et balteos ac tiaras in glo
riam et decorem
uestiesq. his omnib. aaron
fratrem tuum et filios
eius cum eo
et cunctorum consecra
bis manus
sctificabis q. illos ut sacerdo
tio fungantur mihi

facies et feminalia linea
ut operiant carnem turpi
tudinis suae
arenib. usque ad feminalia
et utentur eis aaron
et filii eius
quando ingredientur taber
naculum testimonii
uel. quando adpropinquant
ad altare
ut ministrent in sacrario
ne iniquitatis rei moriantur
legitimum sempiternum
erit aaron et semini eius
post eum
sed et hoc facies ut mihi in
sacerdotio consecrentur
tolle uitulum de armento
et arietes duos inmaculatos
panesq. azimos et crustulam
absque fermento
quae conspersa sit oleo
lagana quoq. azima oleo lita
de simila triticea cuncta
facies
et posita in canistro offeres
uitulum autem et duos
arietes
et aaron ac filios eius
adplicabis ad ostium taber
naculi testimonii
cumq. laueris patrem
cum filiis aqua
indues aaron uestimentis suis
id est linea et tunica et super
humerali et rationali
quod constringes balteo
et pones tiaram in capite eius
et lamminam sctam
super tiaram
et oleum unctionis fundes
super caput eius
atq. hoc ritu consecrabitur
filios quoq. illius adplicabis

et indues tunicis lineis
cincesq; balteo
aaron scilicet et liberos eius
et inpones eis mitras
eruntq; sacerdotes mei
in religione perpetua
postquam initiaueris
manus corum
adplicabis et uitulum coram
tabernaculo testimonii
inponentq; aaron et filii eius
manus super caput illius
et mactabis eam in con-
spectu dni
iuxta ostium tabernaculi
testimonii
sumptumq; de sanguine
uituli pones super cornua
altaris digito tuo
reliquum autem sanguinem
fundes iuxta basim eius
sumes et adipem totum
qui operit intestina
et reticulum iecoris
ac duos renes
et adipem qui super eos est
et offeres incensum
super altare
carnes uero uituli et co-
rium et fimum
conbures foris extra castra
eo quod pro peccato sit
unum quoq; arietem sumes
super cuius caput ponent
aaron et filii eius manus
quem cum mactaueris
tolles de sanguine eius
et fundes circa altare
ipsum autem arietem
secabis in frusta
lotaq; intestina eius
ac pedes
pones super concisas carnes
et super caput illius

et offeres totum arietem
in incensu super altare
oblatio est dno odor suauis-
simus dicti medi
tolles quoq; arietem alteram
super cuius caput aaron
et filii eius ponent manus
quem cum immolaueris sumes
de sanguine ipsius
et pones super extremum
dextrae auriculae aaron
et filiorum eius
et super pollices manus
eorum ac pedis dextri
fundesq; sanguinem super
altare per circuitum
cumq; tuleris de sanguine
quiest super altare et
de oleo unctionis
asparges aaron et uestes eius
filios et uestimenta eorum
consecratisq; et ipsis
et uestibus
tolles adipem de ariete
et caudam
et arbinam quae operit uitalia
ac reticulum iecoris
et duos renes atq; adipem
qui super eos est
armumq; dextrum
eo quod sit aries con-
secrationum
tortam panis unius
crustulam conspersum oleo
lacanum de canistro
azimorum
quod positum est in con-
spectu dni
ponesq; omnia super manus
aaron et filiorum eius
et scificabis eos eleuans
coram dno
suscipiesq; uniuersa
de manib; eorum

et incendes super altare
in holocaustum
odorem suauissimum
in conspectu dni quia
oblatio eius est
Sumes quoq. pectusculum
de ariete quo initiatus
est aaron
scificabis q. illud elextum
coram dno
et cedet in partem tuam
scificabis et pectusculum
consecratum
et armum quem de ariete
separasti
quo initiatus est aaron
et filiis eius
cedetq. parte aaron
et filiorum eius
iure perpetuo a filiis israhel
quia primitiua sunt et initia
de uictimis eorum pacificis
quae offerunt dno
uestem autem sciam quam
utitur aaron habebunt
filii eius post eum
ut unguantur in ea et con
secrentur manus eorum
septem dieb. utetur illa qui
pontifex pro eo fuerit
constitutus de filiis eius
et qui ingredietur taberna
culum testimonii ut mini
stret in scuario
arietem autem consecratio
num tolles
et coques carnes eius
in loco sco
quib. uescetur aaron
et filii eius
panes quoq. qui sant
in canistro
in uestibulo tabernaculi
testimonii comedent

ut sit placabile sacrificium
et scificentur offeren
tium manus
alienigena non uescetur
ex eis quia scificati sunt
quod si remanserit de car
nib. consecratis
siue de panib. usq. mane
conbures reliquias igne
non comedentur quia
scificata sunt
omnia quae praecipi tibi facies
super aaron et filios eius
septem dieb. consecrabis
manus eorum
et uitulum pro peccato
offeres per singulos
dies ad expiandum
mundabisq. altare cum im mo
laris expiationis hostiam
et unges illud in scificationem
septem dieb. expiabis altare
et scificabis illud
et erit scm scorum
omnis qui tetigerit illud
scificabitur
hoc est quod facies in altari
agnos anniculos duos per
singulos dies iugiter
unum agnum mane et alte
rum uespere
decimam partem similae
conspersam oleo tunso
quod habet mensuram
quartam partem hin
et uinum ad libandum eiusdem
mensurae in agno uno
alterum uero agnum
offeres uespere
iuxta ritum matutinae
oblationis
et iuxta ea quae diximus
in odorem suauitatis
sacrificium est dno

liber

oblatione perpetua incensationes uestras
ad ostium tabernaculi testimonii coram dno
ubi constituam ut loquar ad te
ibiq. praecipiam filiis srahel.
et scificabitur altare
in gloria mea
scificabo et tabernaculum
testimonii cum altari
et aaron cum filiis eius ut sacerdotio fungantur mihi
et habitabo in medio filiorum israhel.
et og eis ds et scient quia
ego dns ds eorum
qui eduxi eos de terra aegypti
ut manerem inter illos
ego dns ds eorum.

Facies quoq. altare in adolendum thymiama de lignis
setthim
habens cubitum longitudinis
et alterum latitudinis
Ides t quadrangulum.
et duos cubitos in altitudine
cornua ex ipso procedent
uestiesq. illud auro
purissimo
tam craticulam eius quam
parietes per circuitum
et cornua
Facies q. ei coronam aureolam
per gyrum
et duos anulos aureos sub coronam per singula latera
ut mittantur in eos uectes
et altare portetur
Ipsos quoq. uectes facies
de lignis setthim et inaurabis
ponesq. altare contra uelum
quod ante arcam pendet
testimonii

coram propitiatorio quo tegitur testimonium
ubi loquar tibi
et adolebit incensum super
eo aaron suaue flagrans
mane
quando conponet lucernas
incendet illud
et quando conlocat eas
ad uesperum
ur et thymiama sempiternum
coram dno in generationes uestras
non offeretis super eo thymiam
conpositionis alterius
nec oblationem et uictimam
nec libabitis LIBA
et deprecabitur aaron
super cornua eius
semel per annum
In sanguine quod oblatum
est pro peccato
et placabit super eo in generationib. uestris
scm scorum erit dno

XIII Locutusq. est dns
ad mosen dicens
quando tuleris summam
filiorum israhel
iuxta numerum dabunt
singuli praetium pro
animab. suis dno
et non erit plaga in eis cum
fuerint recenseti
hoc autem dabit omnis qui
transit ad nomen
dimidium sicli iuxta mensuram templi
Siclus uiginti obolos habet
media pars sicli offereretur dno
qui habetur in numero a uiginti
annis et supra dabit
praetium

exodi

diues nonaddet
 admedium sicli
etpauper nihilominus et
susceptamq. pecuniam quae
 conlata est afiliis israhel
trades inusum taber
 naculi testimonii
utsit monumentum eorum
 coram dno
etpropitietur animabus
 illorum
Locutusq. est dns
 admosen dicens
facies etlauium aeneum
 cum uasi sua adlauandum
ponesq. illud intabernaculum
 testimonii adaltare
etmissa aqua lauabunt
 inea aaron etfilii eius
 manus suas acpedes
quando ingressuri sunt taber
 naculum testimonii
etquando accessuri
 adaltare
utofferant ineo tymiama
 dno neforte moriantur
legitimum sempiternum
 erit ipsi etsemini eius
 persuccessiones
Locutusq. est dns admosen
 dicens
Sume tibi aromata prima
 etzmirnae electae quin
 gentos siclos
etcinna moui medium idest
 ducentos quinquaginta
calami similiter ducentos
 quinquaginta
casiae autem quingentos
 siclos inpondere scuarii
olei deoliuetis mensu
 ram hin
faciesq. unctionis
 oleum scm

unguentum compositum
 opere unguentarii
etungues exeo tabernaculum
 testimonii etarcam
 testamenti
mensamq. cum uasis suis
candelabrum cum
 utensilibus eius
altare tymiamatis
 etholocausti
etuniuersam supellec
 tilem quae adcultum
 eorum pertinet
scificabisq. omnia eterunt
 sca scorum
qui tetigerit ea scificabitur
aaron etfilios eius unges
scificabisq. eos utsacerdo
 tio fungantur mihi
filiis quoq. israhel dices
hocoleum unctionis scm
 erit mihi ingeneratio
 nes uestras
caro hominis non unge
 tur exeo
etiuxta conpositionem eius
 non facietis aliud
quia scificatum est
 etscm erit uobis
homo quicumq. tale con
 posuerit etdederit exeo
 alieno exterminabitur
 depopulo suo
Dixitq. dns admosen
Sume tibi aromata
 stacten etonica
chalbanen boniodoris
 etthus lucidissimum
aequalis ponderis
 erunt omnia
faciesq. tymiama conposi
 tum opere unguentarii
mixtum diligenter etpurum
 etscificatione dignissimum

cumq́; intenuissimum
 puluerem uniuersam
 contuderis
pones excepto coram testimonio tabernaculi
inquoloco apparebo tibi
scm̄ scōrum erituobis
 t̄ŷmiama
talem conpositionem non
 facietis inusus uestros
 quia scm̄ est dn̄o
homo quicumq́; fecerit
 simile utodore illius
 perfruatur peribit
 depopulis suis
Locatusq́; est dn̄s
 admosen dicens
ecce uocaui exnomine bese-
 lebel filium uri filii hur
 detribu iuda
et impleui eum spū dī
 sapientia intellegentia
 et scientia inomni opere
adexcogitandum fabre
 quicquid fieri potest
exauro et argento et aere
 marmore et gemmis et di-
 uersitate lignorum
dediq́; ei sociam hooliab
 filium achisamech
 detribu dan
et incorde omnis eruditi
 posui sapientiam
utfaciant cuncta
 quae praecepi tibi
tabernaculum foederis
 et arcam testimonii
et propitiatorium quod
 super eam est
et cuncta uasa tabernaculi
 mensamq́; et uasa eius
candelabrum purissimum
 cum uasis suis
et altaria t̄ŷmiamatis

et holocausti
et omnia uasa coram
 labium cum uase sua
uestes scās inministerio
aaron sacerdoti et filiis eius
ut fungantur officio
 suo insacris
oleum unctionis et t̄ŷmiama
 aromatum insanctuario
omnia quae praecepi
 tibi facient
Et locatus est dn̄s
 admosen dicens
loquere filiis israhel
 et dices adeos
uidete utsabbatum meum
 custodiatis
quia signum est interme
 et uos ingeneratio-
 nib; uestris
ut sciatis quia ego sum dn̄s
 qui scifico uos
custodite sabbatum meum
 scm̄ est enim uobis
qui polluerit illud
 morte morietur
qui fecerit ineo opus
 peribit anima eius
 demedio populi sui
sex dieb; facietis opus
indie septimo sabbatum
 est requies scā dn̄o
omnis qui fecerit opus
 inhac die morietur
custodiant filii israhel
 sabbatum
et celebrent illud ingenerationib; suis
pactum est sempiternum
 interme et filios israhel
signumq́; perpetuum
sex enim diebus fecit dn̄s
 caelum et terram
et inseptimo abopere suo

cessauit
XXXI Dedit quoq. mosi conpletis
huius cemodi sermonibus
inmonte sinai
duas tabulas testimonii lapi
deas scribtas digito di
XXXII uidens autem populus quod
moram faceret descen
dendi demonte moses
congregatus aduersus
aaron ait
surge facnobis deos qui
nos praecedant
mosi enim huic uiro qui nos
eduxit de terra aegipti
ignoramus quid acciderit
dixitq. adeos aaron
tollite inaures aureas de
uxorum filiorumq. et
filiarum uestrarum auribus·
et adferte ad me
fecit populus quae iusserat
deferens inaures ad aaron
quas cum ille accepisset
formauit opere fusorio
et fecit exeis uitulum
conflatilem
dixeruntq. hii sunt dii tui
israhel qui te eduxerunt
deterra aegipti
quod cum uidisset aaron aedi
ficauit altare cor am eo
et praeconis uoce
clamauit dicens
cras sollemnitas dni est
surgentesq. mane obtule
runt holocausta et hos
tias pacificas
et sedit populus manducare
ac bibere et surrex
erunt ludere
Locutus est autem
dns ad mosen
uade descende peccauit

populus iste tuus quem
eduxisti de terra aegipti
recesserunt cito deuia
quam ostendisti eis
feceruntq. sibi uitulum con
flatilem et adorauerunt
atq. immolantes ei
hostias dixerunt
isti sunt dii tui israhel qui te
eduxerunt de terra aegipti
rursumq. ait dns ad mosen
cerno quod populus iste
durae ceruicis sit
dimitte me ut irascatur
furor meus contra eos
et deleam eos
faciamq. te ingentem magnam
moses autem orabat dnm
dnm suum dicens
cur dne irascitur furor tuus
contra populum tuum
quem eduxisti de terra
aegipti
in fortitudine magna
et in manu robusta
ne quaeso dicant aegiptii
callide eduxit eos ut inter
ficeret in montib· et dele
ret eterra
quiescat ira tua et esto
placabilis super malitia
populi tui
recordare abraham et isaac
et israhel seruorum tuorum
quib· iurasti per temet
ipsum dicens
multiplicabo semen uestrum
sicut stillas caeli
et uniuersam terram hanc
dequa locutus es dabo
semini uestro
et possidebitis eam semper
placatusq. est dns ne face
ret malum

liber

quod locutus fuerat ad
uersus populum suum
et reuersus est moses
demonte
portans duas tabulas
testimonii inmanu
scribtas exutraq; parte
et pactas opere di
scriptura quoq; di erat
sculpta intabulis
Audiens autem iosue tumul
tum populi uociferantis
dixit admosen
ululatus pugnae auditur
incastris
qui respondit
non est clamor adhortan
tium adpugnam
neq; uociferatio conpel
lentium adfugam
sed uocem cantantium
ego audio
cumq; adpropinquasset
adcastra
uidit uitulum et choros
iratusq; ualde proiecit
demanu tabulas
et confregit eas adradi
ces montis
arripiensq; uitulum
quem fecerant
conbusit et contribit
usq; adpuluerem
quem sparsit inaqua et dedit
exeo potum filiis israhel
dixitq; adaaron
quid tibi fecit hic populus
ut induceres supereum
peccatum maximum
cui ille respondit neindig
netur dns meus
tuenim nosti populum istum
quod pronus sit admalum
dixerunt mihi facnobis deos

qui praecedant nos
huic enim mosi qui nos eduxit
deterra aegypti nescimus
quid acciderit
quib; ego dixi quis uestrum
habet aurum
tulerunt et dederunt mihi
et proieci illud inignem
egressusq; est hic uitulus
uidens ergo moses populum
quod esset nudatus
expoliauerat enim eum aaron
propter ignominiam sordis
et inter hostes nudum
constituerat
et stans inporta castro
rum ait
siquis est dni iungatur mihi
congregatiq; sunt adeum
omnes filii leui
quib; ait haec dicit dns
ds israhel
ponat uir gladium super
femur suum
ite et redite deporta usq; ad
portam permedium
castrorum
occidat unus quisq; fratrem
et amicum et proximum suu
fecerunt filii leui iuxta
sermonem mosi
cecideruntq; indie illo
quasi uiginti tria
milia hominum
et ait moses
consecrastis manus uestras
hodie dno unusquisq; infilio
et fratre suo utdetur
uobis benedictio
facto autem mane
die altero
locutus est moses
adpopulum
peccasti peccatum maximum

ascendam ad dnm
si quomodo cum quiuero
deprecari pro scelere
uestro
reuersusq; ad dnm ait
obsecro peccauit populus
iste peccatum magnum
feceruntq; sibi deos aureos
aut dimitte eis hanc noxam
aut si non facis dele me de libro
tuo quem scribsisti
cui respondit dns
qui peccauerit mihi delebo
eum de libro meo
tu autem uade et duc populum
istum quo locutus sum tibi
angelus meus praecedet te
ecce autem in die ultionis uisi
tabo et hoc peccatum
eorum
percussit ergo dns populum
pro hoc reatu uituli quem
fecit aaron
Locutusq; est dns ad moysen
uade ascende de loco isto
tu et populus tuus quem edux
isti de terra aegypti
ad terram quam iuraui
abraham isaac et iacob
dicens
semini tuo dabo eam
et mittam praecursorem
tui angelum
ut eiciam chananaeum
et amorraeum chet
thaeum et pherezaeum
et eueum et iebusaeum
et intres in terram fluen
tem lacte et melle
non enim ascendam tecum
quia populus durae
ceruicis est
ne forte disperdam te
in uia

audiens autem populus
sermonem hunc pes
simum luxit
et nullus ex more indutus
est cultu suo
dixitq; dns ad moysen
loquere filiis israhel populus
durae ceruicis es
semel ascendam in medio
tui et delebo te
iam nunc depone ornamen
tum tuum ut sciam
quid faciam tibi
deposuerunt ergo filii
israhel ornamentum
suum a monte choreb
Moses quoq; tollens taber
naculum tetendit extra
castra procul
uocauitq; nomen eius taber
naculum foederis
et omnis populus qui habebat
aliquam quaestionem egre
diebatur ad tabernaculum
foederis extra castra
cumq; egrederetur moses
ad tabernaculum
surgebat uniuersa plebs
et stabat unusquisq; ad os
tium papilionis sui
aspiciebantq; tergum mosi
donec ingrederetur
tentorium
ingresso autem illo taber
naculum foederis
descendebat columna nubis
et stabat ad ostium
loquebaturq; cum mosi
cernentib; uniuersis quod
columna nubis staret
ad ostium tabernaculi
stabantq; ipsi et adorabant
per fores tabernaculo
rum suorum

Loquebatur autem dns ad
moysen facie ad faciem sicut
loqui solet homo ad amicum
suum cumq. ille reuerte
retur in castra
minister eius iosue filius nun
adhuc puer non recedebat
de tabernaculo
Dixit autem moyses ad dnm
praecipis ut educam populum
istum et non indicas mihi
quem missurus sis mecum
praesertim cum dixeris
noui te ex nomine et in
uenisti gratiam coram me
Si ergo inueni gratiam in con
spectu tuo ostende mihi
gloriam tuam ut sciam te
et inueniam gratiam
ante oculos tuos
Respice populum tuum
gentem hanc
Dixitque dns facies
mea praecedet te
et requiem dabo tibi
Et moyses si non tu ipse
praecedis ne educas
nos de loco isto
In quo enim scire poterimus
ego et populus tuus inue
nisse nos gratiam in con
spectu tuo
nisi ambulaueris nobiscum
ut glorificemur ab omnib.
populis qui habitant
super terram
Dixit autem dns ad moysen
et uerbum istud quod
locutus es faciam
Inuenisti enim gratiam
coram me
et teipsum noui ex nomine
qui ait ostende mihi
gloriam tuam

Respondit ego ostendam
omne bonum tibi
et uocabo in nomine dni
coram te
et miserebor cui uoluero
et clemens ero in quem
mihi placuerit
Rursumq. ait non poteris
uidere faciem meam
non enim uidebit me
homo et uiuet
Et iterum ecce inquit est
locus apud me
stabis super petram
Cumq. transibit gloria mea
ponam te in foramine petre
et protegam te dextera
mea donec transeam
Tollamq. manum meam et
uidebis posteriora mea
faciem autem meam
uidere non poteris. xxxiiii
Ac deinceps praecide ait tibi
duas tabulas lapideas
instar priorum
et scribam super eas uerba
quae habuerunt tabulae
quas fregisti
Esto paratus mane ut ascendas
statim in montem sinai
stabisq. mecum super
uerticem montis
nullus ascendat tecum
nec uideatur quispiam
per totum montem
Boues quoq. et oues non
pascantur e contra
Excidit ergo duas tabulas
lapideas quales ante
fuerant
et de nocte consurgens ascen
dit montem sinai sicut
praeceperat dns
portans secum tabulas

cumq; descendisset dns per
   nubem stetit moses cum
   eo inuocans nomen dni
quo transeunte coram meo ait
   dominator dne ds misericors
   et clemens patiens et mul
   tae miserationis et uerax
qui custodis misericor
   diam in milia
qui auferes iniquitatem
   et scelera atq; peccata
nullusq; apud te per se
   innocens est
qui reddes iniquitatem patrum
   filiis ac nepotibus
in tertiam et quartam
   progeniem
festinusq; moses curuatus
   est pronus in terra et ad
   orans ait
si inueni gratiam in con
   spectu tuo dne
obsecro ut gradiaris
   nobiscum
populus enim durae
   ceruicis est
et auferas iniquitates nostras
   atq; peccata nosque
   possideas
Respondit dns ego inibo
   pactum
uidentib; cunctis
   signa faciam
quae num quam sunt uisa
   super terram nec ullis
   gentibus
ut cernat populus iste in
   cuius es medio opus dni
   terribile quod facta
   rus sum
obserua cuncta quae
   hodie mando tibi
ego ipse eiciam ante
   faciem tuam

amorraeum et chananaeum
   et cettheum pherezaeum
   quoq; et eueum et iebusaeum
caue ne cum quam cum habita
   toribus terrae illius ineas
   amicitias quae tibi sint
   in ruinam
sed aras eorum destrue
   confringe statuas
   lucosq; succide
noli adorare deum alienum
dns zelotes nomen eius
   ds est aemulator
ne ineas pactum cum hominib;
   regionum illarum
ne cum fornicati fuerint
   cum diis suis et adorae
   rint simulacra eorum
uocet te quispiam ut come
   das de immolatis
nec uxorem de filiab; eorum
   accipies filiis tuis
ne postquam fornicatae
   ipsae fuerint
fornicari faciant et filios
   tuos in deos suos
deos conflatiles non
   facies tibi
sollemnitatem azymo
   rum custodies
septem dieb; uesceris azymis
sicut praecepi tibi in tem
   pore mensis nouorum
mense enim uerni temporis
   egressus es de aegypto
Omne quod aperit uuluam gene
   ris masculini meum erit
de cunctis animantib; tam de
   bubus quam de ouibus
   meum erit
primogenitum asini
   redimes oue
sin autem nec pretium pro
   eo dederis occidetur

primogenitum filiorum
tuorum redimes
nec apparebis inconspectu
meo uacuus
Sex dieb· operaueris
die septimo cessabis
arare et metere
sollemnitatem ebdoma
darum facies tibi
in primitiis frugum messis
tuae tritticeae
et sollemnitatem quando
redeunte anni tempore
cuncta conduntur
trib· temporib· anni appare
bit omne masculinum tuum
in conspectu omnipotentis
dni di israhel
cum enim tulero gentes
a facie tua et dilatauero
terminos tuos
nullus insidiabitur
terrae tuae
ascendente te et apparente
in conspectu dni di tui
ter in anno. non immolabis
super fermento sangui
nem hostiae meae
neq· residibit mane de uicti
ma sollemnitatis phase
primitias frugum terrae
tuae offeres in domum
dni di tui
non coques hedum in lacte
matris suae
XVII Dixit q· dns ad mosen
scribe tibi uerba haec quib·
et tecum et cum israhel
pepigi foedus
fecit ergo ibi cum dno quadra
ginta dies et quadraginta
noctes
panem non comedit
et aquam non bibet

et scribsit in tabulis uerba
foederis decem
cumq· descenderet moses
de monte sinai
tenebat duas tabulas
testimonii
et ignorabat quod cornuta
esset facies sua ex consor
tio sermonis di
uidentes autem aaron et filii
israhel cornutam mosi
faciem timuerunt
prope accidere
uocatiq· ab eo reuersi sunt
tam aaron quam principes
sinagogae
et postquam locutus est
uenerant ad eum etiam
omnes filii israhel
quib· praecepit cuncta
quae audierat a dno
in monte sinai
impletis q· sermonibus
posuit uelamen super
faciem suam
quod ingressus ad dnm
et loquens cum eo aufe
rebat donec exiret
et tunc loquebatur
ad filios israhel
omnia quae sibi fuerant
imperata
qui uidebant faciem egredien
tis mosi esse cornutam
sed operiebat rursus ille
faciem suam si quando
loquebatur ad eos
XXXV Igitur congregata omni
turba filiorum israhel
dixit ad eos
haec sunt quae iussit dns
sex dieb· facietis opus
septimus dies erit uobis scs
sabbatum et requies dni

exodi

qui fecerit opus inco
   occide tur
non succenditis ignem in
   omnib· habitaculis ues
   tris per diem sabbati
et ait moses ad omnem cater
   uam filiorum israhel
iste est sermo quem prae
   cepit dns dicens
separate aput uos
   primitias dno
omnis uoluntarius et proni
   animi offeret eas dno
aurum et argentum et aes
hiacinthum purpuram cocca
   q· bistinctum et bissum
pilos caprarum et pelles
   arietum rubricatas
   et hiacinthinas
ligna setthim et oleum ad
   luminaria concinnanda
et ut conficiatur unguentum
   et thymiama suauissimum
lapides onichinos et gemmas
   ad ornandum super ume
   rales et rationales
quisquis uestrum est sapi
   ens ueniat et faciat quod
   dns imperauit
tabernaculum scilicet
   et tectum eius
atq· operimentum
anulos et tabulata
   cum uectibus
paxillos et uases arcam
   et uectes
propitiatorium et uelum
   quod ante illud oppanditur
mensam cum uectib· et uasis
   et propositionis panib·
candelabrum ad luminaria
   sustentanda
uasa illius et lucernas et oleum
   ad nutrimenta ignium

altare thymiamatis et uectes
oleum unctionis et thymi
   ama ex aromatibus
tentorium ad ostium
   tabernaculi
altare holocausti et crati
   culam eius aeneam cum
   uectib· et uasis suis
labrum et uasim eius
cortinas atrii cum colum
   nis et uasibus
tentorium in forib· uestibuli
paxillos tabernaculi et
   atrii cum funiculis suis
uestimenta quorum usus est
   in ministerio sanctuarii
uestes aaron pontificis
   ac filiorum eius ut sacer
   dotio fungantur mihi
egressaq· omnis multitudo
   filiorum israhel de con
   spectu mosi
obtulit mente promtissima
   atq· deuota primitias dno
ad faciendum opus taber
   naculi testimonii
quicquid in cultum et uaes
   tes scas necessarium erat
uiri cum mulieribus
   praebuerunt
armillas et inaures anulos
   et dextralia
omne uas aureum in donaria
   dni separatum est
si quis habuit hiacinthum
   purpuram coccumq·
   bistinctum
bissum et pilos caprarum
pelles arietum rubricatas
   et hiacinthinas
argenti et aeris metalla
   obtulerunt dno
lignaq· setthim in uarios usus
sed et mulieres doctae

dederunt quae nouerant
hyacinthum purpuram
et uermiculam ac byssum
et pilos caprarum sponte
propria cuncta tribuentes
principes uero obtulerunt
lapides onychinos
et gemmas
ad superumerale et rationale
aromataq. et oleum ad lumi
naria concinnanda
et ad praeparandum
unguentum
ac thymiama odoris suauis
simi conponendum
omnes uiri et mulieres
obtulerunt donaria
mente deuota
ut fierent opera quae prae
ceperat dns per manum mosi
cunctis filiis israhel uolunta
ria dno dedicauerunt
dixitq. moses ad filios israhel
ecce uocauit dns ex nomine
beselehel filium uri fil ii
hur de tribu iuda
impleuitq. eum spu di
sapientiae et intellegen
tiae et scientiae
omni doctrina ad excogitan
dum et faciendum opus
in auro et argento et aere
scalpendisq. lapidibus et
opere carpentario
quicquid fabrae adinueniri
potest dedit in corde eius
holiab quoq. filium achisa
mech de tribu dan
ambos erudiuit sapientia
ut faciant opera abiectarii
polymitarii ac plumarii
de hyacintho et purpura cocco
que bistincto et bysso
et texant omnia ac noua

quaeq. repperiant
Fecit ergo beselehel et ho
liab et omnis uir sapiens
quib. dedit dns sapientiam
et intellegentiam
ut sciant fabrae operari
quae in usus scuarii
necessaria sunt
et quae praecepit dns
cumq. uocasset eos moses
et omnem uirum eruditum
cui dederat dns sapientiam
et qui sponte sua obtulerunt
se ad faciendum opus
tradidit eis uniuersa dona
ria filiorum israhel
qui cum instarent operi
cotidie mane uota popu
lus offerebat
unde artifices uenire con
pulsi dixerunt mosi
plus offeret populus
quam necessarium est
iussit ergo moses prae
conis uoce cantari
nec uir nec mulier quicquam
ultra offerat in opere
scuarii
sicq. cessatum est a muli
erib. offerendis
eo quod oblata sufficerent
et superabundarent
Feceruntq. omnes corde
sapientes
ad explendum opus taber
naculi cortinas decem
de bysso retorta et hyacintho
purpura coccoque
bistincto
opere uario et arte polymita
quarum una habebat in longi
tudine uiginti octo cubitos
et in latitudine quattuor
una mensura erat omnium

cortinarum
coniunxitq. cortinas quinq.
  alteram alteri
et alias quinq. sibi invicem
  copulavit
Fecit et ansas hyacinthinas
  in ora cortinae unius
  ex utroq. latere
et in ora cortinae alterius
  similiter
ut contra se invicem
  venirent ansae
et mutuo iungerentur
unde et quinquaginta fudit
  circulos aureos
qui morderent cortinarum
  ansas et fieret unum
  tabernaculum
Fecit et saga undecim de pilis
  caprarum ad operiendum
  tectum tabernaculi
unum sagum habebat in longi
  tudine cubitos triginta
et in latitudine cubitos
  quattuor
unius mensurae erant
  omnia saga
quorum quinq. iunxit seorsum
  et sex alias separatim
fecitq. ansas quinquaginta
  in ora sagi unius
et quinquaginta in ora sagi
  alterius ut sibi invicem
  necterentur
et fibulas aeneas quinqua
  ginta quib. necteretur
  tectum
et unum pallium ex omnib.
  sagis fieret
Fecit et opertorium taber
  naculi de pellib. arietum
  rubricatis
aliudq. desuper velamentum
  de pellib. hyacinthinis

Fecit et tabulas tabernaculi
  de lignis setthim stantes
decem cubitorum erat longi
  tudo tabulae unius
et unam ac semis cubitum
  latitudo retinebat
binae incastraturae erant
  per singulas tabulas ut alte
  ra alteri iungeretur
sic fecit in omnib. tabulis
  tabernaculi
e quib. viginti ad plagam meri
  dianam erant contra austrū
cum quadraginta vasibus
  argenteis
duae vases sub una tabula
  ponebantur
ex utraq. angulorum parte
ubi incastraturae laterum
  in angulis terminantur
Ad plagam quoq. tabernaculi
  qui respicit ad aquilonem
fecit viginti tabulas cum
  quadraginta argenteis
  vasibus
duas bases per singulas
  tabulas
Contra occidentem vero
  idest ad eam partem taber
  naculi quae mare respicit
fecit sex tabulas et duas alias
  per singulos angulos
  tabernaculi retro
quae iunctae erant deorsum
  usque sursum
et unam conpagem pari
  ter ferebantur
Ita fecit ex utraq. parte
  per angulos
ut octo essent simul tabulae
et haberent vases argen
  teas sedecim
binas scilicet vases sub singu
  lis tabulis

Fecit et uectes de lignis
 setthim quinque
ad continendas tabulas unius
 lateris tabernaculi
et quinq. alios ad alterius
 lateris tabulas coaptandis
extra hos quinq. alios
 uectes
ad occidentalem plagam
 tabernaculi contra mare
fecit quoq. uectem alium
 qui per medias tabulas
 ab angulo usq. ad angulum
 perueniret
ipsa autem tabulata
 deaurauit
et circulos eorum fecit
 aureos per quos uectes
 induci possint
quos et ipsos aureis
 lamminis operuit
Fecit et uelum de hyacintho
 purpura uermiculo
 ac bysso retorta
opere polimetario uarium
 atq. distinctum
et quattuor columnas
 de lignis setthim quas
 cum capitib. deaurauit
fusis basib. earum argenteis
fecit et tentorium in in-
 troitum tabernaculi
ex hyacintho purpura uer-
 miculo byssoq. retorta
 opere polimetarii
et columnas quinq. cum
 capitib. suis quas operuit
 auro
basesq. earum fudit aeneas
Fecit autem beselehel arcam
 de lignis setthim
habentem duos semis
 cubitos in longitudine
et cubitum semis in latitudine

altitudo quoq. uno cubito
 fuit et dimidio
uestiuitq. eam auro purissimo intus ac foris
et fecit illi coronam
 auream per circuitum
conflans quattuor anulos
 aureos per quattuor
 angulos eius
duos anulos in latere uno
 et duos in altero
uectes quoq. fecit de lignis
 setthim quos uestiuit auro
et quos misit in anulos qui
 erant ex lateribus arcae
 ad portandum eam
fecit et propitiatorium
 idest oraculum de auro
 purissimo
duorum cubitorum et dimi-
 dio in longitudine
et cubitum ac semissem
 in latitudine
duos etiam cherubim
 ex auro ductili
quos posuit ex utraq. parte
 propitiatorii
cherubim unum summi-
 tate huius partis
et cherubim alium in summitate partis alterius
duos cherubim in singulis
 summitatib. propitiatorii
extendentes alas et tegen-
 tes propitiatorium
seque mutuo et illud
 respectantes
Fecit et mensam de lignis
 setthim
in longitudine duorum
 cubitorum
et in latitudine unius cubiti
quae habebat in altitudine
 cubitum ac semissem

exodi

circumdeditq. eam auro
mundissimo
et fecit illi labium aureum
in giram
ipsiq. labio coronam interra
silem quattuor digitorum
et super eandem alteram
coronam auream
fudit et quattuor circulos
aureos quos posuit
in quattuor angulis
per singulos pedes mensae
contra coronam
misitq. in eis uectes atpos
sit mensa portari
ipsos quoq. uectes fecit
delignis setthim
et circum dedit eos auro
et uasa addiuersos
usus mensae
Acetabula fialas cyatos et
turibula ex auro puro
inquib. offerenda sunt libamina
fecit et candelabrum ductile
de auro mundissimo
de cuius uecte calami scyphi
sperulae aclilia proce
debant
sex inutroq. latere
tres calami ex parte una
et tres exalia
tres scyphi innucis modum
per calamos singulos
sperulaeq. simul etlilia
et tres scyphi instarnucis
incalamo altero
sperulaeq. simul etlilia
aequum erat opus sex
calamorum
qui procedebat destipite
candelabri
inipso autem uecte erant
quattuor scyphi in
nucis modum

sperulaeq. per singulos
simul etlilia
sperulae sub duob. calamis
per loca tria
quisimul sex fiant calami
procedentes deuecte uno
et sperulae igitur etcalami
ex ipso erant
uniuersa ductilia exauro
purissimo
fecit et lucernas septem
cum emunctoriis suis
et uasa ubi quae muncta sunt
extinguntur de auro
mundissimo
talentum auri adpendebat
candelabrum cum omnib.
uasis suis
fecit et altare thymiamatis
delignis setthim
habens per quadrum singulos
cubitos etinaltitudine duos
ecuius angulis procede
bant cornua
uestiuitq. illud auro
purissimo
cum craticula acparietib.
et cornibus
fecitq. ei coronam aure
olam percyrum
et duos anulos aureos sub
corona per singula latera
ut mittantur in eos uectes
atpossit altare portari
ipsos autem uectes fecit
delignis setthim
et operuit laminis aureis
conposuit et oleum adscifi
cationis unguentum
et thymiama de aromatib.
mundissimis opere
pigmentarii. xxxuiiii.
fecit et altare holocausti
delignis setthim

quinq. cubitorum inquadrum
et trium inaltitudine
cuius cornua deangulis
procedebant
operuitq. illud aereis
laminis
et inusus eius parauit
exaere uasa diuersa
lebetas forcipes fuscinulas
uncinos et ignium
receptacula
craticulamq. eius inmodum
retis fecit aeneam
et subter eam inaltaris
medio aram
fusis quattuor anulis per
totidem reticuli
summitates
adimmittendos uectes
adportandum
quos et ipsos fecit delignis
setthim et operuit
laminis aeneis
induxitq. incirculos quin
altaris lateribus eminebant
ipsam autem altare
non erat solidum
sed cauum extabulis
et intus uacuum
fecit et labrum aeneum
cum base sua
despeculis mulierum
quae excubant inostio
tabernaculi
et atrium incuius australi
plaga erant tentoria
debysso retorta cubi
torum centum
columnae aeneae uiginti
cum basibus suis
capita columnarum et
tota operis celatura
argentea
aequae aseptentrionali plaga
tentoria columnae basesq.
et capita columnarum
eiusdem mensurae et ope
ris et metalli erant
Inea uero plaga quae occiden
tem respicit
fuere tentoria cubitorum
quinquaginta
columnae decem cum basib.
suis aeneae
et capita columnarum et
tota operis celatura
argentea
porro contra orientem
quinquaginta cubitorum
parauit tentoria
eorum quindecim cubito
rum columnarum trium
cum basib. suis unum
tenebat latus
et inparte altera quinquag.
introitum tabernaculi
facit
quindecim aequae cubito
rum erant intentoria
columnae tres et bases
totidem
cuncta atrii tentoria byssus
retorta texuerat
bases columnarum
fuere aeneae
capita autem earum cum
celaturis suis argentea
sed et ipsas columnas atrii
uestiuit argento
et inintroitum eius opere
plumario fecit tentorium
exhyacintho purpura uer
miculo acbysso retorta
quod habebat uiginti cubi
tos inlongitudine
altitudo uero quinq.
cubitorum erat
iuxta mensuram quam

cuncta atrii habebant
tentoria
columnae autem
in ingressus
fuere quattuor cum
basib; aeneis
capitaq; earum et cela
turae argenteae
paxillos quoq; tabernaculi
et atrii per gyrum
fecit aeneos
haec sunt instrumenta
tabernaculi testimonii
quae numerata sunt iuxta
praeceptum mosi
in caerimonias leuitarum
per manum ithamar filii
aaron sacerdotis
quas beselehel filius uri
filii hur de tribu iuda
domino iubente per mosen
conpleuerat
iuncto sibi socio hooliab
filio achisamech
de tribu dan
qui et ipse artifex lignorum
egregius fuit
et polymetarius atque
plumarius
ex hyacintho purpura
uermiculo et bisso
omne aurum quod expen
sum est in opere sctuarii
et quod oblatum est in
donariis uiginti nouem
talentorum fuit
et septingentorum triginta
siclorum
ad mensuram sctuarii
oblatum est autem ab his qui
transierant ad numerum
a uiginti annis et supra
de sescentis trib; milib;
et quingentis quinquaginta

armatorum
fuerant praeterea centum
talenta argenti
e quib; completae sunt
uases sctuarii
et introitus ubi uelum pendet
centum bases factae sunt
de talentis centum
singulis talentis per bases
singulas supputatis
de mille autem septingen
tis et septuaginta quinq;
fecit capita columnarum
quas et ipsas uestiuit
argento
aeris quoq; oblata sunt
talenta septuaginta duo
milia et quadringenti
sicli supra
ex quib; fusae sunt uases in in
troitum tabernaculi
testimonii
et altare aereum cum
craticula sua
omniaq; uasa quae ad usum
eius pertinent
et uases atrii tam in circuitu
quam in ingressu eius
et paxilli tabernaculi atq;
atrii per gyrum xxxix
de hyacintho uero et purpura
uermiculo ac bisso
fecit uestes quib; indueretur
aaron quando ministra
bat in scis
sicut praecepit dns mosi
fecit igitur superumerale
de auro hyacintho et pur
pura coccoq; bis tincto
et bisso retorta opere
polymitario
inciditq; bratteas aureas
et extenuauit in fila
ut possint torqueri

❧ liber ❧

cum priorum colorum
subtegmine
duasq; oras sibi inuicem copu
latas inutroq; latere
summitatum
et balteum ex hisdem colorib;
sicut praeceperat dns mosi
parauit et duos lapides
onychinos adstrictos
et inclasos auro
et sculptos arte gemmaria
nominib; filiorum israhel
posuitq; eos inlaterib;
super ameralis
inmonumentum filiorum
israhel
sicut praeceperat
dns mosi
fecit et rationale opere
polymito iuxta opus
super ameralis
ex auro hyacintho purpura
coccoq; bis tincto et bysso
retorta
quadrangulum duplex
mensurae palmi
et posuit in eo gemmarum
ordines quattuor
Inprimo uersu erant sardius
topadius et smaragdus
Insecundo carbunculus
sappirus iaspis
Intertio ligurius achates
amethistus
Inquarto chrysolitus
onychinus berillus
circumdati et inclusi auro
per ordines suos
Ipsiq; lapides duodecim
sculpti erant nominibus
duodecim tribuum isrl
singuli per nomina
singulorum
fecerunt in rationali et

catenulas sibi inuicem
coherentes de auro
purissimo
et duos uncinos totidemq;
anulos aureos
porro anulos posuerunt
inutroq; latere rationalis
equib; penderent duae cate
nae aureae quas inseru
erant uncinis
qui super ameralis
angulis eminebant
haec et ante et retro
ita conueniebant sibi
ut super ameralis et rationali
mutuo nec terentur
stricta adbalteum et anulis
fortius copulata
quos iungebat uitta
hyacintina
ne laxae fluerent et ase
inuicem mouerentur
sicut praecepit dns mosi
fecerunt quoq; tunicam
super ameralis totam
hyacinthinam
et capitium in superiori par
te contra medium
oramq; per gyrum
capitii textilem
deorsum autem ad pedes
mala punica
ex hyacintho purpura uer
miculo ac bysso retorta
et tintinnabula de auro
mundissimo
quae posuerunt inter
mala granata
Inextrema parte tunicae
per gyrum
et tintinabulum aureum
et malum punicum
quib; ornatus incedebat
pontifex quando

EXODI

ministerio fungebatur
sicut praeceperat dns mosi
fecerunt et tunicas bissinas
opere textili aaron
et filiis eius
et mitras cum coronulis
suis ex bisso
feminalia quoq. linea bissina
cingulum uero de bisso retor
ta hyacintho purpura ac
uermiculo bistincto
arte plumaria
sicut praecepit dns mosi
fecerunt et laminam
sacrae uenerationis
de auro purissimo
scripseruntq. in ea opere gem
mario scm dni
et strinxerunt eam cum
mitra bitta hyacinthina
sicut praecepit dns mosi

XVIII Perfectum est igitur omne
opus tabernaculi et tecti
testimonii
feceruntq. filii israhel cuncta
quae praecepit dns mosi
et optulerunt tabernaculum
et tectum et uniuersam
supellectilem
anulos tabulas uectes
columnas ac bases
opertorium de pellib.
arietum rubricatis
et aliud operimentum de
hyacinthinis pellib.
uelum arcam uectes
propitiatorium
mensam cum uasis suis et pro
positionis panib.
candelabrum lucernas et
utensilia earum cum oleo
altare aureum et
unguentum
thymiama cum aromatibus

et tentorium in introitum
tabernaculi
altare aeneum retiaculum
uectes et uasa eius omnia
labrum cum basi sua
tentoria atrii et columnas
cum basib. suis
tentorium in introitum
atrii funiculosq. illius
et paxillos
nihil ex uasis defuit quae in
ministerium tabernaculi
et in tectum foederis
iussa sunt fieri
uestes quoq. quib. sacerdotes
utuntur in scuario aaron
scilicet et filii eius
optulerunt filii israhel
sicut praeceperat dns
quae postquam cuncta
moses uidit conpleta
benedixit eis

XL Locutusq. est dns
ad mosen dicens
mense primo prima die
mensis
eriges tabernaculum testi
monii et pones in eo arcam
dimittesq. ante illam uelum
et inlata mensa inpones
super ex qua erite
praecepta sunt
candelabrum statuit
cum lucernis suis
et altare aureum in quo adole
tur incensum coram arca
testimonii
tentorium in introitu
tabernaculi pones
et ante illud altare
holocausti
labrum inter altare et
tabernaculum quod
inplebis aqua

circumdabisq́ atrium ten
torii et ingressum eius
et exdsumpto oleo unctionis
ungues tabernaculum
cum uasis suis ut sci
ficentur
altare holocausti et
omnia uasa eius
labrum cum basi sua
omnia unctionis oleo
consecrabis ut sint
sca scorum
applicabisq́ aaron et filios
eius ad fores taberna
culi testimonii
ut ministrent mihi et sit
unctio eorum in sacer
dotium proficiet
sempiternam
fecitq́ moses omnia quae
praeceperat dns
Igitur mense primo anni
secundi prima die mensis
conlocatum est taber
naculum
erexitq́ illud moses
et posuit tabulas ac bases
et uectes
statuitq́ columnas et ex
pandit tectum super
tabernaculum
et inposuit desuper operi
mentum sicut dns
imperauerat
posuit et testimonium
in arca
subditis intra uectibus
et oraculum desuper
cumq́ intulisset arcam
in tabernaculum
appendit ante eam uelum
ut expleret dni
iussionem
posuit et mensam in taber
naculum testimonii
ad plagam septentrionalem
extra uelum
ordinatis coram proposi
tionis panibus
sicut praeceperat dns mosi
posuit et candelabrum
in tabernaculum
testimonii
e regione mensae in parte
australi
locatis per ordinem lucer
nis iuxta praeceptum dni
posuit et altare aureum
sub tectum testimonii
contra uelum
et adolebit super eo incensum
aromatum sicut ius se
rat dns
posuit et tentorium in in
troitu tabernaculi
et altare holocausti in ues
tibulo testimonii
offerens in eo holocaustum
et sacrificia ut dns
imperauerat
labrum quoq́ statuit inter
tabernaculum testimonii
et altare implens
illud aqua
laueruntq́ moses et aaron
ac filii eius manus suas
et pedes
cum ingrederentur
tectum foederis
et accederent ad altare
sicut praeceperat dns
erexit et atrium per
gyrum tabernaculi
et altaris
ducto in introitu eius
tentorio
postquam cuncta
perfecta sunt

operuit nubes tabernaculū
testi monii
et gloria dni impleuit illud
nec poterat moses ingredi
tectum foederis
nube operiente omnia
et maiestate dni coruscante
quia cuncta nubes operuerat
si quando nubes tabernacu
lum deserebat
proficiscebantur filii israhel
per turmas suas
si pendebat desuper mane
bant in eodem loco
nubes quippe dni incumbebat
per diem tabernaculo
et ignis in nocte
uidentib popul is israhel
per cunctas mansiones suas

EXPLIC· helles moT·

ID EST EXODVS· FELICIT

INCP· CAPIT· LEUITICI

I Ubi lex ho locaustorum de mun
   dis animalib· uel auib· dno
   promulgatur
II Ubi sacrificium pro peccato perigno
   rantium admisso iubetur de igno
   rantia pontificis pro errore
   populi pro uniuserso populo pro
   acta inmundi et recordatione pec
   cati et temere iurantibus
III De sacrificio eorum qui per errorem
   sciipiata comedunt de necantis
   et peiurantis et libamentis
IIII De oblationib· sacerdotum quis
   prose offerre debeant uel quid
   de oblationib· consequantur

   de adipe et sanguine
V quomodo initiandi sint sacerdotes
   uel quib· uestib· induendi de unc
   tione tabernaculi et uasorum eius
   ubi moses sicut pontifex accepit
   portionem aaron sacerdotio fun
   gitur · ubi fil ii aaron ignem inlicite
   offerentes percussisunt
VI Ubi sacerdotib· praecipitur uinum
   non bibere cum templum ingredi
   untur · de mundis et inmundis
   animalib· et auib· comedendis
VII De mulieris parientis et inmundi
   tia · de lepra· contaminatione
   uel discrimine de lepra uestimen
   torum de mundatione leprosi
   diuitis et pauperis de leprae
   mundatione domorum
VIII De uiro fluxum seminis sustinen
   te uel his quae per somnium
   contingere solent · de men
   struis mulierum uel profluuio
VIIII De duob· hircis et de duob· uitulis
   pro populo et pontifice
   immolandis
X Ubi praecipitur omnis uictima
   quae in agro mactatur ut pri mi
   tiae ex eadem dno offerantur
   et ne sanguinem quis comedat·
   uel morticinam uel captam
   a bestia
XI Ubi timor dni imperatur timendum
   patrem et matrem idolaxor faci
   enda et cetera quae ad legem
   et iustificationes pertinent
XII Ubi praecipitur nullum isrl et sci
   seminis idolo consecrandum ·
   de atchis et adalteris quae sunt
   personae quib· licet coniugia
   sociari
XIII Ubi sacerdos praecipitur neminem
   lacere nec uiduam aut repudi
   atam uxorem accipere corpo
   ralib· artus maculatam sacrificia

lib Leuitic

non offerre nullum alienige
nam scscorum adtingere
XIIII de uictimis pacificorum quae sint
in dno consecranda de sollemni
tate azimorum et consecrati
one spicarum in pentecosten
XV de mense tubarum et ieiunio
de feriis tabernaculorum et
oleum ad luminaria offerendum
de panib duodecim super altare
iugiter inponendis
XVI de blasphemo legis lapidato dein
cressa qualiter terram pro
missionis obtineant · de iena
atione hebraei uendentis posses
sionem suam · de aedib leuita
rum de uenditione ingenuarum
de aduenis benedictiones seruan
tium legem et maledictiones
incontemptorib legis dī · de uo
tis et sacrificiis et extimatione
sacerdotis

EXPLICIUNT CAPITULA

INCIPIT LIBER LEUITICUS

QUI HEBRAICE DICITUR

VAIECRA · LEGE FELICITER

O KYRIE CERBANAOC
II nomen

Uocauit autem mosen et
locutus est ei dns de
tabernaculo testimonii dicens
loquere filiis israhel
et dices ad eos
homo qui obtulerit ex uobis
hostiam dno de pecorib·
idest bub· et ouib· offerens
uictimas
si holocaustum fuerit eius
oblatio ac de armento
masculum inmaculatum
offeret ad ostium taber
naculi testimonii
ad placandum sibi dnm
ponetq· manum super
caput hostiae
et acceptabilis erit atq· inex
piationem eius proficiens
immolauitq· uitulum
coram dno
et offerent filii aaron sacer
dotes sanguinem eius
fundentes super altaris
circuitum
quod est ante ostium
tabernaculi
detractaq· pelle hostiae
artus in frusta concident
et subicient in altari ignem
struel lignorum ante con
posita
et membra quae caesa sunt
desuper ordinantes
caput uidelicet et cuncta
quae adherent iecori
intestinis et pedib· lotis aqua
adolebitq· ea sacerdos
super altare
in holocaustum et suauem
odorem dno
quodsi de pecorib·
oblatio est
de ouib· siue capris holocausta

Leuitic

anniculum et absq. macula
offeret
immolabitq. ad latus altaris
quod respicit ad aquilonem
coram dno
sanguinem uero illius fundent
super altare filii aaron per
circuitum diuidentq.
membra
caput et omnia quae
adherent iecori
et ponet super ligna quib.
subiciendus est ignis
intestina uero et pedes
lauabunt aqua
et oblata omnia adolebit sacer
dos super altare
in holocaustum et odorem
suauissimum dno
Sin autem de auib. holocausti
oblatio fuerit dno
de turturib. et de pullis
columbae
offeret eam sacerdos
ad altare
et retorto ad collum capite
ac rupto uulneris loco
decurrere faciet sanguinem
super crepidinem altaris
uesiculam uero gutturis
et plumas proiciet prop
ter altare ad orientalem
plagam in loco ubi cineres
effundi solent
confringetq. ascellas eius
et non secabit neq. ferro
diuidet eam
et adolebit super altare
lignis igne sub posito
holocaustum est et oblatio
suauissimi odoris dno
Anima cum obtulerit oblati
onem sacrificii dno
simila erit oblatio eius

fundetq. super eam oleum
et ponet thus
ac deferet ad filios aaron
sacerdotes
quorum unus tollet pugil
lum plenum similae
et olei ac totum thus
et ponet memoriale super
altare in odorem suauis
simum thus dno
quod autem reliquum fuerit
de sacrificio
erit aaron et filiorum eius
scm scorum de oblati
onibus dni
Cum obtuleris autem sacri
ficium coctum in cliuano
tolles de simila
panes scilicet absq. fermento
conspersos oleo
et lagana azima oleo lita
Si oblatio tua fuerit
de sartagine
similae conspersae oleo
absq. fermento
diuidis eam minutatim et fun
des supra oleum
Sin autem de craticula
sacrificium
aeq. simila oleo conspergitur
quam offeres dno tradens
manib. sacerdotis
qui cum obtulerit eam
tollet memoriale
de sacrificio
et adolebit super altare
in odorem suauitatis dno
quicquid autem reliquum
est erit aaron et filio
rum eius
scm scorum de oblati
onib. dni
Omnis oblatio quae offertur
dno absq. fermento fiet

nec quicquam fermenti
nec mellis adolebitur
in sacrificio dni
primitias tantum eorum
offertis et munera
super altare uero non ponun
tur in odorem suauitatis
quicquid obtaleris sacrificii
sale condies
nec auferes sal foederis di
tui de sacrificio tuo
in omni oblatione tua
offeres sal.
Sin autem obtuleris munus
primarum frugum
tuarum dno
despicis adhuc uirentibus
torres eas igni et confringens
in morem farris
et sic offeres primitias
tuas dno
fundens supra oleum et thus
inponens quia oblatio dni est
de qua adolebit sacerdos
in memoriam muneris
partem farris fracti et olei
ac totum thus
Quod si hostia pacificorum
fuerit eius oblatio
et de bubus uoluerit offerre
marem siue feminam
inmaculatum offeret
coram dno
ponetq; manum super
caput uictimae suae
quae immolabitur in in
troitu tabernaculi
fundentq; filii aaron sacer
dotes sanguinem per
circuitum altaris
et offerent de hostia paci
ficorum in oblationem
dni adipem qui operit
uitalia

et quicquid pinguedinis
intrinsecus est
duos renes cum adipe
quo teguntur ilia
et reticulum iecoris
cum renunculis
adolebuntq; ea super altare
in holocaustum
lignis igne subposito
in oblationem suauissimi
odoris dno
Si uero de ouib; fuerit eius
oblatio et pacificorum
hostia
siue masculam siue feminam
obtulerit inmaculata
erunt
Si agnum obtulerit coram
dno ponet manum super
caput uictimae suae
quae immolabitur in uesti
bulo tabernaculi
testimonii
fundentq; filii aaron sangui
nem eius per altaris
circuitum
et offerent de pacificorum
hostia sacrificium dno
adipem et caudam totam
cum renib;
et pinguedinem quae operit
uentrem atq; uniuersa
uitalia
et utramq; renunculam
adipem qui est iuxta ilia
reticulamq; iecoris
cum renunculis
et adolebit ea sacerdos super
altare in patibulum ignis
et oblationis dni
Si capra fuerit eius oblatio
et obtulerit eam dno
ponet manum suam
super caput eius

immolauitq. eam inintroitu
tabernaculi testimonii
et fundent filii aaron sangui
nem eius peraltaris
circuitum
tollentq. exea inpastam
ignis dominici
adipem quioperit uentrem
et quitegit uniuersa
uitalia
duos renunculos cumreti
culo quiest supereos
iuxta ilia
et ar uinam iecoris
cum renunculis
adolebitq. sacerdos
super altare
inalimonia ignis etsua
uissimi odoris
omnis adeps dni erit
iure perpetuo
ingenerationib. et cunctis
habitaculis uestris
nec adipes nec sanguinem
comedetis omnino
Locutus q. est dns
admosen dicens
loquere filiis israhel
anima quae peccauerit
per ignorantiam
et deuniuersis mandatis dni
quae praecepit utnon fie
rent quippiam fecerit
sisacerdos quiest unctus
peccauerit
delinquere faciens populum
offeret propeccato suo
uitulum inmaculatum dno
et adducet illud adostium
tabernaculi testimonii
coram dno
ponetq. manum super
caput eius et immola
uit eam dno

hauriet quoq. desanguine
uituli
inferens illud intabernaculo
testimonii
cumq. intinxerit digitum
insanguinem
asperget eo septies coram
dno contrauelum scuarii
ponetq. decodem sanguine
super cornua altaris tymi
amatis gratissimi dno
quod est intabernaculo
testimonii
omnem autem reliquum san
guinem fundet inbasi alta
ris holocausti inintro
itum tabernaculi
et adipem uituli auferet
propeccato
tam eam quioperit uitalia
quam omnia quae in
trinsecus sunt
duos renunculos et reticu
lum quod est supereos
iuxta ilia
et adipem iecoris cum
renunculis
sicut aufereretur deuitulo
hostiae pacificorum
et adolebit ea super altare
holocausti
pellem uero et omnes car
nes cum capite et pedibus
et intestinis et fimo et
reliquo corpore
efferet extracastra in
locum mundum ubicine
res effundi solent
incendetq. ea super ligno
rum struem
quae in loco effusorum
cinerum cremabuntur
quod si omnis turba israhel
ignorauerit

et per inperitiam fecerit quod
contra mandatum dni est
et postea intellexerit
peccatum suum
offeret uitulum pro peccato
adducetq. eum ad ostium
tabernaculi
et ponent seniores populi
manus super caput eius
coram dno
immolatoq. uitulo
in conspectu dni
infert sacerdos qui unctus
est de sanguine eius in taber
naculum testimonii
tincto digito aspergens
septies contra uelum
ponetq. de eodem sanguine
in cornib. altaris quod est
coram dno in taberna
culo testimonii
reliquam autem sangui
nem fundet
iuxta basin altaris holocau
storum quod est in ostio
tabernaculi testimonii
omnemq. eius adipem tollet
et adolebit super altare
sic faciens et de hoc uitulo
quomodo fecit et prius
et rogante pro eis sacerdote
propitius erit dns
ipsum autem uitulum
efferet extra castra
atq. comburet
sicut et priorem uitulum
quia pro peccato est
multitudinis
Si peccauerit princeps
et fecerit unum e pluribus
per ignorantiam quod
dni lege prohibetur
et postea intellexerit pec
catum suum offeret

hostiam dno
hircum de capris inmaculatum
ponetq. manum suam
super caput eius
cumq. immolauerit eum
in loco ubi solet mactari
holocaustum coram dno
quia pro peccato est
tinguet sacerdos digitum
in sanguine hostiae
pro peccato
tangens cornua altaris
holocausti
et reliquam fundens
ad basim eius
adipem uero adolebit supra
sicut in uictimis pacifico
rum fieri solet
rogauitq. pro eo et pro pec
cato eius ac demittetur ei
Quod si peccauerit anima
per ignorantiam de
populo terrae
ut faciat quidquam ex his
quae dni lege prohiben
tur atq. delinquat
et cognouerit peccatum suum
offeret capram inmaculatam
ponetq. manum super
caput hostiae quae
pro peccato est
et immolauit eam in loco
holocausti
tolletq. sacerdos de sanguine
in digito suo et tangens
cornua altaris holocausti
reliquam fundet
ad basim eius
omnem autem auferens
adipem sicut auferri solet
de uictimis pacificorum
adolebit super altare in odo
rem suauitatis dno
rogauitq. pro eo sacerdos

et dimittetur ei
Sin autem de pecorib; obtule
rit uictimam propeccato
ouem scilicet immaculatam
ponet manum super
caput eius
Et immolauit eam in loco
ubi solent holocaustorum
caedi hostiae
Sumetq; sacerdos desangui
ne eius digito suo
et tangens cornua altaris
holocausti
Reliquam fundet
ad uasim eius
Omnem quoq; auferens adipem
sicut auferri solet adeps
arietis quim molatur
propacificis
et cremauit super altare
in incensum dni
Rogauitq; proeo et propec
cato eius et dimittetur illi
Si peccauerit anima
et audierit uocem iurantis
testisq; fuerit
quod autipse uidit aut testis
fuit aut conscius est
nisi indicauerit portabit
iniquitatem suam
Anima quae tetigerit
aliquid inmundum
siue quod occisum a bestia est
aut per se mortuum uel
quodlibet aliud reptile
et oblita fuerit inmunditiae
suae rea est et deliquit
et sitetigerit quicquam de
inmunditia hominis
iuxta omnem inpuritatem
qua pollui solet
oblitaq; cognouerit postea
subiacebit delicto
Anima quae iurauerit et pro

tulerit labiis suis
ut uel male quid fecerit
uel bene
et ipsam iuramento et
sermone firmauerit
oblitaq; postea intellex
erit delictum suum
agat paenitentiam
propeccato
et offerat agnam degre
gib; siue capram
orauitq; proea sacerdos
et propeccato eius
Sin autem non potuerit
offerre pecus
offeret duos turtures
aut duos pullos colum
barum dno
unum propeccato et alte
rum in holocaustum
dabitq; eos sacerdoti
qui primum offerens pro
peccato retorquebit
caput eius ad pinnulas
ita ut collo hereat et non
penitus abrumpatur
et asperget desanguine
eius parietem altaris
quicquid autem reli
quum fuerit
faciet destillare adfunda
mentum eius quia
propeccato est
Alterum uero adolebit holo
caustum ut fieri solet
Rogauitq; proeo sacerdos
et propeccato eius
et dimittetur ei
quod si non qualerit manus
eius offerre
duos turtures uel duos
pullos columbae
offeret propeccato similam
partem oephi decimam

non mittet ineo oleum nec
thuris aliquid inponet
quia propeccato est
tradetq; eam sacerdoti
qui plenam exeo puci-
lum auriens
cremauit super altare inmoni
mentum eius qui obtulit
rogans pro eo et expians
reliquam uero partem ipse
habebit inmunere

Locutus est dns admosen
dicens
anima si praeuaricans caeri
monias pererrorem
inhis quae scificata sunt dno
peccauerit offeret pro
delicto suo arietem
inmaculatum
degregib; qui empi potest
duob; siclis iuxta pondus
scuarii
ipsumq; quod intulit
damni restituet
et quintam partem ponet
supra tradens sacerdoti
qui rogauit pro eo offerens
arietem et dimittetur ei
Anima si peccauerit
per ignorantiam
feceritq; unam exhis quae
dni lege prohibentur
et peccati rea intellexerit
iniquitatem suam
offeret arietem inmaculatum
degregib; sacerdoti
iuxta mensuram extimati
onemq; peccati
qui orauit pro eo quod nesci
ens fecerit et dimittetur ei
quia per errorem delin
quit indnm

Locutus est dns admosen dicens
anima quae peccauerit
et contempto dno
nec auerit depositum
proximo suo
quod fidei eius creditum
fuerat
uel ui aliquid extors erit
aut calumniam fecerit
siue rem perditam inuenerit
et infitians insuper
periurauerit
et quodlibet aliud explurib;
fecerit in quib; peccare
solent homines
conuicta delicti reddet
omnia quae per fraudem
uoluit obtinere integra
et quintam insuper partem
domino cui damnum
intulerat
pro peccato autem suo offe
ret arietem inmaculatum
degrege. et dabit eam
sacerdoti
iuxta extimationem
mensuramq; delicti
qui rogabit pro eo coram dno
et dimittetur illi
pro singulis quae faciendo
peccauerit

Locutus est dns admosen dicens
praecipe aaron et filiis eius
haec lex holocausti
cremabitur inaltari tota
nocte usq; mane
ignis exeodem altari erit
uestietur sacerdos tunica
et feminalib; lineis
tolletq; cineres quos
uorans ignis exusit
et ponens iuxta altare
spoliabitur priorib;
uestimentis
indutusq; aliis efferet
eos extra castra

et in loco mundissimo usq. ad
pauillam consumi faciet
ignis autem in altari
semper ardebit
quem nutriet sacerdos
subiciens ligna mane
per singulos dies
et inposito holocausto
desuper adolebit adi
pes pacificorum
ignis est iste perpetuus
qui numquam deficiet
in altari
Haec est lex sacrificii et
libamentorum quae
offerent filii aaron
coram dno et coram
altari
tollet sacerdos pucillam
similae quae conspersa
est oleo
et totum thus quod super
similam positum est
adolebitq; illud in altari
in monimento odoris
suauissimi dno
reliquam autem partem
similae comedet
aaron cum filiis suis
absq; fermento
et comedet in loco sco
atrii tabernaculi
ideo autem non fermen
tabitur
quia pars eius in dni offer
tur incensum
scm scorum erit
sicut pro peccato
atq; delicto
mares tantum stirpis aaron
comedent illud
legitimum ac sempiternum
est in generationib. uestris
de sacrificiis dni

omnis qui tetigerit illa
scificabitur
Et locutus est dns
ad mosen dicens
haec est oblatio aaron
et filiorum eius
quam offerre debent dno
in die unctionis suae
decimam partem oephi
offerent similae in sacri
ficio sempiterno
medium eius mane et
medium uespere
quae in sartagine oleo con
spersa frigetur
offeret autem eam calidam
in odorem suauissimum dno
sacerdos qui iure patri
successerit
et tota cremabitur
in altari
omne enim sacrificium
sacerdotum igne
consumitur
nec quicquam comedet
ex eo
Locutusq. est dns
ad mosen dicens
loquere aaron
et filiis eius
ista est lex hostiae
pro peccato
in loco ubi offertur
holocaustum immo
labitur coram dno
scm scorum est
Sacerdos qui offert
comedet eam
in loco sco in atrio
tabernaculi
quicquid tetigerit carnes
eius scificabitur
si de sanguine eius uestis
fuerit aspersa

lauabitur in loco sco
uas autem fictile in quo
 cocta est confringetur
quodsiuas aeneum fuerit
 defricabitur et laua
 bitur aqua
omnis masculus de genere
 sacerdotali uescetur
 carnib; eius quoniam
 scm scorum est
hostia enim quae ceditur
 pro peccato
cuius sanguis infertur in
 tabernaculum testimo
 nii ad expiandum in scuario
non comedetur sed con
 buretur igni

vii Haec quoq; est lex hostiae
 pro delicto
sca scorum est
idcirco ubi immolatur holo
 caustum mactabitur
 et uictima pro delicto
sanguis eius per gyrum
 fundetur altaris
offerent ex ea caudam et ad
 ipem quioperit uitalia
duos renunculos et pingue
 dinem quae iuxta ilia est
reticulum q; iecoris
 cum renunculis
et adolebit ea sacerdos
 super altare
incensum est dni pro delicto
omnis masculus de genere
 sacerdotali
in loco sco uescetur his car
 nib; quia scm scorum est
sicut pro peccato offertur
 hostia ita et pro delicto
utriusq; hostiae lex una erit
ad sacerdotem qui eam
 obtulerit pertinebit
Sacerdos qui offert holo
 causti uictimam habebit
 pellem eius
et omne sacrificium similae
 quod coquitur in cliuano
 et quicquid in craticula uel in
 sartagine praeparatur
eius erit sacerdotis
a quo offertur
siue oleo conspersa
 siue arida fuerit
cunctis filiis aaron aequa
 mensura per singulos
 diuidetur

Haec est lex hostiae pacifico
 rum quae offertur dno
si pro gratiarum actione
 fuerit eius oblatio
offerent panes absq; fermen
 to conspersos oleo
et lagana azima uncta oleo
 coctam q; similam et
 colliras olei admixti
 one conspersas
panes quoq; fermentatos
 cum hostia gratiarum
 quae immolatur pro
 pacificis
ex quib; unus pro primitiis
 offertur dno
et erit sacerdotis qui fun
 det hostiae sanguinem
cuius carnes eadem come
 dentur die
nec remanebit ex eis quic
 quam usq; mane
Si uoto uel sponte quisquam
 obtulerit hostiam
eadem similiter edetur die
sed et siquid in crastinum
 remanserit uesci lici
 tum est
quicquid autem tertius in
 uenerit dies ignis assumet
Siquis de carnib; pacificorum

uictimae die tertio
comederit
inrita fiet oblatio nec pro
derit offerenti
quin potius quaecumq anima
talis ę edulio contaminarit
praeuaricationis rea erit
Caro quae aliquid tetigerit
inmundum non comedetur
sed conburetur igni
qui fuerit mundus
uescetur ea
Anima polluta quae ederit
de carnib hostiae pacifico
rum quae oblata est dno
peribit de populo eius
et quae tetigerit inmunditiam
hominis uel iumenti
siue omnis rei quae pol
luere potest
et comederit de huius
cemodi carnib
interibit de populis suis
Locutusque est dns
ad mosen dicens
loquere filiis israhel
adipem bouis et ouis et
caprae non comedetis
adipem cadaueris morticini
et eius animalis quod
a bestia captum est
habebitis in usas uarios
si quis adipem qui offerri debet
in incensum dni comederit
peribit de populo suo
sanguinem quoq omnis anima
lis non sumetis in cibos
tam de auib quam de pecorib
omnis anima quae ederit
de sanguine peribit
de populis suis
Locutus est dns
ad mosen dicens
loquere filiis israhel

qui offert uictimam paci
ficorum dno
offeret simul et sacrificiorum
id est libamenta eius
tenebit manib adipem hostiae
et pectusculum
cumq ambo oblata dno con
secrarit tradet sacerdoti
qui adolebit adipem
super altare
pectusculum autem erit
aaron et filiorum eius
armus quoq dexter de paci
ficorum hostiis
cedet in primitias sacerdotis
qui obtulerit sanguinem
et adipem filiorum aaron
ipse habebit et armum dex
trum in portione sua
pectusculum enim elationis
et armum separationis
tuli a filiis israhel de hostiis
eorum pacificis
et dedi aaron sacerdoti
ac filiis eius
lege perpetua ab omni
populo israhel
Haec est unctio aaron et
filiorum eius in cerí
moniis dni
die qua obtulit eos moses ut
sacerdotio fungerentur
et quae praecepit dari eis
dns a filiis israhel
religione perpetua in gene
rationib suis
ista est lex holocausti
et sacrificii pro peccato
atq delicto
et pro consecratione et paci
ficorum uictimis
quas constituit dns mosi
in monte sinai
quando mandauit filiis isrl

ut offerrent oblationes
suas dno in deserto sinai
VIII Locutus q. est dns
ad mosen dicens
tolle aaron cum filiis suis
uestes eorum et anc
tionis oleum
uitulum pro peccato duos
arietes canistrum
cum azymis
et congregabis omnem coetu
ad ostium tabernaculi
fecit moses sicut dns
imperarat
congregataq. omni turba
ante fores ait
iste est sermo quem
iussit dns fieri
Statim quoq. obtulit aaron
et filios eius
cumq. lauisset eos uestiuit
pontificem subbucula linea
accingens eum balteo et induens
tunica hyacinthina
et desuper umerale inposuit
quod stringens cingulo
aptauit rationali
in quo erat doctrina
et ueritas
cidarim quoq. texit caput
et super eam contra frontem
posuit laminam auream
consecratam in scificatione
sicut praeceperat ei ds
Tulit et unctionis oleum quo
leuit tabernaculum cum
omni superlectili sua
cum sctificans aspersisset
altare septem uicib.
unxit illud et omnia
uasa eius
labrumq. cum basi sua
sctificauit oleo
quod fundens super caput

aaron unxit eum et con
secrauit
filios quoq. eius oblatos uesti
uit tunicis lineis et cin
xit balteo
inposuitq. mitram sicut
praeceperat dns
Obtulit et uitulum
pro peccato
cumq. super caput eius
posuissent aaron et filii
eius manus suas
immolauit eum auriens
sanguinem
et tincto digito tetigit cor
nua altaris per gyrum
quo expiato et scificato fudit
reliquum sanguinem
ad fundamenta eius
adipem autem qui erat super
uitalia et reticulum iecoris
duosq. renunculos cum arbi
nalis suis adolebit
super altare
uitulum cum pelle et carnib.
et fimo cremans extra
castra sicut praeceperat dns
Obtulit et arietem
in holocaustum
super cuius caput cum inposu
issent manus suas aaron
et filii eius
immolauit eum et fudit
sanguinem eius per alta
ris circuitum
ipsumq. arietem in frusta
concidens
caput eius et artus et ad
ipem adolebit igni
lotis prius intestinis
et pedibus
totumq. simul arietem
incendit super altare
eo quod esset holocaustum

suauissimi odoris dno
sicut praeceperat ei
obtulit et arietem secundum
in consecratione sacerdotum
posueruntq. super caput
illius aaron et filii eius
manus suas
quem cum immolasset
moses sumens desanguine
tetigit extremum auricu-
lae dextrae aaron
et pollicem manus eius dextrae
similiter et pedis
obtulit et filios aaron
cumq. desanguine arietis immolati tetigisset extremum
auriculae singulorum
dextrae
et pollices manus
ac pedis dextri
reliquum fudit super altare
per circuitum
adipem uero et caudam
omneq. pinguedinem
qui operit intestina
reticulumq. iecoris et duos
renes cum adipib. suis et
armo dextro separauit
tollens autem de canistro
azymorum quod erat coram
dno panes absq. fermento
et collyridam conspersam oleo
lacanumq. posuit super
adipes et armum dextrum
tradens simul omnia
aaron et filiis eius
qui postquam leuauerunt
ea coram dno
rursum suscepta demanib.
eorum
adolebit super altare
holocausti
eo quod consecrationis
esset oblatio

in odorem suauitatis
sacrificii dni
tulit et pectusculum ele-
uans coram dno deariete
de ariete consecrationis
in partem suam
sicut praeceperat ei dns
adsumensq. unguentum et
sanguinem qui erat in altari
aspersit super aaron
et uestimenta eius
et super filios illius
ac uestes eorum
cumq. sanctificasset eos
in uestitu suo
praecepit eis dicens
coquite carnes ante fores
tabernaculi et ibi come-
detis eas
panes quoq. consecrationis
edite qui positi sunt
in canistro
sicut praecepit mihi dns dicens
aaron et filii eius come-
dent eos
quicquid autem reliquum
fuerit de carne et panib.
ignis absumet
de ostio quoq. tabernaculi
non exibitis septem dieb.
usq. ad diem quo complebi-
tur tempus consecrati-
onis uestrae
septem enim dieb. erit
consecratio
sicut et in praesentiarum
factum est
ut ritus sacrificii conpleretur
die ac nocte manebitis
in tabernaculo
obseruantes custodias
dni ne moriamini
sic enim mihi praeceptum est

feceruntq. aaron et filii eius
cuncta quae locutus est
dns per manum mosi
facto autem octauo die
uocauit moses aaron
et filios eius ac maiores
natu israhel.
dixitq. ad aaron
tolle de armento uitulum
pro peccato
et arietem in holocaustum
utrumq. inmaculatos
et offer illos coram dno
et ad filios israhel loqueris
tollite hircum pro peccato
et uitulum atq. agnum anni
culos et sine macula
in holocaustum
bouem et arietem
pro peccatis
et immolate eos coram dno
in sacrificio singulorum
similam oleo conspersam
offerentes
hodie enim dns apparebit uobis
tulerunt ergo cuncta quae
iusserat moses ad ostium
tabernaculi
ubi cum omnis staret multi
tudo ait moses
iste est sermo quem
praecepit dns
facite et apparebit uobis
gloria eius
dixit et ad aaron accede
ad altare et immola
pro peccato tuo
offer holocaustum et de
precare pro te et pro
populo
cumq. mactaueris hostiam
populi ora pro eo sicut
praecepit dns
statimq. aaron accedens

ad altare
immolauit uitulum pro
peccato suo
cuius sanguinem obtule
runt ei filii sui
in quo tinguens digitum te
tigit cornua altaris
et fudit residuum
ad basim eius
adipemq. et renunculam
ac reticulam iecoris quae
sunt pro peccato
adolebit super altare sicut
praecepit dns mosi
carnes uero et pellem eius
extra castra conbusit igni
immolauitq. et holocausti
uictimam
obtuleruntq. ei filii sui
sanguinem eius
quem fudit per altaris
circuitum
ipsam etiam hostiam
in frusta concisam
cum capite et membris
singulis obtulerunt
quae omnia super altare
cremauit igni
lotis prius aqua intes
tinis et pedibus
et pro peccato populi offe
rens mactauit hircum
expiatoq. altari fecit
holocaustum
additis in sacrificio libamen
tis quae pariter offeruntur
et adolens ea super altare
absq. cerimoniis holo
causti matutini
immolauit et bouem atq.
arietem hostias paci
ficas populi
obtuleruntq. ei filii sui
sanguinem

quem fudit super altare
in circuitum
adipem bouis et exadam
arietis
renunculosq. cum
adipibus suis
et reticulum iecoris posu
erunt super pectora
cumq. cremati essent
adipes in altari
pectora eorum et armos
dextros
separauit aaron el euans
coram dño sicut prae
ceperat moses
et tendens manus contra
populum benedixit ei
sicq. conpletis hostiis pro
peccato et holocaustis
et pacificis descendit
Ingressi autem moses et aaron
tabernaculum testimonii
et deinceps egressi bene
dixerunt populo
apparuitq. gloria dñi
omni multitudini
et ecce egressus ignis a dño
deuorauit holocaustum
et adipes qui erant
super altare
quod cum uidissent turbae
laudauerunt dñm ruentes
in facies suas
X arreptisq. nadab et abiu
filii aaron turibulis
posuerunt ignem et in
censum desuper
offerentes coram dño
ignem alienum
quod eis praeceptum non erat
egressusq. ignis a dño
deuorauit eos
et mortui sunt coram dño
dixitq. moses ad aaron

hoc est quod locutus
est dñs
scificabor in his qui ad
propinquant mihi
et in conspectu omnis
populi gloriabor
quod audiens tacuit aaron
uocatis autem moses misahel
et elsaphan filios ozihel
patrui aaron ait ad eos
ite et collegite fratres ues
tros de conspectu scuarii
et asportate extra castra
confestimq. pergentes
tulerunt eos
sicut iacebant uestitos
lineis tunicis
et eiecerunt foras ut sibi
fuerat imperatum
Locutus est moses ad aaron
et ad eleazar atq. ithamar
filios eius
capita uestra nolite nudare
et uestimenta uestra
nolite scindere
ne forte moriamini et super
omnem coetum oriatur
indignatio
fratres uestri et omnes
domus israhel plangant
incendium quod dñs
suscitauit
uos autem non egrediemini
fores tabernaculi
alioquin peribitis
oleum quippe sctae unctionis
est super uos
qui fecerunt omnia iuxta
praeceptum mosi
VI Dixit quoq. dñs ad mosen
et aaron
uinum et omne quod in
ebriari potest
non bibetis tu et filii tui

quando intrabitis tabernacu
lum testimonii ne
moriamini
quia praeceptum est
sempiternum in gene
rationes uestras
et ut habeatis scientiam
discernendi inter scm
et profanum
inter pollutam et mundum
doceatisq· filios israhel
omnia legitima mea
quae locutus est dns ad eos
per manu mosi
Locutus q· est moses
ad aaron
et ad eleazar atq· ithamar
filios eius qui residui erant
tollite sacrificium quod
remansit de oblatione dni
et comedite illud iuxta
altare absq· fermento
quoniam scm scorum est
comeditis autem in loco sco
quod datum est tibi et filiis
tuis de oblationib· dni sicut
praeceptum est mihi
pectusculum quoq·
quod ablatum est
et armum qui separatus est
edetis in loco mundissimo
tu et filii ac filiae tuae tecum
tibi enim ac liberis tuis sepo
sita sunt de hostiis saluta
rib· filiorum israhel
eo quod aruum et pectus
et adipes qui cremantur
in altari eleuabis coram dno
et pertineant ad te
et ad filios tuos
lege perpetua sicut
praecepit dns
Inter haec hircum qui oblatus
fuerat pro peccato

cum quaereret moses
exustum repperit
iratus q· contra eleazar
et ithamar filios aaron
qui remanserant ait
cur non comedistis hostiam
pro peccato in loco sco
quae scm scorum est
et data uobis ut portetis
multitudinis iniquitatem
et rogetis pro eis in con
spectu dni
praesertim cum de sanguine
illius non sit inlatum
intra sca
et comedere eam debueri
tis in sanctuario
sicut praeceptum est mihi
Respondit aaron
oblata est hodie uictima
pro peccato et holocau
stum coram dno
mihi autem accidit
quod uides
quomodo potui comedere
eam aut placere dno in
cerimoniis mente lugubri
quod cum audisset moses
recepit satisfactionem
xi. Locutus est dns ad mosen
et aaron dicens dicite
filiis israhel
haec sunt animalia quae
comedere debetis
de cunctis animantib· terrae
omne quod habet diuisam
ungulam et ruminat
in pecorib· comedetis
quicquid autem ruminat
quidem et habet ungulam
sed non diuidit eam sicut
camelus et cetera non
comedetis illud
et inter inmunda reputabitis

chīro cryllius qui ruminat
ungulamq; non diuidit
inmundus est
lepus quoq; nam et ipse rumi
nat sed ungulam non diuidit
et sus qui cum ungulam
diuidat non ruminat
horum carnib; non uescemini
nec cadauera contingetis
quia inmunda sunt uobis
haec sunt quae gignuntur in
aquis et uesci licitum est
omne quod habet pinnulas
et squamas
tam in mari quam in flumimib;
et stagnis comedetis
quicquid autem pinnas
non habet et squamas
eorum quae in aquis mouen
tur et uiuunt
abominabile uobis et exe
crandum erit
carnes eorum non comedetis
et morticina uitabitis
cuncta quae non habent
pinnulas et squamas
in aquis polluta erant
haec sunt quae de auib; come
dere non debetis et uitanda
sunt uobis
aquilam et grifem et halieta
miluum ac uulturem
iuxta genus suum
et omne corcini generis
in similitudinem suam
strutionem et noctuam
et larum et accipitrem
iuxta genus suum
bubonem et mergulum
et ibin et cycnum et ono
crotalum et porphirionem
erodionem et charadrionem
iuxta genus suum
opopam quoq; et uespertilio

omne de uolucrib; quod gradi
tur super quattuor pedes
abominabile erit uobis
quicquid autem ambulat
super quattuor pedes
sed habet longiora retro
crura per quae salit super
terram comedetis
ut est bruchus in genere suo
et astacus atq; opimacus
ac lacusta
singula iuxta genus suum
quicquid euolucrib; autem
quattuor tantum
habet pedes
execrabile erit uobis
et quicumq; morticina eorum
tetigerit polluetur et
erit inmundus usque
ad uesperam
et si necesse fuerit ut portet
quippiam horum mortuum
lauabit uestimenta sua
et inmundus erit usq;
ad solis occasum
omne animal quod habet
quidem ungulam
sed non diuidet eam nec rumi
nat inmundum erit
et qui tetigerit illud
contaminabitur
quod ambulat super manus
ex cunctis animantib; quae
incedunt quadrupedia
inmundum erit
qui tetigerit morticina
eorum polluetur
usq; ad uesperam
et qui portauerit huius
cemodi cadauera lauabit
uestimenta sua
et inmundus erit usq;
ad uesperam
quia omnia haec inmunda

erunt uobis
hocquoq; inter pollata repu
tabitur debis quaemouen
tur in terra
mustela et mus et cor
codillus
singula iuxta genus suum
mygale et cameleon et ste
lio lacerta et talpa
omnia haec inmunda sunt
qui tetigerit morticina
eorum inmundus erit
usq; aduesperum
et sup quod ceciderit
quicquam demorticinis
eorum pollaetur
tam uas ligneum et uestimen
tum quam pelles et cilicia
et in quibuscumq; fit opus
tinguentur aqua usq; aduesperam et pollaeta erunt
et sic postea mundabuntur
uas autem fictile inquo
horum quicquam intro
ceciderit pollaetur
et ideo frangendum est
omnis cib; quem comeditis
si fusa fuerit super eum
aqua inmundus erit
et omne liquens quodbibitur
deuniuerso uase in
mundum erit
et quicquid demorticinis
istius modi ceciderit super
illud inmundum erit
siue cliuanas siue citro
pedes destruentur
et inmundi erunt
fontes uero et cisternae
et omnis aquarum con
gregatio munda erunt
qui morticinum eorum
tetigerit pollaetur
si ceciderit super sementem

uos pollaet eam
sin autem quis pixa aquam
sementem perfuderit
et post ex morticinis tacta
fuerit ilico pollaetur
si mortuum fuerit animal
quod licet uobis comedere
qui cadauer eius tetigerit
inmundus erit usq;
aduesperam
et qui comederit ex eo quip
piam siue portauerit
lauabit uestimenta sua
et inmundus erit usq;
aduesperam
omne quod reptat super
terram abominabile erit
nec ad sumetur in cibum
quicquid super pectus
quadrupes graditur
et multos habet pedes
siue perhumum trahitur
non comeditur quia
abominabile est
nolite contaminare
animas uestras
nec tangatis quicquam
eorum ne inmundi sitis
ego enim sum dns ds uester
sci estote quoniam
et ego scs sum
ne pollaetis animas uestras
in omni reptili quod
mouetur super terram
ego enim sum dns qui eduxi
uos de terra aegypti ut
essem uobis in dm
sci eritis quia et ego scs sum
ista est lex animantium
et uolucrum et omnis
animae uiuentis
quae mouentur in aqua
et reptant in terra
ut differentias noueritis

mundi et inmundi
et sciatis quid comedere et
quid respuere debeatis

Locutus est dns admosen
dicens
loquere filiis israhel
et dices ad eos
mulier sisuscepto semine
pepererit masculum
inmunda erit septem dieb·
iuxta dies separationis
menstruae
et die octaba circumcide
tur infantulus
ipsa uero xxx trib· dieb·
manebit in sanguine
purificationis suae
omne scm non tanget
nec ingredietur scuarium
donec inpleantur dies
purificationis suae
Sin autem feminam pepe
rerit inmunda erit
duab· ebdomadib·
iuxta ritum fluxus
menstrui
sexaginta sex dieb· mane
bit in sanguine purifi
cationis suae
cumq· impleti fuerint
dies purgationis eius
siue profilio siue
profilia
deferet agnum anniculum
inholocaustum
et pullum columbae siue
turturem propeccato
ad ostium tabernaculi
testimonii
et tradet sacerdoti
qui offeret illa coram dno
et rogauit pro ea
et sic mundabitur aproflu
uio sanguinis sui

Ista est lex parientis mascu
lum ac feminam
quod si non inuenerit
manus eius
nec potuerit offerre agnum
sumet duos turtures aut
duos pullos columbae
unam inholocaustum et
alteram propeccato
orauitq· pro ea sacerdos
et sic mundabitur
Locutus est dns admosen
et aaron dicens
homo incuius carne et cute
ortus fuerit diuer
sus color
siue postala autquasi lucens
quippiam idest plaga
leprae
adducetur adaaron
sacerdotem
uel adunum quemlibet
filiorum eius
quicum uiderit lepram
incute et pilos inalbum
mutatos colorem
ipsamq· speciem leprae
humiliorem cute et
carne reliqua
plaga leprae est et ad
arbitrium eius
separabitur
Sin autem lucens candor
fuerit incute
nec humilior carne
reliqua
et pili coloris pristini
recludet eum sacerdos
septem dieb·
et considerauit die septimo
et siquidem lepra nonultra
creuerit nectransierit
incute praeteritos
terminos

rursum recludet eum
septem dieb. aliis
et die septimo contem
plabitur
si obscurior fuerit lepra
et non creuerit incute
mundabit eum quia
scabies est
lauabitq. homo uestimen
ta sua et mundus erit
quod si postquam a sacer
dote uisus est et red
ditus munditiae iterum
lepra creuerit
adducetur ad eum et in mun
ditiae condemnabitur
Plaga leprae si fuerit
in homine
adducetur ad sacerdotem
et uidebit eum
cumq. color albus
fuerit in cute
et capillorum mutarit
aspectum
ipsa quoq. caro uiua
apparuerit
lepra uetustissima iudica
bitur atq. inolita cuti
contaminabit itaq. eum sacer
dos et non recludet
quia perspicuae inmun
ditiae est
sin autem refluerit discur
rens lepra in cute et ope
ruerit omnem cutem
a capite us q. ad pedes
quid quid sub aspectu
oculorum cadit
considerauit eum sacerdos
et teneri lepra mundis
sima iudicabit
eo quod omnis in candoRem uersa sit
et idcirco homo mundus erit
quando uero caro uiuens
in eo apparuerit
tunc sacerdotis iudicio
polluetur
et inter inmundos
reputabitur
caro enim uiua si lepra
aspergatur inmunda est
quod si rursum uersa
fuerit in alborem
et totum hominem
operuerit
considerabit eum sacer
dos et mundum esse
decernit
Caro et cutis in qua ulcus
natum est et sanatum
et in loco ulceris cicatrix
apparuerit
alba siue rufa
adducetur ad sacer
dotem homo
qui cum uiderit locum
leprae humiliorem
carne reliqua
et pilos uersos in candorem
contabit eum
plaga enim leprae orta
est in ulcere
quod si pilus est coloris
pristini
et cicatrix sub obscura
et uicina carne non est
humilior
Recludet eum septem
diebus
et si quidem creuerit
adiudicabit eum leprae
sin autem steterit in
loco suo ulceris est
cicatrix
et homo mundus erit
Caro et cutis quam ignis
exusserit

et sanata album siue rufam
  habuerit cicatricem
considerabit eam sacerdos
et ecce uersa est in alborem
et locus eius reliqua
  cute humilior
contaminabit eum quia plaga
  leprae in cicatrice
  orta est
quod si pilorum color non
  fuerit inmutatus
nec humilior plaga
  carne reliqua
et ipsa leprae species fuerit
  subobscura recludet eum
  septem diebus
et die septimo con
  templabitur
si creuerit in cute lepra
  contaminauit eum
sin autem candor in loco suo
  steterit non satis clarus
  plaga conbustionis est
et idcirco mundabitur quia
  cicatrix est combusturae
Uir siue mulier in cuius capite
  uel barba germinarit
  lepra
uidebit eos sacerdos
et si quidem humilior fuerit
  locus carne reliqua
et capillus flab. solitoq.
  subtilior
contaminabit eos quia lepra
  capitis et barbae est
sin autem uiderit et locum
  maculae aequalem uicinae
  carni et capillum nigrum
recludet eum septem
  diebus
et die septimo intuebitur
si non creuerit macula et
  capillus sui coloris est
et locus placae carni

reliquae aequalis
radetur homo absq.
  loco maculae
et includetur septem dieb.
si die septimo uisa fuerit
  stetisse plaga in loco suo
nec humilior carne reli
  qua mundabit eum
lotisq. uestib. mundus erit
sin autem post emundati
  onem rursus creuerit
  macula in cute
non quaeret amplius utrum
  capillus in plagam colorem
  sit inmutatus
quia aperte inmundus est
porro si steterit macula
et capilli nigri fuerint
nouerit hominem esse
  sanatum
et confidenter eum pro
  nuntiet mundum
Uir et mulier in cuius cute
  candor apparuerit
intuebitur eos sacerdos
si deprachenderit sub
  obscuram alborem
lucere in cute
sciat non esse lepram sed
  maculam coloris candidi
et hominem mundum
Uir incuius capite fluant
  capilli caluus ac mun
  dus erit
et si a fronte ceciderint pili
recaluaster ac mundus est
sin autem in caluitio
  siue in recaluitione
albus uel rufus color
  fuerit exortus
et hoc sacerdos uiderit
condemnauit eum
uit dubiae leprae quae
  orta est in caluitio

Quicumque ergo maculatus
fuerit lepra
et separatus ad arbitrium
sacerdotis
habebit uestimenta dissuta
caput nudum os ueste
contectum
contaminatum ac sordidum
se clamabit
omni tempore quo leprosus
est et immundus
solus habitauit extra
castra
Uestis lanea siue linea quae
habuerit lepram in sta
mine atque subtemine
aut certe pellis uel quae
quid expelle confectum est
si alba et rufa macula
fuerit infecta
lepra reputabitur ostex
deturque sacerdoti
qui consideret eam et recludet
septem diebus
et die septimo rursum
aspiciens
si creuisse deprehenderit
lepra perseuerans est
pollutam iudicabit uesti
mentum et omne in quo
fuerit inuenta
et idcirco comburetur
flammis
quod si eam uiderit
non creuisse
praecipiet et lauabunt id
in quo lepra est
recludetque illud ad septem
diebus aliis
et cum uiderit faciem quidem
pristinam non reuersam
nec tamen non creuisse
lepram
inmundum iudicabit
et igne comburet
eo quod infusa sit in super
ficie uestimenti uel
per totum lepra
sin autem obscurior fuerit
locus leprae postquam
uestis est lota
abrumpet eam et a solido
diuidet
quod si ultra apparuerit
in his locis quae prius
inmaculata erant
lepra uolatilis et uaga
debet igne comburi
si cessauerit lauabit ea
quae pura sunt secundo
et munda erunt
ista est lex leprae
uestimenti lanei et linei
staminis atque subteminis
omnisque supellectilis
pelliciae
quomodo mundari debeat
uel contaminari
Locutus que est dns
ad mosen dicens
hic est ritus leprosi
quando mundandus est
adducetur ad sacerdotem
qui egressus de castris cum
inuenerit lepram
esse mundatam
praecipiet ei qui puri
ficatur
ut offerat pro se duos
passeres uiuos quos
uesci licitum est
et lignum cedrinum uer
miculumque et hysopum
et unam e passeribus immo
lari iubebit in uase fictili
super aquas uiuentes
aliam autem uiuam cum
ligno cedrino et cocco

hysopo tinguet insanguine
passeris immolati
quo aspercet illum qui mun
dandus est septies
atiare purgetur
et dimittet passerem uiuu
at inagrum auolet
cumq. lauerit homo
uestimenta sua
radet omnes pilos corporis
et lauabitur aqua
purificatusq. ingre
dietur castra
Itadum taxat ut maneat
extra tabernaculum
suum septem dieb.
Et die septimo radat
capillos capitis
barbamq. et supercilia
ac totius corporis pilos
et lotis rursum uestib.
et corpore
Die octauo adsumet duos
agnos inmaculatos
et ouem annicula
absq. macula
et tres decimas similae
in sacrificium quae con
spersa sit oleo
et seorsum olei sextarium
cumq. sacerdos puri
ficans hominem
statuerit eum et haec
omnia coram dno
in ostio tabernaculi
testimonii
tollet agnum et offeret
eum pro delicto
oleiq. sextarium
et oblatis ante dnm omnib.
immolabit agnum ubi immo
lari solet hostia propec
cato et holocaustum
id est in loco sco

sicut pro peccato ita
et pro delicto
ad sacerdotem pertinet
hostia sca scorum est
adsum ensq. sacerdos desan
guine hostiae quae immo
lata est pro peccato
ponet super extremam
auriculae dextrae eius
qui mundatur
et super pollices manus
dextrae ac pedis
et de olei sextario mittet
in manum suam sinistram
tinguetq. digitum
dextrum in eo
et asperget septies
contra dnm
quod autem reliquum est
olei in leua manu
fundetq. super extremam
auriculae dextrae eius
qui mundatur
et super pollices manus
ac pedis dextri
et super sanguinem qui
fusus est pro delicto
et super caput eius
rogabitq. pro eo
coram dno
et faciet sacrificium
pro peccato
tunc immolabit holocaus
tum et ponet illud in altari
cum libamentis suis
et homo rite mundabitur
quod si pauper est et non
potest manus eius inue
nire quae dicta sunt
sumet agnum pro delicto
ad oblationem
ut roget pro eo sacerdos
decimamq. partem similae
conspersae oleo in sacri

ficium sextarium olei
duosq̄ turtures siue duos
pullos columbae
quorum sit unus pro peccato
et alter in holocaustum
offeretq̄ die octauo puri
ficationis suae sacerdoti
ad ostium tabernaculi
testimonii coram dno
qui suscipiens agnum pro
delicto et sextarium
olei leuabit simul
immolatoq̄ agno de sanguine
eius ponet super extre
mum auriculae dextrae
illius qui mundatur
et super pollices manus
eius ac pedis dextri
olei uero partem mittet
in manum suam sinistram
in quo tinguens digitum
dextrae manus
asparget septies
contra dnm
tangetq̄ extremum auricu
lae dextrae illius qui
mundatur
et pollices manus
ac pedis dextri
in loco sanguinis qui effu
sus est pro delicto
reliquam autem partem
olei quae est in sinistra manu
mittet super caput puri
ficati ut placeat pro
eo dnm
et turturem siue pullum
columbae offeret
unum pro delicto et alium
in holocaustum cum
libamentis suis
hoc est sacrificium leprosi
qui habere non potest omnia
in mundationem sui

Locutus q̄ est dns ad mosen
et aaron dicens
cum ingressi fueritis terram
chanaan quam ego dabo
uobis in possessionem
si fuerit plaga leprae
in aedibus
ibit cuius est domus nunti
ans sacerdoti et dicet
quasi plaga leprae uidetur
mihi esse in domo mea
at ille praecipiet ut efferat
uniuersa de domo
prius quam ingrediatur eam
et uideat utrum leprasit
ne inmunda fiant omnia
quae in domo sunt
intrauit q̄ postea ut con
sideret domus lepram
et cum uiderit in parietib.
illius quasi ualliculas
pallore siue rubore
deformes
et humiliores super
ficie reliqua
egredietur ostium domus
et statim claudet eam
septem dieb.
reuersus q̄ die septimo
considerauit eam
si inuenerit creuisse
lepram
iubebit erui lapides
in quib. lepra est
et proici extra ciuitatem
in loco in mundo
domum autem ipsam
radi intrinsecus per
circuitum
et sparci puluerem rasu
rae extra urbem in
loco inmundo
lapidesq̄ reponi alios pro
his qui ablati fuerint

et lato alio liniri domum
sin autem postquam eruti
sunt lapides
et pulvis elatus et alia
terra lita
ingressus sacerdos viderit
reversam lepram
et parietes aspersos maculis
lepra est perseverans
et inmunda domus
quam statim destruent
et lapides eius ac ligna atq.
universum pulverem
proicient extra oppidum
in loco inmundo
qui intraverit domum quan
do clausa est inmundus
erit usq. ad vesperum
et qui dormierit in ea et come
derit quippiam
lavabit vestimenta sua
quod si introiens sacerdos
viderit q. lepram non cre
visse in domo postquam
denuo lita est
purificavit eam reddita
sanitate
et in purificationem eius
sumet duos passeres
lignumq. cedrinum et ver
miculum atq. hysopum
et inmolato uno passere
in vase fictili super
aquas vivas
tollet lignum cedrinum
et hysopum et coccum
et passerem vivum
et tinguet omnia in sangui
ne passeris immolati atq.
in aquis viventib.
et asparcet domum septies
purificavitq. eam
tam in sanguine passeris
quam in aquis viventib.

et in passere vivo lignoq.
cedrino et hysopo
atq. vermiculo
cumq. dimiserit passerem
avolare in agrum
oravit pro domo et iure
mundabitur
ista est lex omnis leprae
et percus surae
leprae vestium et domorum
cicatricis et erumpentium
papularum
lucentis maculae et in varias
species colorib. inmutatis
ut possit sciri quo tempore
mundum quid vel in
mundum sit

VIII
XV Locutusq. est d̄ns ad mosen
et aaron dicens
loquimini filiis israhel
et dicite eis
vir qui patitur fluxam semi
nis inmundus erit
et tunc iudicabitur huic vitio
subiacere
cum per momenta singula
adheserit carni illius atq.
creverit foedus humor
omne stratum in quo dormi
erit inmundum erit
et ubi cumq. sederit
si quis hominum teticerit
lectum eius
lavabit vestimenta sua
et ipse lotus aqua inmundus
erit usq. ad vesperum
si sederit ubi ille sederat
et ipse lavabit vesti
menta sua
et lotus aqua inmundus
erit usq. ad vesperum
qui teticerit carnem eius
lavabit vestimenta sua
et ipse lotus aqua inmundus

erit asq. ad uesperam
si aliquam huiuscemodi homo
iecerit super eam qui
mundus est
lauabit uestem suam
et lotus aqua inmundus
erit usq. ad uesperam
sagma super quam sede
rit inmunda erit
et quicquid sub eo fuerit
qui fluxum seminis pati
tur pollutum erit usq.
ad uesperam
qui portauerit horum
aliquid
lauabit uestimenta sua
et ipse lotus aqua inmundus
erit usq. ad uesperam
omnis quem tetigerit qui
talis est non lotis ante
manib. lauabit uesti
menta sua
et lotus aqua inmundus
erit usq. ad uesperam
uas fictile quod tetigerit
confringetur
uas autem ligneum
lauabitur aqua
si sanatus fuerit qui huius
cemodi sustinet passione
numerauit septem dies
post emundationem sui
et lotis uestib. ac toto
corpore in aquis uiuen
tib. erit mundus
die autem octauo sumet
duos turtures aut duos
pullos columbae
et ueniet in conspectu dni
ad ostium tabernaculi tes
timonii dabitq. eos sacerdoti
qui faciet unam pro peccato
et alteram in holocaustu
rogabitq. pro eo coram dno

ut emundetur a fluxu
seminis sui
uir de quo egreditur
semen coitus
lauabit aqua omne
corpus suum
et inmundus erit
usq. ad uesperam
uestem et pellem
quam habuerit
lauabit aqua et inmunda erit
usq. ad uesperam
mulier cum qua coierit laua
bitur aqua et inmunda
erit usq. ad uesperam
mulier quae redeunte mense
patitur fluxum sanguinis
septem dieb. separabitur
omnis qui tetigerit eam
inmundus erit usque
ad uesperam
et in quo dormierit uel sede
rit dieb. separationis suae
polluetur
qui tetigerit lectum eius
lauabit uestimenta sua
et ipse lotus aqua inmundus
erit usq. ad uesperam
omne uas super quod illa
sederit quisquis adtigerit
lauabit uestimenta sua
et lotus aqua inmundus
erit usq. ad uesperam
si coierit cum ea uir tempore
sanguinis menstrualis in
mundus erit septem dieb.
et omne stratum in quo
dormierit polluetur
mulier quae patitur multis
dieb. fluxum sanguinis non
tempore menstruali
uel quae post menstruum
sanguinem fluere non
cessat

quam diu subiacet passioni
inmunda erit quasi sit in
  tempore menstruo
omne stratum in quo
  dormierit
et uas in quo sederit
  pollutum erit
quicumq. tetigerit eam
lauabit uestimenta sua
et ipse lotus aqua inmundus
  erit usq. ad uesperum
si steterit sanguis et
  fluere cessarit
numerabit septem dies
  purgationis suae
et octauo die offeret
  pro se sacerdoti
duos turtures uel duos
  pullos columbae
ad ostium tabernaculi
  testimonii
qui unum faciet pro pec
  cato et alterum in
  holocaustum
rogabitq. pro ea sacerdos
  coram dno
et pro fluxu semin
  is eius
Docebitis ergo filios israhel
  ut caueant inmunditiam
et non moriantur in
  sordib. suis
cum polluerint tabernacu
  lum meum quod est
  inter eos
Ista est lex eius qui patitur
  fluxum seminis
et qui polluitur coitu
et qui menstruis tempo
  rib. separatur
uel qui iugi fluit sanguine
et hominis qui dormi
  erit cum ea

Locutusq. est dns ad mosen
post mortem duum
  filiorum aaron
quando offerentes ignem
  alienum interfecti sunt
et praecepit ei dicens
Loquere ad aaron fratrem tuu
ne omni tempore ingredi
  atur sanctuarium quod
  est intra uelum
coram propitiatorio quo tegi
  tur arca ut non moriatur
quia in nube apparebo
  super oraculum
nisi haec ante fecerit
uitulum offeret pro pec
  cato et arietem in
  holocaustum
tunica linea uestietur
feminalibus lineis uere
  cunda celabit
accingetur zona linea chida
  rim lineam inponet capiti
haec enim uestimenta
  sunt sca
quib. cunctis cum lotus
  fuerit induetur
suscipietq. ab uniuersa multi
  tudine filiorum israhel
duos hircos pro peccato
  et unum arietem in
  holocaustum
cumq. obtulerit uitulum
  et orauerit pro se et pro
  domo sua
duos hircos stare faciet
  coram dno in ostio taber
  naculi testimonii
mittens super utramq.
  sortem
unum dno et alterum
  capro emissario
cuius sors exierit dno
  offeret illam pro
  peccato

cuius autem incaprum
emissarium
statuet eum uiuum
coram dno
ut fundat praeces super
eo et emittat illum
in solitudinem
his rite celebratis
offeret uitulum
et rogans pro se et pro
domo sua immolauit eum
adsumptoq; taribulo
quod depra—nis alta
ris impleue—rit
et thauriens manu conposi
tam thymiama inincensum
ultra uelum inscm intrabit
ut inpositis super ignem
aromatib;
nebula eorum et uapor
operiat oraculum
quod est super testimo
nium ut non moriatur
tollet quoq; desanguine
uituli et asparget digito
septies contra propitia
torium ad orientem
cumq; mactauerit hircum
pro peccato populi
inferet sanguinem eius
intra uelum
sicut praeceptum est
de sanguine uituli
ut asparcat eregione
oraculi
et expiet scuarium abin
munditiis filiorum isrl.
et a praeuaricationib; eorum
cunctisq; peccatis
iuxta hunc ritum faciet
et tabernaculum
testimonii
quod fixum est inter eos
inmedio sortium habita
tionis eorum
nullus hominum sit
intabernaculo
quando pontifex ingre
ditur scuarium
ut roget prose et prodomo
sua et prouniuerso coetu
israhel. donec egrediatur
cum autem exierit adaltare
quod coram dno est
oret prose
et sumptum sanguinem
uituli atq; hirci
fundat super cornua eius
per cir̄cum
aspargensq; digito septies
expiet et scificet illud
abinmunditiis filiorum
israhel.
postquam emundarit scu
arium et tabernacu
lum et altare
tunc offerat hircum
uiuentem
et posita utraq; manu
super caput eius
confiteatur omnes iniqui
tates filiorum israhel.
et uniuersa delicta atq;
peccata eorum
quae inpraecans capiti eius
emittet illum per homi
nem paratum indesertum
cumq; portauerit hircus
omnes iniquitates eorum
interra solitaria
et dimissus fuerit indeserto
reuertetur aaron intaber
naculum testimonii
et depositis uestib; quib;
indutus erat priuscum
intraret scuarium
relictisq; ibi lauabit car
nem suam inloco sco

indueturq́. uestimentis suis
et postquam egressus
obtulerit holocaus
tum suum ac plebis
rogabit tam pro se
quam pro populo
et adipem qui oblatus est
pro peccatis adolebit
super altare
Ille uero qui dimiserit
caprum emissarium
lauabit uestimenta sua
et corpus aqua
et sic ingredietur in castra
uitulum autem et hircum
qui pro peccato fuerant
immolati
et quorum sanguis inlatus
est ut in scuario expi
atio conpleretur
asportabunt extra castra
et comburent igni
tam pelles quam carnes
eorum et fimum
et quicumq́. combusserit ea
lauabit uestimenta sua
et carnem aqua
et sic ingredietur in castra
eritq́. hoc uobis legiti
mum sempiternum
Mense septimo decimo die
mensis adfligetis animas
uestras nullamq́.
facietis opus
siue indigena siue aduena qui
peregrinatur inter uos
In hac die expiatio erit
uestri atq́. mundatio
ab omnib. peccatis uestris
coram dno mundabimini
sabbatum enim requi
etionis est
et adfligetis animas uestras
religione perpetua

expiabit autem sacerdos
qui unctus fuerit et cuius
initiatae manus
ut sacerdotio fungatur
pro patre suo
induetur q́. stola linea
et uestib. scis
et expiabit scuarium et
tabernaculum testi
monii atq́. altare
sacerdotes quoq́. et uni
uersam populum
eritq́. hoc uobis legitimum
sempiternum
a foretis pro filiis israhel
et pro cunctis peccatis
eorum semel in anno
fecit igitur sicut prae
cepit dns mosi
Et locutus est dns ad mosen
dicens
loquere aaron et filiis eius
et cunctis filiis israhel
et dices ad eos
iste est sermo quem manda
uit dns dicens
homo quilibet de domo
israhel
si occiderit bouem aut ouem
siue capram in castris
uel extra castra
et non obtulerit ad ostium
tabernaculi oblationem
dno reus erit sanguinis
quasi sanguinem fuderit
sic peribit de medio
populi sui
Ideo offerre debent sacer
doti filii israhel hostias
suas quas occidunt
in agro
ut sicipiantur dno ante
ostium tabernaculi
testimonii

etiam molent eas hostias
pacificas dno
fundet q. sacerdos sangui
nem super altare dni
et ad ostium tabernaculi
testimonii
adolebit adipem inodorem
suauitatis dno
et nequaquam ultra immo
labunt hostias suas daemo
nib. cum quib. forni
cati sunt
Legitimum sempiternum
erit illis et posteris eorum
Et ad ipsos dices
homo dedomo israhel. et de
aduenis qui peregrinan
tur aput uos
qui obtulerit holocaustum
siue uictimam
et ad ostium tabernaculi
testimonii
non adduxerit eam ut offe
ratur dno interibit
depopulo suo
Homo quilibet dedomo isra
hel. et de aduenis qui per
egrinantur inter eos
si comederit sanguinem
offirmabo faciem meam
contra animam illius
et disperdam eam
depopulo suo
quia anima carnis in
sanguine est
et ego dedi illam uobis ut
super altare in eo expietis
pro animab. uestris
et sanguis pro animae
piaculo sit
Idcirco dixi filiis israhel.
omnis anima ex uobis non
comedet sanguinem
nec ex aduenis qui peregri

nantur inter uos
Homo quicumq. defiliis isra
hel. et de aduenis qui per
egrinantur inter uos
si uenatione atq. aucupio
caeperit feram uel auem
quib. uesci licitum est
fundat sanguinem eius
et operiat illud terra
Anima enim omnis carnis
in sanguine est
unde dixi filiis israhel
sanguinem uniuersae
carnis non comeditis
quia anima carnis in
sanguine est
et quicumq. comederit
illum interibit
Anima quae comederit
morticinum uel captum
abestia
tam de indigenis quam
de aduenis
lauabit uestimenta sua
et se ipsum aqua
et contaminatus erit
usq. aduesperam
et hoc ordine mundus fiet
quod si non lauerit uesti
menta sua et corpus
portabit iniquitatem suam
Locutus q. est dns
admosen dicens
Loquere filiis israhel.
et dices adeos
Ego dns ds uester
iuxta consuetudinem ter
rae aegypti inqua habi
tastis non facietis
et iuxta morem regionis
chanaan ad quam ego intro
ducturus sum non agetis
nec in legitimis eorum
ambulabitis

facietis iudicia mea et praecepta servabitis et ambu-
labitis in eis
ego dns ds uester
custodite leges meas atq.
iudicia quae faciens homo
uiuet in eis · ego dns
omnis homo ad proximam
sanguinis sui non accedet
ut reuelet turpitudinem
eius · ego dns
turpitudinem patris tui
et turpitudinem matris
tuae non discoperies
mater tua est non reuelabis
turpitudinem eius
turpitudinem uxoris patris
tui non discoperies, turpitudo enim patris tui est
turpitudinem sororis tuae
ex patre siue ex matre quae
domi uel foris genita est
non reuelabis
turpitudinem filiae filii tui
uel neptis ex filia non reuelabis quia turpitudo
tua est
turpitudinem filiae uxoris
patris tui quam peperit
patri tuo et est soror tua
non reuelabis
turpitudinem sororis patris
tui non discoperies, quia
caro est patris tui
turpitudinem sororis matris
tuae non reuelabis eo quod
caro sit matris tuae
turpitudinem patrui tui
non reuelabis
nec accedes ad uxorem eius
quae tibi ad finitate
coniungitur
turpitudinem nurus tuae
non reuelabis

quia uxor filii tui est
nec discoperies ignomi-
niam eius
turpitudinem uxoris fra-
tris tui non reuelabis
quia turpitudo fratris
tui est
turpitudinem uxoris tuae
et filiae eius non reuelabis
filiam filii eius et filiam
filiae eius non sumes
ut reueles ignominiam eius
quia caro illius sunt et talis
coitus incestus est
sororem uxoris tuae
in pelicatum eius
non accipies
nec reuelabis turpitudinem
eius ad huc illa uiuente
ad mulierem quae patitur
menstrua non accedes
nec reuelabis turpi-
tudinem eius
Cum uxorem proximi
tui non coibis
nec seminis commixti-
one maculaueris
de semine tuo ut consecretur idolo moloch non dabis
nec polues nomen
di tui ego dns
cum masculo non commis-
ceris coitu femineo
quia abominatio est
cum omni pecore non coibis
nec maculaueris cum eo
mulier non subcumbet
iumento nec miscebi-
tur ei quia scelus est
nec pollumini in omnib. istis
quib. contaminatae sunt
uniuersae gentes
quas ego eiciam ante con-
spectum uestrum

et quib. polluta est terra
caius ego scelera uisitabo
ut euomat habitatores suos
Custodite iudicia mea
atq. legitima mea
et non faciat ex omnib.
abominationib. istis
tam indigena quam colonus
qui peregrinatur aput uos
omnes enim execrati
ones istas
fecerunt accolae terrae
qui fuerunt ante uos
et polluerunt eam
Cauete ergo ne et uos
similiter euomat
cum paria feceritis
sicut euomuit gentem
quae fuit ante uos
Omnis anima quae fecerit
de abominationib. his
quippiam peribit de
medio populi sui
Custodite mandata mea
nolite facere quae fecerunt
hii qui fuerunt ante uos
et ne polluamini in eis
ego dns ds uester

XIX Locutus est dns ad mosen dicens
Loquere ad omnem coetum
filiorum israhel, et
dices ad eos
scl estote quia et ego scs
sum dns ds uester
unusquisq. matrem et
patrem suum timeat
Sabbata mea custodite
ego dns ds uester
Nolite conuerti ad idola
nec deos conflatiles
facietis uobis ego dns
ds uester
Si immolaueritis hostiam
pacificorum dno ut sit
placabilis
eo die quo fuerit immolata
comedetis eam et die altero
quicquid autem residuum
fuerit in diem tertium
igne comburetis
Si quis post biduum
comederit ex ea
profanus erit et impie
tatis reus
portabit iniquitatem suam
quia scm dni polluit
et peribit anima illa
de populo suo
Cum messueris segetes
terrae tuae
non tondebis usq. ad solum
superficiem terrae
nec remanentes spicas
colliges
neq. in uinea tua racemos
et grana decidentia
congregabis
sed pauperib. et peregrinis
carpenda dimittis
ego dns ds uester
Ā Non facietis furtum
B Non mentiemini
nec decipiet unusquisq.
proximum suum
Γ Non peierabis in nomine meo
nec pollues nomen
dni tui ego dns
Δ Non facies calumniam
proximo tuo
nec ui opprimes eum
E Non morabitur opus merce
narii aput te usq. mane
Z Non maledices surdo
Z nec coram caeco pones
offendiculum
sed timebis dnm tuum
quia ego sum dns
H Non facies quod iniquum est

nec in iuste iudicabis
nec consideres personam
  pauperis
nec honores uultum potentis
iuste iudica proximo tuo
Non eris criminator et
  susurro in populis
Non stabis contra sanguinem
  proximi tui ego dns
Ne oderis fratrem tuum
  in corde tuo
sed publice arguedum
Nec habeas super illo peccatum
Ne quaeras ultionem
nec memor eris iniuriae
  ciuium tuorum
Diliges amicum tuum sicut
  temet ipsum ego dns
Leges meas custodite
Iumenta tua non facies
  coire cum alterius
  generis animantib;
agrum non seris diuerso
  semine
ueste quae ex duob; texta
  est non indueris
homo si dormierit cum muli
  ere coitu seminis
quae sit ancilla etiam nubilis
  et tamen pretio non
  redempta
nec libertate donata
uapulabunt ambo et
  non morientur
quia non fuit libera
pro delicto autem suo offe
  ret dno ad ostium taber
  naculi testimonii arietem
orauitq; pro eo sacerdos
et pro delicto eius
  coram dno
et propitiabitur ei dimit
  teturq; peccatum
Quando ingressi fueritis

terram
et plantaueritis in ea
  ligna pomifera
auferetis praeputia eorum
poma quae germinant
inmunda erunt uobis
nec edetis ex eis
quarto anno omnes fructus
  eorum sctificabitur
  laudabili dno
quinto autem anno come
  detis fructus congregan
  tes poma quae proferunt
  ego dns ds uester
Non comedetis cum sanguine
non augurabimini nec obser
  uabitis somnia
neq; in rutundum ad ton
  debitis comam
nec radetis barbam
et super mortuo non in
  cidetis carnem uestram
neq; figuras alias et stigmata
  facietis uobis ego dns
ne prostituas filiam tuam
et contaminetur terra
et impleatur piaculo
sabbata mea custodite
et sanctuarium meum
  metuite ego dns
ne declinetis ad magos
nec ab ariolis aliquid scisci
  temini ut polluamini
  per eos
ego dns ds uester
coram cano capite consurge
et honora personam senis
et time dnm tuum
ego sum dns
Si habitauerit aduena
  in terra uestra
et moratus fuerit inter uos
ne exprobretis ei sed sit
  inter uos quasi indigena

↋ liber ↋

et dilicetis eum quasi
uosmet ipsos
fuistis enim et uos aduenae
in terra aegypti
ego dns ds uester
Nolite facere aliquid in
iquum in iudicio
in regula in pondere
in mensura
statera iusta et aequa
sint pondera
iustus modius aequusq.
sextarius
ego dns ds uester quieduxi
uos de terra aegypti
custodite omnia prae
cepta mea
et uniuersa iudicia ego dns
et facite ea
Locutusq. est dns
ad mosen dicens
haec loq.ris filiis israhel
homo de filiis israhel et de
aduenis quihabitant
in israhel
Siquis dederit desemine suo
idolo moloch morte
morietur
populus terrae lapidauit eum
et ego ponam faciem meam
contra illum
succidamq. eum deme
dio populi sui
eo quod dederit desemine
suo moloch
et contaminauerit testa
mentum meum
ac polluerit nomen scm meu
quod sinegle gens
populus terrae
et quasi parui pendens
imperium meum
dimiserit hominem qui dede
rit desemine suo moloch

nec uoluerit eum occidere
ponam faciem meam super
hominem illam et super
cognationem eius
succidamq. et ipsum et
omnes quiconsense
rint ei
ut fornicarentur cum moloch
demedio populi sui
Anima quae declinauerit
admagos et ariolos
et fornicata fuerit cum eis
ponam faciem meam
contra eam
et interficiam illam
demedio populi sui
scificamini et estote sci
quia ego dns ds uester
custodite praecepta mea
et facite ea
ego dns qui sficio uos
Qui maledixerit patri suo
aut matri morte moriatur
patri matriq. maledixit
sanguis eius sit super eum
si moechatus quis fuerit
cum uxore alterius
et adulterium perpetrarit
cum coniuge proximi sui
morte moriantur et moe
chus et adultera
qui dormierit cum nouerca
sua et reuelauerit igno
miniam patris sui
morte moriantur ambo
sanguis eorum sit super eos
siquis dormierit cum
nuru sua
uterq. moriantur quia
scelus operati sunt
sanguis eorum sit super eos
Qui dormierit cum masculo
coitu femineo
uterq. operati sunt nefas

morte moriantur
sit sanguis eorum super eos
qui supra uxorem filiam
duxerit matrem eius
scelus operatus est
uiuus ardebit cum ea
nec permanebit tantum
nefas in medio uestri
Qui cum iumento et pecore
coierit morte moriatur
pecus quoq. occidite
Mulier quae subcubuerit cui
libet iumento simul inter
ficietur cum eo
sanguis eorum sit super eos
Qui acceperit sororem suam
filiam patris sui uel filiam
matris suae
et uiderit turpitudinem eius
illaq. uiderit ignominiam
fratris
nefariam rem operati sunt
occidentur in conspectu
populi sui
eo quod turpitudinem suam
mutuo reuelarint
et portabunt iniquita
tem suam
Qui coierit cum muliere
in fluxu menstruo et re
uelauerit turpita
dinem eius
ipsaq. aperuerit fontem
sanguinis sui
interficientur ambo de
medio populi sui
Turpitudinem materterae
tuae et amitae tuae
non discooperies
qui hoc fecerit ignominiam
carnis suae nudabit
portabunt ambo iniqui
tatem suam
Qui coierit cum uxore

patrui sui uel abunculi
et reuelauerit ignominiam
cognationis suae
portabunt ambo
peccatum suum
absq. liberis morientur
Qui duxerit uxorem fratris
sui rem facit inlicitam
turpitudinem fratris
sui reuelabit
absq. filiis erunt
Custodite leges meas atq.
iudicia et facite ea
ne et uos euomat terra
quam intraturi estis
et habitaturi
Nolite ambulare in legitimis
nationum quas ego expul
surus sum ante uos
omnia enim haec fecerunt
et abominatus sum eos
uobis autem loquor
possidete terram eorum
quam dabo uobis in
hereditatem
terram fluentem
lacte et melle
ego dns ds uester
qui separaui uos a cete
ris populis
Separate ergo et uos iumen
tum mundum ab inmundo
auem mundam ab inmunda
ne polluatis animas uestras
in pecore et in auib. et
cunctis quae morantur
in terra
et quae uobis ostendi
esse polluta
et eritis sancti mihi quia ego
scs sum dns ds
et separaui uos a ceteris popu
lis ut essetis mei
Uir siue mulier in quibus

pithonicus uel diuinationis
fuerit sps morte moriantur
lapidib· obruent eos
sanguis eorum sit super eos
Dixit quoq· dns admosen
Loquere ad sacerdotes
filios aaron et dices eis
Ne contaminetur sacerdos
in mortib· ciuium suorum
nisi tantum in consanguineis
et propinquis
id est super matre et patre
et filio et filia
fratre quoq· et sorore
uirgine quae non est
napta uiro
Sed nec in principe populi
sui contaminabitur
Non radent caput nec barbam
neq· in carnib· suis facient
incisuras
Scierant do suo et non
polluent nomen eius
Incensum enim dni et panes
di sui offerunt
et ideo sci erunt
Scortum et uile prostibulum
non ducet uxorem
nec eam quae repudiata
est a marito
qui consecratus est do suo
et panes propositi
onis offert
sit ergo scs quia et ego scs
sum dns qui sanctifico uos
Sacerdotis filia si depre
hensa fuerit in stupro
et uiolauerit nomen
patris sui
flammis exuretur
Pontifex id est sacerdos
maximus inter fratres sus
super caput cuius fusum est
unctionis oleum

et cuius manus in sacerdo
tio consecratae sunt
uestitusq· est scis uestib·
caput suum non discooperiet
uestimenta non scindet
et ad omnem mortuum non
ingreditur omnino
super patre quoq· suo et
matre non contaminabitur
Nec egredietur de scis
ne polluat scuarium dni
quia oleum scae unctionis
di sui est super eum
ego dns
Uirginem ducet uxorem
uiduam et repudiatam
et sordidam atq· mere
tricem non accipiet
sed puellam de populo suo
nec commisceat stirpem gene
ris sui uulgo gentis sue
quia ego dns qui sanctifico eum
Locutusq· est dns
ad mosen dicens
Loquere ad aaron
homo de semine tuo per fami
lias qui habuerit maculam
non offeret panes do suo
nec accedet ad ministe
rium eius
si caecus fuerit si claudus
si paruo uel grandi
et torto naso
si fracto pede si manu
si gibbus si lippus
si albuginem habens
in oculo
si iugem scabiem
si inpeticinem in corpore
uel hirniosus
omnis qui habuerit maculam
de semine aaron sacerdotis
non accedet offerre hos
tias dno nec panes

do suo
uescetur tamen panib.
qui offeruntur in scuario
ita dum taxat ut in trauelum
non incrediatur
nec accedet ad altare
quia maculam habet et con
taminare non debet
scuarium meum
ego dns qui scifico uos
Locutus est ergo moses ad
aaron et ad filios eius
et ad omnem israhel
cuncta quae sibi fuerant
imperata
Locutus quoq. est dns
ad mosen dicens
Loquere ad aron et ad
filios eius
ut caueant ab his quae con
secrata sunt filiis israhel
et non contaminent nomen
scificatorum mihi quae
ipsi offerunt
ego dns
dic ad eos et ad poste
ros eorum
omnis homo qui accesserit
de stirpe uestra
ad ea quae consecrata sunt
et quae obtulerunt
filii israhel dno
in quo est inmundicia
peribit coram dno
ego sum dns
Homo de semine aaron qui
fuerit leprosus aut pati
ens fluxum seminis
non uescetur ex his quae
scificata sunt mihi
donec sanetur
qui tetigerit inmundum
super mortuo et ex quo
egreditur semen

quasi coitus
et qui tangit reptile et quod
libet inmundum cuius
tactus est sordidus
Inmundus erit usque
ad uesperum
et non uescetur ex his
quae scificata sunt
sed cum lauerit carnem suam
aqua et occubuerit sol
tunc mundatus uescetur
de scificatis quia cib.
illius est
morticinam et captam
a bestia non comedent
nec polluentur in eis
ego sum dns
custodient praecepta mea
non subiacant peccato
et moriantur in scuario
cum polluerint illud
ego dns qui scifico uos
omnis alienigena non come
det de scificatis
Inquilinus sacerdotis
et mercennarius non
uescetur ex eis
quem autem sacerdos
emerit et qui uernacu
lus domus eius fuerit
hii comedent ex eis
Si filia sacerdotis cuilibet
ex populo nupta fuerit
de his quae scificata sunt
et de primitiis non uescetur
Sin autem uidua uel repu
diata et absq. liberis reuer
sa fuerit ad domum
patris sui
Sicut puella consueuerat
aletur cibis patris sui
omnis alienigena non
habet potestatem
comedendi ex eis

quicomederit desctificatis
perignorantiam addet
quintam partem cumeo
quod comedit
et dabit sacerdoti insctuario
nec contaminabunt sctifi
cata filiorum israhel
quae offeruntur dno
neforte sustineant iniqui
tatem delicti sui
cumsctificata comederint
ego dns qui sctifico uos
xiiii Locutus est dns ad mosen
dicens
Loqre adaaron et filios eius
et adomnes filios israhel
dicesq adeos
homo demo israhel et de
aduenis qui habitant
aput eos
qui obtulerit oblatio
nem suam
uel uota soluens uel
sponte offerens
quicquid illud obtulerit
inholocaustum dni
ut offeratur peruos
masculus inmaculatus erit
exbub exouib etexcapris
simaculam habuerit nonoffere
tis neq erit acceptabile
homo qui obtulerit uicti
mam pacificorum dno
uel uota soluens uel
sponte offerens
tam debub quam deouib
inmaculatum offert
ut acceptabile sit
omnis macula non erit ineo
siceucum fuerit sifractum
si cicatricem habens
si papulas
aut scabiem uel inpetiginem
non offeretis ea dno

neq adolebitis excis
super altar dni
bouem et ouem aure et cau
da amputatis uolunta
rie offerre potes
uotum autem exhis
solui nonpotest
omne animal quod contritis
uel tunsis uel sectis abla
tisq testiculis est
non offeretis dno
et interra uestra hoc
omnino non facietis
demanu alienigenae non
offertis panes dues tro
etquicquid aliud dare
uoluerint
et quia corrupta et macu
lata sunt omnia
non suscipietis ea
Locutusq est dns
ad mosen dicens
Bos ouis et capra cum
genita fuerint
septem dieb erunt sub
ubere matris suae
die autem octauo et dein
ceps offerri poterunt
dno si uel ille bos siue ouis
non enim immolabuntur
uno die cumfetib suis
si immolaueritis hostiam
pro gratiarum actione dno
ut possit esse placabilis
eodem die comedetis eam
non remanebit quicquam
inmane alterius diei
ego dns
custodite mandata mea
et facite ea ego dns
nepolluatis nomen
meum sctm
ut sctificer inmedio
filiorum israhel

ego dns quisctificoues
et eduxi de terra aegypti ut
essem uobis in dm ecodns
Locutus est dns ad mosen
dicens
Loquere filiis israhel
et dices ad eos
haesunt feriae dni quas
uocabitis scas
Sex dieb. facietis opus
dies septimus quia sabbati
requies est uocabitur scs
omne opus non facietis ineo
sabbatum dni est incunctis
habitationib. uestris
haesunt ergo feriae dni scae
quas celebrare debetis
temporib. suis
Mense primo quartadecima
die mensis aduesperam
phase dni est
et quintadecima die
mensis huius
sollemnitas azimorum
dni est
septem dieb. azima
comedetis
dies primus erit uobis
celeberrimus scsq.
omne opus seruile
non facietis ineo
sed offeretis sacrificium
in igne dno septem dieb.
dies autem septimus erit
celebrior et sanctior
nullamq. seruile
fit ineo opus
Locutusq. est dns
ad mosen dicens
Loquere filiis israhel
et dices ad eos
Cum ingressi fueritis terram
quam ego dabo uobis
et messueritis segetem

feretis manipulos spicarum
primitias terrae uestrae
ad sacerdotem
qui eleuabit fasciculum
coram dno ut acceptabile
sit pro uobis
altero die sabbati et
scificauit illud
atq. ineodem die quo mani
pulus consecratur
caeditur agnus inmaculatus
anniculus in holocau
stum dni
et libamenta offerun
tur cum eo
duae decimae similae
conspersae oleo
in incensum dni odoremq.
suauis simum
libaquoq. uini quarta
pars hin
panem et polentam et pul
tes non comedetis exsegete
usq. ad diem qua offeretis
ex ea dno uestro
praeceptum est sempiter
num ingenerationib. ues
tris cunctisq. habitaculis
numerabitis ergo
ab altero die sabbati
in quo obtulistis manipu
lam primitiarum
septem ebdomadas plenas
usq. ad alteram diem exple
tionis ebdomadae septi
mae idest quinqua
ginta dies
et sic offeretis sacrificium
dno nouum ex omnib.
habitaculis uestris
panes primitiarum duos
deduab. decimis similae
fermentatae
quos coquetis in primitias dni

offeretisq. cum panib.
septem agnos inmacu
latos annicalos
et uitulum dearmento
unum et arietes duos
et erunt inholocaustum
cum libamentis suis
inodorem suauis
simum dno
facietis et hircum
propeccato
duosq. agnos annicalos
hostias pacificorum
cumq. eleuauerit eos sacer
dos cumpanib. primiti
arum coram dno
cadent inusum eius
et uocabitis hunc diem
celeberrimum atque
scissimum
omne opus seruile
non facietis ineo
legitimum sempiternum
erit incunctis habitacu
lis et generationib. uestris
Postquam autem messueri
tis segetem terrae
uestrae
non secabitis eam usque
ad solum
nec remanentes spicas
colligetis
sed pauperib. et peregrinis
carpenda dimittitis
ego dns ds uester

xv Locutusq. est dns admosen
dicens
loquere filiis israhel
mense septimo prima
die mensis
erit uobis sabbatum memo
riale clangentib. tubis
et uocabitur scm omne opus
seruile non facietis ineo

et offeretis holocau
stum dno
Locutus q. est dns
admosen dicens
decimo die mensis
huius septimi
dies expiationum erit
celeberrimus
et uocabitur scs
adfligetis q. animas
uestras ineo
et offeretis holo
caustum dno
omne opus non facietis
in tempore diei huius
quia dies propitiationis est
ut propitietur uobis
dns ds uester
omnis anima quae adflicta
non fuerit die hoc peribit
depopulis suis
et quae operis quippiam
fecerit delebo eam
depopulo suo
nihil ergo operis
facietis ineo
legitimum sempiternum
erit uobis
incunctis generationib. et
habitationib. uestris
sabbatum requietionis est
adfligetis animas uestras
die nono mensis auespere
usq. aduesperum celebra
bitis sabbata uestra
Et locutus est dns
admosen dicens
loquere filiis israhel
a quintodecimo die mensis
huius septimi
erunt feriae tabernaculo
rum septem dieb. dno
dies primus uocabitur cele
berrimus atq. scis simus

omne opus seruile
non facietis
et septem dieb· offeretis
holocausta dno
dies quoq. octauus erit
celeberrimus atque
scissimus
et offeretis holocau
stum dno
est enim coetus atq. collectae
omne opus seruile
non facietis inco
et septem dieb· offeretis
holocaustum dno
Haec sunt feriae dni quas uoca
bitis celeberrimas et scās
offeretisq. in eis obla
tiones dno
holocausta et libamenta
iuxta ritum uniūs
cuiusq. diei
exceptis sabbatis dni
donisq. uestris
et quae offertis ex uoto
uel quae sp onte
tribuistis dno
A quinto decimo ergo
die mensis septimi
quando congregaueritis
omnes fructus terrae
uestrae
celebrabitis ferias dno
septem dieb·
die primo et die octauo erit
sabbatum id est requies
sumetis q. uobis die primo
fructus arboris
pulcherrimae
stipulasq. palmarum
et ramos ligni densarum
frondium
et salices de torrente
et laetabimini coram dno
do uestro

celebrabitis q. sollemni
tatem eius septem
dieb· per annum
legitimum sempiternum erit
in generationib· uestris
mense septimo festa
celebrabitis
et habitabitis in umbra
culis septem dieb·
omnis qui de genere est
israhel manebit
in tabernaculis
ut discant posteri uestri
quod in tabernaculis
fecerim habitare
filios israhel
cum educerem eos
de terra aegypti
ego dns ds uester
Locutus q. est moses
super sollemnitatib·
dni ad filios israhel
xxiiii et locutus est dns
ad mosen dicens
praecipe filiis israhel
ut offerant tibi oleum
de oliuis
purissimum ac lucidum
ad concinnandas lucer
nas iugiter
extra uelum testimonii in
tabernaculum foederis
ponetq. eas aaron a uespere
usq. in mane coram dno
cultu ritu q. perpetuo in
generationib· uestris
super candelabro mundis
simo ponetur semper
in conspectu dni
accipies quoq. similam
et coques ex ea duo
decim panes
qui singuli habebunt
duas decimas

quorum senos altrinsecus
super mensam purissima
coram dno statues
et pones super eos tus
lucidissimum
ut sit panis in monumento
oblationis dni
per singula sabbata mutabun
tur coram dno
suscepti a filiis israhel
foedere sempiterno
eruntq. aaron et filiorum eius
ut comedant eos in loco sco
quia scm scorum est de sacri
ficiis dni iure perpetuo

XVI Ecce autem egressus filius
mulieris israhelitis
quem pepererat de uiro aecyp
tio inter filios israhel
iurgatus est in castris cum
uiro israhelite
cumq. blasphemasset nomen
et maledixisset ei
adductus est ad mosen
uocabatur autem mater
eius salamith filia dabri
de tribu dan
miseruntq. eum in carcerem
donec nossent quid
iuberet dns
qui locutus est
ad mosen dicens
educ blasphemum extra castra
et ponant omnes qui audierunt
manus suas super caput eius
et lapidet eum uniuersus
populus
et ad filios israhel loqueris
homo qui maledixerit do suo
portabit peccatum suum
et qui blasphemauerit nomen
dni morte moriatur
lapidib. opprimet eum
omnis multitudo

siue ille ciuis seu per
egrinus fuerit
qui blasphemauerit nomen
dni morte moriatur
Qui percusserit et occiderit
hominem morte moriatur
qui percusserit animal
reddat uicarium
id est animam pro anima
qui inrogauerit maculam
cuilibet ciuium suorum
sicut fecit fiet illi
fracturam pro fractura
oculum pro oculo dentem
pro dente restituet
qualem inflixerat maculam
talem sustinere cogetur
qui percusserit iumentum
reddet aliud
qui percusserit hominem
punietur
aequum iudicium
sit inter uos
siue peregrinus siue
ciuis peccauerit
quia ego dns ds uester
Locutus est moses
ad filios israhel
et eduxerunt eum qui blas
phemauerat extra castra
ac lapidib. oppresserunt
feceruntq. filii israhel
sicut praeceperat dns mosi

XXV Locutusq. est dns ad mosen
in monte sinai dicens
loquere filiis israhel
et dices ad eos
quando ingressi fueritis ter
ram quam ego dabo uobis
sabbatizet sabbatum dni
sex annis seres agrum tuum
et sex annis putabis uineam
tuam colligesque
fructus eius

Leuitic

Septimo autem anno sabbatum
erit terrae requieti
onis dni
agrum nonseres et uineam
non putabis
quae sponte gignit
humus non metes
et uuas primitiarum
tuarum non colliges
quasi uindemiam
annus enim requieti
onis terrae est
sed erunt uobis in cibum
tibi et seruo tuo ancillae
et mercennario tuo
et aduenae qui peregri
nantur apud te
iumentis tuis et pecorib.
omnia quae nascuntur
praebebunt cibum
Numerabis quoq. tibi septem
ebdomadas annorum
idest septem septies quae
simul faciunt annos
quadraginta nouem
et clanges bucina mense sep
timo decimo die mensis
propitiationis tempore in
uniuersa terra uestra
scificabis q. annum
quinquagesimum
et uocabis remissionem
cunctis habitatorib.
terrae tuae
Ipse est enim iubeleus
reuertetur homo ad
possessionem suam
et unus quisq. redit ad
familiam pristinam
quia iobeleus est quin
quagesimus annus
non seretis neq. metetis
sponte in agro nascentia
et primitias uindemiae

non colligetis
ob scificationem iobelei
sed statim oblata comedetis
anno iobelei redibunt omnes
ad possessiones suas
quando uendes quippiam
ciui tuo uel emes ab eo
ne contristes fratrem tuum
sed iuxta annorum numerum
iobelei emes ab eo
et iuxta supputationem
frugum uendet tibi
quanto plus anni remanse
rint post iobeleum tanto
crescet et praetium
et quanto minus temporis
numeraueris tanto mino
ris emptio constabit
tempus enim frugum
uendet tibi
Nolite adfligere con
tribules uestros
sed timeat unusquis q.
dnm suum
quia ego dns ds uester
facite praecepta mea et iudi
cia custodite et implete ea
ut habitare possetis in terra
absq. ullo pauore
et gignat uobis humus
fructus suos
quib. uescamini usq.
insaturitatem
nullius impetum
formidantes
quod si dixeritis quid come
demus anno septimo
si non seruerimus neq. colli
gerimus fruges nostras
dabo benedictionem meam
uobis anno sexto
et faciet is fructus
trium annorum
seretisq. anno octauo

et comedetis veteres
fruges usq. ad nonum annum
donec nova nascantur
edetis vetera
terra quoq. non venient
in perpetuum
quia mea est et vos advenae
et coloni mei estis
unde cuncta regio posses-
sionis vestrae
sub redemptionis con-
dicione vendetur
Si adtenuatus frater tuus
vendiderit possessi-
unculam suam
et voluerint propinquus
eius potest redemere
quod ille vendiderat
Sin autem non habuerit
proximum
et ipse praetium ad redimen-
dum invenire potuerit
conputabuntur fructus ex
eo tempore quo vendidit
et quod reliquum est
reddet emptori
sicq. recipiet posses-
sionem suam
quod si non invenerit manus
eius ut reddat pretium
habebit emptor quod emerat
usq. ad annum iobeleum
In ipso enim omnis venditio
redit ad dominum ad pos-
sessorem pristinum
Qui vendiderit domum in-
tra urbis muros habebit
licentiam redimendi donec
unus impleatur annus
Si non redemerit et
anni circulus fuerit
evolutus
emptor possidebit eam et
posteri eius in perpetuum

et redimi non potest etiam
in iobeleo
Sin autem in villa fuerit
domus quae muros non
habet agrorum iure
vendetur
Si ante redempta non fuerit
in iobeleo revertetur
ad dominum
Aedes levitarum quae in
urbib. sunt semper
possunt redimi
Si redempte non fuerint
in iobeleo revertentur
ad dominos
quia domus urbium leviti-
carum pro possessionib. sunt
inter filios israhel
suburbana autem eorum
non venient quia posses-
sio sempiterna est
Si adtenuatus fuerit frater
tuus et infirmus manu
et susceperis eum quasi
advenam et peregrinum
et vixerit tecum
ne accipias usuras ab eo nec
amplius quam dedisti ei
time dm tuum ut vivere
possit frater tuus apud te
pecuniam tuam non dabis
ad usuram
et frugum superabundan-
tiam non exiges
ego dns ds vester qui eduxi
vos de terra aegypti
ut darem vobis terram chanaan et essem vester ds
Si paupertate conpulsus
vendiderit se tibi
frater tuus
non eum opprimes servi-
tute famulorum
sed quasi mercennarius

et colonus erit
usq-ad annum iobeleum
operabitur aput te
et postea egredietur
cum liberis suis
et reuertetur ad cognati
onem et ad possessionem
patrum suorum
mei enim serui sunt et ego
eduxi eos de terra aegypti
non uenient in condicione
seruorum
ne adfligas eum per poten
tiam sed metuito dm tuum
seruus et ancilla sint uobis
de nationib· quae in circuitu
uestro sunt
et de aduenis qui peregri
nantur aput uos
uel qui ex his nati sunt
in terra uestra
hos habebitis famulos et
hereditario iure trans
mittetis ad posteros ac
possidebitis in aeternum
fratres autem uestros
filios israhel ne oppri
matis per potentiam
Si inualuerit aput uos manus
aduenae atq- peregrini
et ad tenuatus frater tuus
uendiderit se ei mitti
quam de stirpe eius
post uenditionem
potest redimi
qui uoluerit ex fratrib·
suis redimet eum
et patruus et patruelis et
consanguineus et adfinis
sin autem et ipse pote
erit redimet se
supputatis dumtaxat annis
a tempore uenditionis sue
usq- ad annum iobeleum

et pecunia qua uen
ditus fuerat
iuxta annorum numerum
et rationem mercen
narii supputata
si plures fuerint anni qui re
manserint usq- ad iobeleum
secundum hos reddet
pretium
si pauci ponet rationem iuxta
annorum numerum
et reddet emptori quod
reliquum est
annorum quib· ante seruiuit
mercedib· inputatis
non adfliget eum uiolenter
in conspectu suo
quod si per haec redimi
non poterit
anno iobeleo egredietur
cum liberis suis
mei enim sunt serui fili
israhel quos eduxi de terra
aegypti ego dns ds uester
non facietis uobis idolum
nec sculptile
nec titulos erigetis
nec insignem lapidem
ponetis in terra ues
tra ut adoretis eum
ego enim sum dns ds uester
custodite sabbata mea
et pauete ad sanctuarium
meum ego dns
Si in praeceptis meis
ambulaueritis
et mandata mea custodi
eritis et feceritis ea
dabo uobis pluuias
temporib· suis
et terra gignet germen suum
et pomis arbores
replebuntur
adpraehendit messis

tritura uindemiam
et uindemia occupauit
sementem
et comedetis panem uestrum
in saturitatem
et absq̄ pauore habitabitis
in terra uestra
dabo pacem in finib· uestris
dormietis et non erit
qui exterreat
auferam malas bestias
et gladius non transibit
terminos uestros
persequimini inimicos uestros et corruent
coram uobis
persequentur quinq̄ de uestris centum alienos
et centum ex uobis
decem milia
cadent inimici uestri inconspectu uestro gladio
respiciam uos et cres-
cere faciam
multiplicabimini et firmabo
pactum meum uobiscum
comedetis uetustissima
ueterum
et uetera nobis superuenien-
tib· proicietis
ponam tabernaculum meum
in medio uestri
et non abiciet uos anima mea
ambulabo inter uos et ero
uester d̄s
uosq̄ eritis populus meus
ego d̄ns d̄s uester qui eduxi
uos de terra aegyptiorum
ne seruiretis eis
et qui confregi catenas ceru-
cum uestrum ut in-
cederitis recti
Quod si non audieritis me
nec feceritis omnia

mandata mea
si spraeueritis leges meas
et iudicia mea con-
tempseritis
ut non faciatis ea quae a me
constituta sunt
et ad inritum perducatis
pactum meum
ego quoq̄ haec faciam uobis
uisitabo uos uelociter
in egestate et ardore
qui conficiat oculos uestros
et consumat animas
uestras
frustra seretis sementem
uestram quae ab hostib·
deuorabitur
ponam faciem meam
contra uos
et conruetis coram
inimicis uestris
et subiciemini his
qui oderunt uos
et fugietis nemine
persequente
Sin autem nec sic oboedi-
eritis mihi
addam correptiones ues-
tras septuplum prop-
ter peccata uestra
et conteram duritiam
superbiae uestrae
daboq̄ caelum uobis desuper
sicut ferrum et terram
aeream
consumetur incassum
labor uester
non proferet terra ger-
men nec arbores poma
praebebunt
si ambulaueritis ex ad-
uerso mihi
nec uolueritis audire me
addam plagas uestras

septuplum propter
  peccata uestra
emittamq; inuos bestias agri
  quae consumant etuos
  et pecora uestra
et ad paucitate cuncta
  redigant
deserteq; fiant uiae uestrae
quod si nec sic uolueritis
  recipere disciplinam
sed ambulaueritis
  ex aduerso mihi
ego quoq; contra uos
  uersus incedam
et percutiam uos septies
  propter peccata uestra
inducamq; super uos gladium
  ultorem foederis mei
cumq; fugetis inurbes mittam
  pestilentiam inmedio
  uestri
et tradam inhostium manib;
postquam confregero
  baculum panis uestri
ita ut decem mulieres coquant
  panes inuno clibano
et reddant eos ad pondus
et comedetis et non
  saturabimini
Si nautem nec per haec
  audieritis me
sed ambulaueritis
  contra me
et ego incedam aduersum uos
  infurore contrario
et corripiam uos septem
  plagis propter peccata
  uestra
ita ut comedatis carnes
  filiorum et filiarum
  uestrarum
destruam excelsa uestra
et simulacra confringam
cadetis interruinas

idolorum uestrorum
et abominabitur uos
  anima mea
intantum ut urbes uestras
  redigantur insolitudine
et deserta faciam sca
  aria uestra
nec recipiam ultra odo
  rem suauissimum
disperdamq; terram uestram
et stupebunt super ea ini
  mici uestri cum habita
  tores illius fuerint
uos autem dispergam
  ingentes
et euaginabo post uos
  gladium
eritq; terra uestra deserta
et ciuitates destructae
tunc placebunt terrae
  sabbata sua cunctis dieb;
  solitudinis suae
quando fueritis interra
  hostili
sabbatizabit et requiescet
  insabbatis solitudinis suae
eo quod non requieuerit
  insabbatis uestris quando
  habitabitis inea
et qui de uobis remanserint
dabo pauorem incordib;
  eorum inregionib; hostiu
terrebit eos sonitus
  folii uolantis
et ita fugient quasi gladium
  cadent nullo sequente
et corruent singuli super
  fratres suos quasi
  bella fugientes
nemo uestrum inimicis
  audebit resistere
peribitis intergentes
et hostilis uos terra
  consumet

quod si et de his aliqui
remanserint
tabescent in iniquitatib-
suis in terra inimico
rum suorum
et propter peccata patrum
suorum et sua adfligentur
donec confiteantur peccata
sua et maiorum suorum
quib- praevaricati
sunt in me
et ambulaverunt
ex adverso mihi
ambulabo igitur et
ego contra eos
et inducam illos inter
ram hostilem
donec erubescat incircum
cisa mens eorum
tunc orabunt pro impie
tatib- suis
et recordabor foederis mei
quod pepigi cum iacob
et isaac et abraham
terrae quoq- memor ero
quae cum relicta fuerit
ab eis
conplacebit sibi in sabbatis
suis patiens solitudinem
propter illos
ipsi vero rogabunt pro pec
catis suis eo quod abiece
rint iudicia mea et leges
meas despexerint
et tamen etiam cum essent
in terra hostili non pe
nitus abieci eos
neq- sic despexi ut con
sumerentur
et inritum facerem pactum
meum cum eis
ego enim sum dns
ds eorum
et recordabor foederis

mei pristini
quando eduxi eos de terra
aegypti in conspectu
gentium
ut essem dns ds eorum
ego dns
Haec sunt praecepta atq-
iudicia et leges
quas dedit dns inter se et
filios israhel in monte
sinai per manum mosi
Locutus q- est dns
ad mosen dicens
Loquere filiis israhel
et dices ad eos
homo qui votum fecerit
et spoponderit do
animam suam
sub aestimatione dabit
pretium si fuerit
masculus
a vicesimo usq- ad sexa
gesimum annum
dabit quinquaginta siclos
argenti ad mensuram
scuarii
similiter tricinta
a quinto autem anno
usq- ad vicesimum
masculus dabit viginti
siclos femina decem
ab uno mense usq-
ad annum quintum
pro masculo dabuntur quing-
sicli pro femina tres
sexagenarius et ultra mas
culus dabit quindecim
siclos femina decem
si pauper fuerit et aestima
tionem reddere non
valuit
statuet coram sacerdote
et quantum ille aestima
verit et viderit eum

posse reddere tantum
dabit
Animal autem quod immo
lari potest dno siquis
uouerit scm erit
et mutari non poterit
idest nec melius malo
nec peius bono
quod si mutauerit
et ipsum quod mutatum est
et illud pro quo mutatum
est consecratum erit dno
Animal inmundum quod immo
lari dno non potest siquis
uouerit adducetur
ante sacerdotem
qui iudicans utrum bonum
an malum sit statuet
praetium
quod si dare uoluerit is
qui offeret
addet supra aestimationis
quintam partem
Homo si uouerit domum suam
et scm fecerit dno
considerauit eam sacerdos
utrum bona an mala sit
et iuxta pretium quod ab
eo fuerit constitutum
uenundabitur
Sin autem ille qui uouerat
uoluerit redimere eam
dabit quintam partem
aestimationis supra
et habebit domum
quod si agrum possessionis
suae uouerit et con
secrauerit illum dno
iuxta mensuram sementis
aestimabitur pretium
Si triginta modiis hordei
seritur terra
quinquaginta siclis uen
detur argenti

Si statim ab anno incipientis
iobelei uouerit agrum
quanto ualere potest
tantum aestimabitur
Sin autem post aliquan
tum temporis
supputabit sacerdos
pecuniam
iuxta annorum qui reliqui
sunt numerum usq.
ad iobeleum
et detrahetur ex pretio
quod si uoluerit redimere
agrum ille qui uouerat
addet quintam partem
aestimatae pecuniae
et possidebit eum
Sin autem noluerit
redimere
sed alteri cuilibet fue
rit uenundatus
ultra eum qui uouerat
redimere non poterit
qui a cum iobelei uenerit
dies scificatus erit dno
et possessio consecrata
ad ius pertinet
sacerdotum
Si ager emptus et non de pos
sessione maiorum scifi
catus erit dno
supputauit sacerdos iuxta
annorum numerum usq.
ad iobeleum pretium
et dabit ille quod
uouerat dno
In iobeleo autem reuertetur
ad priorem dominum
qui uendiderat eam
et habuerat in sortem
possessionis suae
Omnis aestimatio siclo
scuarii ponderabitur
siclus uiginti obolos habet

Primogenita quae
   addnm pertinent
nemo scificare poterit
   etuouere
siue bos siuouis fuerit
   dni sunt
quod si inmundum est animal
redimet qui obtulit iuxta
   aestimationem suam
et addet quintam partem
   pretii si redimere nolu
   erit uendetur
quanto cumq. ate fuerit
   aestimatum
Omne quod dno consecratur
siue homo erit siue animal
   siue ager
non uenietur nec redimi
   poterit
quicquid semel fuerit
   consecratum scm
   scorum erit dno
et omnis consecratio quae
   offertur ab homine
non redimetur sed
   morte moriatur
Omnes decimae terrae
siue de frucib. siue de
   pomis arborum
dni sunt et illi scificantur
Siquis autem redimere
   uoluerit decimas suas
addet quintam partem
   earum
Omnium decimarum boues
   oues et caprae
quae sub pastoris uirga
   transeunt
quicquid decimum uenerit
   scificabitur dno
non elegetur nec bonum
   nec malum nec altero
   commutabitur
Siquis mutauerit

et quod mutatum est et
   pro quo mutatum est
scificabitur dno et non
   redimetur
haec sunt praecepta quae
   mandabit dns mosiad
   filios israhel in monte sinai

EXPL· LEVITICUS QUI HEBRAICE DICITUR VAIECRA · LEGE FELIX

INCIPIUNT CAPITULA LIBRI NUMERORUM

I Ubi praecepit dns mosi ut numerum
   totius populi a uiginti annis et
   supra omnium uirorum ac principū
   familiarum describat excepta
   tribu leui et qualiter castra
   promoueantur uel ponant
II Descriptio tribuas leuiticae
   et cui quis debeat in ministerio
   dni officio mancipari
III Ubi praecepit maculatos extra
   castra esse de uotis reos de aqua
   zelotipiae inter maritum
   et uxorem
IIII De consecratione nazareorum
   et oblationib. eorum quomodo
   sacerdotes populum benedicant
V De dedicatione tabernaculi et al
   taris et quid per duodecim dies
   singuli principes tribuum optu
   lerint de consecratione leuita
   rum et de lucernis contra aqui
   lonem ponendis ut mensam
   panum propositionis respiciant
VI De primo pascha in deserto et secun
   do eorum qui primum facere
   non potuerunt et tubis argen
   teis ad congregandum populū
   faciendis
VII Ubi mota castra cognato suo moses
   suadet ut ad terram promissi

onis secum pergat de murmura
tione populi et ignae iracundiae
di uindicantis in eos de desiderio
populi quaerentis carnes, cepas
et cucumeres et cetera. et no
lentium dulcissimum man de sep
tuaginta praespiteris prophe
tantib. et de coturnicib. ad come
dendum eis nascentib. addae
tis, et de sepulchris concupis
centiae

VIII De murmuratione aaron et mariae
et de lepra mariae, de explora
torib. ad terram promissionis
considerandam missis de fructuu
indiciis adlatis, de temptatione
populi et pauore defidioso ae
et chaleb, de iracundia di ubi per
se ipsum iurat nullum ex eis
terram promissam contingere

VIIII De spontaneis uotis de primitiis
separandis, de anima quae per
ignorantia uel per superbiam
peccat, de homine ligna colligen
te die sabbati quae sententia
debuit do imperante percelli,
de fimbriis in angulis palliorum

X De certamine dathan core et abiron
et de interitu eorum ubi populus
contra mosen et aaron proeis
murmura tus est, ubi ira exit a dno
et populum percutere coepit
et aaron turibulum cum tim
ama offerens prohibuerit uas
tatorem de uirgis XII et uirga
aaron frondescente

XI De custodia tabernaculi quod ad
sacerdotem pertineat, de pri
mogenitis redimendis et decimis
decimandis

XII De uitula rufa quae extra cas
tra mactatur, de expiatione,
de aqua contradictionis
et morte mariae

XIII Ubi moses nuntios mittit ad edom
transitum petens et prohibi
tus est, de morte aaron
in monte hor, de eleazaro suc
cessore de filio eius, de ser
pente aeneo denuntiis ad scon
regem amorraeorum directis

XIIII De balach rege et balaam maolo
ubi asina locuta est et quomo
do contrario benedixerit
populo israhel

XV Ubi populus initiatus est bel
phegor et ubi betons principes
populi suspendi in patibulis
deserto madianitae et in in
dicta fines in utroq. de bello
mazianitis inlato de populo
iterum numerato, de filiab.
salphaad hereditatem quae
rentib. de mosi morte prae
dicta et iosue ordinato
successore eius

XV De ritu sacrificii matutini et
holocausti faciendi per singu
los menses qui si in anno uer
tente succedunt, de oblatione
pentecosten, de oblatione
mensis tubarum et uotis
mulierum

XVI De interfectione mazianitarum
et praedae eorum, de petitione
rubenitarum et gaditarum,
ut in eadem terra animalium
merito sorte accipiant
et concisione mosi

XVII Hic profectionum loca comme
morat et ago in quam fixe
rint loca tentoriae

XVIII Ubi praecepit dns, qualiter ter
ras promissionis sorte
diuidant et tuna quaeq. trib.
cuius loci debeat fine concludi

XVIIII Ubi iubentur urbes infugitio
rum praesidia separari

et quisint qui debeant presi
dio confoueri filii filiorum
ioseph mosen interpellant
profiliab salphaad neheredi
tate donante inalia tribu con
iugia sortiantur nesortium
confusio fiat etaliorum pos
sessio adalteros transeat
aepraeceptae sunt intribu
sua inquibus uoluissent
coniugio sociari

EXPLIC CAPIT

INCIPIT LIBER

NUMERORUM QUI

APPELLATUR HEBRA

ICE UAIEDDABER

GLORIA IN DIUIDU
AE TRINITATI AMEN

Locutusque est dns ad
 mosen indeserto sinai
intabernaculo foederis
prima die mensis secundi
anno altero egressionis
 eorum exaegypto dicens
tollite summam uniuersae
 congregationis filiorum
 israhel
per cognationes etdomos
 suas etnomina singulorum
quicquid sexus est
 masculini
auicensimo anno etsupra
 omnium uirorum for
 tium exisrahel
etnumerabitis eos per
 turmas suas tu etaaron
eruntq uobiscum principes
 tribuum acdomorum
 incognationib suis
quorum ista sunt nomina
deruben elisur filius
 sedeur
de symeon salamihel
 filius surisaddai
deiuda naasson
 filius aminadab
de issachar nathanahel
 filius suar
dezabulon heliab
 filius helon
filiorum autem ioseph
deephraim helisama
 filius ammiud
demanasse gamalihel
 filius phadassur
debeniamin abidan
 filius gedeonis
dedan ahiezer filius
 ammisaddai
de aser phegihel
 filius ochram
degad heliasaph filius duhel

de nepthali abira
filius henan
hi nobilissimi principes
multitudinis
per trib· et cognationis suas
et capita exercitus isrl͞
quos tulerunt moses et
aaron cum omni uulgi
multitudine
et congregauerunt primo
die mensis secundi
recensentes eos per cogna
tiones et domos ac familias
et capita et nomina
singulorum
a uicensimo et supra anno
sicut praeceperat
dn͞s mosi
numeratiq· sunt in
deserto sinai
de ruben primogenito
israhelis
per generationes et fami
lias ac domos suas et no
mina capitum singulorum
omne quod sexus est
masculini
a uicensimo anno et supra
proccdentium ad bellum
quadraginta sex milia
quingenti
de filiis symeon per genera
tiones et familias ac domos
cognationum suarum
recenseti sunt per nomina
et capita singulorum
omne quod sexus est
masculini
a uicensimo anno et supra
proccdentium ad bellum
quinquaginta nouem
milia tricenti
de filiis gad per generationes
et familias ac domos

cognationum suarum
recenseti sunt per
nomina singulorum
a uicintiannis et supra
omnes qui ad bella
proccderent
quadraginta quinq· milia
sescenti quinquaginta
de filiis iuda per generati
ones et familias ac do
mos cognationum suaru͞
per nomina singulorum
a uicensimo anno et supra
omnes qui poterant
ad bella proccdere
recenseti sunt septua
cinta quattuor milia
sescenti
de filiis issachar per gene
rationes et familias
ac domos cognati
onum suarum
per nomina singulorum
a uicensimo anno et supra
omnes qui ad bella
proccderent
recenseti sunt quinqua
cinta quattuor milia
quadringenti
de filiis zabulon per gene
rationes et familias
ac domos cognati
onum suarum
recenseti sunt per
nomina singulorum
a uicensimo anno et supra
omnes qui poterant ad
bella proccdere
quinquacinta septem
milia quadringenti
de filiis ioseph filiorum
ephraim
per generationes et fami
lias ac domos

cognationum suarum
recenseti sunt per no
mina singulorum
a uicensimo anno et supra
omnes qui poterant
ad bella procedere
quadracinta milia
quingenti
Porro filiorum manasse
per generationes et fami
lias ac domos cogna
tionum suarum
recenseti sunt per
nomina singulorum
a uicinti annis et supra
omnes qui poterant
ad bella procedere
tricinta duo milia ducenti
De filiis beniamin per gene
rationes et familias ac do
mos cognationum suarum
recenseti sunt nominib.
singulorum
a uicensimo anno et supra
omnes qui poterant
ad bella procedere
tricinta quinq. milia
quadringenti
De filiis dan per generationes
et familias ac domos cog
nationum suarum
recenseti sunt nominib.
singulorum
a uicensimo anno et supra
omnes qui poterant
ad bella procedere
sexaginta duo milia
septingenti
De filiis aser per generati
ones et familias ac domos
cognationum suarum
recenseti sunt per nomina
singulorum
a uicensimo anno et supra

omnes qui poterant
ad bella procedere
quadracinta milia
et mille quingenti
De filiis nepthali per generati
ones et familias ac domos
cognationum suarum
recenseti sunt nominib.
singulorum
a uicensimo anno et supra
omnes qui poterant ad bella
procedere
quinquacinta quattuor
milia quadricenti
Hi sunt quos numerauerunt
moses et aaron et duode
cim principes israhel
singulos per domos cogna
tionum suarum
fuerantq. omnes
filiorum israhel
per domos et familias suas
a uicensimo anno et supra
qui poterant ad bella
procedere
sescenta tria milia uirorum
quingenti quinquacinta
Leuitae autem in tribu fami
liarum suarum non sunt
numerati cum eis
Locutus q. est dns
ad mosen dicens
tribum leui noli numerare
neq. ponas summam eorum
cum filiis israhel
sed constitue eos super
tabernaculum testimonii
cuncta uasa eius et quicquid
ad caerimonias pertinet
ipsi portabunt
tabernaculum et omnia
utensilia eius
et erunt in ministerio
ac per cirum tabernaculi

Numeri

metabuntur
cum proficiscendum fuerit
deponent leuitae
tabernaculum
cum castrametandum
erigent
quis quis externorum acces
serit occidetur
metabuntur autem castra
filii israhel
unus quisq. per turmas
et cuneos atq. exerci
tum suum
porro leuitae per gyrum taber
naculi figent tentoria
ne fiat indignatio super multi
tudinem filiorum israhel
et excubabunt in custodiis
tabernaculi testimonii
fecerunt ergo filii israhel
iuxta omnia quae prae
ceperat dns mosi
Locutus q. est dns ad mosen
et aaron dicens
singuli per turmas signa
atq. uexilla
et domos cognationum
suarum
castrametabuntur
filii israhel
per gyrum tabernaculi
foederis
ad orientem iudas figet
tentoria per turmas
exercitus sui
eritq. princeps filiorum eius
naasson filius aminadab
et omnis de stirpe eius
summa pugnantium
septuaginta quattuor milia
sescentorum
iuxta eum castrametati
sunt de tribu issachar
quorum princeps fuit

nathanahel filius suar
et omnis numerus
pugnatorum eius
quinquaginta quattuor
milia quadringenti
In tribu zabulon princeps
fuit heliab filius helon
omnis de stirpe eius ex
ercitus pugnatorum
quinquaginta septem
milia quadringenti
uniuersi qui in castris
iudae adnumerati sunt
fuerunt centum octoginta
sex milia quadringenti
et per turmas suas primi
egredientur
In castris filiorum ruben
ad meridianam placam
erit princeps elisur
filius sedeur
et cunctus exercitus
pugnatorum eius
qui numerati sunt
quadraginta sex milia
quingentorum
Iuxta eum castrametati
sunt de tribu symeon
quorum princeps fuit
salamihel filius
surisaddai
et cunctus exercitus
pugnatorum eius
qui numerati sunt
quinquaginta nouem
milia trecenti
In tribu gad princeps
fuit eliasaph
filius duhel
et cunctus exercitus
pugnatorum
eius qui nume
rati sunt
quadraginta quinq. milia

milia sescenti quin
quaginta
omnes qui recensetisunt
incastris ruben
centum quinquaginta milia
et mille quadringenti
quinquaginta
per turmas suas in secundo
loco proficiscentur
leuabitur autem taberna
culum testimonii
per officia leuitarum
et turmas eorum
quomodo erigetur ita
et deponetur
singuli per loca et ordines
suos proficiscentur
ad occidentalem plagam
erunt castra filiorum
ephraim
quorum princeps fuit eli
sama filius ammiud
cunctus exercitus pugna
torum eius quinume
rati sunt
quadraginta milia
quingenti
Et cum eis trib. filiorum
manasse
quorum princeps fuit gama
libel filius phadassur
cunctus exercitus pugnato
rum eius quinumeratisunt
triginta duo milia ducenti
Intribu filiorum beniamin
princeps fuit abidan
filius gedeonis
et cunctus exercitus
pugnatorum eius qui
numerati sunt
triginta quinque
milia quadrin
centi
omnes qui numerati sunt

incastris ephraim
centum octo milia centum
per turmas suas tertii
proficiscentur
ad aquilonis partem castra
metati sunt filii dan
quorum princeps fuit abie
zer filius ammis addai
cunctus exercitus pugna
torum eius qui nume
rati sunt
sexaginta duo milia
septingenti
Iuxta eum fixere tentoria
de tribu aser
quorum princeps fuit phegi
hel filius ochran
cunctus exercitus pugna
torum eius qui nume
ratisunt
quadraginta milia et mille
quingenti
De tribu filiorum nepthalim
princeps fuit ahira
filius henan
cunctus exercitus pugna
torum eius
quinquaginta tria milia
quadringenti
omnes qui numerati sunt
incastris dan
fuerunt centum quinqua
ginta septem milia
sescenti
et nouissimi proficiscentur
hic numerus filiorum isrl.
per domos cognationum
suarum
et turmas diuisi exercitus
sescenta tria milia quin
centi quinquaginta
Leuitae autem non
sunt numerati inter
filios israhel.

Sic enim praecepit dns mosi
feceruntq. filii israhel
iuxta omnia quae
mandauerat dns
castrametati sunt per
turmas suas
et profecti per familias ac
domos patrum suorum
III. Haec sunt generationes
aaron et mosi
in die qua locutus est dns
ad mosen in monte sinai
et haec nomina filiorum aaron
primogenitus eius nadab
dein abiu et eleazar
et ithamar
haec nomina filiorum
aaron sacerdotum
qui uncti sunt et quorum
repletae et consecratae
manus ut sacerdotio
fungerentur
mortui sunt nadab et abiu
cum offerrent ignem alienum
in conspectu dni in deserto
sinai absq. liberis
functiq. sunt sacerdotio
eleazar et ithamar coram
aaron patre suo
Locutus est dns ad mosen dicens
applica tribum leui et fac
stare in conspectu
aaron sacerdotis
ut ministrent ei et excubent
et obseruent
quicquid ad cultum pertinet
multitudinis
coram tabernaculo
testimonii
et custodiant uasa taber
naculi seruientes in
ministerio eius
dabisq. dono leuitas
aaroni et filiis eius

quib. traditi sunt a filiis isrl.
aaron autem et filios eius
constitues super cultum
sacerdotii
exterus qui ad ministrandum
accesserit morietur
Locutus est dns ad mosen
dicens
ego tuli leuitas a filiis israhel
pro omni primogenito
qui aperit uuluam
in filiis israhel
eruntq. leuitae mei
meum est enim omne
primogenitum
ex quo percussi primogeni
tos in terra aegypti
scificaui mihi quicquid
primum nascitur in isrl.
ab homine usq. ad pecus
mei sunt ego dns
Locutus est dns ad mosen
in deserto sinai dicens
numera filios leui per domos
patrum suorum
et familias
omnem masculum ab uno
mense et supra
numerauit moses ut
praeceperat dns
et inuenti sunt filii leui
per nomina sua
gerson et caath et merari
filii gerson lebni et semei
filii caath amram et iessaar
hebron et ozibel
filii merari mooli et musi
de gerson fuere familiae
duae lebnitica et semeitica
quarum numeratus est
populus sexus masculini
ab uno mense et supra
septem milia quingentorum
hii post tabernaculum

metabuntur ad occidentem
sub principe eliasaph
filio lahel
et habebunt excubias in
tabernaculo foederis
ipsum tabernaculum et
operimentum eius
tentorium quod trahitur
ante fores tecti foederis
et cortinas atrii
tentorium quoq. quod appen
ditur in introitu atrii
tabernaculi
et quicquid ad ritum
altaris pertinet
funes tabernaculi et
omnia utensilia eius
Cognatio caath habebit
populos
amramitas et iessaaritas
et hebronitas et ozi
helitas
hae sunt familiae
caathitarum
recensetae per nomina sua
omnes generis masculini
ab uno mense et supra
octo milia sescenti
habebunt excubias sanctuarii
et castra metabuntur
ad meridianam placam
princeps q. eorum erit elisa
phan filius oziel
et custodient arcam mensam
que et candelabrum
altaria et uasa sanctuarii
in quib. ministratur
et uelum cunctam q. huius
cemodi supellectilem
princeps autem principum
leuitarum
elezar filius aaron
sacerdotis
erit super excubitores

custodiae sanctuarii
a gerson demerari erunt
populi moolitae
et musitae
recenseti per nomina sua
omnes generis masculini
ab uno mense et supra
sex milia ducenti
princeps eorum surihel
filius abihihel
in placa septentrionali
castra metabuntur
erunt sub custodia eorum
tabulae tabernaculi et
uectes et columnae
ac bases earum
et omnia quae ad cultum
huius cemodi pertinent
columnae q. atrii per circu
itum cum basib. suis
et paxilli cum funib. suis
Castra metabuntur ante
tabernaculum foederis
id est ad orientalem placam
moses et aaron cum
filiis suis
habentes custodiam sanctuarii
in medio filiorum israhel
quisquis alienus acces
serit morietur
omnes leuitae quos numera
uerunt moses et aaron
iuxta praeceptum dni
per familias suas in genere
masculino
a mense uno et supra
fuerunt uiginti duo milia
et ait dns ad mosen
numera primogenitos sexus
masculini de filiis israhel
a mense uno et supra
et habebis summam eorum
tolles q. leuitas mihi pro
omni primogenito

filiorum israhel.
ego sum dns
et pecora eorum prouniuer
sis primocenitis pecoris
filiorum israhel.
Recensuit moses sicut prae
ceperat dns primocenitos
filiorum israhel.
et fuerunt masculi per
nomina sua amense uno
et supra
uiginti duo milia ducenti
septuaginta tres
Locutus q. est dns ad mosen
tolle leuitas pro primoceni
tis filiorum israhel.
et pecora leuitarum
pro pecorib; eorum
eruntq. leuitae mei
ego sum dns
In pretio autem ducento
rum septuaginta trium
qui excedunt numerum
leuitarum
de primocenitis filiorum
israhel.
Accipies quinq; siclos per sin
gula capita ad mensuram
scuarii
Siclus habet obolos uiginti
dabis q. pecuniam aaron
et filiis eius
pretium eorum qui
supra sunt
tuliticitur moses pecuniam
eorum qui fuerant amplius
et quos redemerant aleui
tis pro primocenitis
filiorum israhel.
mille trecentorum sexa
ginta quinq. siclorum
juxta pondus scuarii
et dedit eam aaroni
et filiis eius

juxta uerbum quod
praeceperat dns
iiii Locutus q. est dns ad mosen
et aaron dicens
tolle summam filiorum caath
de medio leuitarum
per domos et familias suas
a tricesimo anno et supra
usq. ad quinquagesimum
annum
omnium qui ingrediantur
ut stent et ministrent
in tabernaculo foederis
hic est cultus filiorum caath
tabernaculum foederis
et scm scorum ingredi
entur aaron et filii eius
quando mouenda sunt
castra
et deponent uelum quod
pendet ante fores
in uoluent q. eo arcam
testimonii
et operient rursum uela
mine ianthinarum pellium
extendent q. desuper pallium
totum hiacinthinum
et inducent uectes
mensam quoq. propositionis
inuoluent hiacintino
pallio
et ponent cum ea turibula
et mortaria et ciatos
et crateras ad liba
fundenda
panes semper in ea erunt
extendent q. desuper
pallium coccineum
quod rursum operient
uelamento ianthina
rum pellium
et inducent uectes
sument et pallium
hiacinthinum

quo operient candelabrum
cum lucernis et for
cipib; suis.
et emunctoriis et cunctis
uasis olei quae ad concin
nandas lucernas neces
saria sunt
et super omnia ponent
operimentum ianthi
narum pellium
et inducent uectes
nec non et altare aureum
inuoluent hyacinthino
uestimento
et extendent desuper
operimentum ianthi
narum pellium
inducentq; uectes
Omnia uasa inquib; mini
stratur insctuario
inuoluent hyacinthino
pallio
et extendent desuper
operimentum ianthi
narum pellium
inducentq; uectes
Sed et altare mundabunt
cinere et inuoluent illud
purpureo uestimento
ponentq; cum eo omnia
uasa quib; in ministerio
eius utuntur
id est ignium receptacula
fuscinulas ac tridentes
uncinos et uatilla
cuncta uasa altaris operient
simul uelamine ianthi
narum pellium
et inducent uectes
Cumq; inuoluerint aaron
et filii eius sctuarium et
omnia uasa eius in commo
tione castrorum
tunc intrabunt filii caath

ut portent inuoluta et non
tangant uasa sctuarii
ne moriantur
Ista sunt onera filiorum
caath in tabernaculo
foederis
super quos erit eleazar
filius aaron sacerdotis
ad cuius pertinet curam
olei ad concinnandas
lucernas
et compositionis incensum
et sacrificium quod
semper offertur
et oleum unctionis
et quicquid ad cultum
tabernaculi pertinet
omniumq; uasorum quae
in sctuario sunt.
Locutusq; est dns ad mosen
et aaron dicens
Nolite perdere populum
caath de medio leuitarum
sed hoc facite eis ut uiuant
et non moriantur si teti
gerint scasctorum
aaron et filii eius intrabunt
ipsiq; disponent opera
singulorum
et diuident quid portare
quis debeat
Nulla curiositate uide
ant quae sunt in sctuario
prius quam inuoluantur
alioquin morientur
Locutus est dns
ad mosen dicens
Tolle summam etiam
filiorum gerson
per domos ac familias
et cognationes suas
a triginta annis et supra
usq; ad annos quinquaginta
numera

omnes qui ingrediuntur
et ministrant in taber
naculo foederis
hoc est officium familiae
gersonitarum
ut portent cortinas taber
naculi et tectum foederis
operimentum aliud et super
omnia aelamen ianthinum
tentoriumq. quod pendet
in introitu foederis
tabernaculi
cortinas atrii et uelum
in introitu quod est
ante tabernaculum
omnia quae ad altare
pertinent
funiculos et uasa ministerii
tollent aaron et filii eius
portabunt filii gerson
et scient singuli cui debeant
oneri mancipari
hic est cultus familiae ger
sonitarum in taberna
culo foederis
eruntq. sub manu ithamar
filii aaron sacerdotis
filios quoq. merari per
familias et domos patrum
suorum recensebis
a triginta annis et supra usq.
ad annos quinquaginta
omnes qui ingrediuntur
ad officium ministerii
sui et cultum foederis
testimonii
haec sunt onera eorum
portabunt tabulas taber
naculi et uectes eius
columnas et bases earum
columnas quoq. atrii
per circuitum
cum basib. et paxillis
et funib. suis

omnia uasa et supellectilem
ad numerum accipient
sicq. portabunt
hoc est officium familiae
meraritarum
et ministerium in taber
naculo foederis
eruntq. sub manu ithamar
filii aaron sacerdotis
recensuerunt igitur moses
et aaron et principes
synagogae
filios caath per cognationes
et domos patrum suorum
a triginta annis et supra
usq. ad annos quinqua
ginta
omnes qui ingrediuntur
ad ministerium taber
naculi foederis
et inuenti sunt duo milia
septingenti quinquaginta
hic est numerus populi
caath qui intrat taber
naculum foederis
hos numerauit moses
et aaron
iuxta sermonem dni
per manum mosi
numerati sunt et filii gerson
per cognationes et domos
patrum suorum
a triginta annis et supra usq.
ad annum quinquagesimum
omnes qui ingrediuntur
ut ministrent in taber
naculum foederis
et inuenti sunt duo milia
sescenti triginta
hic est populus gerso
nitarum
quos numerauerunt
moses et aaron iuxta
uerbum dni

numerati sunt et filii mera
ri per cognationes et domos
patrum suorum
a triginta annis et supra
usq; ad annum quinqua
gesimum
omnes qui ingrediuntur
ad explendos ritus
tabernaculi foederis
et inuenti sunt tria milia
ducenti
hic est numerus filio
rum merari
quos recensuerant
moses et aaron
iuxta imperium dni
per manum mosi
omnes qui recenseti
sunt deleuitis
et quos fecit ad nomen moses
et aaron et principes
israhel
per cognationes et domos
patrum suorum
a triginta annis et supra
usq; ad annum quinqua
gesimum
ingredientes ad ministe
rium tabernaculi
et onera portanda
fuerunt simul octo milia
quingenti octoginta
iuxta uerbum dni recen
suit eos moses
unum quemq; iuxta offi
cium et onera sua
sicut praeceperat ei dns

V̄ Locutus q; dns ad mosen
dicens
praecipe filiis israhel. ut eici
ant de castris
omnem leprosum et qui
semine fluit pollutusq;
est super mortuo
tam masculum quam femi
nam eicite de castris
ne contaminent ea cum habi
tauerint uobiscum
feceruntq; ita filii israhel
et eiecerunt eos extra
castra
sicut locutus erat dns mosi
Locutus est dns
ad mosen dicens
loquere ad filios israhel
uir siue mulier cum fece
rint ex omnib; peccatis
quae solent hominib;
accidere
et per neglegentiam trans
gressi fuerint mandatum
dni atq; deliquerint
confitebuntur pecca
tum suum
et reddent ipsum caput
quintamq; partem de
super ei inquem
peccauerant
si autem non fuerit
qui recipiat
dabunt dno et erit sacer
dotis
excepto ariete qui offer
tur pro expiatione ut sit
placabilis hostia
omnes quoq; primitiae quas
offerunt filii israhel
ad sacerdotem pertinent
et quicquid in sanctuarium
offertur a singulis
et traditur manib; sacerdo
tis ipsius erit
Locutus est dns
ad mosen dicens
loquere ad filios israhel
et dices ad eos
uir cuius uxor errauerit
maritumq; contemnens

numeri

dormierit cum alio uiro
et hoc maritus deprehen
dere non qualuerit
sed latet adulterium
et testib arcui non potest
quia non es inuenta
in stupro
si spiritus zelotipiae con
citauerit uirum contra
uxorem suam
quae uel polluta est uel falsa
suspicione appetitur
adducet eam ad sacerdotem
et offeret oblationem
pro illa
decimam partem satifari
nae hordeaciae
non fundet super eam oleum
nec imponet thus
quia sacrificium zelotipiae
est et oblatio inuestigans
adulterium
offeret igitur eam sacerdos
et statuet coram dno
assumet q. aquam scam
inuase fictili
et pauxillam terrae de pau
mento tabernaculi
mittet in eam
cumq. steterit mulier
in conspectu dni
discooperiet caput eius et
ponet super manus illius
sacrificium recordatio
nis et oblationem
zelotipiae
ipse autem tenebit aquas
amarissimas
in quib. cum execratione
maledicta congessit
adiurabitq. eam et dicet
si non dormiuit uir
alienus tecum
et si non polluta es

deserto mariti toro
non tenocebunt aquae istae
amarissimae in quas
maledicta congessi
sin autem declinasti a uiro
tuo atq. polluta es
et concubuisti cum altero
his maledictionib. subiacebis
det te dns in maledictionem
exemplum q. cunctorum
in populo suo
putrescere faciat femur
tuum et tumens uterus
disrumpatur
ingrediantur aquae male
dictae in uentrem tuum
et utero tumescente
putrescat femur
et respondebit mulier
amen amen
scribet q. sacerdos in
libello ista maledicta
et delebit ea aquis amaris
simis in quas maledicta
congessit
et dabit ei bibere
quas cum exhauserit
tollet sacerdos de manu
eius sacrificium zelotipiae
et eleuabit illud coram dno
imponet q. super altare
ita dum taxat ut prius pugil
lum sacrificii tollat de eo
quod offertur
et incendat super altare
et sic potum det mulieri
aquas amarissimas
quas cum biberit
si polluta est et contempto
uiro adulteri rea
pertransibunt eam aquae
maledictionis
et inflato uentre con
putrescet femur

eritq̄ mulier inmaledictio
nem et inexemplum
omni populo
quod si pollata non fuerit
erit innoxia et faciet
liberos
Ista est lex zelotipiae si de
clinauerit mulier auiro
suo et si pollata fuerit
maritusq̄ zelotipiae spiritu
concitatus adduxerit eam
in conspectu dn̄i
et fecerit ei sacerdos iuxta
omnia quae scripta sunt
maritus absq̄ culpa erit
et illa recipiet iniqui
tatem suam
VIII Locutus est dn̄s ad mosen
dicens
Loquere ad filios israhel
et dices ad eos
Uir siue mulier cum fecerint
uotum ut sc̄ificentur
et se uoluerint dn̄o
consecrare
uino et omne quod inebriare
potest abstinebunt
acetum exuino et exqualibet
alia potione
et quicquid deuua exprimi
tur non bibent
uuas recentes siccas q̄
non comedent
cunctis dieb; quib; exuoto
dn̄o consecrantur
quicquid exuinea esse potest
abuua passa usq̄ adacinum
non comedent
Omni tempore separationis
suae nouacula non transi
bit per caput eius
usq̄ ad conpletum diem
quo dn̄o consecratur
sc̄s erit crescente caesarie

capitis eius
Omni tempore consecrati
onis suae super mortuum
non ingredietur
Nec super patris quidam et
matris et fratris sororis
q̄ funere contaminabitur
quia consecratio dī sui
super caput eius est
Omnes dies separationis suae
sc̄s erit dn̄o
Sin autem mortuus fuerit
subito quispiam coram eo
polluetur caput con
secrationis eius
quod radet ilico et in eadem
die purgationis suae et
rursum septima
In octauo autem die offeret
duos turtures uel duos
pullos columbae sacerdoti
in introitu foederis
testimonii
facietq̄ sacerdos unum pro
peccato et alterum
inholocaustum
et deprecabitur pro eo qui
peccauit super mortuo
sc̄ificauitq̄ caput eius
in die illo
et consecrabit dn̄o dies
separationis illius
offerens agnum anniculam
pro peccato
ita tamen ut dies priores
irriti fiant
quoniam pollata est
sc̄ificatio eius
Ista est lex consecrationis
cum dies quos exuoto
decreuerat comple
buntur
adducet eum ad ostium
tabernaculi foederis

et offeret oblationem
 eius dño
agnum anniculum immacu
 latum inholocaustum
et ouem anniculam imma
 culatam propeccato
et arietem immaculatum
 hostiam pacificam
canistrum quoq. panum
 azimorum quicon
 spersi sint oleo
et lagana absq. fermento
 uncta oleo ac libamina
 singulorum
quae offeret sacerdos
 coram dño
et faciet tam propeccato
 quam inholocaustum
arietem uero immolabit
 hostiam pacificam dño
offerens simul canistrum
 azimorum et libamenta
 quae exmore debentur
tunc radetur nazoreus
 ante ostium tabernaculi
 foederis cæsariae con
 secrationis suae
tolletq. capillos eius
 et ponet super ignem
 qui est suppositus sacri
 ficio pacificorum
et armum coctum arietis
 tortam q. absq. fermento
 unam decanistro et laga
 num azimum unum
et tradet inmanib. nazorei
 postquam rasum fuerit
 caput eius
susceptaq. rursum abeo
 eleuabit inconspectu dñi
et scificata sacerdotis erunt
 sicut pectus calum
 quod separatus sum
 est et femur

posthaec potest bibere
 nazoraeus uinum
ista est lex nazorei cumuoue
 rit oblationem suam dño
 tempore consecrati
 onis suae
exceptis his quae inuene
 rit manus eius
iuxta quod mente deuouerat
 ita faciet adperfectionem
 scificationis suae
Locutus est dñs admosen
 dicens
Loquere aaron et filiis eius
 sic benedicetis filiis israhel
 et dicetis eis
Benedicat tibi dñs et
 custodiat te
Ostendat dñs faciem suam
 tibi et misereatur tui
Conuertat dñs uultum suum
 adte et det tibi pacem
Inuocabunt nomen meum
 super filios israhel et
 ego benedicam eis
Factum est autem indie qua
 conpleuit moses taberna
 culum et erexit illud
unxitq. et scificauit cum
 omnib. uasis suis
altare similiter et uasa eius
obtulerunt principes isra
 hel et capita familiarum
 qui erant persingulas trib.
praefectiq. eorum quinume
 rati fuerant munera
 coram dño
sex plaustra tecta cum
 duodecim bub.
unum plaustrum obtulere
 duo duces et unum
 bouem singuli
obtuleruntq. ea incon
 spectu tabernaculi

ait autem dns ad mosen
suscipe abeis utseruiant in
  ministerio tabernaculi
et tradas ea leuitis iuxta
  ordinem ministerii sui
Itaq. cum suscepisset moses
  plaustra etboues tra
  didit eos leuitis
duo plaustra etquattuor
  boues dedit filiis gerson
iuxta id quod habebant
  necessarium
quattuor plaustra alia
  et octo boues dedit
  filiis merari
secundum officia
  et cultum suum
sub manu ithamar filii
  aaron sacerdotis
filiis autem caath nondedit
  plaustra etboues
quia insctuario seruiunt
  et onera propriis por
  tant umeris
Igitur obtulerunt duces
  indedicationem altaris
  die quaunctū est
oblationem suam
  ante altare
dixitq. dns admosen
singuli duces persin
  gulos dies
offerant munera indedi
  cationem altaris
primo die obtulit oblationē
  suam naasson filius amina
  dab detribu iuda
fueruntq. inea acetabulum
  argenteum pondo centum
  triginta siclorum
fiala argentea habens
  septuaginta siclos
  iuxta pondus sctuarii
utramq. plenum simila

con spersa oleo in
  sacrificium
mortariolum exdecem
  siclis aureis plenum
  incenso
bouem dearmento et ari
  etem etagnum anniculū
  inholocaustum hircumq.
  propeccato
et insacrificio pacificorum
  boues duos arietes quinq.
  hircos quinq. agnos anni
  culos quinq.
haec est oblatio naasson
  filii aminadab
Secundo die obtulit natha
  nabel filius suar dux de
  tribu issachar acetabulum
  argenteum
appendens centum
  triginta siclos
fialam argenteam habentem
  septuaginta siclos iuxta
  pondus sctuarii
utramq. plenum simila
  conspersa oleo insacri
  ficium
mortariolum aureum
  habens decem siclos
  plenum incenso
bouem dearmento et ari
  etem etagnum anniculum
  inholocaustum hircumq.
  propeccato
et insacrificio pacificorum
  boues duos arietes quinq.
  hircos quinq. agnos
  annicul.os quinq.
haec fuit oblatio natha
  nabel filii suar
Tertio die princeps fili
  orum zabulon heliab
  filius helon
obtulit acetabulum argen

teaM appendens centum
triginta siclos
fialam argenteam habentem
septuaginta siclos ad
pondus sanctuarii
utramq. plenam simila
conspersa oleo in
sacrificium
mortariolum aureum appen
dens decem siclos ple
num incenso
Bouem de armento arietem
et agnum annicalum in
holocaustum hircumq.
pro peccato
et in sacrificio pacificorum
boues duos arietes quinq.
hircos quinq. agnos annica
los quinq.
haec est oblatio heliab
filii helon
Die quarto princeps filio
rum Ruben helisur
filius sedeur
obtulit acetabulum argen
team appendens centum
triginta siclos
fialam argenteam haben
tem septuaginta siclos
ad pondus sanctuarii
utramq. plenam simila
conspersa oleo in
sacrificium
mortariolum aureum
appendens decem siclos
plenum incenso
Bouem de armento et ari
etem et agnum annicalum
in holocaustum hircumq.
pro peccato
et in hostias pacificorum
boues duos arietes quinq.
hircos quinq. agnos anni
culos quinq.

haec fuit oblatio helisur
filii sedeur
Die quinto princeps filiorum
Symeon salamihel filius
surisaddai
obtulit acetabulum argen
team appendens centum
triginta siclos
fialam argenteam habentem
septuaginta siclos ad
pondus sanctuarii
utramq. plenam simila
conspersa oleo in
sacrificium
mortariolum aureum q.
appendens decem siclos
plenum incenso
Bouem de armento et arie
tem et agnum annicalum
in holocaustum
hircumq. pro peccato
et in hostias pacificorum
boues duos arietes quinq.
hircos quinq. agnos
annicalos quinq.
haec fuit oblatio salamihel
filii surisaddai
Die sexto princeps filiorum
Gad heliasaph filius dabel
obtulit acetabulum argen
team appendens centum
triginta siclos
fialam argenteam habentem
septuaginta siclos
ad pondus sanctuarii
utramq. plenam simila
conspersa oleo in sacri
ficium
mortariolum aureum
appendens siclos decem
plenum incenso
Bouem de armento et ari
etem et agnum annica
lum in holocaustum

hircum q. pro peccato
et in hostias pacificorum
boues duos arietes quinq.
hircos quinq. agnos
anniculos quinq.
haec fuit oblatio heli-
asaph filii duhel.
Die septimo princeps filiorum ephraim helisama
filius ammiud
obtulit acetabulum argen-
teum appendens centum
triginta siclos
fialam argenteam habentem
septuaginta siclos ad
pondus sctuarii
utramq. plenam simila conspersa oleo in sacrificium
mortariolum auream
appendens decem siclos
plenum incenso
Bouem de armento et arie-
tem et agnum anniculum
in holocaustum
hircum q. pro peccato
et in hostias pacificorum
boues duos arietes quinq.
hircos quinq. agnos
anniculos quinq.
haec fuit oblatio helisama
filii ammiud
Die octauo princeps filiorum
manasse gamaliel
filius phadassur
obtulit acetabulum argen-
teum appendens centum
triginta siclos
fialam argenteam habentem
septuaginta siclos
ad pondus sctuarii
utramq. plenam simila conspersa oleo in sacrificium
mortariolum auream
appendens decem siclos

plenum incenso
Bouem de armento et arietem
et agnum anniculum in holocaustum hircum q. pro peccato
et in hostias pacificorum
boues duos arietes quinq.
hircos quinq. agnos
anniculos quinq.
haec fuit oblatio gamaliel
filii phadassur
Die nono princeps filiorum
beniamin abidan filius
gedeonis
obtulit acetabulum argen-
teum appendens centum
triginta siclos
fialam argenteam habentem
septuaginta siclos ad
pondus sctuarii
utramq. plenam simila conspersa oleo in sacrificium
mortariolum auream
appendens decem siclos
plenum incenso
Bouem de armento et arie-
tem et agnum anniculum
in holocaustum
hircum q. pro peccato
et in hostias pacificorum
boues duos arietes quinq.
hircos quinq. agnos
anniculos quinq.
haec fuit oblatio abidan
filii gedeonis
Die decimo princeps filiorum
dan abiezer filius
amisaddai
obtulit acetabulum argen-
teum appendens centum
triginta siclos
fialam argenteam habentem
septuaginta siclos ad pondus sctuarii
utramq. plenam simila con-

spersa oleo insacrificium
mortariolum aureum appen
dens decem siclos
plenum incenso
Bouem dearmento etari
etem etagnum annicalum
inholocaustum
hircumq. propeccato
etinhostias pacificorum
boues duos arietes quinq.
hircos quinq. agnos
annicalos quinq.
haec fuit oblatio abiezer
filii amisaddai
Die undecimo princeps
filiorum aser. phaca
ihel. filias ochran
obtulit acetabulum argen
teum appendens centum
triginta siclos
fialam argenteam habentem
septuaginta siclos
ad pondus sctuarii
utrumq. plenum simila con
spersa oleo insacrificium
mortariolum aureum appen
dens decem siclos
plenum incenso
Bouem dearmento etari
etem etagnum annicalum
inholocaustum
hircumq. propeccato
etinhostias pacificorum
boues duos arietes quinq.
hircos quinq. agnos
annicalos quinq.
haec fuit oblatio phacaibel.
filii ochram
Die duodecimo princeps
filiorum nepthalim
achira filius benan
obtulit acetabulam argen
teum appendens centum
triginta siclos

fialam argenteam habentem
septuaginta siclos ad
pondus sctuarii
utrumq. plenum simila con
spersa oleo insacrificium
mortariolum aureum
appendens decem siclos
plenum incenso
Bouem dearmento etari
etem etagnum annicalum
inholocaustum
hircumq. propeccato
etinhostias pacificorum
boues duos arietes quinq.
hircos quinq. agnos
annicalos quinq.
haec fuit oblatio achira
filii benan
haec indedicatione altaris
oblata sunt aprincipib.
israhel indie quacon
secratum est
Acetabula argentea
duodecim
fialae argenteae duodecim
mortariola aurea
duodecim
itaut centum triginta argenti
siclos haberet unum
acetabulum
etseptuaginta siclos
una fiala
idest incommune uasorum
omnium exargento
sicli duo milia quadringenti
pondere sctuarii
mortariola aurea. xii.
plena incenso
denos siclos appendentia
pondere sctuarii
idest simul auri sicli. cxx.
Boues dearmento inholo
caustum duodecim
arietes duodecim

agni anniculi LXII· et liba
menta eorum
hircos XII· pro peccato
hostiae pacificorum
boues XX et quattuor arie
tes LX hirci LX agni
anniculi LX·
haec oblata sunt in dedica
tione altaris quando
uncta est
cumq· ingrederetur moses
tabernaculum foederis
ut consuleret oraculum
audiebat uocem loquentis
ad se de propitiatorio
quod erat super arcam tes
timonii inter duos cheru
bim unde et loquebatur ei
Locutus est dns ad mosen
dicens
Loquere aaron et dices ad eum
cum posueris septem
lucernas
contra eam partem quam
candelabrum respicit
lucere debebunt
fecitq· aaron et imposuit
lucernas super candela
brum ut praeceperat
dns mosi
haec autem erat factura
candelabri
ex auro ductili tam medius
stipes quam cuncta quae
ex utroque latere
nascebantur
iuxta exemplum quod osten
dit dns mosi ita operatus
est candelabrum
Et locutus est dns
ad mosen dicens
tolle leuitas de medio
filiorum israhel
et purificabis eos iuxta

hunc ritum
asparcantur aqua lustrati
onis et radant omnes
pilos carnis suae
cumq· lauerint uestimenta
sua et mundati fuerint
tollant bouem de armentis
et libamentum eius simi
lam oleo conspersam
bouem autem alterum
de armento tu accipies
pro peccato
et applicabis leuitas
coram tabernaculo
foederis
conuocata omni multitu
dine filiorum israhel
cumq· leuitae fuerint
coram dno
ponent filii israhel manus
suas super eos
et offeret aaron leuitas
manus in conspectu dni
a filiis israhel
ut seruiant in mini
sterio eius
leuitae quoq· ponent
manus suas super
capita boum
e quib· unam facies
pro peccato
et alteram in holo
caustum dni
ut depreceris pro eis
statuesq· leuitas in con
spectu aaron et
filiorum eius
et consecrabis oblatos dno
ac separabis de medio
filiorum israhel
ut sint mei
et postea ingrediantur
tabernaculum foederis
ut seruiant mihi

sicque purificabis et consecrabis eos inoblati-
onem dni
quoniam dono donati sunt
mihi a filiis israbel
pro primogenitis quaecumque
aperiunt omnem uuluam
in israbel accipi eos
mea sunt omnia primogenita
filiorum israbel
tam exhominib; quam
ex iumentis
exdie quo percussi omnem
primogenitum interra
aegypti sctificaui eos mihi
et tuli leuitas pro cunctis
primogenitis filiorum
israbel
tradidiq; eos dono aaroni et
filiis eius demedio populi
ut seruiant mihi pro israbel
intabernaculo foederis
et orent pro eis ne sit in
populo plaga siausi fue-
rint accedere ad sctuarium
feceruntq; moses et aaron
et omnis multitudo filio-
rum israbel super leuitis
quae praeceperat dns mosi
purificatiq; sunt et lauerunt uestimenta sua
eleuauitq; eos aaron
inconspectu dni
et orauit pro eis atque purificati ingrederentur ad
officia sua intaberna-
culum foederis
coram aaron et filiis eius
sicut praecepit dns mosi
deleuitis itafactum est
Locutus est dns admosen
dicens
haec est lex leuitarum
auicinti quinq; annis etsupra

ingredientur ut ministrent
intabernaculo foederis
cumq; quinquagesimam annum
aetatis impleuerint
seruire cessabunt
eruntq; ministri fratrum
suorum intabernaculo
foederis
ut custodiant quae sibi fuerint commendata
opera autem ipsa non faciant
sic dispones leuitas
in custodiis suis ·ii·
Locutus est dns admosen
inmonte sinai anno secundo
postquam egressi sunt
deterra aegypti mense
primo dicens
faciant filii israbel phase
intempore suo
quartadecima die mensis
huius ad uesperam
iuxta omnes caerimonias et
iustificationes eius
praecepitq; moses filiis isrl
ut facerent phase
qui fecerunt tempore suo
quartadecima die mensis ad
uesperam inmonte sinai
iuxta omnia quae mandaue-
rat dns mosi fecerunt
filii israbel
Ecce autem quidam immundi
super animam hominis
qui non poterant facere
pascha indie illo
accedentes admosen
et aaron dixerunt eis
immundi sumus super
animam hominis
quare fraudamur ut non
ualeamus offerre obla-
tionem dno intempore
suo inter filios israbel

quib· respondit moses
state ut consulam quid prae
cipiat dns de uobis
Locutus q. est dns
ad mosen dicens
Loquere filiis israhel.
homo qui fuerit inmundus
super anima siue in uia pro
cul. ingente uestra
faciat phase dno mense
secundo
quarta decima die mensis
aduesperam
cum azimis et lactucis agre
stib· comedent illud
non relinquent ex eo
quippiam usq. mane
et os eius non confringent
omnem ritum phase
obseruabunt
Siquis autem et mundus est
et in itinere non fuit
et tamen non fecit phase
exterminabitur anima illa
de populis suis
quia sacrificium dno non
obtulit tempore suo
peccatum suum ipse
portabit
peregrinus quoq. et aduena
si fuerit apud uos
faciet phasce dni iuxta caeri
monias et iustificationes eius
tiones eius
praeceptum idem erit
apud uos tam aduenae
quam indigenae
Igitur die qua erectum est
tabernaculum operuit
illud nubes
a uespere autem super ten
torium erat quasi species
ignis usq. mane
Sic fiebat iugiter

per diem operiebat
illud nubes
et per noctem quasi
species ignis
cumq. ablata fuisset nubes
quae tabernaculum
protegebat
tunc proficiscebantur
filii israhel.
et in loco ubi stetisset
nubes ibi castrameta
bantur
ad imperium dni proficisce
bantur et ad imperium illius
figebant tabernaculum
cunctis dieb· quib· stabat
nubes super tabernaculum
manebant in eodem loco
et si euenisset ut multo
tempore maneret
super illud
erant filii israhel.
in excubiis dni
et non proficiscebantur quot
quot dieb· fuisset nubes
super tabernaculum
ad imperium dni erigebant
tentoria et ad imperium
illius deponebant
Si fuisset nubes a uespere
usq. mane et statim de lu
culo tabernaculum reli
quisset proficisce
bantur
et si post diem et noctem
recessisset dissipabant
tentoria
siue duo aut uno mense
uel longiori tempore
fuisset super taber
naculum
manebant filii israhel. in
eodem loco et non
proficiscebantur

Statim autem atrecessis
set mouebant castra
peruerbum dni pigebant
tentoria etperuerbum
illius proficiscebantur
erantq; inexcubiis dni
iuxta imperium eius
permanum mosi

Locutus est dns admosen
dicens
Factibi duas tubas argen
teas ductiles
quib; conuocare possis mul
titudinem quando mouen
da sunt castra
cumq; increpueris tubis
congregabitur adte omnis
turba adostium foede
ris tabernaculi
si semel clanxueris uenient
adte principes etcapita
multitudinis israhel
Sin autem prolixior atq; con
cisus clangor increpuerit
mouebunt castra primi qui
sunt adorientalem plagam
Insecundo autem sonitu et
pari ululatu tubae
Leuabunt tentoria quihabi
tant ameridiem
etiuxta hunc modum reli
qui facient ululantib;
tubis inprofectione
quando autem congregan
dus est populus
simplex tubarum clangor
erit etnon concisae
ululabunt
filii aaron sacerdotes
clangent tubis
eritq; hoc legitimum sempi
ternum ingeneratio
nib; uestris
Siexieritis adbellum

deterra uestra
contra hostes quidimi
cant aduersum uos
clangetis ululantib; tubis
eterit recordatio uestri
coram dno do uestro
uteruamini demanib; inimi
corum uestrorum
Siquando habebitis epulam
etdies festos etkalendas
canetis tubis superholo
caustis etpacificis
uictimis
ut sint uobis inrecordati
onem di uestri ego dns
ds uester

Anno secundo mense secun
do uicesima die mensis
eleuata est nubes detaber
naculo foederis
profectiq; sunt filii israhel
per turmas suas dedeser
to sinai
etrecubuit nubes insoli
tudine pharam
moueruntq; castra primi
iuxta imperium dni inmanu
moysi philiida pertur
mas suas
quorum princeps erat naas
son filius aminadab
Intribu filiorum issachar
fuit princeps nathanahel
filius suar
Intribu zabulon erat princeps
heliab filius helon
Depositum q; est taber
naculum
quod portantes egressi sunt
filii gerson etmerari
profectiq; sunt et filii
ruben per turmas
etordinem suum
quorum princeps erat

LIBER

helisar filius sedeur
In tribu autem filiorum
symeon princeps fuit
salamihel filius
surisaddai
Porro in tribu Gad erat
princeps elisaph filius
dabel
Profectiq. sunt et arbitae
portantes scuarium
tam diu tabernaculum por
tabatur donec uenirent
ad erectionis locum
Mouerunt castra et filii
ephraim per turmas suas
In quorum exercitu prin
ceps erat helisama
filius ammiud
In tribu autem filiorum
manasse princeps fuit
camalihel filius phadassur
Et in tribu beniamin dux
abidan filius gedeonis
Nouissimi castrorum omnium
profecti sunt filii dan
per turmas suas
In quorum exercitu princeps
fuit abiezer filius
ammis addai
In tribu autem filiorum
aser erat princeps phagi
hel filius ochram
Et in tribu filiorum neptha
lim princeps fuit achira
filius henan
Haec sunt castra et profecti
ones filiorum israhel
per turmas suas quando
egrediebantur
Dixitq. moises hobab
filio rahuhel madia
niti cognato suo
Proficiscimur ad locum
quem dns daturus est nobis
ueni nobiscum ut benefaci
amus tibi
quia dns bona promisit
israheli
Cui ille respondit
non uadam tecum sed reuer
tar in terram meam
in qua natus sum
Et ille noli inquit
relinquere nos
tu enim nosti in quib. locis
per desertum castra
ponere debeamus
Et eris ductor noster
cumq. nobiscum ueneris
quicquid optimum fuerit
ex opib. quas nobis tradi
turus est dns dabimus tibi
Profecti sant ergo de
monte dni uia trium
dierum
Arcaq. foederis dni praece
debat eos per tres dies
prouidens castrorum
locum
Nubes quoq. dni super eos
erat per diem cum
incederent
Cumq. eleuaretur arca
dicebat moses
Surge dne et dissipentur
inimici tui
et fugiant qui oderunt
te a facie tua
Cum autem depone
retur aiebat
Reuertere dne ad multitudi
nem exercitus israhel
Inter ea ortum est murmur
populi quasi dolentium
pro labore contra dnm
quod cum audisset
iratus est
et accensus in eos ignis

deuorauit extremam
castrorum partem
cumq. clamasset popu
lus ad mosen
orauit moses dnm et ab
sortus est ignis
uocauitq. nomen loci
illius incensio
eo quod succensus fuisset
contra eos ignis dni
uulgus quippe promiscuum
quod ascenderat cum eis
flagrauit desiderio sedens
et flens iunctis sibi pari
ter filiis israhel, et ait
quis dabit nobis ad ues
cendum carnes
recordamur piscium
quos comedebamus
in aegypto gratis
in mentem nobis ueniunt
cucumeres et pepones
porriq. et cepae et alia
anima nostra arida est
nihil aliud respiciunt oculi
nostri nisi man
erat autem man quasi semen
coriandri coloris bdellii
circumibat q. populus et
colligens illud frangebat
mola siue terebat
in mortario
coquens in olla et faciens
ex eo tortulas
saporis quasi panis oleati
cumq. descenderet nocte
super castra ros
descendebat pariter
et man
audiuit ergo moses flente
populum per familias
singulos per ostia
tentorii sui
iratusq. est furor dni ualde

sed et mosi intolleranda res
uisa est et ait ad dnm
cur afflixisti seruum tuum
quare non inuenio
gratiam coram te
et cur inposuisti pondus
uniuersi populi huius
super me
num quid ego concepi omnem
hanc multitudinem
uel genui eam
ut dicas mihi porta eos
in sinu tuo
sicut portare solet
nutrix infantulum
et defer in terram pro qua
iurasti patrib. eorum
unde mihi carnes ut dem
tantae multitudini
flent contra me dicentes
da nobis carnes ut come
damus
non possum solus sustinere
omnem hunc populum
quia grauis mihi est
sin aliter tibi uidetur obse
cro ut interficias me
et inueniam gratiam
in oculis tuis
ne tantis afficiar malis
et dixit dns ad mosen
congrega mihi septuaginta
uiros de senib. israhel
quos tu nosti quod senes
populi sint ac magistri
et duces eos ad ostium
tabernaculi foederis
faciesq. ibi stare tecum
ut descendam et loquar tibi
et auferam de spu tuo
tradamq. eis
ut sus tentent tecum
onus populi et non
tu solus graueris

populo quoque dices
sanctificamini cras come-
detis carnes
ego enim audiui uos dicere
quis dabit nobis escas carnium
bene nobis erat in aegypto
ut det uobis dns carnes
et comedatis
non uno die nec duob. uel
quinq. aut decem
nec uiginti quidem
sed usq. ad mensem dierum
donec exeat per nares uestras et uertatur in nauseam
eo quod reppuleritis dnm qui
in medio uestri est
et fleueritis coram eo dicentes
quare egressi sumus
ex aegypto
et ait moses sescenta milia
peditum huius populi sunt
et tu dicis dabo eis esum carnium mense integro
numquid ouium et boum
multitudo caedetur
ut possit sufficere
ad cibum
uel omnes pisces maris
in unum congregabun-
tur ut eos satient
cui respondit dns
numquid manus dni
inualida est
iam nunc uidebis utrum
meus sermo opere
complextur
uenit igitur moses et narrauit populo uerba dni
et congregans septuaginta
uiros de senib. israhel
quos stare fecit iuxta
tabernaculum
descenditq. dns per nubem
et locatus est ad eum

auferens de spu qui erat in
mose et dans septua-
ginta uiris
cumq. requieuisset in eis
sps prophetauerunt
nec ultra cessarunt
remanserant autem
in castris duo uiri
quorum unus uocabatur
heldad et alter medad
super quos requieuit sps
nam et ipsi descripti fuerant et non exierant
ad tabernaculum
cumq. prophetarent
in castris
cucurrit puer et nunti-
auit mosi dicens
heldad et medad prophe-
tant in castris
statim iosue filius nun
minister mosi et elec-
tus e pluribus ait
domine mi moses
prohibe eos
et ille quid inquit aemu-
laris pro me
quis tribuat ut omnis
populus prophetet
et det eis dns spm suum
reuersusq. est moses
et maiores natu israhel
in castra
uentus autem egredi-
ens a dno
arreptas trans mare
coturnices
detulit et dimisit in castra
itinere quantum uno die
confici potest
ex omni parte castrorum
per circuitum
uolabantq. in aere duob. cubitis altitudine super terram

surgens ergo populus toto
  die illo et nocte ac die
  altero
congregauit coturnicum
  qui parum decem choros
et siccauerunt eas per
  gyrum castrorum
adhuc carnes erant indentib.
  eorum nec defecerat
  huius cemodi cib.
et ecce furor dni concitatus
  in populum percussit
  eum plaga magna nimis
uocatusq. est ille locus sepul.
  chra concupiscentiae
ibi enim sepelierant populum
  qui desiderauerat

VIII Egressi autem de sepul. chris
  concupiscentiae uenerunt
  in aseroth et manserunt ibi
XII Locutaq. est maria et aaron
  contra mosen
propter uxorem eius aethi
  opissam et dixerunt
num per solum mosen
  locutus est dns
nonne et nobis similiter
  est locutus
quod cum audisset dns
erat enim moses uir mitis
  simus super omnes homi
  nes qui morabantur in terra
statim locutus est ad eum
  et ad aaron et mariam
egredimini uos tantum tres
  ad tabernaculum foederis
cumq. fuissent egressi
descendit dns in columna
  nubis et stetit in intro
  itu tabernaculi
uocans aaron et mariam
qui cum issent dixit ad eos
audite sermones meos
si quis fuerit inter uos

propheta dni
in uisione apparebo ei uel per
  somnium loquar ad illum
at non talis seruus meus moyses
  qui in omni domo mea
  fidelissimus est
ore enim ad os loquor ei
et palam non per enigmata
  et figuras dnm uidet
quare igitur non timuistis
  detrahere seruo meo mosi
iratusq. contra eos abiit
nubes quoq. recessit quae
  erat super tabernaculum
et ecce maria apparuit can
  dens lepra quasi nix
cumq. respexisset eam
  aaron et uidisset per
  fusam lepra ait ad mosen
obsecro domine mi ne inponas
  nobis hoc peccatum quod
  stulte commisimus
ne fiat haec quasi mortua et
  ut abortiuum quod proici
  tur de uulua matris suae
ecce iam medium carnis eius
  deuoratum est lepra
clamauitq. moses ad dnm
  dicens ds obsecro sana eam
cui respondit dns
si pater eius spuisset
  in faciem illius
nonne debuerat saltem septe
  dierum rubore suffundi
separetur septem dieb.
  extra castra et postea
  reuocabitur
exclusa est itaq. maria extra
  castra septem dieb.
et populus non est motus
  de loco illo donec reuo
  cata est maria
XIII profectus est de aseroth
  fixis tentoriis in deserto

liber

pharan
ibi locutus est dns
ad mosen dicens
mitte uiros qui considerent
terram chanaan quam
daturus sum filiis israhel
singulos de singulis tribub.
ex principibus
fecit moses quod dns imperarat
de deserto pharan mittens
principes uiros
quorum ista sunt nomina
de tribu ruben semma
filium zacchur
de tribu symeon saphath
filium huri
de tribu iuda chaleb
filium iephonen
de tribu issachar igal
filium ioseph
de tribu ephraim osee
filium nun
de tribu beniamin phalti
filium rapha
de tribu zabulon geddihel
filium sodi
de tribu ioseph sceptri manas
se gaddi filium susi
de tribu dan ammihel
filium gemalli
de tribu aser sthur
filium michahel
de tribu nepthali naabbi
filium uaphsi
de tribu gad guhel
filium machi
haec sunt nomina uirorum
quos misit moses ad con
siderandam terram
uocauitq. osee filium
nun iosue
misit ergo eos moses ad con
siderandam terram cha
naan et dixit ad eos

ascendite per meridi
anam plagam
cumq. ueneritis ad montes
considerate terram
qualis sit
et populum qui habitator
est eius
utrum fortis sit an infirmus
si pauci numero an plures
ipsa terra bona an mala
urbes quales muratae
an absq. muris
humus pinguis an sterelis
nemorosa an absq. arborib.
confortamini et afferte
nobis de fructib. terrae
erat autem tempus quando
iam praecoquae uuae
uesci possent
cumq. ascendissent explora
uerunt terram
a deserto sin usq. rohob
intrantib. emath
ascenderunt q. meridiem
et uenerunt in hebron
ubi erant ahiman et sisai
et tholmai filii enach
nam hebron septem annis
ante tanim urbem aegypti
condita est
pergentes q. usq. ad torren
tem botri absciderunt
palmitem cum uua sua
quem portauerunt in
uecte duo uiri
de malis quoq. granatis et de
ficis loci illius tulerunt
qui appellatus est nelescol.
id est torrens botri
eo quod botrum inde portas
sent filii israhel
reuersiq. exploratores
terrae post quadra
ginta dies

omni regione circuita
uenerunt ad mosen et aaron
et ad omnem coetum
filiorum israhel
in desertum pharan
quod est in cades
locutiq. eis et omni
multitudini
ostenderunt fructus terrae
et narrauerunt dicentes
uenimus in terram ad
quam misisti nos
quae uera fluit lacte
et melle ut ex his fructib.
cognosci potest
sed cultores fortis
simos habet
et urbes grandes atq. muratas
stirpem enach uidimus ibi
amalech habitat in meridie
hettheus et iebuseus et
amorreus in montanis
chananeus uero moratur
iuxta mare et circa
fluenta iordanis
inter haec caleb compescens
murmur populi qui orie
batur contra mosen ait
ascendamus et posside
amus terram
quoniam poterimus
obtinere eam
alii uero qui fuerant
cum eo dicebant
nequaquam hanc populum
ualemus ascendere quia
fortior nobis est
detraxerunt q. terrae
quam inspexerant apud
israhel dicentes
terra quam lustrauimus
deuorat habitatores suos
populus quem aspeximus
procerae staturae est

ibi uidimus monstra quaedam
filiorum enach de genere
giganteo
quib. comparati quasi lacu
stae uidebamur
xiiii. Igitur uociferans omnis
turba fleuit nocte illa
et murmurati sunt contra
mosen et aaron cuncti
filii israhel dicentes
utinam mortui essemus in
aegypto et non in hac
uasta solitudine
utinam pereamus et non in
ducat nos dns in terram istam
ne cadamus gladio et uxores
ac liberi nostri ducantur
captiui
nonne melius est reuerti
in aegyptum
dixeruntq. alter ad alterum
constituamus nobis ducem
et reuertamur in aegyptum
quo audito moses et aaron
ceciderunt proni in terram
coram omni multitudine
filiorum israhel
at uero iosue filius nun et
chaleb filius iepphonae
qui et ipsi lustrauerant terram
sciderunt uestimenta sua
et ad omnem multitudinem
filiorum israhel locuti sunt
terram quam circumiuimus
ualde bona est
si propitius fuerit dns
inducet nos in eam
et tradet humum lacte
et melle manantem
nolite rebelles esse
contra dnm
neq. timeatis populum
terrae huius
quia sicut panem ita eos

possumus deuorare
recessit abillis omne
   praesidium
dns nobiscum est nolite
   metuere
cumq. clamaret omnis
   multitudo
et lapidib. eos uellet
   opprimere
apparuit gloria dni super
   tectum foederis cunctis
   filiis israhel
et dixit dns ad mosen
usquequo detrahet
   mihi populus iste
quo usq. non credent mihi
   inomnib. signis quae feci
   coram eis
feriam igitur eos pestilen
   tia atq. consumam
teautem faciam principem
   super gentem magnam et
   fortiorem quam haec est
et ait moses ad dnm
ut audiant aegyptii dequorum
   medio eduxisti popu
   lum istum
et habitatores terrae huius
qui audierunt quod tu dne
   inpopulo isto sis
et facie uidearis ad faciem
et nubes tua protegat illos
et incolumna nubis prae
   cedas eos perdiem
et incolumna ignis pernoctem
quod occideris tantam mul
   titudinem quasi unum
   hominem
et dicant non poterant intro
   ducere populum interram
   pro qua iurauerat
id circo occidit eos
   insolitudine
magnificetur ergo forti

tudo dni sicut iurasti dicens
dns patiens et multae
   misericordiae
auferens iniquitatem
   et scelera
nullum q. innoxium dere
   linquens
qui uisitas peccata
   patrum in filios
in tertiam et quartam
   generationem
dimitte obsecro peccatum
   populi tui huius
secundum magnitudinem
   misericordiae tuae
sicut propitius fuisti egre
   dientib. de aegypto usq.
   adlocum istum
dixitq. dns dimisi iuxta
   uerbum tuum
uiuo ego et implebitur gloria
   dni uniuersa terra
attamen omnes homines
   qui uiderunt maies
   tatem meam
et signa quae feci in aegypto
   et in solitudine
et temptauerunt me iam
   per decem uices
nec obodierunt uoci meae
non uidebunt terram proqua
   iuraui patrib. eorum
nec quis quam exillis quide
   traxit mihi intuebitur eam
seruum meum chaleb qui plen
   alio spu secutus est me
inducam in terram hanc
   quam circum iuit
et semen eius possidebit eam
quoniam amalechites
   et chananaeus habitant
   in uallibus
cras mouete castra et reuer
   timini in solitudinem

per uiam maris rubri
Locutusq; est dns admosen
 et aaron dicens
usquequo multitudo haec
 pessima murmurat contra me
querellas filiorum
 israhel audiui
dic ergo eis
uiuo ego ait dns
sicut locuti estis audiente me
 sic faciam uobis
In solitudine hac iacebunt
 cadauera uestra
Omnes qui numerati estis
 uiginti annis et supra
et murmurastis contra me
non intrabitis terram super
 quam leuaui manum meam
 ut habitare uos facerem
praeter chaleb filium iephon
 ne et iosue filium nun
paruulos autem uestros
 de quib; dixistis quod prae
 dae hostib; forent
Introducam ut uideant terram
 quae uobis displicuit
uestra cadauera iacebunt
 in solitudine
filii uestri erunt uagi in de
 serto annis quadraginta
et portabunt fornicati
 onem uestram
Donec consumantur cadauera
 patrum in deserto
iuxta numerum quadraginta
 dierum quib; conside
 rastis terram
Annus pro die imputabitur
et quadraginta annis recipi
 etis iniquitates uestras
et scietis ultionem meam
quoniam sicut locutus sum
 ita faciam omni multitu
 dini huic pessimae

quae consurrexit
 aduersum me
Insolitudine hac deficiet
 et morietur
Igitur omnes uiri quos mise
 rat moses ad contem
 plandam terram
et qui reuersi murmurare
 fecerant contra eum
 omnem multitudinem
detrahentes terrae
 quod esset mala
mortui sunt atq; percussi
 inconspectu dni
Iosue autem filius nun et
 chaleb filius iepphonne
uixerunt exomnib; qui per
 rexerant ad conside
 randam terram
Locutus q. est moses uni
 uersa uerba haec admnes
 filios israhel
et luxit populus nimis
et ecce mane primo surgentes
 ascenderunt uerticem mon
 tis atq; dixerunt
parati sumus ascendere ad
 locum dequo dns locutus
 est quia peccauimus
quib; moses cur inquit trans
 gredimini uerbum dni quod
 uobis non cedet in prosperum
Nolite ascendere non enim
 est dns uobis cum
ne corruatis coram
 inimicis uestris
amalechites et chananaeus
 ante uos sunt
quorum gladio corruetis
eo quod nolueritis
 adquiescere dno
nec erit dns uobis cum
at illi contenebrati ascende
 runt in uerticem montis

arca autem testamenti dni
et moses non recesserunt
de castris
descenditq amalechites
et chananeus qui habita
bant in monte
et percutiens eos atq con
cidens persecutus est
usq horma

XVIIII Locutus est dns ad mosen
dicens loquere ad filios
israhel et dices ad eos
cum ingressi fueritis terram
habitationis uestrae
quam ego dabo uobis
et feceritis oblationem dno
in holocaustum aut
uictimam
uota soluentes uel sponte
offerentes munera
aut in sollemnitatib. uestris
adolentes odorem suaui
tatis dno
de bub. siue de ouib.
offeret quicumq. immola
uerit uictimam
sacrificium similae decimam
partem oephi consper
sae oleo
quod mensuram habebit
quartam partem hin
et uinum ad liba fundenda
eiusdem mensurae
dabit in holocausto
siue in uictima
per agnos singulos et arietes
erit sacrificium similae
duarum decimarum
quae conspersa sit oleo
tertiae partis hin
et uinum ad libamentum ter
tiae partis eiusdem
mensurae
offeret in odorem suaui
tatis dno

quando uero de bub. feceris
holocaustum aut hostiam
ut impleas uotum uel
pacificas uictimas
dabis per singulos boues
similae tres decimas
conspersae oleo quod habe
at medium mensurae hin
et uinum ad liba fundenda
eiusdem mensurae
in oblationem suauissimi
odoris dno
sic facietis per singulos
boues et arietes et
agnos et haedos
tam indigenae quam per
egrini eodem ritu offe
rent sacrificia
unum praeceptum erit
atq. iudicium
tam uobis quam aduenis
terrae

Locutus est dns ad mosen
dicens
loquere filiis israhel
et dices ad eos
cum ueneritis in terram
quam dabo uobis
et comederitis de panib.
regionis illius
separabitis primitias dno
de cibis uestris
sicut de areis primitias
separatis
ita et de pulmentis dabitis
primitias dno
quod si per ignorantiam prae
terieritis quicquam horu
quae locutus est dns
ad mosen
et mandauit per eum ad uos
a die qua coepit iubere
et ultra

oblitaq. fu erit facere
multitudo
offeret uitulum dearmento
holocaustum inodorem
suauissimum dño
et sacrificium eius ac liba
ut cerimoniae postulant
hircumq. propeccato
et rogabit sacerdos proomni
multitudine filiorum isra
hel. et dimittetur eis
quoniam non sponte
peccauerunt
nihilominus offerentes
incensum dño
prose et propeccato atq. erro
re suo et dimittetur uni
uersae plebi filiorum isrl.
et aduenis qui peregrinan
tur inter uos
quoniam culpa est omnis
populi perignorantiam
Quod si anima una nesciens
peccauerit
offeret capram annicula m
propeccato suo
et deprecabitur pro ea
sacerdos
quod inscia peccauerit
coram dño
impetrabitq. ei ueniam
et dimittetur illi
tam indigenis quam aduenis
una lex erit omnium qui pec
cauerint ignorantes
Anima uero quae per super
biam aliquid commiserit
siue ciuis sit ille siue
peregrinus
quoniam aduersum dñm
rebellis fuit peribit
depopulo suo
uerbum enim dñi contempsit
et praeceptum illius

fecit irritum
idcirco delebitur et porta
bit iniquitatem suam
Factum est autem cum essent
filii israhel in solitudine
et inuenissent hominem
colligentem ligna
indie sabbati
obtulerunt eum mosi et
aaron et uniuersae
multitudini
qui recluserunt eum in carcere
nescientes quid super eo
facere deberent
dixitq. dñs admosen
Morte moriatur homo iste
obruat eum lapidib. omnis
turba extra castra
cumq. eduxissent eum foras
obruerunt lapidib.
et mortuus est sicut
praeceperat dñs
Dixit quoq. dñs admosen
Loquere filiis israhel
et dices adeos
ut faciant sibi fimbrias
peranculos palliorum
ponentes ineis uittas
hiacinthinas
quas cum uiderint recorden
tur omnium manda
torum dñi
nec sequantur cogitationes
suas et oculos perres
uarias fornicantes
sed magis memores prae
ceptorum dñi faciant ea
sintq. sci dõsuo
ego dñs dõs uester qui eduxi
uos deterra aegypti
ut essem uester dõs
Ecce autem core filius issaar
filii caath filii leui
et dathan atq. abiram

filii eliab
hon quoq. filius pheleth
de filiis raben
surrexerunt contra mosen
alii q. filiorum israhel ducen
ti quinquaginta uiri
proceres synagogae et qui
tempore concilii per
nomina uocabantur
cumq. stetissent aduersum
mosen et aaron dixerunt
sufficit uobis quia omnis
multitudo sanctorum est
et in ipsis est dns
cur eleuamini super
populum dni
quod cum audisset moses cci
dit pronus in faciem
Locutusq. ad core et ad omne
multitudinem
mane inquit notum faciet
dns qui ad se pertineant
et scos applicabit sibi et quos
elegerit appropinquabunt ei
hoc igitur facite tollat unus
quisq. turibula sua
tu core et omne concilium tuum
et haustu crasigne ponite
desuper thymiama
coram dno
et quem cumq. elegerit
ipse erit scs
multum erigimini filii leui
dixitq. rursum ad core
audite filii leui
num parum uobis est quod
separauit uos ds israhel
ab omni populo et iunxit sibi
ut seruiretis ei in cultu
tabernaculi
et staretis coram frequentia
populi et ministraretis ei
id circo ad se fecit accedere
te et omnes fratres tuos

filios leui
ut uobis etiam sacerdotium
uindicetis
et omnis glob. tuus
stet contra dnm
quid est enim aaron ut mur
muretis contra eum
misit ergo moses ut uoca
ret dathan et abiram
filios heliab
qui responderunt non uenimus
num quid parum est tibi
quod eduxisti nos de terra
quae lacte et melle mana
bat ut occideres in deserto
nisi et dominatus fueris nostri
Reuera induxisti nos in ter
ram quae fluit riuis
lactis et mellis
et dedisti nobis possessiones
agrorum et uinearum
an et oculos nostros uis
eruere non uenimus
Iratus q. moses ualde
ait ad dnm
Ne respicias sacrificia eorum
tu scis quod ne asellam qui
dem umquam accepe
rim ab eis
nec afflixerim quempiam
eorum
dixitq. ad core
tu et omnis congregatio
tua state seorsum
coram dno
et aaron die crastino separati
tollite singuli turibula
uestra
et ponite super ea incensum
offerentes dno ducenta
quinquaginta turibula
aaron quoq. teneat
turibulum suum
quod cum fecissent stantib.

mose et aaron
et coaceruassent aduersum
eos omnem multitudinem
ad ostium tabernaculi
apparuit cunctis gloria dni
Locutusq est dns ad mosen
et aaron et ait
separamini de medio con
gregationis huius
ut eos repente disperdam
qui ceciderunt pron in faciem
atq dixerunt
fortissime ds spirituum
uniuersae carnis
num uno peccante contra
omnes tua ira desaeuiet
et ait dns ad mosen
praecipe uniuerso populo
ut separetur a tabernacu
lis core et dathan et abiram
surrexitq moses et abiit
ad dathan et abiram
et sequentib eum senioribus
israhel dixit ad turbam
Recedite a tabernaculis
hominum impiorum
et nolite tangere quae
ad eos pertinent
ne inuoluamini in pecca
tis eorum
cumq recessissent a tento
riis eorum per circuitum
dathan et abiram egressi sta
bant in introitu papili
onum suorum
cum uxorib et liberis
omniq frequentia
et ait moses
In hoc scietis quod dns mise
rit me ut facerem uniuersa
quae cernitis
et non ex proprio ea corde
protulerim
Si consueta hominum

morte interierint
et uisitauerit eos plaga qua
et ceteri uisitari solent
non misit me dns
Sin autem nouam rem
fecerit dns
ut aperiens terra os suum
deglattiat eos et omnia
quae ad illos pertinent
descenderintq uiuentes
in infernum
scietis quod blasphe
mauerint dnm
Confestim igitur ut
cessauit loqui
dirupta est terra sub
pedib eorum
et aperiens os suum deuora
uit illos cum tabernaculis
suis et uniuersa substantia
descenderuntq uiui in infer
num opertib humo
et perierunt de medio
multitudinis
At uero omnis israhel qui
stabat per girum
fugit ad clamorem pereun
tium dicens
Ne forte et nos terra
deglattiat
sed et ignis egressus a dno
interfecit ducentos quinqua
ginta uiros qui offere
bant incensum
Locutusq est dns
ad mosen dicens
praecipe eleazaro filio
aaron sacerdotis
ut tollat turibula quae
iacent in incendio
et ignem huc illucq
dispergat
quoniam scificata sunt
in mortib peccatorum

producatq; ea inlaminas
et affigat altari
eo quod oblatum sit incis
incensum dno et sci
ficata sint
ut cernant a pro signo et
monimento filiis israhel.
Tulit ergo eleazar sacerdos
turibula aenea inquib; obtu
lerant hii quos incendium
deuorauit
et produxit ea inlaminas
affigens altari
ut haberent postea filii isrl.
quib; commonerentur
nequis accedat alienigena et
qui non est desemine aaron
ad offerendum incensum dno
nepatiatur sicut passus est
core et omnis congre
gatio eius
Loquente dno admosen
Murmurauit autem omnis
multitudo filiorum isrl.
sequenti die
contra mosen et aaron dicens
uos interfecistis populum dni
cumq; oreretur seditio et
tumultus incresceret
moses et aaron fugerunt
ad tabernaculum foederis
quod postquam ingressi
sunt operuit illud nubes
et apparuit gloria dni
Dixitq; dns admosen
Recedite demedio huius multi
tudinis etiam nunc delebo eos
cumq; iacerent interra
dixit moses adaaron
Tolle turibulum et austo
igne dealtari mitte in
censum desuper
pergens cito adpopulum
ut roges pro eis

iam enim egressa est ira
adno et plaga desaeuit
quod cum fecisset aaron
et cucurrisset admediam
multitudinem quam iam
uastabat incendium
obtulit thymiama et stans
inter mortuos ac uiuentes
pro populo deprecatus est
et plaga cessauit
fuerunt autem qui percussi
sunt quattuordecim
milia hominum et septin
genti
absq; his qui perierant
in seditione core
Reuersusq; est aaron ad
mosen adostium taber
naculi foederis postquam
quieuit interitus
Et locutus est dns
admosen dicens
Loquere adfilios israhel.
et accipe abeis uirgas sin
gulas percognationes suas
acunctis principib; tribuum
uirgas duodecim
et uniuscuiusq; nomen super
scribes uirgae suae
Nomen autem aaron erit
intribu leui
et una uirga cunctas seorsum
familias continebit
ponesq; eas intabernaculo
foederis coram testimo
nio ubi loquar adte
quem exhis elegero germi
nabit uirga eius
et cohibebo ame querimo
nias filiorum israhel qui
contra uos murmurant
Locutusq; est moses
adfilios israhel.
et dederunt ei omnes principes

uirgas per singulas trib-
fueruntq; uirgae duodecim
absq; uirga aaron
quas cum posuisset moses
coram dno in taberna
culo testimonii
sequenti die regressus
inuenit germinasse uir
gam aaron in domo leui
et turgentib; gemmis
eruperant flores
qui polis dilatati in modum
las deformati sunt
protulit ergo moses omnes
uirgas de conspectu dni
ad cunctos filios isrl.
uiderunt et receperunt
singuli uirgas suas
Dixitq; dns ad mosen
Refer uirgam aaron in taber
naculum testimonii
ut seruetur ibi
in signum rebellium
filiorum israhel
et quiescant querellae
coram me ne moriantur
Fecitq; moses sicut
praeceperat dns
Dixerunt autem filii
israhel ad mosen
ecce consumpti sumus
omnes perimus
quicumq; accedit ad taber
naculum dni moritur
num usq; ad internicionem
cuncti delendi sumus
Dixit q; dns ad aaron
tu et filii tui et domus
patris tui tecum
portabitis iniquitatem
sanctuarii
et tu et filii tui simul
sustinebitis peccata
sacerdotii uestri

sed et fratres tuos de tribu
leui et sceptrum patris
tui sume tecum
praestoq; sint et mini
strent tibi
tu autem et filii tui ministra
bitis in tabernaculo
testimonii
excubabuntq; leuitae ad prae
cepta tua et ad cuncta
opera tabernaculi
ita dumtaxat ut ad uasa sca
arii et ad altare non accedant
ne et illi moriantur et uos
pereatis simul
sint autem tecum et excubent
in custodiis tabernaculi
et in omnib; caerimoniis eius
alienigena non miscebitur uobis
Excubate in custodia sctuarii
et in ministerio altaris
ne oriatur indignatio
super filios israhel
Ego dedi uobis fratres ues
tros leuitas de medio
filiorum israhel
et tradidi donum dno
ut seruiant in ministe
riis tabernaculi eius
tu autem et filii tui custo
dite sacerdotium uestru
et omnia quae ad cultum
altaris pertinent et in
tra uelum sunt
per sacerdotes admini
strabuntur
Si quis externus accesserit
occidetur
Locutus est dns ad aaron
ecce dedi tibi custodiam
primitiarum mearum
omnia quae scificantur
a filiis israhel
tibi tradidi et filiis tuis

pro officio sacerdotali
legitima sempiterna
haec ergo accipies de his quae
sanctificantur et oblata sunt dno
omnis oblatio et sacrificium
et quicquid pro peccato atq.
delicto redditur mihi et
cedet in sca scorum
tuum erit et filiorum tuorum
in scuario comeditis illud
mares tantum edent ex eo
quia consecratum est tibi
primitias autem quas uoue
rint et obtulerint filii isrl
tibi dedi et filiis ac filiab.
tuis iure perpetuo
qui mundus est in domo tua
uescetur eis
omnem medullam olei
et uini ac frumenti
quicquid offerunt primiti
arum dno tibi dedi
uniuersa frugum initia quas
gignit humus et dno depor
tantur cedent in usus tuos
qui mundus est in domo
tua uescetur eis
omne quod ex uoto reddi
derint filii israhel tuum erit
quicquid primum erumpit
e uulua cunctae carnis
quam offerunt dno
siue ex hominib. siue de peco
rib. fuerit tui iuris erit
ita dum taxat ut pro hominis
primogenito pretium
accipias
et omne animal quod inmundum
est redimi facias
cuius redemptio erit
post unum mensem
siclis argenti quinq.
pondere scuarii
siclus uiginti obolos habet

primogenitum autem bouis
et ouis et caprae non
facies redimi
quia sctificata sunt dno
sanguinem tantum eorum
fundes super altare
et adipes adolebis in suauis
simum odorem dno
carnes uero in usum
tuum cedent
sicut pectus culum conse
cratum et armus dexter
tui erunt
omnes primitias scuarii quas
offerunt filii israhel dno
tibi dedi et filiis ac filiab.
tuis iure perpetuo
pactum salis est sempiter
num coram dno tibi
ac filiis tuis
dixitq. dns ad aaron
in terra eorum nihil possidebitis
nec habebitis partem
inter eos
ego pars et hereditas tua in
medio filiorum israhel
filiis autem leui dedi omnes
decimas israhelis in
possessionem
pro ministerio quo seruiunt
mihi in tabernaculo foederis
ut non accedant ultra filii
israhel ad tabernaculum
nec committant peccatum
mortiferum
solis filiis leui mihi in taber
naculo seruientib.
et portantib. peccata populi
legitimum sempiternum
erit in generationib. uestris
nihil aliud possidebunt decima
rum oblatione contenti
quas in usus eorum et neces
saria separaui

Locutus q. est dns ad
moysen dicens
praecipe leuitis atq. denuntia
cum acceperitis a filiis isrl.
decimas. quas d co uobis
primitias earum offerte dno
id est decimam partem
decimae
ut reputetur uobis in oblati
onem primitiorum
tam de areis quam de torcu
laribus. et uniuersis quorum
accipitis primitias
offerte dno et date
aaron sacerdoti
omnia quae offertis ex deci
mis. et in donaria dni separatis
optima et electa erunt
dicesq. ad eos
si praeclara et meliora quae
q. obtuleritis ex decimis
reputabitur uobis quasi
de area et torculari
dederitis primitias
et comedetis eas in omnibus
locis uestris
tam uos quam familiae
uestrae
quia pretium est pro mini
sterio quo seruitis in taber
naculo testimonii
et non peccabitis super hoc
egregia uobis et pinguia
reseruantes
ne polluatis oblationes
filiorum israhel et moriamini
Locutus q. est dns ad
moysen et aaron dicens
ista est religio uictimae
quam constituit dns
praecipe filiis israhel. ut ad
ducant ad te uaccam rufam
aetatis integrae
in qua nulla sit macula

nec portauerit iugum
tradetisq. eam eleazaro
sacerdoti
qui eductam extra castra
immolabit in conspectu
omnium
et tinguens digitum
in sanguine eius
asperget contra fores taber
naculi septem uicib.
comburetq. eam cunctis
uidentibus
tam pelle et carnib. eius
quam sanguine et fimo
flammae traditis
lignum quoq. cedrinum et
hisopum coccumq. bis tincta
sacerdos mittet in flammam
quae uaccam uorat
et tunc demum lotis uestib.
et corpore suo ingredie
tur in castra
commaculatus q. erit
usq. ad uesperam
sed et ille qui combuserit eam
lauabit uestimenta sua
et corpus
et inmundus erit usq.
ad uesperam
colliget autem uir mundus
cineres uaccae
et effundet eos extra castra
in loco purissimo
ut sint multitudini filiorum
israhel in custodiam et in
aquam aspersionis
quia pro peccato uacca
conbusta est
cumq. lauerit qui uaccae
portauerat cineres
uestimenta sua
inmundus erit usq.
ad uesperam
habebuntq. hoc filii israhel

et aduenae qui habitant in
ter uos sco iure perpetuo
qui tetigerit cadauer homi
nis et propter hoc septem
dieb. fuerit inmundus
aspergetur ex hac aqua die
tertio et septimo et
sic mundabitur
si die tertio aspersus non
fuerit septimo non
poterit emundari
omnis qui tetigerit humanae
animae morticinum
et aspersus hac commixtione
non fuerit
polluet tabernaculum dni
et peribit ex israhel,
quia aqua expiationis
non est aspersus
inmundus erit et manebit
spurcitia eius super eum
ista est lex hominis qui mori
tur in tabernaculo
omnes qui ingrediuntur
tentorium illius
et uniuersa uasa quae ibi sunt
polluta erunt septem dieb.
uas quod non habuerit oper
culum nec ligaturam de
super inmundum erit
siquis in agro tetigerit cada
uer occisi hominis aut
per se mortui
siue os illius uel sepulchrum
inmundus erit septem
diebus
tollent de cineribus combus
tionis atq. peccati
et mittent aquas uiuas
super eos in uas
in quib. cum homo mundus
tinxerit hysopum
asperget eo omne tento
rium et cunctam
supellectilem
et homines huiuscemodi
contagione pollutos
atq. hoc modo mundus
lustrabit inmundum
tertio et septimo die
expiatusq. die septimo laua
bit et se et uestimenta
sua et mundus erit
ad uesperam
si quis hoc ritu non fuerit
expiatus
peribit anima illius
de medio ecclesiae
quia sanctuarium dni polluit
et non est aqua lustrati
onis aspersus
erit hoc praeceptum legi
timum sempiternum
ipse quoq. qui aspergit aquas
lauabit uestimenta sua
omnis qui tetigerit aquas
expiationis inmundus
erit usq. ad uesperam
quicquid tetigerit inmun
dus inmundum faciet
et anima quae horum quip
piam tetigerit inmunda
erit usq. ad uesperam
uenerunt q. filii israhel et
omnis multitudo in deser
tum sin mense primo
et mansit populus in cades
mortuaq. est maria ibi. et
sepulta in eodem loco
cumq. indigeret aqua popu
lus coierunt aduersum
mosen et aaron
et uersi in seditionem
dixerant
utinam perissemus inter
fratres nostros
coram dno
cur eduxistis ecclesiam

clamuerunt q; ad dnm atq; dixerunt. dne ds, &c.
exaudi clamore popli huius et aperies thesaurum
tuu fonte aque uiue ut satiati cesset murmura
tio eoru.

dni in solitudinem
ut et nos et nostra iumen
ta moriantur
quare nos fecistis ascen
dere de aegypto
et adduxistis in locum istu
pessimum qui seri non
potest
qui nec ficum gignit nec uine
as nec malogranata
Insuper et aquam non
habet ad bibendum
Ingressus q; moses et aaron
dimissa multitudine
tabernaculum foederis
corruerunt proni in terram
et apparuit gloria dni
super eos
Locutus q; est dns
ad mosen dicens
Tolle uirgam et congrega
populum tu et aaron
frater tuus
et loquimini ad petram cora
eis et illa dabit aquas
cumq; eduxeris aquam de
petra bibet omnis multi
tudo et iumenta eius
Tulit igitur moses uirgam
quae erat in conspectu dni
sicut praeceperat ei
congregata multitudine
ante petram dixitq; eis
Audite rebelles et increduli
num de petra hac uobis aqua
poterimus eicere
cumq; eleuasset moses
manum percutiens
uirga bis silicem
egressae sunt aquae
largissimae
Ita ut populus biberet
et iumenta
Dixitq; dns ad mosen et aaron

quia non credidistis mihi
ut sanctificaretis me coram
filiis israhel.
Non introducetis hos popu
los in terram quam
dabo eis
haec est aqua contradicti
onis ubi iurgati sunt filii
israhel contra dnm
et scificatus est in eis
Misit interea nuntios moses
de cades ad regem edom
qui dicerent
haec mandat frater tuus isrl
Nosti omnem laborem
qui apprehendit nos
quomodo descenderint patres
nostri in aegyptum
et habitauerimus ibi
multo tempore
Afflixerintq; nos aegyptii
et patres nostros
et quomodo clamauerimus
ad dnm et exaudierit nos
miseritq; angelum qui edux
erit nos de aegypto
Ecce in urbe cades quae est
in extremis finib; tuis posita
Obsecramus ut nobis tran
sire liceat per terram tuam
Non ibimus per agros
nec per uineas
Non bibemus aquas de pu
teis tuis
Sed gradiemur uia publica
nec ad dextram nec ad sini
stram declinantes
Donec transeamus
terminos tuos
Cui respondit edom
Non transibis per me alioquin
armatus occurram tibi
dixeruntq; filii israhel
per tritam gradiemur uiam

et si biberimus aquas tuas
nos et pecora nostra
dabimus quod iustum est
nulla erit in pretio diffi-
cultas
tantum velociter transeamus
at ille respondit non
transibis
statim q. egressus est obuius cum infinita multi-
tudine et manu forti
nec uoluit adquiescere
deprecanti
ut concederet transitum
per fines suos
quam ob rem deuertit
ab eo israhel
Cumq. castra mouissent de
cades uenerunt in monte
or qui est in finib. terrae
edom
ubi locutus est dns ad mosen
pergat inquit aaron
ad populos suos
non enim intrauit terram
quam dedi filiis isrl.
eo quod incredulus fuerit
ori meo ad aquas
contradictionis
tolle aaron et filium
eius cum eo et duces eos
in montem or
cumq. nudaueris patrem
ueste sua
indues ea eleazarum
filium eius
et aaron colligetur
et morietur ibi
fecit moses ut prae-
ceperat dns
et ascenderunt in montem
or coram omni multitudine
cumq. aaron spoliasset
uestib. suis

induit eis eleazarum
filium eius
illo mortuo in montis super-
cilio descendit cum
eleazaro
omnis autem multitudo
uidens occubuisse aaron
fleuit super eum triginta
dieb. per cunctas fami-
lias suas
xxi. quod cum audisset chananaeus rex arad qui habitabat
ad meridiem
uenisse scilicet israhel
per exploratorum uiam
pugnauit contra illum et
uictor existens duxit
ex eo praedam
at israhel uoto se dno
obligans ait
si tradideris populum istum
in manu mea delebo
urbes eius
exaudiuitq. dns preces israhel et tradidit chananaeum
quem ille interfecit sub-
uersis urbib. eius
et uocauit nomen loci illius
horma id est anathema
profecti sunt autem et
de monte or per uiam quae
ducit ad mare rubrum
ut circum irent terram edom
et taedere coepit populum
itineris ac laboris
locutusq. contra dm
et mosen ait
cur eduxisti nos de aegypto
at moreremur in solitudine
deest panis non sunt aquae
anima nostra iam nauseat
super cibo isto leuissimo
quam ob rem misit dns in populum ignitos serpentes

ad quorum plagas et mortes
plurimorum
uenerunt ad moysen
atq. dixerunt
peccauimus quia locuti sumus
contra dnm et te
ora ut tollat a nobis serpentes
orauit moses pro populo
et locutus est dns ad eum
fac serpentem et pone
eum pro signo
qui percussus aspexerit
eum uiuet
fecit ergo moses serpentem
aeneum et posuit pro signo
quem cum percussi aspice
rent sanabantur
profectiq. filii israhel castra
metati sunt in oboth
unde egressi fixere tentoria
in hieabarim
in solitudine quae respicit
moab contra orienta
lem plagam
et inde mouentes uenerunt
ad torrentem zared
quem relinquentes castra
metati sunt contra arnon
quae est in deserto et pro
minet in finib. amorraei
siquidem arnon terminus
est moab
diuidens moabitas et amor
raeos
unde dicitur in libro
bellorum dni
sicut fecit in mari rubro sic
faciet in torrentib. arnon
scopuli torrentium
inclinati sunt
ut requiescerent in arethe
cumberent in finib.
moabitarum
ex eo loco apparuit puteus

super quo locutus est
dns ad moysen
congrega populum
et dabo ei aquam
tunc cecinit israhel
carmen istud
ascendat puteus concinebant
puteus quem foderunt prin
cipes et parauerunt
duces multitudinis
in datore legis et in baculis suis
de solitudine matthana
de matthana nahaliel
de nahaliel in bamoth
de bamoth uallis est in regi
one moab in uertice phasga
et quod respicit contra
desertum
misit autem israhel nuntios
ad seon regem amorrae
orum dicens
obsecro ut transire mihi
liceat per terram tuam
non declinabimus in
agros et uineas
non bibimus aquas ex puteis
uia regia gradiemur donec
transeamus terminos tuos
qui concedere noluit ut tran
siret israhel per fines suos
quin potius exercitu con
gregato egressus est
obuiam in desertum
et uenit in iasa pugnauitq.
contra eum
a quo percussus est in ore
gladii et possessa est
terra eius
ab arnon usq. ieboc
et filios ammon
quia forti praesidio tenebantur
termini ammanitarum
tulit ergo israhel omnes
ciuitates eius et habitauit

in urbib amorraei
in esebon scilicet et raical is eius
urbs esebon fuit regis
seon amorraei
qui pugnauit contra
regem moab
et tulit omnem terram
quae dicionis illius fue
rat usq. arnon
io arco dicitur in prouerbio
uenite in esebon aedificetur
et construatur ciuitas seon
ignis egressus est de esebon
flamma de oppido seon
et deuorauit ar moabitarū
et habitatores excel.
sorum arnon
uae tibi moab peristi
popule chamos
dedit filios eius in fugam
et filias in captiuitatem
regi amorraeorum seon
lucum ipsorum disperiit
ab esebon usq. dibon
lassi peruenerunt in nophe
et usq. medaba
habitauit itaq. israhel
in terra amorraei
misitq. moses qui explora
rent iazer
cuius ceperunt uicuIos et
possederunt habitatores
ueneruntq. se et ascende
runt per uiam basan
et occurrit eis og rex basan
cum omni populo suo pug
naturus in edrai
dixitq. dns ad mosen
ne timeas eum quia in manu
tua tradidi illum
et omnem populum
ac terram eius
faciesq. illi sicut fecisti seon
regi amorraeorum

habitatori esebon
percusserunt igitur et hunc
cum filiis suis
uniuersamq. populum eius
usq. ad internicionem
et possederunt terram illius
profectiq. castrametati
sunt in campestrib. moab
ubi trans iordanen hierichus
sita est
uidens autem balac filius
sepphor omnia quae fece
rat israhel amorraeo
et quod pertimuissent
eum moabitae
et impetum eius ferre
non possent
dixit ad maiores natu madian
ita delebit hic populus
omnes qui in nostris
finib. commorantur
quomodo solet bos herbas
usq. ad radices carpere
ipse erat eo tempore
rex in moab
misit ergo nuntios ad balaam
filium beor hariolam
qui habitabat super flumen
terrae filiorum ammon
ut uocarent eum et dicerent
ecce egressus est populus
ex aegypto
qui operuit superficiem
terrae sedens contra me
ueni igitur et maledic populo
huic quia fortior me est
si quomodo possim per
cutere et eicere eum
de terra mea
noui enim quod benedictus
sit cui benedixeris
et maledictus in quem male
dicta congesseris
perrexerunt seniores moab

Numeri

et maiores natu madian
habentes diuinationis pre
tium in manib.
cumq. uenissent ad balaam
et narrassent ei omnia uerba
balac ille respondit
manete hic nocte et respon
debo quicquid mihi
dixerit dns
manentib. illis apud balaam
uenit ds et ait ad eum
quid sibi uolunt homines
isti apud te
Respondit balac filius sep
phor rex moabitarum
misit ad me dicens
ecce populus qui egressus
est de aegypto operuit
superficiem terrae
ueni et maledic ei si quomodo
possim pugnans abicere eu
Dixitq. ds ad balaam
noli ire cum eis neq. maledicas
populo quia benedictus est
qui mane consurgens
dixit ad principes
ite in terram uestram
quia prohibuit me ds
uenire uobiscum
Reuersi principes dix
erunt ad balac
noluit balaam uenire nobiscu
Rursum ille multo plures
et nobiliores quam ante
miserat misit
qui cum uenissent
ad balaam dixerunt
sic dicit balac filius sepphor
ne cuncteris uenire ad me
paratum honorare te et quic
quid uolueris dare
ueni et maledic populo isti
Respondit balaam
si dederit mihi balac plenam

domum suam argenti et auri
non potero inmutare
uerbum dni di mei
ut uel plus uel minus loquar
obsecro ut hic maneatis
etiam hac nocte
et scire queam quid mihi rur
sum respondeat dns
uenit ergo ds ad balaam
nocte et ait ei
si uocare te uenerunt homines
isti surge et uade cum eis
ita dumtaxat ut quod tibi
praecepero facias
surrexit balaam mane
et strata asina profectus
est cum eis
et iratus est ds stetitq. ange
lus dni in uia contra balaam
qui sedebat asinae et duos
pueros habebat secum
cernens asina angelum stan
tem in uia euaginato gladio
auertit se et ire tinere
et ibat per agrum
quam cum uerberaret
balaam et uellet ad
semitam reducere
stetit angelus in angustiis
duarum maceriarum quib.
uineae cingebantur
quem uidens asina iunxit
se parieti et attriuit
sedentis pedem
at ille iterum uerberabat
et nihilominus angelus ad
locum angustum transiens
ubi nec ad dextram nec ad
sinistram poterat deui
ari obuius stetit
cumq. uidisset asina stantem
angelum concidit sub
pedib. sedentis
qui iratus uehementius

caedebat pastelatera eius
aperuitq. dns os asinae
et locuta est
quid feci tibi cur percutis me
ecce iam tertio
Respondit balaam
quia commeruisti
et inlusisti mihi
utinam haberem gladium
ut te percuterem
dixit asina nonne animal tuam
sum cuisemper sedere con
suesti usq. in praesentem diem
dic quid simile umquam
fecerim tibi
at ille ait numquam
protinus aperuit dns
oculos balaam
et uidit angelum stantem
inuia euaginato gladio
adorauitq. eum pronas
in terram
cui angelus cur inquit tertio
uerberas asinam tuam
ego ueni ut aduersarer tibi
quia peruersa est uia tua
mihiq. contraria
et nisi asina declinasset de
uia dans locum resistenti
te occidissem et illa uiueret
dixit balaam
peccaui nesciens quod
tu stares contra me
et nunc si displicet tibi
ut uadam reuertar
ait angelus uade cum istis
et uide ne aliud quam pre
cepero tibi loquaris
ibit igitur cum principib.
quod cum audisset balac egre
sus est in occursum eius
in oppido moabitarum
quod situm est in ex
tremis finib. arnon

dixitq. ad balaam
misi nuntios ut uocarem te
cur non statim uenisti ad me
an quia mercedem aduentui
tuo reddere nequeo
cui ille respondit
ecce adsum
num quid loqui potero aliud
nisi quod ds posuerit
in ore meo
perrexerunt ergo simul
et uenerunt in urbem quae
in extremis regni eius
finib. erat
cumq. occidisset balac
boues et oues
misit ad balaam et principes
qui cum eo erant munera
mane autem facto duxit eum
ad excelsa baal
et intuitus est extremam
partem populi
dixitq. balaam ad balac
aedifica mihi hic septem aras
et para totidem uitulos
eiusq. numeri arietes
cumq. fecisset iuxta
sermonem balaam
imposuerunt simul uitulum
et arietem super aram
dixitq. balaam ad balac
sta paulisper iuxta holocau
stum tuum donec uadam
si forto occurrat mihi dns
et quodcumq. impera
uerit loquar tibi
cumq. abisset uelociter
occurrit ei ds
locutus q. ad eum balaam
septem inquit aras erexi
et imposui uitulum
et arietem desuper
dns autem posuit uerbum
in ore eius et ait

revertere ad balac
et haec loqueris
reversus invenit stantem
balac iuxta holocaustum suum
et omnes principes
moabitarum
assumptaq. parabola sua dixit
de aram adduxit me balac
rex moabitarum de mon
tib. orientis
veni inquit et maledic iacob
propera et detestare isrl.
quomodo maledicam
cui non maledixit ds
qua ratione detester quem
dns non detestatur
de summis silicib. videbo eum
et de collib. considerabo illum
populus solus habitabit et in
ter gentes non reputabitur
quis denumerare possit pul
verem iacob et nosse nume
rum stirpis israhel.
moriatur anima mea
morte iustorum
et fiant novissima mea
horum similia
dixitq. balac ad balaam
quid est hoc quod agis
ut maledicere is inimicis
vocavi te
et tu e contrario benedicis eis
cui ille respondit
num aliud possum loqui
nisi quod iusserit dns
dixit ergo balac
veni mecum in alterum locum
unde partem israhelis videas
et totum videre non possis
inde maledicito ei
cumq. duxisset eum in locum
sublimem super verticem
montis phasca
aedificavit balaam septem aras

et impositis supra vitulo
atq. ariete dixit ad balac
sta bi iuxta holocaustum
tuum donec ego pergam
obvius
cui cum dns occurrisset
posuissetq. verbum
in ore eius ait
revertere ad balac et
haec loqueris ei
reversus invenit eum stan
tem iuxta holocaustum suum
et principes moabitarum
cum eo
ad quem balac quid inquit
locutus est dns
at ille assumpta para
bola sua ait
sta balac et ausculta
audi fili sepphor
non est ds quasi homo
ut mentiatur
nec ut filius hominis
ut mutetur
dixit ergo et non faciet locutus
est et non implebit
ad benedicendum adductus
sum benedictionem
prohibere non valeo
non est idolum in iacob nec
videtur simulacrum in isrl.
dns ds eius cum eo est et
clangor victoriae regis in illo
ds eduxit eum de aegypto
cuius fortitudo similis
est rinocerotis
non est augurium in iacob
nec divinatio in israhel.
temporib. suis dicetur iacob
et israheli quid opera
tus sit ds
ecce populus ut leaena con
surget et quasi leo erigetur
non accuabit donec devoret

praedam etoccisorum
sanguinem bibat
dixitq. balac adbalaam
nec maledicas ei nec benedicas
et ille nonne ait dixi tibi quod
quicquid mihi ds imperaret
hoc facerem
et ait balac ad eum ueni et
ducam te adalium locum
si forte placeat do ut inde
maledicas eis
cumq. duxisset eum super
uerticem montis phogor
quirespicit solitudinem
dixit ad balaam
aedifica mihi hic septem aras
et para totidem uitulos
eiusdemq. numeri arietes
fecit balac ut balaam dixerat
imposuitq. uitulos et arietes
super singulas aras
cumq. uidisset balaam quod
placeret dno ut benedice
ret israheli
nequaquam abiit ut ante
perrexerat ut auguri
um quaereret
sed dirigens contra desertum
uultum suum et leuans
oculos
uidit israhel intentoriis
commorantem per
trib. suas
et inruente inse spu di
assumpta parabola ait
dixit balaam filius beor
dixit homo cuius obtu
ratus est oculus
dixit auditor sermonum di
qui uisionem omnipotentis
intuitus est
qui cadit et sic aperiuntur
oculi eius
quam pulchra tabernacula tua

iacob et tentoria tua isrl
ut ualles nemorosae
ut horti iuxta fluuios inrigui
ut tabernacula quae
fixit dns
quasi cedri propter aquas
fluet aqua de situla eius
et semen illius erit
in aquas multas
tolletur propter agag
rex eius et auferetur
regnum illius
ds eduxit illam de aegypto
cuius fortitudo similis est
rinocerotis
deuorabunt gentes hostes
illius ossaq. eorum con
fringent et perfora
bunt sagittis
accubans dormiuit ut leo
et quasi leaena quam sus
citare nullus audebit
qui benedixerit tibi erit
ipse benedictus
qui maledixerit in male
dictione reputabitur
iratus q. balac contra balaam
complosis manib. ait
ad maledicendum inimicis
meis uocaui te
quib. econtrario tertio
benedixisti
reuertere ad locum tuum
decreueram quidem magni
fice honorare te
sed dns priuauit te honore
disposito
respondit balaam ad balac
nonne nuntiis tuis quos
misisti ad me dixi
si dederit mihi balac plenam
domum suam argenti et auri
non potero praeterire ser
monem dni di mei

ut uel boni quid uel mali pro
 feram ex corde meo
sed quicquid dns dixerit
 hoc loquar
uerum tamen pergens
 ad populum meum
dabo consilium quid populus
 tuus huic populo faciat
 extremo tempore
sumpta igitur parabola
 rursum ait
dixit balaam filius beor
dixit homo cuius obtu
 ratus est oculus
dixit auditor sermonum di
qui nouit doctrinam altissimi
et uisiones omnipoten
 tis uidet
qui cadens apertos
 habet oculos
uidebo eum sed non modo
intuebor illum sed non prope
Orietur stella ex iacob et con
 surget uirga de israbel
et percutiet duces moab
 uastabitq. omnes filios seth
et erit idumea possessio eius
 hereditas seir cedet
 inimicis suis
israbel uero fortiter aget
de iacob erit qui dominetur
 et perdat reliquias ciuitatis
cumq. uidisset amalech assu
 mens parabolam ait
principium gentium amalech
 cuius extrema perdentur
uidit quoq. cinaeum et as
 sumpta parabola ait
Robustum est quidem
 habitaculum tuum
sed si in petra posueris
 nidum tuum
et fueris electus
 de stirpe chain

quam diu poteris permanere
assur enim capiet te
assumptaq. parabola
 iterum locutus est
eheu quis uicturus est
 quando ista faciet ds
uenient intrieribus deitalia
 superabunt assyrios
uastabuntq. hebraeos
et ad extremum etiam
 ipsi peribunt
surrexitq. balaam et reuer
 sus est in locum suum
balac quoq. uia qua uenerat
 rediit

xxv. Morabatur autem eo tem
 pore israhel in settim
et fornicatus est populus
 cum filiab. moab
quae uocauerunt eos
 ad sacrificia sua
at illi comederunt et adora
 uerunt deos earum
initiatus q. est israhel
 beelphegor
et iratus dns ait ad mosen
tolle cunctos principes
 populi et suspende eos
 contra solem in patibulis
ut auertatur furor
 meus ab israbel
dixitq. moses ad iudices isrl
occidat unusquisq. proxi
 mos suos qui initiati sunt
 beelphegor
et ecce unus de filiis israbel
 intrauit coram fratrib. suis
 ad scortum madianiten
uidente mose et omni turba
 filiorum israbel
qui flebant ante fores
 tabernaculi
quod cum uidisset finees
 filius eleazari filii aaron

sacerdotis
surrexit demedio
multitudinis
et arrepto pugione ingressus
est postvirum israheli
tem inlupanar.
et perfodit ambos simul
uirum scilicet et mulierem
inlocis genitalib.
cessauitq. plaga afiliis isrl.
et occisi sunt uiginti quat
tuor milia hominum
Dixitq. dns admosen
Finees filius eleazari filii
aaron sacerdotis
auertit iram meam
afiliis israhel.
quia zelo meo commotus
est contra eos
ut non ipse delerem filios
israhel in zelo meo
Idcirco loquere ad eos
ecce ego doci pacem
foederis mei
et erit tam ipsi quam semini
illius pactum sacerdoti
sempiternum
quia zelatus est prodosuo
et expiauit scelus filiorum
israhel.
Erat autem nomen uiri isra
helitae qui occisus est
cum madianitide
Zambri filius sala dux decog
natione et tribu symeonis
Porro mulier madianitis
quae pariter interfecta
est uocabatur chozbi
filia sur principis nobilis
simi madianitarum
Locutusq. est dns
admosen dicens
hostes uos sentiant madiani
tae et percutite eos

quia et ipsi hostiliter ege
runt contra uos
et decepere insidiis peridco
lum phogor et chozbifilia
ducis madian sororem suam
quae percussa est in die pla
gae prosacrilegio phogor
postquam noxiorum
sanguis effusus est
Dixit dns admosen et eleazarū
filium aaronis sacerdotem
numerate omnem summam
filiorum israhel.
auiginti annis et supra
perdomos et cognationes suas
cunctos qui possunt
adbella procedere
Locuti sunt itaq. moses
et eleazar sacerdos
Incampestrib. moab super
Iordanen contra hiericho
ad eos qui erant auiginti annis
et supra sicut dns imperarat
quorum iste est numerus
Ruben primogenitus israhel
huius filius enoch aquo
familia enochitarum
et phallu aquo familia
phalluitarum
et esrom aquo familia
esromitarum
et charmi aquo familia
charmitarum
hae sunt familiae
destirpe ruben
quarum numerus inuentus est
quadraginta tria milia et
septingenti triginta
filius phallu heliab
huius filii namuhel
et dathan et abiram
Isti sunt dathan et abiram
principes populi
qui surrexerunt contra

mosen et aaron inseditione core
quando aduersum dnm rebellarunt
et aperiens terra ossuum deuorauit core morientib. plurimis
quando combussit ignis ducentos quinquaginta uiros
et factum est grande miraculum
ut core pereunte filii illius non perirent

Filii symeon per cognationes suas
namuhel ab hoc familia namuhelitarum
iamin ab hoc familia iaminitarum
iachin ab hoc familia iachinitarum
zare ab hoc familia zareitarum
saul ab hoc familia saulitarum
haesunt familiae destirpe symeon
quarum omnis numerus fuit uiginti duo milia ducentorum

Filii gad per cognationes suas
sepphon ab hoc familia sepphonitarum
acci ab hoc familia accitarum
suni ab hoc familia sunitarum
ozni ab hoc familia oznitarum
heri ab hoc familia heritarum
arod ab hoc familia aroditarum
aribel ab hoc familia aribelitarum
istae sunt familiae gad
quarum omnis numerus fuit xl milia quincentorum

Filii iuda her et onan qui ambo mortui sunt in terra chanaan
fueruntq. filii iuda per cognationes suas
sela a quo familia selanitarum
phares a quo familia pharesitarum
zare a quo familia zareitarum
porro filii phares
esrom a quo familia esromitarum
et amal a quo familia amulitarum
istae sunt familiae iuda
quarum omnis numerus fuit lxx milia quincentorum

Filii issachar per cognationes suas
thola a quo familia tholaitarum
phua a quo familia phuaitarum
iasub a quo familia iasubitarum
semran a quo familia semranitarum
haesunt cognationes issachar
quarum numerus fuit lx quattuor milia trecentorum

Filii zabulon per cognationes suas
sared a quo familia sareditarum
helon a quo familia helonitarum
ialel a quo familia ialelitarum
hae cognationes zabulon
quarum numerus fuit lx milia quincentorum

Filii ioseph per cognationes suas manasse et ephraim
de manasse ortus est machir a quo familia machiritarum
machir genuit galaad a quo familia galaaditarum
galaad habuit filios biezer a quo familia biezeritarum
et elec a quo familia elecarum
et asribel a quo familia asribelitarum
et sechem a quo familia sechemitarum
et semida a quo familia semidatarum
et epher a quo familia epheritarum

fuit autem epher pater
salphaad quifilios nonhabe
bat sedtantum filias
quarum ista sunt nomina
maala etnoa etegla
etmelcha etthersa
haesunt familiae manasse
etnumerus earum L duomilia
septingentorum
filii autem ephraim percogna
tiones suas fuerunt hi
suthala aquo familia
suthalitarum
becher aquo familia
becheritarum
tehen aquo familia
tehenitarum
porro filius suthala fuit
heran aquo familia
heranitarum
hae sunt cognationes
filiorum ephraim
quarum numerus triginta
duo milia quingentorum
isti sunt filii ioseph
per familias suas
filii beniamin incognati
onib. suis
bale aquo familiae baletarum
azbel aquo familia
azbelitarum
ahiram aquo familia
ahiramitarum
supham aquo familia
suphamitarum
hupham aquo familia
huphamitarum
filii bale hered etnoeman
dehered familia hereditara
denoeman familia
nocmitarum
hi sunt filii beniamin per
cognationes suas
quorum numerus quadraginta

quinq. milia sescentorum
filii dan percognationes suas
suham aquo familia
suhamitarum
hae cognationes dan
per familias suas
omnes fuere suamitae
quorum numerus erat LX
quattuor milia qua
dringentorum
filii aser percognati
ones suas
iemna aquo familia
iemnaitarum
iessui aquo familia
iessuitarum
brie aquo familia brietarum
filii brie haber aquo familia
haberitarum
etmelchibel aquo familia
melchibelitarum
nomen autem filiae
aser fuit sara
haecognationes filiorum aser
etnumerus eorum quinqua
ginta tria milia quadrin
gentorum
filii nepthalim percogna
tiones suas
iessibel aquo familia
iessibelitarum
cuni aquo familia
cunitarum
iesser aquo familia
iesseritarum
sellem aquo familia
sellemitarum
haesunt cognationes filio
rum nepthali perfami
lias suas
quorum numerus XLV milia
quadringentorum
istaest summa filiorum isrl
qui recensiti sunt

sescenta milia et mille septin
centi triginta
Locutusq. est dns
admosen dicens
Istis diuidetur terra iuxta
numerum uocabulorum
inpossessiones suas
pluribus maiorem partem
dabis et pauciorib. minorem
singulis sicut nunc recenseti
sunt tradetur possessio
Ita dumtaxat ut sors terram
tribub. diuidat et familiis
quicquid sorte contigerit
hoc uel plures accipient
uel pauciores
hic quoq. est numerus filiorum
leui per familias suas
gerson a quo familia
gersonitarum
caath a quo familia
caathitarum
merari a quo familia
merararitarum
hae sunt familiae leui
familia lomni familia hebroni
familia mooli familia mosi
familia cori
At uero caath genuit amram
qui habuit uxorem iochabed
filiam leui quae nata est
ei inaegypto
haec genuit uiro suo amram
filios aaron et mosen
et mariam sororem eorum
De aaron orti sunt nadab et
abiu et eleazar et ithamar
quorum nadab et abiu mor
tui sunt cum obtulissent
ignem alienum coram dno
fueruntq. omnes qui nume
rati sunt uiginti tria milia
generis masculini
abuno mense et supra

qui non sunt recensiti
inter filios israhel
nec eis cum ceteris est
data possessio
hic est numerus filiorum isrl
qui descripti sunt amose
et eleazaro sacerdote
in campestrib. moab supra
iordanen contra hiericho
Inter quos nullus fuit eorum
qui ante numerati sunt
amose et aaron inde
serto sinai
praedixerat enim dns
quod omnes morerem
tur insolitudine
nullusq. remansit ex eis nisi
chaleb filius iephonne
et iosue filius nun
Accesserunt autem filiae
salphaad filii hepher filii
galaad filii machir filii manas
se qui fuit filius ioseph
quarum sunt nomina maala
et noa et egla et melcha
et thersa
steteruntq. coram mose
et eleazaro sacerdote
et cunctis principib. populi
ad ostium tabernaculi foede
ris atq. dixerunt
pater noster mortuus est
indeserto
nec fuit inseditione quae
concitata est contra
dnm subcore
sed in peccato suo
mortuus est
hic non habuit mares filios
cur tollitur nomen illius
defamilia sua quia non
habuit filium
date nobis possessionem inter
cognatos patris nostri

Rettulitq; moses causam
  earum adiudicium dñi
qui dixit ad eum
Iustam rem postulant
  filiae salphaad
da eis possessionem inter
  cognatos patris sui
et ei inhereditatem succedant
ad filios autem israhel
  loqueris haec
homo cum mortuus
  fuerit absq; filio
ad filiam eius transibit hereditas
si filiam non habuerit habebit
  successores fratres suos
quod si et fratres non fue
  rint dabitis hereditatem
  fratrib; patris eius
sin autem nec patruos habu
  erit dabitur hereditas his
  qui ei proximi sunt
eritq; hoc filiis israhel
  sc̄m lege perpetua
sicut praecepit dñs mosi
Dixit quoq; dñs ad mosen
Ascende in montem istum abari
et contemplare inde terram
  quam daturus sum filiis isrl
cumq; uideris eam ibis et tu
  ad populum tuum
sicut ibit frater tuus aaron
quia offendisti me in deserto
  sin in contradictione
  multitudinis
nec sc̄ificare me uoluisti
  coram ea super aquas
haec sunt aquae contradicti
  onis in cades deserti sin
cui respondit moses
prouideat dñs ds spirituum
  omnis carnis
hominem qui sit super
  multitudinem hanc
et possit exire et intrare
ante eos
et educere illos uel introducere
ne sit populus dñi sicut oues
  absq; pastore
Dixitq; dñs ad eum
Tolle iosue filium nun uirum
  in quo est sps
et pone manum tuam super eu
qui stabit coram eleazaro
  sacerdote et omni multitudine
et dabis ei praecepta cunctis
  uidentib; et partem
  gloriae tuae
ut audiat eum omnis synagoga
  filiorum israhel
pro hoc siquid agendum
  erit eleazar sacerdos
  consulet dñm
ad uerbum eius egredietur
  et ingredietur
ipse et omnes filii israhel cum
  eo et cetera multitudo
fecit moses ut praeceperat dñs
cumq; tulisset iosue statuit
  eum coram eleazaro sacer
  dote et omni frequen
  tia populi
et impositis capiti eius manib;
  cuncta replicauit quae
  mandauerat dñs
Dixit quoq; dñs ad mosen
Praecipe filiis israhel
  et dices ad eos
Oblationem meam et panes
  et incensum odoris suauis
  simi offerte per tem
  pora sua
haec sunt sacrificia quae
  offerre debetis
agnos anniculos immaculatos
  duos cotidie in holocau
  stum sempiternam
unum offeretis mane et
  alterum ad uesperam

decimam partem ephi
similae quae conspersa
sit oleo purissimo
et habeat quartam partem hin
holocaustum iuge est quod
obtulistis in monte Sinai
in odorem suavissimum
incensum dni
et libabitis uini quartam par
tem hin per agnos singulos
in sacrario dni
alterum q. agnum similiter
offeretis ad uesperam
iuxta omnem ritum sacrificii
matutini et libamen
torum eius
oblationem suavissimi
odoris dno
die autem sabbati offeretis
duos agnos annicalos
immaculatos
et duas decimas similae oleo
conspersae in sacrificio
et liba quae rite fundantur
per singula sabbata in holo
causto sempiterno
in kalendis autem idest in
mensuum exordiis
offeretis holocaustum dno
uitulos de armento duos
arietem unum
agnos annicalos septem
immaculatos
et tres decimas similae oleo
conspersae in sacrificio
per singulos uitulos
et duas decimas similae oleo
conspersae per singulos
arietes
et decimam decimae similae
ex oleo in sacrificio
per agnos singulos
holocaustum suauissimi odo
ris atq. incensi est dno

libamenta autem uini quae
per singulas fundenda sunt
uictimas ista erunt
media pars hin per uitulos
singulos
tertia per arietem
quarta per agnum
hoc erit holocaustum per
omnes menses qui sibi anno
uertente succedunt
hircus quoq. offeretur dno
pro peccatis in holocaustum
sempiternum cum liba
mentis suis
Mense autem primo quarta
decima die mensis phase
dni erit
et quinta decima die sollemnitas
septem dieb. descentur azimis
quarum dies prima uenera
bilis et sca erit
omne opus seruile non
facietis in ea
offeretis q. in incensum
holocaustum dno
uitulos de armento duos
arietem unum
agnos annicalos et immacu
latos septem
et sacrificia singulorum
ex simila quae conspersa
sit oleo
tres decimas per sin
gulos uitulos
et duas decimas per arietem
et decimam decimae per agnos
singulos idest per septem
agnos
et hircum pro peccato unam
ut expietur pro uobis
praeter holocaustum matu
tinum quod semper offertis
ita facietis per singulos
dies septem dierum

in pomi item ignis et in odorem
suauissimum dno
quisurget de holocausto et
delibationib; singulorum
dies quoq; septimus celeber
rimus et scs erit uobis
omne opus seruile
non facietis in eo
dies etiam primitiuorum
quando offertis nouas fruges
dno expletis ebdomadib;
uenerabilis et scs erit
omne opus seruile non
facietis in ea
offeretisq; holocaustum
in odorem suauissimum dno
uitulos de armento duos
arietem unam
et agnos annicalos imma
culatos septem
atq; in sacrificiis eorum
similae oleo conspersae
tres decimas per sin
gulos uitulos
per arietes duas
per agnos decimam decimae
quisimul sunt agni septem
hircum quoq; qui mactatur
pro expiatione
praeter holocaustum sempi
ternam et libacias
immaculata offertis omnia
cum libationib; suis

XXIX Mensis etiam septimi prima
dies uenerabilis et sca
erit uobis
omne opus seruile
non facietis in ea
quia dies clangoris est
et tubarum
offeretis q; holocaustum in
odorem suauissimum dno
uitulum de armento unam
arietem unam

agnos annicalos imma
latos septem
et in sacrificiis eorum similae
oleo conspersae tres deci
mas per singulos uitulos
duas decimas per arietem
unam decimam per agnum qui
simul sunt agni septem
et hircum pro peccato qui
offertur in expiati
onem populi
praeter holocaustum kalen
darum cum sacrificiis suis
et holocaustam sempiternum
cum libationib; solitis
hisdem caerimoniis offere
tis in odorem suauissimum
incensam dno
decima quoq; dies mensis
huius septimi
erit uobis sca atq; uenerabilis
et affligetis animas uestras
omne opus seruile
non facietis in ea
offeretis q; holocaustum dno
in odorem suauissimum
uitulum de armento unam
arietem unam
agnos annicalos imma
latos septem
et in sacrificiis eorum similae
oleo conspersae tres deci
mas per uitulos singulos
duas decimas per arietem
decimam decimae per agnos
singulos quisunt simul
agni septem
et hircum pro peccato
absq; his quae offerri
pro delicto solent
in expiationem et holocau
stum sempiternum
in sacrificio et libami
nib; eorum

Quintadecima uero die
mensis septimi
quae uobis erit sca
xtq. uenerabilis
omne opus seruile non facietis
sed celebrabitis sollemni
tatem dno septem dieb.
offeretis q. holocaustum
inodorem suauis simum dno
uitulos dearmento tredecim
arietes duos
agnos anniculos .xiiii.
immaculatos
et in libamentis eorum
similae oleo conspersae tres decimas
per uitulos singulos qui sunt
simul uituli tredecim
et duas decimas arieti uno
id est simul arietib. duob.
et decimam decimae agnis
singulis qui sunt simul
agni quattuordecim
et hircum propeccato
absq. holocausto sempiterno
et sacrificio et libamine eius
In die altero offeres uitulos
dearmento duodecim
arietes duos
agnos anniculos immaculatos
quattuordecim
sacrificia q. et libamina
singulorum
per uitulos et arietes
et agnos rite celebrabis
et hircum propeccato
absq. holocausto sempiterno
sacrificioq. eius et libamine
Die tertio offeres uitulos
undecim
arietes duos
agnos anniculos immaculatos quattuordecim
sacrificia q. et libamina

singulorum
per uitulos et arietes et
agnos rite celebrabis
et hircum propeccato
absq. holocausto sempiterno
et sacrificio et libamine eius
Die quarto offeres
uitulos decem
arietes duos
agnos anniculos immacula
tos quattuordecim
sacrificia q. eorum et liba
mina singulorum
per uitulos et arietes et
agnos rite celebrabis
et hircum propeccato
absq. holocausto sempiterno
sacrificioq. eius et libamine
Die quinto offeres
uitulos nouem
arietes duos
agnos anniculos immacu
latos quattuordecim
sacrificiaq. et libamina
singulorum
per uitulos et arietes et
agnos rite celebrabis
et hircum propeccato
absq. holocausto sempiterno
sacrificioq. eius et libamine
Die sexto offeres uitulos octo
arietes duos
agnos anniculos immacula
tos quattuordecim
sacrificiaq. et libamina
singulorum
per uitulos et arietes et
agnos rite celebrabis
et hircum propeccato
absq. holocausto sempiterno
sacrificioq. eius et libamine
Die septimo offeres
uitulos septem
arietes duos

agnos annicalos immaculatos
quattuor decim
sacrificiaq. et libamina
singulorum
per uitulos et arietes et
agnos rite celebrabis
et hircum pro peccato
absq. holocausto sempiterno
sacrificioq. eius et libamine
Die octauo qui est celeberrimus
omne opus seruile non facietis
offerentes holocaustum
in odorem suauissimum dno
uitulum unum
arietem unum
agnos annicalos immacula
tos septem
sacrificiaq. et libamina
singulorum
per uitulos et arietes et
agnos rite celebrabis
et hircum pro peccato
absq. holocausto sempiterno
sacrificioq. eius et libamine
Haec offeretis dno in sollem
nitatib. uestris
praeter uota et oblati
ones spontaneas
in holocausto in sacrificio in
libamine et in hostiis
pacificas
Narrauitq. moses filiis isrl
omnia quae ei dns imperarat
Et locutus est ad principes
tribuum filiorum isrl
Iste est sermo quem
praecepit dns
Siquis uirorum uotum
dno uouerit
aut se constrinxerit iuramento
non faciet irritum uerbum suum
sed omne quod promisit
implebit
Mulier si quippiam uouerit

et se constrinxerit iuramento
quae est in domo patris sui et
in aetate adhuc puellari
si cognouerit pater uotum
quod pollicita est
et iuramentum quo obliga
uit animam suam
et tacuerit uoti rea erit
quicquid pollicita est et iura
uit opere complebit
sin autem statim ut audierit
contradixerit pater
et uota et iuramenta
eius irrita erunt
nec obnoxia tenebitur
sponsionis
eo quod contradixerit pater
Si maritum habuerit et uoue
rit aliquid
et semel uerbum de ore eius
egrediens animam illius
obligauerit iuramento
quo die audierit uir et non
contradixerit
uoti rea erit reddet quod
cumq. promiserat
sin autem audiens statim
contradixerit
et irritas fecerit polli
citationes eius
uerbaq. quib. obstrinxerat
animam suam
propitius ei erit dns
Vidua et repudiata quicquid
uouerint reddent
uxor in domo uiri cum se uoto
constrinxerit et iuramento
si audierit uir et tacuerit nec
contradixerit sponsioni
reddet quodcumq. pro
miserat
sin autem extemplo
contradixerit
non tenebitur promissionis rea

quia maritus contradixit
et dns ei propitius erit
si uouerit et iuramento
se constrinxerit
ut uel periculum uel cete
rarum rerum abstinentiam
afflicat animam suam
in arbitrio uiri erit ut faciat
siue non faciat
quod si audiens uir tacuerit
et in alteram diem distule
rit sententiam
quicquid uouerat atq.
promiserat reddet
quia statim ut audiuit tacuit
Sin autem contradixerit
postquam resciuit
portabit ipse iniquitatem eius
Istae sunt leges quas
constituit dns mosi
inter uirum et uxorem
inter patrem et filiam
quae in puellari adhuc
aetate est
uel quae manet in
parentis domo
Locutusq. est dns ad mosen
dicens
ulciscere prius filios isrl.
de madianitis
et sic colligeris ad populum tuum
Statimq. moses armat in gua
ex uobis uiros ad pugnam
qui possint ultionem dni ex
petere de madianitis
Mille uiri desinculis tribub.
eligantur israhel qui mit
tantur ad bellum
dederuntq. millenos
de cunctis tribub.
Idest duodecim milia expedi
torum ad pugnam
quos misit moses cum finees
filio eleazari sacerdotis

uasa quoq. sca et tubas ad clan
gendum tradidit ei
Cumq. pugnassent contra
madianitas atq. uicissent
omnes mares occiderunt
et reges eorum eui et recem
et sur et ur et rebe quinq.
principes gentis
Balaam quoq. filium beor
inter fecerunt gladio
Coeperuntq. mulieres
eorum et paruulos
omniaq. pecora et cunctam
supellectilem
quicquid habere potu
erant depopulati sunt
tam urbes quam uiculos et
castella flamma consumpsit
et tulerunt praedam et uni
uersa quae ceperant
tam ex hominib. quam
ex iumentis
et adduxerunt ad mosen et
ad eleazarum sacerdotem
et ad omnem multitudinem
filiorum israhel
Reliqua autem utensilia
portauerunt ad castra
in campestrib. moab iuxta
iordanen contra hiericho
Egressi sunt autem moses
et eleazar sacerdotes et
omnes principes sinagogae
in occursum eorum
extra castra
Iratusq. moses principib.
exercitus tribunis et cen
turionib. qui uenerant
de bello ait
Cur feminas reseruastis
nonne istae sunt quae dece
perunt filios israhel ad
suggestionem balaam
et praeuaricari fecerunt

uos in d(omi)no super peccato
phogor
unde et percussus est populus
ergo cunctos interficite
quicquid est generis mascu
lini etiam in paruulis
et mulieres quae nourant
uiros iugulate
puellas autem et omnes
foeminas uirgines reser
uate uobis
et manete extra castra
septem dieb(us)
qui occiderit hominem
uel occisum tetigerit
lustrabitur die tertio et septimo
et de omni praeda siue uesti
mentum fuerit siue uas
et aliquid in utensilia
praeparatum
de caprarum pellib(us) et pilis
et ligno expiabitur
eleazar quoq(ue) sacerdos ad uiros
exercitus qui pugnauerant
sic locutus est
hoc est praeceptum legis
quod mandauit d(omi)n(u)s mosi
aurum et argentum et aes
et ferrum et stagnum
et plumbum
et omne quod potest tran
sire per flammas igne
purgabitur
quicquid autem ignem
non potest sustinere
aqua expiationis s(an)c(t)ificabitur
et lauabitis uestimenta
uestra die septimo
et purificati postea
castra intrabitis
Dixitq(ue) d(omi)n(u)s ad mosen
tollite summam eorum
quae capta sunt ab ho
mine usq(ue) ad pecus

tu et eleazar sacerdos
et principes uulgi
diuidesq(ue) ex aequo praedam
inter eos qui pugnauerunt et
egressi sunt ad bellum
et inter omnem reliquam
multitudinem
et separabis partem d(omi)no
ab his qui pugnauerunt
et fuerunt in bello
unam animam de quingentis
tam ex hominib(us) quam ex bub(us)
et asinis et ouib(us)
et dabis ea eleazaro sacerdoti
quia primitiae d(omi)ni sunt
ex media quoq(ue) parte
filiorum israhel
accipies quinquagesimam capud
hominum et boum et asinoru(m)
et ouium cunctarumq(ue)
animantium
et dabis ea leuitis qui excuban
in custodiis tabernaculi d(omi)ni
feceruntq(ue) moses et eleazar
sicut praeceperat d(omi)n(u)s
fuit autem praeda quam
exercitus ceperat
ouium sescenta septuaginta
quinq(ue) milia
boum lxx duo milia
asinorum lx milia et mille
animae hominum sexus foemi
nei quae non cognouerant
uiros xxx duo milia
dataq(ue) est media pars his
qui in proelio fuerant
ouium trecenta xxx uii
milia quingenti
e quib(us) in partem d(omi)ni suppu
tatae sunt oues sescentae
septuaginta quinq(ue)
et de bub(us) triginta sex milib(us)
boues septuaginta duo
de asinis triginta milib(us)

quingentis asini lx unum
de animab hominum sedecim
milib cesserunt in partem
dni xxx duae animae
tradidit q moses numerum
primitiarum dni eleazaro
sacerdoti
sicuti fuerat imperatum
ex media parte filiorum isrl
quam separauerat his qui
in proelio fuerant
de media uero parte quaecon
tigerat reliquae multitudini
id est de ouium trecentis
triginta septem milib
quingentis
et de bubus xxx sex milib
et de asinis xxx milib quingentis
et de hominib sedecim milib
tulit moses quinqua
gesimum caput
et dedit leuitis qui excubabant
in tabernaculo dni
sicut praeceperat dns
Cumq accessissent principes
exercitus ad mosen
et tribuni centurionesq dixerunt
nos scruitui recensuimus
numerum pugnatorum
quos habuimus sub manu nostra
et ne unus quidem defuit
ob hanc causam offerimus
in donariis dni
singuli quod in praeda auri
potuimus inuenire
periscelides et armillas anulos
et dextralia ac murenulas
ut depreceris pro nobis dnm
susceperuntq moses
et eleazar sacerdos
omne aurum in diuersis speciebus
pondo sedecim milia septingen
tos quinquaginta siclos
a tribunis et centurionib

unusquisq enim quod in praeda
rapuerat suum erat
et susceptum intulerunt
in tabernaculum testimonii
in monumento filiorum
israhel coram dno
Filii autem ruben et gad
habebant pecora multa
et erat illis iumentis
infinita substantia
cumq uidissent iazer et galaad
aptas alendis animalib
uenerunt ad mosen et ad ele
azarum sacerdotem et prin
cipes multitudinis atq
dixerunt
astaroth et dibon et
iazer et nemra
esbon et eleale et saban
et nebo et beon
terram quam percussit dns
in conspectu filiorum isrl
regionis uberrimae est
ad pastum animalium
et nos scruitui habemus
iumenta plurima
precamurq si inuenimus
gratiam coram te
ut des nobis famulis tuis
eam in possessionem
nec facias nos transire iordane
quib respondit moses
numquid fratres uestri bunt
ad pugnam et uos hic sedebitis
cur subuertitis mentes
filiorum israhel
ne transire audeant in locum
quem eis daturus est dns
nonne ita occurrunt patres uestri
quando misi de cades barne
ad explorandam terram
cumq uenissent usq
ad uallem botri
lustrata omni regione sub

uerterunt cor filiorum isrl.
ut non intrarent fines
quos eis dns dedit
qui iratus iurauit dicens
si uidebunt homines isti qui
ascenderunt ex aegypto
auiginti annis et supra
terram quam sub iuramento
pollicitus sum abraham
isaac et iacob
et noluerunt sequi me
praeter chaleb iephonne filium
cenezaeum et iosue
filium nun
isti impleuerunt uolun
tatem meam
iratusq. dns aduersum isrl
circumduxit eum per deser
tum xl annis
donec consumeretur uniuer
sa generatio quae fecerat
malum in conspectu eius
et ecce inquit uos surrexis
tis pro patrib. uestris
incrementa et alumni
hominum peccatorum
ut augeretis furorem dni
contra israhel
qui si nolueritis sequi eum
in solitudinem populum
derelinquet
et uos causa eritis necis omnium
at illi prope accedentes
dixerunt
caulas ouium fabricauimus
et stabula iumentorum
paruulis quoq. nostris
urbes munitas
nos autem ipsi armati et
accincti pergemus ad proe
lium ante filios israhel
donec introducamus
eos ad loca sua
paruuli nostri et quicquid

habere possumus
erunt in urbib. muratis prop
ter habitatorum insidias
non reuertemur in domos nos
tras usquequo possideant
filii israhel hereditatem suā
nec quicquam quaeremus
trans iordanen
quia iam habemus possessionem
nostram in orientali
eius plaga
quib. moses ait
si facitis quod promittitis
expediti pergite coram
dno ad pugnam
et omnis uir bellator armatus
iordanen transeat
donec subuertat dns
inimicos suos
et subiciatur ei omnis terra
tunc eritis inculpabiles et
apud dnm et apud israhel
et obtinebitis regiones
quas uultis coram dno
sin autem quod dicitis
non feceritis
nulli dubium quin peccetis
in dnm
et scitote quoniam peccatum
uestrum apprehendet uos
aedificate ergo urbes
paruulis uestris
et caulas ac stabula ouib.
ac iumentis
et quod pollicitis estis implete
dixeruntq. filii gad
et ruben ad mosen
serui tui sumus faciemus quod
iubet dominus noster
paruulos nostros et mali
eres et pecora ac iumenta
relinquemus in urbib. galaad
nos autem famuli tui omnes
expediti pergemus ad bella

sicut tu domine loqueris
praecepit ergo moses ele
 azaro sacerdoti et iosue
 filio nun
et principib. familiarum per
 trib. israhel. et dixit ad eos
si transierint filii gad et filii
 ruben uobiscum iordanen
 omnes armati ad bellum
 coram dno
et uobis fuerit terra subiecta
 date eis galaad in possessionem
si autem noluerint transire
 uobiscum in terram chanaan
inter uos habitandi acci
 piant loca
Responderunt q. filii gad
 et filii ruben
sicut locutus est dns seruis
 suis ita faciemus
ipsi armati pergemus coram
 dno in terram chanaan
et possessionem iam susce
 pisse nos confitemur
cis iordanen
dedit itaq. moses filiis
 gad et ruben
et dimidiae tribui manasse
 filii ioseph
Regnum seon regis amorrei
et regnum og regis basan
et terram eorum cum urbib.
 suis per circuitum
Igitur extraxerunt filii gad
 dibon et astaroth et aroer
et roth sophan et iazer
iocbaa et beth nemra et bet
 haran urbes munitas
et caulas pecorib. suis
filii uero ruben aedificauerun
 esebon et eleale et caria
 thaim et nabo et baalmeon
 uersis nominib.
sabama quoq.

imponentes uocabula urbib.
 quas extruxerunt
porro filii machir filii manasse
 perrexerunt in galaad
 et uastauerunt eam
interfecto amorreo
 habitatore eius
dedit ergo moses terram galaad
 machir filio manasse
 qui habitauit in ea
iair autem filius manasse abiit
 et occupauit uicos eius
quos appellauit auoth iair
 id est uillas iair
nobe quoq. perrexit et appre
 hendit canath cum uiculis suis
uocauitq. eam ex nomine
 suo noue.
xxxiii hae sunt mansiones filiorum israhel
 qui egressi sunt de aegypto
 per turmas suas in manu
 mosi et aaron
quas descripsit moses
 iuxta castrorum loca
quae dni iussione mutabant
xviiii Profecti igitur de ramesse
 mense primo quintadecima
 die mensis primi altera
 die phase
filii israhel in manu excelsa
 uidentib. cunctis aegyptiis
et sepelientib. primogenitos
 quos percusserat dns
nam et in diis eorum exer
 cuerat ultionem
castrametati sunt in soccoth
et de soccoth uenerunt
 in aetham quae est in ex
 tremis finib. solitudinis
Inde egressi uenerunt con
 tra phiahiroth quae respi
 cit beelsephon
et castrametati sunt
 ante magdolum

LIBER

profectiq̃ de phiahiroth
transierunt per medium
mare in solitudinem
et ambulantes trib· dieb· per
desertum aetham castra
metatisunt in mara
profectiq̃ de mara
uenerant in helim
ubi erant duodecim fontes
aquarum et palmae septuaginta
ibiq̃ castrametatisunt
sed et inde egressi fixere tentoria super mare rubrum
profecti de mari rubro castra
metatisunt in deserto sin
unde egressi uenerant
in depheca
profectiq̃ de depheca castra
metatisunt in alus
egressi de alus raphidim
fixere tentoria
ubi aqua populo defuit
ad bibendum
profectiq̃ de raphidim castra
metatisunt in deserto sinai
sed et desolitudine sinai
egressi uenerunt ad sepul-
chra concupiscentiae
profectiq̃ de sepulchris concupiscentiae castrametati
sunt in aseroth
et de aseroth uenerunt
in retma
profectiq̃ de retma castra
metatisunt in remon-
phares
unde egressi uenerunt in lebna
et de lebna castrametati
sunt in ressa
egressi de ressa uenerunt
in ceelatha
unde profecti castrametati
sunt in monte sepher
egressi de monte sepher

uenerunt in arada
inde proficiscentes castra
metatisunt in maceloth
profectiq̃ de maceloth
uenerunt in thaath
et de thaath castrametati
sunt in thare
unde egressi fixere tentoria in methca
et de methca castrametati
sunt in esthmona
profectiq̃ de esthmona
uenerunt in moseroth
et de moseroth castrametati
sunt in banciacan
egressiq̃ de banciacan uenerunt in montem cadead
unde profecti castrametati
sunt in hiete baytha
et de hie tebatha uene-
runt in ebrona
egressiq̃ de ebrona castra
metatisunt in asiongaber
inde profecti uenerunt in desertum sin haec est cades
egressiq̃ de cades castrametatisunt in monte hor
in extremis finib· terrae edom
ascenditq̃ aaron sacerdos
montem hor iubente dn̄o
et ibi mortuus est
anno quadragensimo egressionis filiorum israhel, excepto
mense quinto prima die mensis
cum esset annorum centum
uiginti trium
audiuitq̃ chananaeus rex arad
qui habitabat ad meridiem
in terra chanaan
uenisse filios israhel
et profecti de monte hor
castrametatisunt in salmona
unde egressi uenerunt
in phinon

profectiq. dephinon castra
metati sunt inoboth
et deoboth uenerunt inicabari
quae est infinib. moabitarum
profectiq. deiabarim fixere
tentoria indibon gad
unde egressi castra metati
sunt inelmon deblathaim
egressi decelmon deblathaim
uenerunt admontes abarim
contra nabo
profectiq. demontib. abarim
transierunt. adcampes
triam moab super iordanen
contra hiericho
ibiq. castrametati sunt
debethsimon asq. adbelsatim
inplanioribus locis moabitarum
ubi locutus est dns admosen
praecipe filiis isrl. et dicad eos
quando transieritis iordanen
intrantes terram chanaan
disperdite cunctos habita
tores regionis illius
confringite titulos et statuas
comminuite
atq. omnia excelsa uastate
mundantes terram et
habitantes inea
ego enim dedi uobis illam
inpossessionem
quam diuidetis uobis sorte
pluribus dabitis latiorem et
paucis angustiorem
singulis ut sors ceciderit ita
tribuetur hereditas
pertribus et familias
possessio diuidetur
sin autem nolueris interficere
habitatores terrae
qui remanserint erunt uobis
quasi claui inoculis et lan
ceae inlateribus
et aduersabuntur uobis

interra habitationis uestrae
et quicquid illis facere cogi
taueram uobis faciam
Locutus est dns admosen
praecipe filiis israhel
et dices adeos
cum ingressi fueritis
terram chanaan
et inpossessionem uobis
sorte ceciderit
his finibus terminabitur
pars meridiana incipiet asoli
tudine sin quae est
iuxta edom
et habebit terminos contra
orientem mare salsissimum
qui circuibunt australem
plagam perascensum scorpionis
ita ut transeant senna et
perueniant inmeridiem
usq. adcades barnae
unde egredientur confinia
aduillam nomine addar
et tendent usq. asemona
ibiq. pergirum terminus
abasemona usq. ator
rentem aegypti
et maris magni litore finietur
plaga autem occidentalis
amari magno incipiet et ipso
fine claudetur
porro adseptem triona
laton plagam
amari magno termini incipi
ent peruenientes usq. ad
montem altissimum
aquo uenies inmath usq. ad
terminos sedada
ibuntq. confinia usq. zephro
na et uillam henan
hi erunt termini in
parte aquilonis
inde metabuntur fines con
tra orientalem plagam

a culla bonan usq. sephama
et de sephama descendent
  termini in rebla contra
  fontem
inde peruenient contra orien
  tem ad mare cheneret h
et tendent usq. iordanen
et ad ultimam salsissimo
  claudentur mari
hanc habebitis terram per
  fines suos in circuitu
praecepitq. moses filiis
  israhel dicens
haec erit terra quam possi
  debitis sorte
et quam iussit dari dns nouem
  tribub. et dimidiae tribui
trib. enim filiorum ruben
  per familias suas
et trib. filiorum gad iuxta
  cognationum numerum
media quoq. trib. manasse
id est duae semis trib.
acceperunt partem suam
  trans iordanen contra hie
  richo ad orientalem plagam
et ait dns ad mosen
haec sunt nomina uirorum
  qui terram uobis diuident
eleazar sacerdos et iosue
  filius nun et singuli princi
  pes de tribub. singulis
quorum ista sunt uocabula
de tribu iuda chaleb
  filius iephonne
de tribu simeon samuhel
  filius amiud
de tribu beniamin helidad
  filius chaselon
de tribu filiorum dan
  bocci filius iogli
filiorum ioseph de tribu
  manasse hannihel
  filius ephod

de tribu ephraim camuhel
  filius sephtan
de tribu zabulon helisaphan
  filius pharnach
de tribu issachar dux falti
  hel filius ozan
de tribu aser habiud
  filius salomi
de tribu nepthali pheduhel
  filius ameiud
hi sunt quib. praecepit dns
  ut diuiderent filiis isrl.
  terram chanaan
haec quoq. locutus est
  dns ad mosen
in campes trib. moab super
  iordanen contra hiericho
praecipe filiis israhel ut dent
  leuitis de possessionib. suis
urbes ad habitandum et
  suburbana earum per
  circuitum
ut ipsi in oppidis maneant
  et suburbana sint pecco
  rib. ac iumentis
quae a muris ciuitatum for
  insecus per circuitum
  mille pas suum spatio
  tendentur
contra orientem duo
  milia erunt cubiti
et contra meridiem
  similiter duo milia
ad mare quoq. quod respicit
  occidentem eadem
  mensura erit
et septentrionalis plaga
  aequali termino finietur
eruntq. urbes in medio
  et foris suburbana
de ipsis autem oppidis
  quae leuitis dabitis
sex erunt in fugitiuorum
  auxilia separata

ut fuciat adea quifuderit
sanguinem
et exceptis his alia xl.
duo oppida
idest simul xl octo
cum suburbanis suis
ipsaeq. urbes quae dabuntur
depossessionib· filiorum isrl
abhis qui plus habent plures
auferentur et qui minus
pauciores
singuli iuxta mensuram
hereditatis suae dabunt
oppida leuitis

xx Ait dns admosen
loquere filiis israhel
et dices adeos
quando transgressi fueritis
iordanen interram chanaan
decernite quae urbes esse
debeant inpraesidia fugiti
uorum quinolentes san
guinem fuderint
inquib· cum fugerit propter
cognatus occisi eum non
poterit occidere
donec stet inconspectu
multitudinis et causa
illius iudicetur
deipsis autem urbib· quae
adfugiti uorum subsidia
separantur
tres erunt trans iordanen
et tres in terra chanaan
tam filiis israhel quam ad
uenis atq· peregrinis
ut confugiat adeas qui noley
sanguinem fuderit
Siquis ferro percusserit et
mortuus fuerit qui
percussus est
Reus erit homicidii et ipse
morietur
Silapidem iecerit et ictus

occubuerit similiter
punietur
siligno percussus interierit
percussoris sanguine
uindicabitur
propinquus occisi homici
dam interficiet
statim ut apprehenderit
eum percutiet
Siper odium quis hominem
impulerit
uel iecerit quippiam
ineum perinsidias
autem esset inimicus
manu percusserit
et ille mortuus fuerit
percussor homicidii reus erit
cognatus occisi statim ut in
uenerit eum iugulabit
quod siportuito et absq·
odio et inimicitiis quic
quam horum fecerit
et hoc audiente populo
fuerit comprobatum
atq· inter percussorem et
propinquam sanguinis
quaestio uentilata
liberabitur innocens
deultoris manu
et reducetur persenten
tiam inurbem adquam
confugerat
manebitq· ibi donec sacerdos
magnus qui oleo sco unctus
est moriatur
Siinterfector extra fines
urbium quae exulib· de
putatae sunt fuerit
inuentus
et percussus abeo qui
ultor est sanguinis
absq· noxa erit qui eum
occiderit
debuerat enim profugus

liber

us q. ad mortem pontificis
in urbe residere
postquam autem ille obierit
homicida reuertetur
in terram suam
haec sempiterna erunt et
legitima in cunctis habi
tationib; uestris
homicida sub testib; punietur
ad unius testimonium nul
lus condemnabitur
non accipietis pretium ab eo
qui reus est sanguinis
statim et ipse morietur
exules et profugi ante mor
tem pontificis nullo
modo in urbes suas
reuerti poterunt
ne polluatis terram
habitationis uestrae
quae insontium cruore
maculatur
nec aliter expiari potest
nisi per eius sanguinem qui
alterius sanguinem fuderit
atq; ita emundabitur ues
tra possessio me comma
rante uobiscum
ego enim sum dns qui habito
inter filios israhel.
xxxvi Accesserunt autem et prin
cipes familiarum galaad
filii machir filii manasse
de stirpe filiorum ioseph
locutiq; sunt mosi coram
principib; isrl. atq; dixerunt
tibi dno nostro praecepit dns
ut terram sorte diuideres
filiis israhel.
et ut filiab; salphaad fratris
nostri dares possessionem
debitam patri
quas si alterius trib; homi
nes uxores acceperint

sequetur possessio sua
et translata ad aliam tribum
de nostra hereditate minuetur
atq; ita fiet ut cum iobeleus
id est quinquagensimus anni
remissionis aduenerit
confundatur sortium
distributio
et aliorum possessio
ad alios transeat
Respondit moses filiis isrl
et dno praecipiente ait
Recte trib; filiorum ioseph
locuta est
et haec lex super filiab; sal
phaad a dno promulgata est
nubant quib; uolunt tantum
ut suae trib; hominib;
ne commisceatur possessio
filiorum isrl de tribu
in tribum
omnes enim uiri ducent uxo
res de tribu et cognatione sua
et cunctae feminae maritos
de eadem tribu accipient
ut hereditas permaneat
in familiis
nec sibi misceantur trib;
sed ita maneant ut a dno
separatae sunt
feceruntq; filiae salphaad
ut fuerat imperatum
et nubserunt maala et thera
et hegla et melcha et noa
filiis patruis uide familia
manasse qui fuit filius ioseph
et possessio quae illis
fuerat attributa
mansit in tribu et familia
patris earum: haec sunt man
data atq; iudicia quae praecepit
dns per manum mosi ad filios isrl
in campes trib; moab super ior
danen contra hiericho

I Trans iordanen populo legem ex
planat et commemorat quemad
modum eos ortatus fuerit; ut pru
dentes, eligerent uiros quos iudicij
constituerent. quomodo ad ter
ram promissionis miserit inspec
tores. et quod rebellis extiterit
cuncta populi multitudo. et quod
propter delictum eorum. etiam
ipse moses terrae promissionis
priuaretur introitu. et tamen dno
praecipitur. ne de possessione filio
rum esau et loth aliquid contingat.

II Transitum commemorat per urbem
bar quam cappadoces possederunt.
et quomodo nuntios direxerit
ad seon et og reges amorraeorum.
quos cum spreuissent praecepto
di aduersus ipsos inire certamen.
ipsis q; pulsis duab; semis trib; pos
sidenda eorum terra sit tradita

III Hortatur populum ut praecepta
et tanta iudicia seruet ac faciat.
nec aerimoniis gentium deditioni
offendant. et paterna caritate
blanditur nullam esse tam incly
tam gentem qua eis sit proxima.
quomodo ad montem accesserint
et audiri di de medio ignis. audie
rint. ac decalogum in tabulis lapi
deis digito di fuisse conscriptum.
morituram se dicit. nec idola faci
ant commonet. et quia non est
alius nisi unus ds commemorat.
quae sint separatae ciuitates
in praesidia peccatorum qui ho mi
nem occiderit nolens

IIII Ubi ac cito omni populo dixit se ipsa
se questrem fuisse uel medium
inter israhel et dnm. et quae
sint decem uerba per ordi
nem dicerit. oriatur ut custodi
ant. ne ut trans gressores pereant

V Audi isrl dns ds tuus dns unus est
et diliges dnm dm tuum hoc semper
meditandum. hoc filiis et nepotib;
commendandum. non iungendum pos
deos alienos. non tacendum quod
seruierint pharaoni et teruerit
dns septem gentes ex illuc uc
das esse. quorum filijs uel
filiab; non licet misce ri in cona
bio. non pertimidandum hostes
amplissimos eo quod dns tradat
eos. nihil auri uel argenti de idolis
concupiscendum. eo quod sit
anathema. commemorat munera
annorum XL per desertum prae
stitum dnm uestimenta uel
suppellex cetera nulla aetas
tate consumpta. pro quib; semper
dni di memores esse debeant

VI Ubi dicit ingressurum populum ter
ram quam promisit dns ds. et ad
monet ne ius titiam sibi subiec
tam uel oxiam terram illam fuisse
praesumat. maxime quis semper
ad iracundiam prouocauerit dnm.
cum uitulam fabricassent. et ob
hoc ipse tabulas confregisset.
atq; pro hoc scelere praecator
accederet. deinde in sepulchris
concupiscentiae. de explorato
rib; missis ac postea alijs tabulis
factus. arcam fabricatam et
morte aaron in monte hor.

VII Commonet. nihil aliud imperare
ds ominu dnm. nisi ut timeam suam
et praecepta custodienda. nec
sequendum scelus trans gres
sorum. benedictiones si oboedi
eris. maledictiones si neglexeris

VIII Ubi praecepit iudicia quae in terra
promissionis debeant fieri. idola
confringenda. decimas. et primo
genita danda holocausta offe
renda. et sacerdotes non
deserendos

viiii De propheta falso et somniatore
  de fratre filio amico et uxore sua
  dentib; ire post idola lapidib; ob
  ruendos. Discretione animalium
  auium pisciumq; mandorum et
  inmundorum quid comedere
  licet uel quid ue non liceat.
  Anno remissionis nihil repe
  tendum, egeno et pauperi nihil
  necandum, de haebreo distracto
  de primogenitis reddendis et ne
  sanguinem comedatis

x Faciendum pascha et trium sollem
  nitatis eius In iudicio personam
  non accipiendam solis et lunae
  adoratores lapidib; obruendos.
  Recem alterius gentis hominem
  non debere constitui et leuitas
  ac sacerdotes decimis et obla
  tionib; esse contentos

xi Leuitam uenientem ex ciuitate sua
  laire in fratres dni debere
  fungi ministerio malepicos
  auperendos prophetam ex
  eadem gente magnam surgere
  augures extinguidebere et
  leges quas debeant obseruare

xii De procinctu bellorum quomodo
  procedi debeant et extinctis
  hostib; nihil seriorum succidere.
  De cadauere hominis iuxta urbem
  reperti de muliere pulchra et
  captiua de duab; uxorib; et filiis
  earum de filio contumace
  de peccato crauí de inuentione
  reddenda de uestem uiri et muli
  eris et diuersis legib;

xiii De his quae per somnium contige
  re solent et alia leges proias
  tificationib; promulgatae

xiiii De ingressu terrae promissionis
  et quomodo coram sacerdotib;
  obtinuisse profiteantur

xv Praecepta custodienda et male
  dictiones negligentib; et benedic
  tiones custodientib; et respon
  sio populi dicentis amen

xvi Uerba poederis repliext hortatur
  ne derelicto dno idola sequantur
  uel caerimonias gentium quarum
  terram acceptari sunt
  possidendam

xvii Ubi centum uiginti sci dicit annorum
  uoc Iosue uerbis q; corroborat
  suis ac praedicit quod terram
  ipse sorte diuidat legem scrib
  sit ac sacerdotib; tradidit eamq;
  congregato populo legi

xviii Ubi dns dicit ad Mosen prope sunt
  dies mortis tuae uoca Iosue ad
  ostium tabernaculi et praeci
  piam ei. Apparuitq; eidem in co
  lumna nubis et pronuntixt popu
  lum idola secuturum

xviiii Moses scribit canticum et docet
  filios israhel ac leuitis praecepit
  in arce laterae pro testimonio
  reponendum. In uocat contra
  eos testes caelum ac terram
  quod pereant cum mala para
  rint et cantat prae sagum can
  ticum futurorum in quo ex per
  sona dni eis in properat dicens
  ubi sunt dii tui isrl, in quib; con
  fidebas et cetera mirabiliter
  tremescenda

xx Postquam moses omnia carminis
  uerba loquitur dixit dns eade
  die. Ascende montem nebo et
  morere et iungeris populis tuis
  et antequam ascenderet uni
  uersum isrl per singulas trib;
  propriis benedictionib; bene
  dixit. Ascensoq; uerticem
  montis uniuersam terram
  promissionis aspexit ad quam
  pro contradictione aquarum
  contradictionis in arce non

potuit ibiq. describitur mor
tuus et incognitam eius esse
sepulchrum actalem ultra
in israhel nonsurrexisse
prophetam ...

EXPLICIUNT CAPITULA

INCIPIT LIBER DEUTERO

NOMIUM QUI HEBRA

ICE DICITUR HELLEAD

DABARIM DŌ LAUDES

LEGE FELICITER AMEN

P
O R A
P
O
M
E

haec sunt uerba quae locu
tus est moses ad omnem isrl
trans iordanen insolitudine
campestri contra marerubra
inter pharan et thophel
et laban et aseroth
ubi auri est plurimum
undecim dieb· ōb horeb per
uiam montis seir usq.
cades barne
quadragesimo anno undecimo
mense primadie mensis
locutus est moses ad filios isrl
omnia quae praeceperat illi
dns ut diceret eis
postquam percussit seon
regem amorraeorum qui
habitabat in esebon
et og regem basan qui mansit
inaseroth et inedrai trans
iordanen in terra moab·
coepitq. moses explanare
legem et dicere
dns ds noster locutus est ad
nos in horeb dicens
sufficit uobis quod in hoc
monte mansistis
reuertimini et uenite admon
tem amorraeorum
et ad cetera quae ei
proxima sunt
campestria atq. montana
et humiliora loca
contra meridiem et
iuxta litus maris
terram chananaeorum et liban
usq. ad flumen magnum eufraten
en inquit tradidi uobis ingre
dimini et possidete eam
super qua iurauit dns patrib·
uestris abraham et isaac
et iacob
ut daret illam eis et semini
eorum post eos

dixit q̄ uobis illo in tempore
non possum solus sustinere uos
quia dn̄s d̄s uester multi
plicauit uos
et estis hodie sicut stellae
caeli plurimae
dn̄s d̄s patrum uestrorum
addat adhunc numerum
multa milia
et benedicat uobis sicut locutus est
non ualeo solus uestra negotia
sustinere et pondus ac iurgia
date ex uobis uiros sapientes
et gnaros
et quorum conuersatio sit
probata in tribub; uestris
ut ponam eos uobis principes
tunc respondistis mihi
bona res est quam uis facere
tuli q; de tribub; uestris uiros
sapientes et nobiles
et constitui eos principes
tribunos et centuriones et
quinquagenarios ac decanos
qui docerent uos singula
praecepiq; eis dicens
audite illos et quod iustum
est iudicate
siue ciuis sit ille siue peregrin
nulla erit distantia personarum
ita paruum audietis ut magnum
nec accipietis cuius quam per
sonam quia di iudicium est
quod si difficile uobis aliquid
uisum fuerit
referte ad me et ego audiam
praecepiq; omnia quae
facere deberetis
profecti autem de Choreb tran
siuimus per heremum ter
ribilem et maximam
quam uidistis
per uiam montis amorrei
sicut praeceperat nobis dn̄s

noster nobis
cumq; uenissetis in Cades
barne dixi uobis
uenistis ad montem amorrei
quem dn̄s d̄s noster daturus est nobis
uide terram quam dn̄s
d̄s tuus dat tibi
ascende et posside eam
sicut locutus est dn̄s
noster patrib; tuis
noli metuere nec quic
quam paueas
et accessistis ad me omnes
atq; dixistis
mittamus uiros qui con
siderent terram
et renuntient per quod iter
debeamus ascendere
et ad quas pergere ciuitates
cumq; mihi sermo placuisset
misi ex uobis duodecim uiros
singulos de tribub; suis
qui cum perrexissent et ascen
dissent in montana
uenerunt usq; ad uallem botri
et considerata terra sumen
tes de fructib; eius ut ostend
erent ubertatem
attulerunt ad nos atq; dixerun
bona est terra quam dn̄s d̄s nos
ter daturus est nobis
et noluistis ascendere
sed increduli ad sermonem
dn̄i d̄i nostri
murmurati estis in taberna
culis uestris atq; dixistis
odit nos dn̄s et idcirco eduxi
nos de terra Aegypti
ut traderet in manu amor
rei atq; deleret
quo ascendemus nuntii terra
erunt cor nostrum dicentes
maxima multitudo est

et nobis statura proccrior
urbes magnae et ad caelum
usq; munitae
filios enacim uidimus ibi
et dixi uobis nolite metuere
nec timeatis eos
dns ds quiductor est uester
pro uobis ipse pugnauit
sicut fecit in aegypto uiden
tib; cunctis
et in solitudine ipse uidisti
portauit te dns ds tuus
ut solet homo gestare par
uulam filium suum in omni
uia per quam ambulasti
donec ueniretis ad locum ista
et ne sic quidem credidistis
dno do uestro
qui praecessit uos in uia
et metatus est locum in quo
tentoria figere deberetis
nocte ostendens uobis iter
per ignem et die per
columnam nubis
cumq; audisset dns uocem
sermonum uestrorum
iratus iurauit et ait
non uidebit quispiam de
hominib; generationis
huius pessimae
terram bonam quam sub
iuramento pollicitus
sum patrib; uestris
praeter chaleb filium iephonne
ipse enim uidebit eam et ipsi
dabo terram quam calca
uit et filiis eius
quia secutus est dnm
nec miranda indignatio in populu
cum mihi quoq; iratus dns
propter uos dixerit
nec tu ingredieris illuc sed
iosue filius nun minister
tuus ipse intrauit pro te

hunc exortare et robora et
ipse terram sorte diuidat
israheli
paruuli uestri de quib; dixistis
quod captiui ducerentur
et filii qui hodie boni ac mali
ignorant distantiam
ipsi ingredientur et ipsis dabo
terram et possidebunt eam
uos autem reuertimini et abite
in solitudinem per uiam
maris rubri
et respondistis mihi
peccauimus dno
ascendamus atq; pugnabimus
sicut praecepit dns dr nr
cumq; instructi armis
pergeretis in montem
ait mihi dns dic ad eos
nolite ascendere neq; pugnetis
non enim sum uobis cum nec ca
datis coram inimicis uestris
locutus sum et non audistis
sed aduersantes imperio
dni et tumentes superbia
ascendistis in montem
itaq; egressus amorraeus
qui habitabat in montib;
et obuiam ueniens
persecutus est uos sicut
solent apes persequi
et caecidit de seir usq; horma
cumq; reuersi ploraretis
coram dno
non audiuit uos nec uoces
trae uoluit adquiescere
sedistis ergo in cades barne
multo tempore
profectiq; inde uenimus in
solitudinem quae ducit
ad mare rubrum
sicut mihi dixerat dns
et circuiuimus montem seir
longo tempore

dixitque dns ad me
sufficit uobis circumire
montem istum
ite contra aquilonem
et populo praecipe dicens
transibitis per terminos
fratrum uestrorum
filiorum esau
qui habitant in seir et time
bunt uos
uidete ergo diligenter ne
moueamini contra eos
neq. enim dabo uobis de terra
eorum quantum potest
unius pedis calcare uestigii
quia in possessionem esau
dedi montem seir
cibos emetis ab eis pecunia
et comedetis
aquam emptam haurietis
et bibetis
dns ds tuus benedixit tibi in
omni opere manuum tuarum
nouit iter tuum quomodo
transieris solitudinem
hanc magnam per quadra
ginta annos
habitans tecum dns ds tuus
et nihil tibi defuit
cumq. transissemus fratres
nostros filios esau qui
habitabant in seir
per uiam campestrem debe
lath et deasion gaber
uenimus ad iter quod ducit
in desertum moab
dixitq. dns ad me
non pugnes contra moabitas
nec ineas aduersum eos
proelium
non enim dabo tibi quicquam
de terra eorum
quia filiis loth tradidi ar
in possessionem

emim primi fuerunt habita
tores eius
populus magnus et ualidus
et tam excelsus ut de enacim
stirpe quasi gigantes
crederentur
et essent similes filiorum enac
denique moabitae appellant
eos emim
in seir autem prius habita
uerant horrei
quib. expulsis atq. deletis
habitauerunt filii esau
sicut fecit israhel in terra
possessionis suae quam
dedit ei dns
surgentes autem ut transi
remus torrentem zared
uenimus ad eum
tempus autem quo ambulaui
mus de cades barne usq. ad
transitum torrentis zared
triginta octo annorum fuit
donec consumeretur omnis
generatio hominum bella
torum de castris
sicut iurauerat dns
cuius manus fuit aduersum eos
ut interirent de castrorum medio
postquam autem uniuersi
ceciderant pugnatores
Locutus est dns ad me dicens
tu transibis hodie terminos moab
urbem nomine ar
et accedens in uicina
filiorum ammon
caue ne pugnes contra eos
nec mouearis ad proelium
non enim dabo tibi de terra
filiorum ammon
quia filiis loth dedi eam
in possessionem
terra gigantum reputata est
et in ipsa olim habitauerunt

gigantes
quos ammanitae uocant
zom zom mim
populus magnus et multus
et procerae longitudinis
sicut enacim quos deleuit
dns a facie eorum
et fecit illos habitare pro eis
sicut fecerat filiis esau
qui habitant in seir
delens horreos et terram
eorum illis tradens
quam possident usq. inpraesens
eubaeos quoq. qui habitabant
in aserim usq. gazam
cappadoces expulerunt
qui egressi de cappadocia dele-
uerant eos et habitaue-
runt pro illis
surgite et transite torrentem arnon
ecce tradidi in manus tuas
seon regem esebon amor-
raeum et terram eius
incipe possidere et committe
aduersum eum proelium
hodie incipiam mittere terrorem atq. formidinem tuam
in populos qui habitant
sub omni caelo
ut auditio nomine tuo paueant
et in morem parturientium
contremescant et dolore
teneantur
misi ergo nuntios de solitudine cademoth
ad seon regem esebon
uerbis pacificis dicens
transibimus per terram tuam
publica gradiemur uia
non declinauimus neq. ad dextram neq. ad sinistram
alimenta pretio uende
nobis ut uescamur

aquam pecunia tribue
et sic bibemus
tantum est ut nobis con-
cedas transitum
sicut fecerunt filii esau
qui habitant in seir
et moabitae qui morantur in ar
donec ueniamus ad iordanem
et transeamus in terram
quam dns ds noster
daturus est nobis
noluitq. seon rex esebon
dare nobis transitum
quia indurauerat dns ds tuus
spm eius et offirmauerat
cor illius
ut traderetur in manus tuas
sicut nunc uides
dixitq. dns ad me
ecce coepi tradere tibi
seon et terram eius
incipe possidere eam
egressus q. est seon obuiam
nobis cum omni populo suo
ad proelium in iesa
et tradidit eum dns
ds noster nobis
percussimusq. eum cum
filiis et omni populo suo
cunctasq. urbes in tempore
illo coepimus
interfectis habitatoribus
earum uiris ac mulieribus
et paruulis
non reliqui mus in eis quicquam
absq. iumentis quae in partem
uenere praedantium
et spoliis urbium quas cepimus
ab aroer quae est super ripam
torrentis arnon
oppido quod in ualle situm
est usq. galaad
non fuit uicus et ciuitas
quae nostras effugeret manus

omnes tradidit dns ds nr nobis
absque terra filiorum ammon
adquam non accessimus
et cunctis quae adiacent
torrenti ieboc
et urbib montanis univer
sis q. locis
aquib nos prohibuit dns ds nr
Itaq. conversi ascendimus
per iter basan
egressusq. est og rex basan
in occursum nobis cum
populo suo ad bellandum
in edrai
dixitq. dns ad me
ne timeas eum quia in manu tua
traditus est cum omni
populo suo ac terra sua
faciesq. ei sicut fecisti seon
regi amorraeorum qui
habitavit in esebon
tradidit ergo dns ds noster
in manib. nostris
etiam og regem basan et uni
versum populum eius
percussimusq. eos usq.
ad internicionem
vastantes cunctas civitates
illius uno tempore
non fuit oppidum quod
nos effugeret
sexaginta urbes omnem
regionem argob regni
og in basan
cunctae urbes erant muni
tae muris altissimis por
tisq. et vectib.
absq. oppidis innumeris quae
non habebant muros
et delevimus eos sicut fece
ramus seon regi esebon
disperdentes omnem civita
tem virosq. ac mulieres
et parvulos
iumenta autem et spolia
urbium diripuimus
tulimusq. illo in tempore
terram de manu duorum
regum amorraeorum qui
erant trans iordanen
a torrente arnon usq.
ad montem hermon
quem sidonii sarion vocant
amorrei sanir
omnes civitates quae sitae
sunt in planitie
et universam terram
galaad et basan
usq. selcha et edrai
civitates regni og in basan
solus quippe og rex basan res
terat de stirpe gigantum
monstratur lectus eius fer
reus qui est in rabbath
filiorum ammon
novem cubitos habens longi
tudinis et quattuor
latitudinis
ad mensuram cubiti viril is manus
terramq. possedimus
in tempore illo
ab aroer quae est super ripam
torrentis arnon
usq. ad mediam partem
montis galaad
et civitates illius dedi ruben
et gad
reliquam autem partem galaad
et omnem basan regni og
tradidi mediae tribui manasse
omnem regionem argob
cuncta basan vocatur
terra gigantum
iair filius manasse possedit
omnem regionem argob
usq. ad terminos gesuri
et machathi
vocavitq. ex nomine suo basan

naoth iair ides tail las iair
usq. in praesentem diem
machir quoq. dedi galaad
et tribub. ruben et gad dedi
terram galaad usq. ad tor
rentem arnon
medium torrentis et finium
usq. ad torrentem ieboc quiest
terminus filiorum ammon
et planitiem solitudinis
atq. iordanem
et terminos cheneret hasq.
ad mare deserti quod est
salsissimum
ad radices montis fasga
contra orientem
praecepiq. uobis in tempore
illo dicens
dns ds uester dat uobis terram
hanc in hereditatem
expediti praecedite fratres
uestros filios israhel
omnes uiri robusti
absq. uxorib. et paruulis
ac iumentis
noui enim quod plura
habeatis pecora
et in urbib. remanere debe
bunt quas tradidi uobis
donec requiem tribuat dns
fratrib. uestris sicut
uobis tribuit
et possideant etiam ipsi ter
ram quam daturus est eis
trans iordanem
tunc reuertetur unusquisq.
in possessionem suam
quam dedi uobis
iosue quoq. in tempore illo
praecepi dicens
oculi tui uiderunt quae fecit
dns ds uester duob. his regib.
sic faciet omnib. regnis
ad quae transiturus es

ne timeas eos dns enim ds
uester pugnauit pro uobis
precatusq. sum dnm in
tempore illo dicens
dne ds tu coepisti ostendere
seruo tuo magnitudinem tuam
manumq. fortissimam
nec enim est alius ds uel
in caelo uel in terra
qui possit facere opera tua
et compari fortitudini tuae
transibo igitur et uidebo terram
hanc optimam trans iordanen
et montem istum egregium
et libanum
iratusq. est dns mihi propter uos
nec exaudiuit me sed dixit mihi
sufficit tibi neq. loquaris ultra
de hac re ad me
ascende cacumen fasgae
et oculos tuos circumfer
ad occidentem et aquilone
austrumq. et orientem et aspice
nec enim transibis iordanen istum
praecipe iosue et corrobora
eum atq. conforta
quia ipse praecedet populum
istum et diuidet eis terram
quam uisurus es
mansimusq. in ualle con
tra fanum phogor
IIII. Et nunc israhel audi praecepta
et iudicia quae ego doceo te
ut faciens ea uiuas
et ingrediens possideas ter
ram quam dns ds patrum
uestrorum daturus est uobis
non addetis ad uerbum quod
uobis loquor neq. aufe
retis ex eo
custodite mandata dni di
uestri quae ego prae
cipio uobis
oculi uestri uiderunt omnia

quae fecit dns contra
beelphegor
quomodo contriuerit omnes
cultores eius de me-
dio uestri
uos autem qui adhaeretis
dno do uestro uiuitis
uniuersi usq; in praesen-
tem diem
scitis quod docuerim uos
praecepta atq; iustitias
sicut mandauit mihi dns
ds meus
sic facietis ea in terra quam
possessuri estis et obseruabitis et implebitis ope-
haec est enim uestra sapientia et intellectus
coram populis
ut audientes uniuersi praecepta haec dicant
En populus sapiens et intellegens gens magna
Nec est alia natio tam gran-
dis quae habeat deos
appropinquantes sibi
sicut ds noster adest cunctis
obsecrationibus nostris
quae est enim alia gens sic
inclyta ut habeat caerimonias iustaq; iudicia
et uniuersam legem quam
ego proponam hodie ante
oculos uestros
custodi igitur temetipsum
et animam tuam sollicite
ne obliuiscaris uerborum
quae uiderunt oculi tui
et ne excedant de corde tuo
cunctis diebus uitae tuae
et docebis ea filios
ac nepotes tuos
diem inquo stetisti coram
dno do tuo in horeb

quando dns locutus est
mihi dicens
Congrega ad me populum uni-
audiat sermones meos
et discat timere me omni tempore quo uiuit in terra
doceantq; filios suos
et accessistis ad radices montis
qui ardebat usq; ad caelum
erantq; in eo tenebrae
nubes et caligo
locutusq; est dns ad uos
de medio ignis
uocem uerborum eius audistis et formam penitus
non uidistis
et ostendit uobis pactum suu
quod praecepit ut faceretis
et decem uerba quae scripsit
in duab; tabulis lapideis
mihiq; mandauit in illo tempore ut docerem uos caeri-
monias et iudicia
quae facere deberetis in terra
quam possessuri estis
custodite igitur sollicite
animas uestras
non uidistis aliquam similitudinem in die qua locutus
est dns uobis in horeb
de medio ignis
ne forte decepti faciatis uobis
sculptam similitudinem
aut imaginem masculi
uel feminae
similitudinem omnium
iumentorum quae sunt
super terram
uel auium sub caelo uolantiu
atq; reptilium quae mouentur in terra
siue piscium qui sub terra
morantur in aquis
ne forte oculis eleuatis

ad caelum uideas solem et
lunam et omnia astra caeli
et terrore deceptus adores
ea et colas
quae creauit dns ds tuus in
ministerium cunctis gen
tib: quae sub caelo sunt
uos autem tulit dns et eduxit
de fornace ferrea aecypti
ut haberet populum heredi
tarium sicut est in
praesenti die
Iratusq. est dns contra me
propter sermones uestros
et iurauit ut non tran
sirem iordanem
nec ingrederer terram opti
mam quam daturus est uobis
ecce morior in hac humo
non transibo iordanen
uos transibitis et possedebi
tis terram egregiam
caue nequando obliuiscaris
pacti dni di tui quod
pepicit tecum
et facias tibi scalptam simili
tudinem eorum quae fieri
dns prohibuit
quia dns ds tuus ignis consu
mens est ds aemulator
Si genueritis filios ac nepotes
et morati fueritis in terra
deceptiq. feceritis uobis ali
quam similitudinem
patrantes malum coram
dno do uestro
ut eum ad iracundiam prouocetis
testes inuoco hodie
caelum et terram
cito perituros uos esse de terra
quam transito iordane
possessuri estis
non habitabitis in ea
longo tempore

sed delebit uos dns atq. disper
get in omnes gentes
et remanebitis pauci in nationib:
ad quas uos ducturus es dns
ibiq. seruietis diis qui hominum
manu fabricati sunt
ligno et lapidi qui non uident
non audiunt non comedunt
non odorantur
cumq. quaesieris ibi dnm dm
tuum inuenies eum
si tamen toto corde quaesi
eris et tota tribulatione
animae tuae
postquam te inuenerint omnia
quae praedicta sunt
nouissimo tempore reuer
teris ad dnm dm tuum
et audies uocem eius
quia ds misericors dns ds is l̄
non demittet te nec
omnino delebit
neq. obliuiscetur pacti in quo
iurauit patrib: tuis
Interroga dies antiquos
qui fuerunt ante te
ex die quo creauit ds homi
nem super terram
a summo caelo usque
ad summum eius
si facta est aliquando huius
modi res aut umquam
cognitum est
ut audiret populus uocem di
loquentis de medio ignis
sicut tu audisti et uixisti
si fecit ds ut ingrederetur
et tolleret sibi gentem
de medio nationum
per temtationes signa
atq. portenta
per pugnam et robustam manum
extentumq. brachium et
horribiles uisiones

LIBER

iuxta omnia quae fecit pro
nobis dns ds uester inaegypto
uidentib; oculis tuis
ut scires quoniam dns ipse est
ds et non est alius praeterqm
decaelo fecit te audire uocem
suam ut doceret te
et interra ostendit tibi
ignem suam maximam
et audisti uerba illius
demedio ignis
quia dilexit patres tuos et
elegit semen eorum post eos
eduxitq; te praecedens inuir
tute sua magna exaegypto
ut deleret nationes maximas
et fortiores te inintroitu tuo
et introduceret te daretq;
tibi terram earum inpos
sessionem sicut cernis
inpraesenti die
scito ergo hodie et cogi
tato incorde tuo
quod dns ipse sit ds incaelo
sursum et interra deor
sum et non sit alius
custodi praecepta eius atq;
mandata quae ego prae
cipio tibi
ut benesit tibi et filiis
tuis post te
et permaneas multo tempo
re super terram
quam dns ds daturus est tibi
Tunc separauit moses tres
ciuitates trans iordanen
adorientalem placam
ut confugiant adeas qui occi
derit nolens proximum suum
nec fuerit inimicus antevnum
et alteram diem
et adharum aliquam urbium
possit cadere
Bosor insolitudine quaesita

est interra campestri
detribu ruben
et ramoth ingalaad quae
est intribu gad
et golam inbasan quae est
intribu manasse
Ista est lex quam proposuit
moses coram filiis isrl
et haec testimonia etceri
moniae atq; iudicia
quae locutus est adfilios isrl
quando egressi sunt
deterra aegypti
trans iordanen inualle con
tra fanum phogor
interra seon regis amorrei
qui habitauit inesebon
quem percussit moses
filii quoq; israbel egressi
exaegypto possederant
terram eius
et terram og regis basan
duorum regum amorreorum
qui erant trans iordanen
adsolis ortum
abaroer quae sita est super
ripam torrentis arnon
usq; admontem sion
qui est hermon
omnem planitiem trans ior
danen adorientalem placam
usq; admare solitudinis et
usq; adradices montis
phasga
VIIII Uocauitq; moses omnem
israhelem et dixit adeum
audi israhel caerimonias
atq; iudicia
quae ego loquor inaurib.
uestris hodie
discite ex etopere complete
dns ds noster pepigit nobis
cum foedus inhoreb
non cum patrib; nostris

deuteron

iniit pactum
sed nobiscum qui in praesentia
arum sumus et uiuimus
facie ad faciem locutus est
nobis in monte de medio ignis
ego sequester et medius fui in
ter dm et uos in tempore illo
ut adnuntiarem uobis
uerba eius
timuistis enim ignem et non
ascendistis in montem
et ait ego dns ds tuus qui eduxi
te de terra aegypti de domo
seruitutis
non habebis deos alienos
in conspectu meo
non facies tibi sculptile nec
similitudinem omnium
quae in caelo sunt desuper
et quae in terra deorsum
et quae uersantur in aquis
non adorabis ea et non coles
ego enim sum dns ds tuus
ds aemulator
reddens iniquitatem patrum
super filios in tertiam et
quartam generationem
his qui oderunt me
et faciens misericordiam
in multa milia diligentib.
me et custodientib.
praecepta mea
non usurpabis nomen dni
di tui frustra
quia non erit impunitus
qui super re uana nomen
eius adsumpserit
obserua diem sabbati ut sci
fices eum sicut praecepit
tibi dns ds tuus
sex dieb. operaberis et faci
es omnia opera tua
septimus dies sabbati est
id est requiei dni di tui

non facies in eo quicquam operis
tu et filius tuus et filia
seruus et ancilla bos et asinus
et omne iumentum tuum
et peregrinus qui est
intra portas tuas
ut requiescat seruus et an
cilla tua sicut et tu
memento quod et ipse
seruieris in aegypto
et eduxerit te inde dns ds
tuus in manu forti et
brachio extento
idcirco praecepit tibi ut ob
serues diem sabbati
honora patrem tuum et
matrem sicut praecepit
tibi dns ds tuus
ut longo uiuas tempore et
bene sit tibi in terra quam
dns ds tuus daturus est tibi
non occides
neq. moechaberis
furtum q. non facies
nec loqueris contra proximum
tuum falsum testimonium
non concupisces uxorem
proximi tui
non domum non agrum non
seruum non ancillam
non bouem non asinum et uni
uersa quae illius sunt
haec uerba locutus est dns
ad omnem multitudinem
uestram in monte
de medio ignis et nubis et
caliginis uoce magna
nihil addens amplius
et scribsit ea in duab. tabulis
lapideis quas tradidit mihi
uos autem postquam audi
stis uocem de medio tene
brarum et montem
ardere uidistis

accessistis ad me omnes prin
cipes tribuum et maiores
natu atq. dixistis
ecce ostendit nobis dns ds
noster maiestatem et
magnitudinem suam
uocem eius audiuimus
de medio ignis
et probauimus hodie quod
loquente do cum homine
uixerit homo
cur ergo morimur et deuo
rauit nos ignis hic maximus
si enim audierimus ultra
uocem dni dni moriemur
quid est omnis caro ut audiat
uocem di uiuentis qui de
medio ignis loquitur sicut
nos audiuimus et pos
sit uiuere
tu magis accede et audi cunc
ta quae dixerit dns ds
noster tibi
loqueris q. ad nos et nos
audientes faciemus ea
quod cum audisset dns ail da me
audiui uocem uerborum
populi huius
quae locuti sunt tibi bene
omnia sunt locuti
quis det talem eos habere
mentem ut timeant me
et custodiant uniuersa man
data mea in omni tempore
ut benesit eis et filiis eorum
in sempiternum
uade et dicis
reuertimini in tentoria uestra
tu uero hic sta mecum
et loquar tibi omnia mandata
et caerimonias atq. iudicia
quae docebis eos
ut faciant ea in terra quam
dabo illis in possessionem

custodite igitur et facite quae
praecepit dns ds uobis
non declinabitis neq. ad dex
tram neq. ad sinistram
sed per uiam quam praecepit
dns ds uester ambulabitis
ut uiuatis et benesit uobis
et protelentur dies in ter
ra possessionis uestrae
haec sunt praecepta et caeri
moniae atq. iudicia quae
mandauit dns ds uester
ut docerem uos et faciatis
ea in terra ad quam trans
credimini possidendam
ut timeas dnm dm tuum
et custodias omnia mandata
et praecepta eius
quae ego praecipio tibi et filiis
ac nepotib. tuis cunctis
dieb. uitae tuae
et prolongentur dies tui
audi israhel et obserua ut
facias et benesit tibi et
multipliceris amplius
sicut pollicitus est dns ds
patrum tuorum tibi
terram lacte et melle
manantem
Audi israhel dns ds noster
dns unus est
diliges dnm dm tuum ex toto
corde tuo et ex tota anima
tua et ex tota fortitudine tua
erunt q. uerba haec quae ego
praecipio tibi hodie in corde tuo
et narrabis ea filiis tuis
et meditaberis in eis sedens
in domo tua
et ambulans in itinere dormi
ens atq. consurgens
et ligabis ea quasi signum
in manu tua
erunt q. et mouebuntur

inter oculos tuos
scribesq; ea inlimine et
ostiis domus tuae
cumq; introduxerit te dns
ds tuus interram
pro qua iurauit patrib; tuis
abraham isaac et iacob
et dederit tibi ciuitates
magnas et optimas quas
non aedificasti
domos plenas cunctarum
opum quas non extraxisti
cisternas quas non fodisti
uineta et oliueta quae
non plantasti
et comederis et satu
ratus fueris
caue diligenter ne obliuisca
ris dni dei tui
qui eduxit te de terra aegipti
de domo seruitutis
dnm dm tuum timebis
et ipsi seruies
ac per nomen illius iurabis
non ibitis post deos alienos
cunctarum gentium quae
in circuitu uestro sunt
quoniam ds aemulator dns
ds tuus in medio tui
nequando irascatur furor
dni dei tui contra te
et auferat te de super
ficie terrae
non temtabis dnm dm tuum
sicut temtasti in loco
temptationis
custodi praecepta dni dei tui
ac testimonia et caerimonias
quas praecepit tibi
et fac quod placitum est et
bonum inconspectu dni
ut bene sit tibi et ingressus
possideas terram optimam
de qua iurauit dns patrib; tuis

ut deleret omnes inimicos tuos
coram te sicut locutus est
cumq; interrogauerit te
filius tuus cras dicens
quid sibi uolunt testimonia
haec et caerimoniae
atq; iudicia
quae praecepit dns ds nr
nobis dices ei
serui eramus pharaonis inaegipto
et eduxit nos dns deaegipto
inmanu forti
fecitq; signa atq; prodigia
magna et pessima inaegipto
contra pharaonem et omne
domum illius in con
spectu nostro
et eduxit nos inde
ut introductis daret ter
ram super qua iurauit
patrib; nostris
praecepitq; nobis dns ut faci
amus omnia legitima haec
et timeamus dnm dm nm
et bene sit nobis cunctis dieb;
uitae nostrae sicut est hodie
eritq; nostri misericors
si custodierimus et fecéri
mus omnia praecepta eius
coram dno do nostro
sicut mandauit nobis
cum introduxerit te dns
ds tuus in terram quam
possessurus ingrederis
et deleuerit gentes multas
coram te
hettheum et gergesaeum
et amorraeum
chananaeum et ferezaeum
et eueum et iebusaeum
septem gentem multo maio
ris numeri quam tu es
et robustiores te
tradideritq; eas dns

LIBER

ds tuus tibi
percuties eas usq. ad in
ternicionem
non inibis cum eis foedus
nec misereberis earum
neq. sociabis cum eis coniugia
filiam tuam non dabis filio eius
nec filiam illius accipies
filio tuo
quia seducet filiam tuam
ne sequatur me et magis
seruiat diis alienis
irasceturq. furor dni
et delebit te cito
quin potius haec facietis eis
aras eorum subuertite
confringite statuas
lucosq. succidite
et sculptilia comburite
quia populus scs es dno do tuo
te elegit dns ds tuus ut sis ei
populus peculiaris de cunc
tis populis qui sunt
super terram
non quia cunctas gentes
numero uincebatis
uobis iunctus est dns
et elegit uos
cum omnib. sitis populis
pauciores
sed quia dilexit uos dns
et custodiuit iuramentum
quod iurauit patrib. uestris
eduxitq. uos in manu forti et
redemit de domo seruitutis
de manu pharaonis regis aegypti
et scies quia dns ds tuus ipse
est ds fortis et fidelis
custodiens pactum et mise
ricordiam diligentib. se
et his qui custodiunt prae
cepta eius in mille genera
tiones
et reddens odientib. se statim

ita ut disperdat eos et
ultra non differat
protinus eis restituens
quod merentur
custodi ergo praecepta et
caerimonias atq. iudicia
quae ego mando tibi
hodie ut facias
si postquam audieris
haec iudicia
custodieris ea et feceris
custodiet et dns ds tuus tibi
pactum et misericor
diam quam iurauit patrib. tuis
et diliget te ac multiplicabit
benediceteq. fructui uentris
tui et fructui terrae tuae
frumento tuo atq. uindemiae
oleo et armentis gregib. oui
um tuarum super terram
pro qua iurauit patrib. tuis
ut daret eam tibi
benedictus eris inter
omnes populos
non erit apud te sterilis
utriusq. sexus
tam in hominib. quam
in grecib. tuis
auferet dns at e omnem
languorem
et infirmitates aegypti
pessimas quas uidisti
non inferet tibi sed cunctis
hostib. tuis
deuorabis omnes populos
quos dns ds tuus da tu
rus est tibi
non parcet eis oculus tuus
nec seruies diis eorum
ne sint in ruinam tui
si dixeris in corde tuo plures
sunt gentes istae quam ego
quomodo potero delere eas
noli metuere sed recordare

Q. XVIII

deuter

quae fecerit dns ds tuus
pharaoni et cunctis accipiens
plagas maximas quas uide
runt oculi tui
et signa atq. portenta manum
q. robustam et extentum
brachium
ut educeret te dns ds tuus
sic faciet cunctis populis
quos metuis
Insuper et crabrones mittet
dns ds tuus in eos
donec deleat omnes atq. disperda
qui te fugerint et latere
potuerint
Non timebis eos quia dns ds
tuus in medio tui est
ds magnus et terribilis
Ipse consumet nationes has
in conspectu tuo
paulatim atq. per partes
Non poteris delere eas pariter
ne forte multiplicentur con
tra te bestiae terrae
Dabitq. eos dns ds tuus
in conspectu tuo
et interficiet illos donec
penitus deleantur
Tradet reges eorum
in manus tuas
et disperdes nomina
eorum sub caelo
Nullus poterit resistere tibi
donec conteras eos
Sculptilia eorum igne conbures
non concupisces argentum et
aurum de quib. facta sunt
neq. assumes ex eis tibi quicquam
ne offendas propterea
quia abominatio est dni dei tui
Nec inferes quippiam ex idolo
in domum tuam
ne fias anathema sicut
et illud est

quasi spurcitiam detestaberis
et uelut inquinamentum ac
sordes abominationi habe
bis quia anathema est
VIII Omne mandatum quod ego
praecipio tibi hodie caue
diligenter ut facias
ut possitis uiuere et multi
plicemini
Ingressiq. possideatis terram
pro qua iurauit dns pa trib.
uestris
et recordaberis cuncti itine
ris per quod adduxit te dns
ds tuus xl annis per desertum
ut affligeret te atq. temptaret
et nota fierent quae in tuo
animo uersabantur
utrum custodires mandata
illius an non
Afflixit te penuria et dedit
tibi cibum manna
quem ignorabas tu et patres tui
ut ostenderet tibi quod non
in solo pane uiuat homo sed
in omni uerbo quod egre
ditur ex ore dni
uestimentum tuum quo
operiebaris nequaquam
uetustate defecit
et pes tuus non est subtritus
en quadragensimus annus est
ut recogites in corde tuo
quia sicut erudit homo filium
suum sic dns ds tuus erudiuit te
ut custodias mandata dni dei tui
et ambules in uiis eius
et timeas eum
dns enim ds tuus introducet
te in terram bonam
terram riuorum aquarumq.
et fontium
in cuius campis et montib.
erumpunt fluuiorum abssi

terram frumenti hordei
et uinearum
in qua ficus et malo granata
et oliueta nascuntur
terram olei ac mellis
ubi absq. ulla paenuria come
des panem tuam
et rerum omnium abundan
tia perfrueris
cuius lapides ferrum sunt
et demontib; eius aeris
metalla fodiuntur
ut cum comederis et satia
tus fueris
benedicas dno do tuo pro ter
ra optima quam dedit tibi
obserua et cauc nequando
obliuiscaris dni di tui
et neglegas mandata eius atq.
iudicia et cerimonias quas
ego praecipio tibi hodie
ne postquam comederis et
satiatus domus pulchras
aedificaueris et habita
ueris in eis
habuerisq. armenta
et ouium greges
argenti et auri cunctarum
q. rerum copiam
eleuetur cor tuum et non
reminiscaris dni di tui
qui eduxit te de terra aegypti
de domo seruitutis
et ductor tuus fuit in soli
tudine magna atq. terribili
in qua erat serpens
flatu adurens
et scorpio ac dipsas et nul
lae omnino aquae
qui eduxit riuos de petra
durissima
et cibauit te manna in soli
tudine quod nescierunt
patres tui

et postquam adflixit
ac probauit
ad extremum misertus est tui
ne diceres in corde tuo
fortitudo mea et robur
manus meae haec mihi
omnia praestiterunt
sed recorderis dni di tui
quod ipse tibi uires praebuerit
ut impleret pactum suum
super quo iurauit patribus tuis
sicut praesens indicat dies
sin autem oblitus dni di tui seca
tus fueris alienos deos
colueris q. illos et adoraueris
ecce nunc praedico tibi quod
omnino disperias
sicut gentes quas deleuit
dns in introitu tuo
ita et uos peribitis si non oboedi
entes fueritis uoci dni
di uestri
VIIII Audi israhel tu trans grederis
hodie iordanen
ut possideas nationes maxi
mas et fortiores te
ciuitates ingentes et ad cae
lum usq. muratas
populum magnum atq.
sublimem
filios enacim quos ipse
uidisti et audisti
quib; nullus potest ex ad
uerso resistere
scies ergo hodie quod dns ds
tuus ipse transibit ante te
ignis deuorans atq. consumens
qui conterat eos et deleat
atq. disperdat ante faciem
tuam uelociter
sicut locutus est tibi
ne dicas in corde tuo
cum deleuerit eos dns ds tuus
in conspectu tuo

propter iustitiam meam in
 troduxit me dns ut terra
 hanc possiderem
cum propter impietates suas
 istae deletae sint nationes
neq. cum propter iustitias
 tuas et aequitatem cordis
 tui increderis ut possideas
 terras eorum
sed quia ille fecerant impie ac
 introeunte deletae sunt
et ut compleret uerbum
 suum dns
quod sub iuramento pollici
 tus est patrib. tuis
 abraham isaac et iacob
scito igitur quod non propter
 iustitias tuas dns ds tuus
 dederit tibi terram hanc
 optimam in possessionem
cum durissimae ceruicis
 sis populus
memento et ne obliuiscaris
 quomodo ad iracundiam
 prouocaueris dnm dm
 tuum in solitudine
ex eo die quo es egressus ex
 aegypto usq. ad locum istum
 semper aduersum dnm
 contendisti
nam et in horeb prouocasti
 eum et iratus delere te
 uoluit
quando ascendi in montem
 ut acciperem tabulas lapideas
 tabulas pacti quod pepigit
 uobiscum dns
et perseuerauim in monte
 xl. dieb. ac noctib.
panem non comedens
 et aquam non bibens
deditq. mihi dns duas tabulas
 lapideas scribtas digito di
et continentes omnia uerba

quae uobis in monte locutus
 est de medio ignis
quando contio populi
 congregata est
cumq. transissent xl. dies
 et totidem noctes
dedit mihi dns duas tabulas
 lapideas tabulas foederis
dixitq. mihi surge et de
 scende hinc cito
quia populus tuus quos
 eduxisti de aegypto
deseruerunt uelociter uiam
 quam demonstrasti eis
feceruntq. sibi conflatile
rursumq. ait dns ad me
cerno quod populus iste
 durae ceruicis sit
dimitte me ut conteram
 eum et deleam nomen
 eius sub caelo
et constituam te super gen
 tem quae hac maior
 et fortior sit
cumq. de monte ardente
 descenderim
et duas tabulas foederis
 utraq. tenerem manu
uidissemq. uos peccasse
 dno do uestro
et fecisse uobis uitulam
 conflatilem ac deseruisse
 uelociter uiam eius quam
 uobis ostenderat
proieci tabulas de manib. meis
 confregiq. eas in con
 spectu uestro
et procidi ante dnm sicut
 prius xl. dieb. et noctib.
panem non comedens
 et aquam non bibens
propter omnia peccata
 uestra quae gessistis
 contra dnm

liber

et eum adiracundiam
provocastis
timui enim indignationem
et iram illius quaadversum
vos concitatus delere
vos voluit
et exaudivit me dns
etiam hacuice
adversum aaron quoq.uehe
menter iratus voluit
eum conterere
et pro illo similiter
deprecatus sum
peccatum autem vestrum
quod feceratis id est vitu
lum arripiens igne combussi
et in frusta comminuens omni
noq. in pulverem redigens
proieci in torrentem qui
de monte descendit
in incendio quoq. et in tempta
tione et insepul. chris con
cupiscentiae provoca
stis dnm
et quando misit uos decades
barne dicens
ascendite et possidete ter
ram quam dedit vobis
et contempsistis imperium
dni dei ves tri
et non credidistis ei neq. voce
eius audire voluistis
sed semper fuistis rebelles
a die quanosse uos coepi
etiacui coram dno xl
dieb. ac noctib.
quib. eum suppliciter
deprecabar
ne deleret uos ut fuerat
comminatus
et orans dixi
dne ds ne disperdas
populum tuum
et hereditatem tuam quam

rodemisti in magnitudine tua
quos eduxisti de aegypto
in manu forti
recordare servorum tuorum
abraham isaac et iacob
ne aspicias duritiam populi
huius et impietatem
atq. peccatum
ne forte dicant habitatores
terrae de qua eduxisti nos
non poterat dns introducere
eos in terram quam pollici
tus est eas et oderat illos
ideirco eduxit ut inter
ficeret eos in solitudine
qui sunt populus tuus
et hereditas tua
quos eduxisti in forti
tudine tua magna et in
brachio tuo extento
In tempore illo dixit dns ad me
dola tibi duas tabulas lapideas
sicut priores fuerant
et ascende ad me in montem
faciesq. arcam ligneam
et scribam in tabulis verba
quae fuerunt in his quas
ante fregisti
ponesq. eas in arca
feci igitur arcam de lignis
settim
cumq. dolassem duas tabu
las lapideas tabulas
instar priorum
ascendi in montem habens
eas in manib.
scripsitq. in tabulis iuxta id
quod prius scripserat
verba decem quae locutus
est dns ad vos in monte
de medio ignis
quando populus congrega
tus est et dedit eas mihi
reversusq. de monte descendi

deuter

et posui tabulas in arcam
quam feceram
quae hac usq. ibi sunt sicut
mihi praecepit dns
filii aut em israhel castra moue
runt ex beroth filiorum
iacan
in maisera ubi aaron mortuus
ac sepultus est
pro quo sacerdotio functus
est filius eius eleazar
inde uenerunt in iao ga
de quo loco profecti castra
metati sunt in ietabatha
in terra aquarum atq. torrentiu
eo tempore separauit tribu leui
ut portaret arcam foederis dni
et staret coram eo in ministerio
ac benediceret in nomine illius
usq. in praesentem diem
quam ob rem non habuit leui
partem neq. possessionem
cum fratrib. suis
quia ipse dns possessio eius est
sicut promisit ei dns ds tuus
ego autem steti in monte
sicut prius xl. dieb. ac noctib.
exaudiuit q. me dns
etiam hac uice
et te perdere noluit
dixit q. mihi uade et prae
cede populum
ut ingrediatur et possi
deat terram
quam iuraui patrib. eorum
ut traderem eis
VII Et nunc israhel quid dns ds
tuus petit a te
nisi ut timeas dnm dm tuum
et ambules in uiis eius
et diligas eum ac seruias
dno do tuo
in toto corde tuo et in
tota anima tua

custodias q. mandata et cerimonias eius quas ego hodie
praecipio ut bene sit tibi
en dni di tui caelum est
et caelum caeli
terra et omnia quae in ea sunt
et tamen patrib. tuis conglutinatus est dns et amauit eos
elegit q. semen eorum post eos
id est uos de cunctis gentib.
sicut hodie comprobatur
circumcidite igitur prae
putium cordis uestri
et ceruicem uestram
ne induretis amplius
quia dns ds uester ipse est ds
deorum et dns dominantium
ds magnus et potens
et terribilis
qui personam non accipit
nec munera
facit iudicium pupillo et uiduae
amat peregrinum et dat ei
uictum atq. uestitum
et uos ergo amate peregrinos
quia et ipsi fuistis aduenae
in terra aegypti
dnm dm tuum timebis
et ei seruies
ipsi adherebis iurabisq.
in nomine illius
ipse est laus tua et ds tuus
qui fecit tibi haec magna
lia et terribilia quae
uiderunt oculi tui
in septuaginta animab.
descenderunt patres
tui in aegyptum
et ecce nunc multiplica
uit te dns ds tuus sicut
astra caeli ama itaq.
dnm dm tuum
et obserua praecepta eius
et cerimonias et iudicia

atq· mandata omni tempore
cognoscite hodie quae igno
rant filii uestri
qui non uiderant disciplinam
dni di uestri
magnalia eius et robustam
manum extentamq·
brachium
signa et opera quae fecit
in medio aegypti
pharaoni regi etuniuersae
terrae eius
omniq· exercitui aegypti
equis et equis accurrib·
quomodo operuerint eos
aquae rubri maris cum uos
persequerentur
et deleuerit eos dns usq·
in praesentem diem
uobis quae fecerit in solitudi
ne donec ueniretis
in hunc locum
et dathan atq· abiram filiis heliab
qui fuit filius ruben
quos aperto ore suo
terra absorbuit
cum domib· et tabernacu
lis uniuer sq· substantia
eorum quam habebant
in medio israhelis
oculi uestri uiderant omnia
opera dni magna quae fecit
ut custodiatis uniuersa man
data illius quae ego hodie
praecipio uobis
et possitis intro ire et pos
sidere terram ad quam
ingredimini
mult oq· in ea maxtis tempore
quam sub iuramento polli
citus est dns patrib·
uestris et semini eorum
lacte et melle manantem
terra enim ad quam ingredi
eris possidendam
non est sicut terra aegypti
de qua existis
ubi iacto semine in hortorum
morem aquae ducantur
irriguae
sed montuosa est te campestris
de caelo spectans pluuias
quam dns ds tuus semper
inuisit
et oculi illius in ea sunt a prin
cipio anni usq· ad finem eius
si ergo oboedieritis mandatis
meis quae hodie praeci
pio uobis
ut diligatis dnm dm uestrum
et seruiatis ei
in toto corde ues tro et in
tota anima uestra
dabit pluuiam terrae uestrae
temporibam et serotinam
ut colligatis frumentum
uinum et oleum
faenumq· ex agris ad pascenda
iumenta
ut et ipsi comedatis et saturemini
cauete ne forte decipiatur
cor uestrum et recedatis
a dno seruiatisq· diis alienis
et adoretis eos
iratusq· dns claudat caelum a
pluuiae non descendant nec
terra det germen suum
pereatisq· uelociter de ter
ra optima quam dns datu
rus est uobis
ponite haec uerba mea in cor
dib· et in animis uestris
et suspendite ea pro signo
in manib· et inter oculos
uestros conlocate
docete filios uestros
ut illa meditentur
quando sederis in domo tua

et ambulaueris in uia et ac-
cubueris atq. surrexeris
scribes ea super postes etiam
ас domus tuae
ut multiplicentur dies tui
et filiorum tuorum
in terra quam iurauit dns patribus tuis ut daret eis
quandiu caelum inminet terrae
si enim custodieritis mandata
quae ego praecipio uobis
et feceritis ea
ut diligatis dnm dm uestrum
et ambuletis in omnib. uiis
eius adherentes ei
disperdet dns omnes gentes
istas ante faciem uestram
et possidebitis eas quae maiores et fortiores uobis sunt
omnis locus quem calcauerit
pes uester uester erit
a deserto et libano a flumine
magno eufraten usq. ad
mare occidentale erunt
termini uestri
nullus stabit contra uos
terrorem uestrum et
formidinem
dabit dns ds uester super omne
terram quam calcaturi estis
sicut locutus est uobis
en propono in conspectu uestro hodie benedictionem
et maledictionem
benedictionem si oboedieritis mandatis dni di uestri
quae ego praecipio uobis
maledictionem si non audieritis mandata dni di uestri
sed recesseritis de uia quam
ego nunc ostendo uobis
et ambulaueritis post deos
alienos quos ignoratis
cum introduxerit te dns

ds tuus in terram ad quam
pergis habitandam
pones benedictionem super
montem garizim
maledictionem super
montem hebal.
qui sunt trans iordanen post
uiam quae uergit ad solis
occubitum
in terra chananei qui habitant in campestribus
contra galgalam quae est iuxta
uallem tendentem et in-
trantem procul.
uos enim transibitis iordanen
ut possideatis terram quam
dns ds uester daturus
est uobis
et habeatis ac possideatis illā
uidete ergo ut impleatis
caerimonias atq. iudicia
quae ego hodie proponam
in conspectu uestro
XII. Haec sunt praecepta atq.
iudicia quae facere debetis
in terram quam dns ds patru
tuorum daturus est tibi
ut possideas eam cunctis dieb-
quib. super humum gradieris
subuertite omnia loca in
quib. coluerunt gentes
quas possessuri estis
deos suos
super montes excelsos et
colles et subter omne
lignum frondosum
dissipate aras eorum et confringite statuas
lucos igne conburite et
idola comminuite
disperdite nomina eorum
de locis illis
non facietis ita dno do uestro
sed ad locum quem elegerit

✠ LIBER ✠

dns ds uester de cunctis
tribub; uestris
ut ponat nomen suum ibi
et habitet in eo
uenietis et offeretis in illo
loco holocausta et uic
timas uestras
decimas et primitias manuū
uestrarum et uota atq;
donaria
primogenita boum et ouium
et comedetis ibi in conspectu
dni di uestri
et laetabimini in cunctis ad quae
miseritis manum
uos et domos uestrae in quib;
benedixerit uobis dns
ds uester
non facietis ibi quae nos hic
facimus hodie singuli quod
sibi rectum uidetur
neq; enim usq; in praesens tem
pus uenistis ad requiem
et possessionem quam dns
ds daturus est uobis
transibitis iordanem et habi
tabitis in terram quam dns
ds uester daturus est uobis
ut requiescatis a cunctis hos
tib; per circuitum
et absq; ullo timore habitetis
in loco quem elegerit dns
ds uester
ut sit nomen eius in eo
illac omnia quae prae
cipio conferetis
holocausta et hostias ac deci
mas et primitias manuum
uestrarum
et quicquid praecipuum est
in uoueris quae uobitis dno
ibi epulabimini coram dno
do uestro
uos et filii ac filiae uestrae

famuli et famulae atq; leui
tae qui in uestris urbib;
com morantur
neq; enim habet aliam parte
et possessionem inter uos
caue ne offeras holocausta
tua in omni loco quem uideris
sed in eo quem elegerit dns
in una tribuum tuarum
offeres hostias et facies quae
cumq; praecipio tibi
si nautem comedere uolueris
et te esus carnium delec
tauerit
occide et comede iuxta bene
dictionem dni di tui
quam dedit tibi in urbib; tuis
siue inmundum fuerit hoc est
maculatum et debile
siue mundum hoc est integrū
et sine macula quod offerri
licet sicut capream et cer
uum comedes
absq; esu dum taxat sanguinis
quod super terram quasi
aquam effundes
non poteris comedere in oppi
dis tuis decimam frumenti
et uini et olei tui
primogenita armentorum
et pecorum
et omnia quaecumq; et spon
te offerre uolueris et pri
mitias manuum tuarum
sed coram dno do tuo comedes ea
in loco quem elegerit dns ds tuus
tu et filius tuus ac filia tua
seruus et famula atq; leuites
qui manet in urbib; tuis
et laetaueris et reficieris
coram dno do tuo
in cunctis ad quae extenderis
manum tuam
caue ne derelinquas leuiten

omni tempore quo
uersaris in terra
quando dilatauerit dns ds
tuas terminos tuos sicut
locutus est tibi
et uolueris uesci carnib.
quas desiderat anima tua
locus autem quem elegerit
dns ds tuus ut sit nomen
eius ibi si procul fuerit
occides de armentis et peco
rib. quae habueris sicut
praecepit tibi
et comedes in oppidis tuis
ut tibi placet
sicut comeditur caprea et cer
uus ita uesceris eis
et mundus et inmundus in
commune uescuntur
hoc solum caue ne sanguinem
comedas
sanguis enim eorum
pro anima est
et idcirco non debes animam
comedere cum carnib.
sed super terram fundes
quasi aquam
ut sit tibi bene et filiis tuis
post te
cum feceris quod placet
in spectu dni
quae autem scificaueris
et uoueris dno
tolles et uenies ad locum
quem elegerit dns
et offeres oblationes tuas
carnem et sanguinem super
altare dni dei tui
sanguinem hostiarum
fundes in altare
carnib. autem ipse uesceris
VIII Obserua et audi omnia quae
ego praecipio tibi
ut bene sit tibi et filiis tuis

post te usq. in sempiternum
cum feceris quod bonum
est et placitum in con
spectu dni dei tui
quando disperdiderit dns
ds tuus ante faciem tuam
gentes ad quas ingredieris
possidendas
et possideris eas atq. habita
ueris in terra earum
caue ne imiteris eas post
quam fuerint te intro
eunte subuersae
et requiras caerimonias
earum dicens
sicut coluerunt gentes istae
deos suos ita et ego colam
nec facies similiter dno do tuo
omnes enim abominationes
quas auersatur dns fece
runt dns suis
offerentes filios et filias et
comburentes igne
quod praecipio tibi hoc tantum
facito dno
nec addas quicquam nec minuas
XIII Si surrexerit in medio tui pro
pheta aut qui somnium
uidisse se dicat
et praedixerit signum
atq. portentum
et euenerit quod locutus est
et dixerit tibi eamus et seqa
mur deos alienos quos igno
ras et seruiamus eis
non audias uerba prophetae
illius aut somniatoris
quia temptat uos dns ds uester
ut palam fiat utrum diligatis
eum an non in toto corde
et in tota anima uestra
dnm dm uestrum sequimini
et ipsum timete
mandata illius custodite

et audite uocem eius
ipsi seruietis et ipsi adherebitis
propheta autem ille aut fic-
tor somniorum interficietur
quia locutus est ut uos auer-
teret a dno do uestro
qui eduxit uos de terra aegypti et redemit de domo
seruitutis
ut errare te faceret de uia
quam tibi praecepit dns ds
tuus et auferes malum
de medio tui
si tibi uoluerit persuadere
frater tuus filius matris tuae
aut filius tuus uel filia siue
uxor quae in sinu tuo est
aut amicus quem diligis ut
animam tuam clam dicens
eamus et seruiamus diis alienis quos ignoras tu
et patres tui
cunctarum in circuitu gentium quae iuxta uel pro-
cul sunt ab initio usq. ad
finem terrae
non adquiescas ei nec audias
neq. parcat ei oculus tuus
ut miserearis et occultes
eum sed statim interficies
sit primum manus tua super
eum et postea omnis
populus mittat manum
lapidib. obrutus necabitur
quia uoluit te abstrahere
a dno do tuo
qui eduxit te de terra aegypti de domo seruitutis
ut omnis israhel audiens timeat
et nequaquam ultra faciat
quippiam huius rei simile
si audieris in una urbium tuar.
quas dns ds tuus dabit tibi ad
habitandum dicentes aliquos

egressi sunt filii belial
de medio tui et auerterunt
habitatores urbis tuae
atq. dixerunt
eamus et seruiamus diis alienis quos ignoratis
quaere sollicite et diligenter rei ueritate perspecta
si inueneris certum esse
quod dicitur
et abominationem hanc
opere perpetratam
statim percuties habitatores
urbis illius in ore gladii
et delebis eam omnia qu€ in ea
in illa sunt usq. ad pecora
quicquid etiam supellectilis
fuerit congregabis in medio
platearum eius
et cum ipsa ciuitate succendes
ita ut uniuersa consumas
dno do tuo
ut sit tumulus sempiternus
non aedificabitur amplius
et non adherebit de illo
anathemate quicquam
in manu tua
ut auertatur dns ab ira furoris sui
et misereatur tui multiplicet-
que te sicut iurauit
patrib. tuis
quando audieris uocem dni di tui
custodiens omnia praecepta
eius quae ego praecipio
tibi hodie
ut facias quod placitum est
in conspectu dni di tui
xiiii. Filii estote dni di uestri
non uos incidetis nec facietis
caluitium super mortuo
quoniam populus scs
es dno do tuo
et te elegit ut sis ei in populum peculiarem

de cunctis gentib. quae
  sunt super terram
nec comedatis quae inmunda sn̄
hoc est animal quod
  comedere debetis
ouem et bouem et capram
ceruum et capream et bubalū
tragelaphum pigargon ori
  gem camelo pardalum
omne animal quod induas
  partes ungulam findit
  et ruminat comedetis
debis autem quae ruminant
  et ungulam non findunt
  comedere non debetis
camelum leporem corcodillū
quia ruminant et non diui
  dunt ungulam
inmunda erunt uobis
sus quoq̄ quoniam diuidat
  ungulam et non ruminat
  inmunda erint
carnib. eorum non ues cimini
  et cadauera non tangetis
haec comedetis ex omnib.
  quae mouentur in aquis
quae habent pinnulas
  et squamas comedite
quae absq̄ pinnulis et squamis
  sunt non comedetis quia
  inmunda sunt
omnes aues mundas com edē
inmundas nec comedatis
aquilam scilicet et grypem
  et alietum
ixon et uulturem ac miluum
  iuxta genus suum
et omni corui generis
strutionem ac noctuam et
  larum atq̄ accipitrem
  iuxta genus suum
herodium et cicnum et
  ibin ac mergulum
porphirionem et nicticorace

onocrotalum et charadriū
  singula in genere suo
upupam quoq̄ et uespertili
  onem et omne quod reptat
  et pinnulas habet
inmundum erit nec comedit̄
omne quod mundum est
  comedite
quicquid morticinum est
  ne uescimini ex eo
peregrino qui intra portas
  tuas est da ut comedat
  aut uende ei
quia tu populus scs d̄i d̄i tui es
non coques hedum in lacte
  matris suae
decimam partem separabis
  de cunctis fructib. tuis
  quae nascuntur in terra
  per annos singulos
et comedes in conspectu
  d̄i d̄i tui
in loco quem elegerit ut in eo
  nomen illius inuocetur
decimam frumenti tui
  et uini et olei
et primogenita de armentis
  et ouib. tuis
ut discas timere d̄m d̄m
  tuum omni tempore
cum autem longior fuerit
  uia et locus quem elegerit
  d̄ns d̄s tuus tibiq̄ bene
  dixerit
nec poteris ad eum haec
  cuncta portare
uendes omnia et in pretiam
  rediges
portabisq̄ manu tua et pro
  ficisceris ad locum quem
  elegerit d̄ns d̄s tuus
et emes ex eadem pecunia
  quicquid tibi placuerit
siue ex armentis siue ex ouib.

LIBER

uinum quoq. et siceram et
omne quod desiderat anima
tua et comedes coram
dno do tuo
et repulaueris tu et domus
tua et leuites qui intra
portas tuas est
caue ne derelinquas eum quia
non habet aliam partem
in possessione tua
Anno tertio separabis aliam
decimam ex omnib. quae
nascuntur tibi eo tempore
et repones intra ianuas tuas
uenietq. leuites qui aliam
non habet partem nec pos
sessionem tecum
et peregrinus et pupillus
ac uidua
qui intra portas tuas sunt
et comedent et saturabuntur
ut benedicat tibi dns ds tuus
in cunctis operib. manuum
tuarum quae feceris
Septimo anno facies remis
sionem
quae hoc ordine celebrabitur
cui debetur aliquid ab amico
uel proximo ac fratre suo
Repetere non poterit quia
annus remissionis est dni
a peregrino et aduena exiges
ciuem et propinquum repe
tendi non habet potestate
et omnino indigens et men
dicus non erit inter uos
ut benedicat tibi dns in terra
quam traditurus est tibi
in possessionem
Si tamen audieris uocem dni
di tui et custodieris uni
uersa quae iussit
et quae ego praecipio
tibi hodie

Benedicet tibi ut pollicitus est
feneraris gentib. multis
et ipse a nullo accipies
mutuum
Dominaberis nationib. plu
rimis et tui nemo domi
nabitur
Si unus de fratrib. tuis qui
moratur intra portas
ciuitatis tuae
in terra quam dns ds tuus
daturus est tibi
ad paupertatem uenerit
non obdurabis cor tuum
nec contrahes manum
sed aperies eam pauperi
et dabis mutuum
quod eum indigere perspexeris
caue ne forte obripiat tibi
impia cogitatio et dicas
in corde tuo
Adpropinquat septimus
annus remissionis
et auertas oculos tuos
a paupere fratre tuo
nolens ei quod postulat
mutuum commodare
ne clamet contra te ad dnm
et fiat tibi in peccatum
sed dabis ei nec ages quippiam
callide in eius necessita
tib. subleuandis
ut benedicat tibi dns ds tuus
in omni tempore
et cunctis ad quae manum
miseris
non deerunt pauperes inter
ram habitationis tuae
idcirco ego praecipio tibi ut
aperias manum fratri tuo
egeno et pauperi qui tecum
uersantur in terra
Cum tibi uenditus fuerit
frater tuus hebraeus

aut hebrea et sex annis
seruierit tibi
in septimo anno dimittis
eum liberum
et quem libertate donaueris
nequaquam uacuum abire
patieris
sed dabis uiaticum deggregib;
et area et torculario tuo
quib; dns ds tuus bene
dixerit tibi
memento te quod et ipse ser
uieris in terra aegypti
et liberauerit te dns ds tuus
et idcirco ego nunc
praecipio tibi
sin autem dixerit nolo egredi
eo quod diligat te et
domum tuam
et bene sibi apud te
esse sentiat
adsumes subulam et per
forabis aurem eius in
ianua domus tuae
et seruiet tibi usque in eternum
ancillae quoq; similiter facies
non auertes ab eis oculos
tuos quando dimiseris
eos liberos
quoniam iuxta mercedem
mercennarii per sex
annos seruiuit tibi
ut benedicat tibi dns ds tuus
in cunctis operib; quae agis
de primogenitis quae nas
cuntur in armentis
et in ouib; tuis
quicquid sexus est mascu
lini scificabitur dno do tuo
non operaueris in primo
genito bouis
et non tondebis primo
genita ouium
in conspectu dni di tui

comedes ea per annos singulos
in loco quem elegerit tu
et domus tua
sin autem habuerit maculam
et uel claudum fuerit
uel caecum
aut in aliqua parte deforme
aut debile
non immolabitur dno do tuo
sed intra portas urbis tuae
comedes illud
tam mundus quam inmundus
similiter uescentur eis
quasi caprea et ceruo
hoc solum obseruabis ut san
guinem eorum non come
das sed effundes in ter
ram quasi aquam
Obserua mensem nouarum
frugum et uerni primum
temporis ut facias phase
dno do tuo
quoniam in isto mense
eduxit te dns ds tuus
de aegypto nocte
immolabisq; phase dno do
tuo de ouib; et de bub;
in loco quem elegerit dns
ds tuus ut habitet
nomen eius ibi
non comedes in eo panem
fermentatum
septem dieb; comedes absq;
fermento adflictionis
panem
quoniam in pauore egressus
es de aegypto
ut memineris diei egressi
onis tuae de aegypto omnib;
dieb; uitae tuae
non apparebit fermentum
in omnib; terminis tuis
septem dieb;
et non manebit de carnib; eius

quod immolatum est uespe-
ri indie primo mane
non poteris immolare phase
in qualibet urbium tuarum
quas dns ds tuus daturus
est tibi
sed in loco quem elegerit
dns ds tuus ut habitet
nomen eius ibi
immolabis phase uespere
ad solis occasum quando
egressus es de aegypto
et coques et comedes in loco
quem elegerit dns ds tuus
mane quoq consurgens
uades in tabernaculo
sex dieb comedes azyma
et in die septimo quia collec-
ta est dni di tui non facies opus
septem ebdomadas numera-
bis tibi ab ea die qua falcem
in secetem miseris
et celebrabis diem festum
ebdomadarum dno do tuo
oblationem spontaneam
manus tuae quam offeres
iuxta benedictionem dni
di tui et epulaueris
coram dno do tuo
tu et filius tuus et filia tua
seruus tuus et ancilla
et leuites qui est intra portas tuas et aduena ac pupillus et uidua qui morantur
uobiscum
in loco quem elegerit dns
ds tuus ut habitet
nomen eius ibi
et precor daueris quoniam
seruus fueras in aegypto
custodies q ac facies
quae praecepta sunt
sollemnitatem quoq taber-
naculorum celebrabis

per septem dies
quando collegeris de area et
de torculari fruges tuas
et epulaueris in festiui-
tate tua
tu et filius tuus et filia seruus tuus et ancilla
leuites quoq et aduena et
pupillus et uidua qui intra
portas tuas sunt
septem dieb dno do tuo
festa celebrabis
in loco quem elegerit dns
benedicetq tibi dns ds tuus
in cunctis frugib tuis et in
omni opere manuum tua-
rum erisq in laetitia
trib uicib per annum
apparebit omne masculinum
tuum in conspectu dni di tui
in loco quem elegerit
in sollemnitatem azimorum
et in sollemnitatem
ebdomadarum
et in sollemnitatem
tabernaculorum
non apparebit ante
dnm uacuus
sed offeret unusquisq
secundum quod habuerit
iuxta benedictionem dni di
sui quam dederit ei
iudices et magistros
constitues
in omnib portis tuis quas
dns ds tuus dederit tibi
per singulas trib tuas
ut iudicent populum
iusto iudicio
nec in alteram partem
declinent
non accipies personam
nec munera
quia munera excaecant

oculos sapientium et mu
tant uerba iustorum
Iuste quod iustum est
persequeris
ut uiuas et possideas terram
quam dns ds tuus dederit tibi
Non plantabis lucum et om
nem arborem iuxta altare
dni di tui
Nec facies neq constitues
statuam
quae odit dns ds tuus· xvii·
NON immolabis dno do tuo
bouem et ouem in quo est
macula aut quippiam uitii
quia abominatio est dno di tuo
Cum reperti fuerint aput te
intra unam portarum tua
rum quas dns ds tuus
dabit tibi
uir aut mulier qui faciant
malum in conspectu
dni di tui
et trans grediantur
pactum illius
ut uadant et seruiant diis
alienis et adorent eos
solem et lunam et omnem
militiam caeli quae
non praecepit
et hoc tibi nuntiatum fuerit
audiensq inquisieris diligen
ter et uerum esse
reppereris
et abominatio facta est
in israhel
educes uirum ac mulierem
qui rem sceleratissimam
perpetrarunt ad portas
ciuitatis tuae
et lapidib· obruentur
In ore duorum aut trium
testium peribit qui
interficietur

Nemo occidatur uno contra
se dicente testimonium
manus testium prima
interficiet eum
et manus reliqui populi
extrema mittetur
ut auferas malum de medio tui
Si difficile et ambiguum aput
te iudicium esse perspexeris
inter sanguinem et sangui
nem causam et causam
lepram et non lepram
et iudicum intra portas tuas
uideris uerba uariari
surge et ascende ad locum
quem elegerit dns ds tuus
uenies q ad sacerdotes
leuitici generis
et ad iudicem qui fuerit
illo tempore
quaerisq ab eis qui indicabunt
tibi iudicii ueritatem
et facies quodcumq dixerint
qui praesunt loco quem
elegerit dns
et docuerint te iuxta
legem eius
sequeris sententiam eorum
nec declinabis ad dextram
uel ad sinistram
Qui autem superbierit nolens
oboedire sacerdotis
imperio
qui eo tempore ministrat
dno do tuo
et decreto iudicis
morietur homo ille auferes
res malum de medio isrl
cunctusq populus
audiens timebit
ut nullus deinceps intu
mescat superbia
Cum ingressus fueris terram
quam dns ds tuus dabit tibi

⁊ LIBER ⁊

et possideris eam habita
ueris q, inilla
et dixeris constituam super
me regem sicut habent
omnes per circuitu nationes
eum constitues quem dns
ds tuus elegerit denume
ro fratrum tuorum
non poteris alterius gentis
hominem regem facere
qui non sit frater tuus
cumq, fuerit constitutus
non multiplicabit sibi equos
nec reducet populum in
aegyptum equitatus nume
ro sublevatus
praesertim cum dns
praeceperit uobis
ut nequaquam amplius per
eandem uiam reuertamini
non habebit uxores plurimas
quae inliciant animum eius
neq, auri et argenti in
mensa pondera
postquam autem sederit
in solio regni sui
describet sibi deuthorono
mium legis huius in uolumine
accipiens exemplar a sacer
dotib. leuiticae trib.
et habebit secum leget q,
illut omnib. dieb. uitae suae
et discat timere dnm dm suu
et custodire uerba et caeri
monias eius quae lege
praecepta sunt
nec eleuetur cor eius insuper
biam super fratres suos
neq, declinet inpartem dex
tram uel sinistram
ut longo tempore regnet
ipse et filii eius super isrl
non habebunt sacerdotes
et leuitae et omnes qui

de eadem tribu sunt
partem et hereditatem cum
reliquo populo isrl
quia sacrificia dni et oblatio
nes eius comedent
et nihil aliud accipient depos
sessione fratrum suorum
dns enim ipse est hereditas
eorum sicut locutus est illis
hoc erit iudicium sacerdo
tum apopulo et ab his qui
offerunt uictimas
siue bouem siue ouem
immolauerint
dabunt sacerdoti armum
ac uentriculum
primitias frumenti
et uini et olei
et lanarum partem ex
ouium tonsione
ipsum enim elegit dns ds tu
de cunctis tribub. tuis
ut stet et ministret nomini
dni ipse et filii eius in
sempiternum
Si exierit leuites deuna
urbium tuarum exomni
israhel inquaua habitat
et uoluerit uenire deside
rans locum quem elegerit
dns ministrabit innomine
dni su
sicut omnes fratres eius
leuitae qui stabunt eo tem
pore coram dno
partem ciborum eandem
accipiet quam ceteri
excepto eo quod inurbe sua
ex paterna successione
debetur
quando ingressus fueris ter
ram quam dns ds tuus
dabit tibi
caue ne imitari uelis abomi

Deutero

nationes illarum gentium
nec inuenietur in te qui lustret
filium suum aut filiam
ducens per ignem
aut qui ariolos sciscitetur
et obseruet somnia
atq. auguria
nec sit maleficus
nec incantator
nec pitones consulat
neq. diuinos
et quaerat a mortuis ueritate
omnia enim haec abomina
bitur dns
et propter istius modi sce
lera delebit eos in in
troitu tuo
perfectus eris absq. macula
cum dno do tuo
gentes istae quarum possi
debis terram augures et
diuinos audiunt
tu autem a dno do tuo aliter
institutus es
prophetam de gente tua
et de fratrib. tuis
sicut me suscitauit tibi
dns ds tuus
ipsum audies ut petisti a dno
do tuo in choreb
quando contio congregata
est atq. dixisti
ultra non audiam uocem
dni di mei
et ignem hunc maximum
amplius non uidebo ne moriar
et ait dns mihi bene omnia
sunt locuti
prophetam suscitabo eis
de medio fratrum suorum
similem tui
et ponam uerba mea in ore eius
loqueturq. ad eos omnia
quae praecepero illi

qui autem uerba eius quae
loquetur in nomine meo
audire noluerit ego
ultor existam
propheta autem qui arrogan
tia deprauatus
uoluerit loqui in nomine meo
quae ego non praecepi illi
ut diceret
aut ex nomine alienorum
deorum interficietur
quod si tacita cogitatione
responderis
quomodo possum intelle
gere uerbum quod non est
locutus dns
hoc habebis signum quod in
nomine dni propheta ille
praedixerit et non euenerit
hoc dns non est locutus
sed per tumorem animi sui
propheta confinxit
et idcirco non timebis cum
cum dispereiderit dns ds tuus
gentes quarum tibi tradi
turus est terram
et possideris eam habitaue
risq. in urbib. eius et in edib.
tres ciuitates separabis tibi
in medio terrae quam dns
ds tuus dabit tibi in pos
sessionem
sternens diligenter uiam
et in tres aequaliter partes
totam terrae tuae prouin
ciam diuides
ut habeat ad cinum qui propter
homicidium profugus est
quo possit euadere
haec erit lex homicidae faci
entis cuius uita seruanda est
qui percusserit proximum
suum nesciens
et qui heri et nudius tertius

nullam contra eum habu-
isse odium conprobatur
sed abisse simpliciter cum eo
in silvam ad ligna cedenda
et in succisione lignorum secu-
ris fugerit manu
ferrumq. labsum de manubrio
amicum eius percusserit
et occiderit
hic ad unam supradictarum
urbium confugiet et uiuet
ne forsitan proximus eius
cuius effusus est sanguis
dolore stimulatus perse-
quatur et adprehendat
eum si longior uia fuerit
et percutiat animam eius
qui non est reus mortis
quia nullam contra eum
qui occisus est odium prius
habuisse monstratur
idcirco praecipio tibi ut tres
ciuitates aequales inter
se spatii diuidas
cum autem dilatauerit dns
ds tuus terminos tuos
sicut iurauit patrib. tuis
et dederit tibi cunctam terram quam eis pollicitus est
si tamen custodieris man-
data eius et feceris quae
hodie praecipio tibi
ut diligas dnm dm tuum
et ambules in uiis eius
omni tempore
addes tibi alias tres ciuitates
et supradictarum trium
urbium numerum
duplicabis
ut non effundatur sanguis
innoxius
in medio terrae quam dns
ds tuus dabit tibi possidendam ne eius sanguinis reus

siquis autem odio habens proximum suum insidiatus fue-
rit uitae eius
surgensq. percusserit illum
et mortuus fuerit
fugeritq. ad unam de supra-
dictis urbib.
mittent seniores ciuitatis
illius et arripient eum
de loco effugii
tradentq. in manu proximi
cuius sanguis effusus est
et morietur ne misere-
beris eius
et auferes noxium sanguinem
de israhel ut benesit tibi
non adsumes et transferes
terminos proximi tui
quos fixerunt priores
in possessione tua
quam dns ds tuus dabit tibi
in terra quam acceperis
possidendam
non stabit testis unus
contra aliquem
quicquid illud peccati et
facinoris fuerit
sed in ore duorum aut trium
testium stabit omne uerbum
si steterit testis mendax
contra hominem
accusans eum praeuaricationis
stabunt ambo quorum causa
est ante dnm
in conspectu sacerdotum
et iudicum qui fuerint
in diebus illis
cumq. diligentissime
perscrutantes
inuenerint falsum testem
dixisse contra fratrem
suum mendacium
reddent ei sicut fratri suo
facere cogitauit

et auferes malum de medio tui
ut audientes ceteri timo-
rem habeant
et nequaquam
talia audeant facere
non misereberis eius sed
animam pro anima
oculum pro oculo
dentem pro dente
manum pro manu pedem
pro pede exiges
SI exieris ad bellam
contra hostes tuos
et uideris equitatum et currus
et maiorem quam tu habes
aduersarii exercitus
multitudinem
non timebis eos quia dns
ds tuus tecum est
qui eduxit te de terra aegypti
adpropinquante autem
iam proelio
stabit sacerdos ante aciem et
sic loquetur ad populum
audi israhel uos hodie contra
inimicos uestros pugnam
committitis non perti-
mescat cor uestrum
nolite metuere nolite cedere
nec formidetis eos
quia dns ds uester in medio
uestri est
et pro uobis contra aduersarios dimicabit
ut eruat uos de periculo
duces quoq. per singulas
turmas audiente exer-
citu proclamabunt
quis est homo qui aedificauit domum nouam et non
dedicauit eam
uadat et reuertatur
in domum suam
ne forte moriatur in bello
et alius dedicet illam
quis est homo qui plan-
tauit uineam
et necdum eam fecit esse
communem et de qua uesci
omnib. liceat
uadat et reuertatur
in domum suam
ne forte moriatur in bello
et alius homo eius fungatur
officio
quis est homo qui despondit
uxorem et non accepit eam
uadat et reuertatur
in domum suam
ne forte moriatur in bello
et alius homo accipiat eam
his dictis addent reliqua et
loquentur ad populum
quis est homo formidolo-
sus et corde pauido
uadat et reuertatur
in domum suam
ne pauere faciat corda
fratrum suorum
sicut ipse timore per-
territus est
cumq. siluerint exercitus
duces et finem loquendi
fecerint
unus quisq. suos ad bellandum
cuneos praeparauit
si quando accesseris ad ex-
pugnandam ciuitatem
offeres ei primum pacem
si receperint et aperuerint
tibi portas
cunctus populus qui in ea
est saluabitur
et seruiet tibi sub tributo
si autem foedus inire noluerit
et receperint contra te
bellum
obpugnabis eam

liber

cumq· tradiderit dns ds
tuus illam in manu tua
percuties omne quod in ea
generis masculini est
in ore gladii
absq· mulieribus et infantib;
iumentis et ceteris quae
in ciuitate sunt
omnem praedam exercitui
diuides
et comedes de spoliis
hostium tuorum
quae dns ds tuus dederit tibi
sic facies cunctis ciuitatib;
quae procul ualde sunt
et non sunt de his urbib; quas in
possessionem accepturus es
de his autem ciuitatib;
quae dabuntur tibi
nullum omnino per
mittis uiuere
sed interficies in ore gladii
haet thacum uidelicet et
amorracum et chananacum
pherezacum et eueum
et iebusaeum
sicut praecepit tibi dns ds tuus
ne forte doceant uos facere
cunctas abominationes
quas ipsi operati sunt diis suis
et peccetis in dnm dm uestrum
quando obsederis ciuitatem
multo tempore et muni
tionib; circum dederis
ut expugnes eam
non succides arbores
de quib; uesci potest
nec securib; per circuitum
debes uastare regionem
quoniam lignum est
et non homo
nec potest bellantium con
tra te augere numerum
si qua autem ligna non sunt

pomifera sed agrestia in
ceteros apta usus
succide et extrue
machinas
donec capias ciuitatem
quae contra te dimicat
quando inuentum fuerit
in terram quam dns ds tuus
daturus est tibi
hominis cadauer occisi et
ignoratur cedis reus
egredientur maiores natu
et iudices tui
et metientur a loco cadaueris
singularum per circuitum
spatia ciuitatum
et quam uiciniorem cete
ris esse perspexerint
seniores ciuitatis eius tol
lent uitulam de armento
quae non traxit iugum nec
terram scindit uomere
et ducent eam ad uallem
asperam atq· saxosam
quaenam quam arata est
nec sementem recepit
et caedent in cacceruices uitulae
accedentq· sacerdotes
filii leui
quos elegerit dns ds tuus
ut ministrent ei
et benedicant in nomine eius
et ad uerbum eorum omne
negotium et quid man
dum uel inmundum est
iudicetur
et maiores natu ciuitatis
illius ad interfectum
lauabuntq· manus suas
super uitulam
quae in ualle percussa est
et dicent
manus nostrae non effun
derunt hunc sanguinem

deuter

nec oculi uiderunt
propitius esto populo tuo
isrl. quem redemisti dne
et non reputes sanguinem
innocentem in medio
populi tui israhel.
et auferetur ab eis reatus
sanguinis

cum exieris ad aduersus inimicos
tuos ad pugnam et tradiderit
dns ds tuus
in manu tua captiuos q. duxeris. et uideris in numero
captiuorum mulierem
pulchram
et adamaueris eam uolue-
risq. habere uxorem
introduces in domum tuam
quae radet cesariem et circumcidet ungues
et deponet uestem
in qua capta est
sedens q. in domo tua flebit
patrem et matrem suam
uno mense
et postea intrabis ad eam
dormiesq. cum illa
et erit uxor tua
sin autem postea non sederit animo tuo
dimittis eam liberam nec
uendere poteris pecunia
nec opprimes per potentiam
quia humiliasti eam
Si habuerit homo uxores duas
unam dilectam et alteram
odiosam
genuerintq. ex eo liberos
et fuerit filius odiosae
primogenitus

uolueritq. substantiam inter filios suos diuidere
non poterit filium dilectae
primogenitum facere et
praeferre filio odiosae
sed filium odiosae cognoscet
primogenitum
dabitq. ei de his quae habuerit
cuncta duplicia
iste est enim principium
liberorum eius
et huic debentur primogenita
Si genuerit homo filium con-
tumacem et proteruum
qui non audiat patris aut
matris imperium
et coercitus oboedire
contempserit
adpraehendent eum
et ducent ad seniores
ciuitatis illius
et ad portam iudicii
dicentq. ad eos
filius noster iste proterb-
et contumax est
monita nostra audire
contemnit
comissationib. uacat et luxu-
riae atq. conuiuiis
lapidib. eum obruet populus
ciuitatis et morietur
ut auferatis malum
de medio uestri
et uniuersus isrl. audiens
pertimescat
quando peccauerit homo quod
morte plectendum est
et adiudicatus morti adpen-
sus fuerit in patibulo
non permanebit cadauer
eius in ligno
sed in eadem die sepelietur
quia maledictus a do est
qui pendet in ligno

et nequaquam contaminabis
terram tuam quam dns ds
tuus dederit tibi in pos
sessionem
XXIJ· Non uideris bouem fratris tui
aut ouem errantem et prae
teribis sed reduces fratri tuo
etiam si non est propinquus
tuus frater nec nosti eum
duces in domum tuam et
erunt aput te
quamdiu quaerat ea frater
tuus et recipiat
similiter facies de asino et
de uestimento et de omni re
fratris tui quae perierit
si inueneris ea
ne neclegas quasi aliena
si uideris asinum fratris tui
aut bouem cecidisse in uia
non despicies sed suble
uabis cum eo
non induetur mulier
ueste uirili
nec utetur uir ueste feminea
abominabilis enim aput dm
est qui facit hoc
si ambulans per uiam in arbo
re ac in terra nidum
auis inueneris
et matrem pullis uel ouis
desuper incubantem
non tenebis eam cum filiis
sed abire patieris captos
tenens filios
ut benesit tibi et longo
uiuas tempore
cum aedificaueris domum nouam
facies murum tecti
per circuitum
nec effundatur sanguis
in domo tua
et sis reus labente alio
et in praeceps ruente

non inseres uineam tuam
altero semine
ne et sementis quam seruisti
et quae nascuntur ex uinea
pariter scificentur
non arabis bouem simul et asino
non indueris uestimento
quod ex lana linoq con
textum est
funiculos in fimbriis facies
per quattuor angulos pallii
tui quo operieris
si duxerit uir uxorem et post
ea ex eam odio habuerit
quaesieritq· occasiones
quib· dimittat eam
obiciens ei nomen pessi
mum et dixerit
uxorem hanc accipi et ingres
sus ad eam non inueni uirgine
tollent eam pater et mater eius
et ferent secum signa uirgi
nitatis eius ad seniores
urbis quae in porta sunt
et dicet pater filiam meam
dedi huic uxorem
quam quia odit inponet ei
nomen pessimum
ut dicat non inueni filiam
tuam uirginem
et ecce haec sunt signa uirgi
nitatis filiae meae
expandent uestimentum
coram senib· ciuitatis
adprachendentq· senes urbis
illius uirum et uerbera
bunt illum
condemnantes insuper
centum siclis argenti
quos dabit patri puellae
quoniam diffamauit nomen
pessimum super uirginem isrl
habebitq· eam uxorem et non
poterit dimittere omni

tempore uitae suae
quodsi uerum est quod obicit
et non est inuenta in puella
uirginitas
eicient eam extra fores
domus patris sui
et lapidib(us) obruent uiri ciui
tatis eius et morietur
quoniam fecit nefas in isr(ahe)l
ut fornicaretur in domum
patris sui
et auferes malum de medio tui
Si dormierit uir cum uxore
alterius uterq(ue) morientur
id est adulter et adultera
et auferes malum de isr(ahe)l
Si puellam uirginem
desponderit uir
et inuenerit eam aliquis in
ciuitate et concubuerit
cum illa
educes utrumq(ue) ad portam
ciuitatis illius et lapidib(us)
obruentur
puella quia non clamauit
cum esset in ciuitate
uir quia humiliauit uxo
rem proximi sui
et auferes malum de medio tui
Sin autem in agro repperitur
puellam quae desponsata est
et adpraehendens concubu
erit cum illa ipse morie
tur solus
puella nihil patietur
nec est rea mortis
quoniam sicut latro consur
git contra fratrem suum
et occadet animam eius
ita et puella perpessa est
sola erat in agro
clamauit et nullus adfuit
qui liberaret eam
Si inuenerit uir puellam

uirginem quae non habet
sponsum
et adpraehendens concubu
erit cum ea et res ad iudi
cium uenerit
dabit qui dormiuit cum ea ex
patri puellae quinqua
ginta siclos argenti
et habebit eam uxorem
quia humiliauit eam non pote
rit dimittere cunctis
diebus uitae suae
Non accipiet homo uxorem
patris sui
nec reuelauit operimentum eius
Non intrauit eunuchus adtri
tis uel amputatis testicu
lis et abscisio ueretro
ecclesiam d(omi)ni
Non ingredietur mamzer hoc
est descorto natus eccle
siam d(omi)ni usq(ue) ad decimam
generationem
ammanitae et moabitae etiam
post decimam generatio
nem non intrabunt eccle
siam d(omi)ni in aeternum
quia noluerunt uobis occur
rere cum pane et aqua in uia
quando egressi estis de ae(gyp)to
et quia conduxerunt contra te
balaam filium beor de meso
potamiam siriae at uale
dicere tibi
et noluit d(omi)n(u)s d(eu)s tuus
audire balaam
uertitq(ue) maledictionem
eius in benedictionem tu(am)
eo quod diligeret te
Non facies cum eis pactum
nec quaeres eis bona cunctis
diebus uitae tuae in sempiterno
Non abominaberis idumeum
quia frater tuus est

✠ LIBER ✠

nec accipies eam quia aduena
fuisti in terra eius
qui nati fuerint ex eis tertia
generatione intrabunt
ecclesiam dni
quando egressus fueris ad
uersus hostes tuos inpugna
custodies te ab omni re mala
XIII Si fuerit inter uos homo qui
nocturno pollutus sit
somnio
egredietur extra castra
et non reuertetur
prius quam ad uesperum
lauetur aqua
et post solis occasum regre
dietur in castra
habebis locum extra castra
ad quem egrediaris ad requi
sita naturae gerens paxil
lum in baltheo
cumq; sederis fodies
per circuitum
et egesta humo operies
quo releuatus es
dns enim ds tuus ambulat
in medio castrorum
ut eruat te et tradat tibi
inimicos tuos
ut sint castra tua sca
et nihil in eis appareat foedi
tatis ne derelinquat te
Non trades seruum dno suo
qui ad te confugerit
habitauit tecum in loco
qui ei placuerit
et in una urbium tuarum
requiescet
nec contristes eum
Non erit meretrix de filia
b israhel
neq; scortator de filiis isrl
non offeres mercedem
prostibuli

nec pretium canis in domum
dni di tui
quicquid illud est quod uoueris
quia abominatio est utrumq;
aput dnm dm tuum
Nec fenerabis fratri tuo ad
usuram pecuniam
nec fruges nec quamlibet
aliam rem sed alieno
fratri autem tuo absq; usura
id quod indiget commodabis
ut benedicat tibi dns ds tuus
in omni opere tuo
in terram ad quam ingredieris
possidendam
Cum uoueris uotum dno do
tuo non tardabis reddere
quia requiret illud dns ds tuus
et si remem moratus fueris repu
tabitur tibi in peccatum
si nolueris polliceri absq;
peccato eris
quod autem semel egressum
est de labiis tuis
obseruabis et facies sicut pro
misisti dno do tuo
et propria uoluntate et ore
tuo locutus es
Ingressus uineam proximi tui
comedes uuas quantum
tibi placuerit
foras autem ne efferas tecum
Si intraueris in segetem
amici tui
franges spicas et manu conteres
falce autem non metas
Si acceperit homo uxorem
et habuerit eam
et non inuenerit gratiam
ante oculos eius propter
aliquam foeditatem
scribet libellum repudii et
dabit in manu illius et dimit
tet eam de domo sua

cum q. egressa alterum
maritum duxerit
et ille quoq. oderit eam dede
rit q. ei libellum repudii
et dimiserit de domo sua uel
certe mortuus fuerit
non poterit prior maritus reci
pere eam in uxorem
quia polluta est et abomina
bilis facta est coram dno
ne peccare facias terram tuam
quam dns ds tuus tibi tradide
rit possidendam
cum acceperit homo
nuper uxorem
non procedat ad bellum nec ei
quippiam necessitatis iniun
getur publice
sed uacabit absq. culpa
domui suae
ut uno anno laetetur
cum uxore sua
non accipies loco pignoris
inferiorem et superiorem
molam · quia animam suam
adposuit tibi
si deprehensus fuerit homo
sollicitans fratrem suum
de filiis isrl
et uendito eo accipiens
pretium
interficietur et auferes
malum de medio tui
obserua diligenter ne incurras
in plagam leprae
sed facies quaecumque docuerint
te sacerdotes leuitici
generis
iuxta id quod praecipi eis
et imple sollicite
memento te quae fecerit dns
ds uester mariae in uia
egredientibus uobis
cum repetes a proximo tuo

rem aliquam quam debet tibi
non ingredieris domum eius
ut pignus auferas
sed stabis foris et ille tibi pro
feret quod habuerit
sin autem pauper est non per
noctabit aput te pignus
sed statim reddes ei ante
solis occasum
ut dormiens in uestimento
suo benedicat tibi
et habeas iustitiam coram
dno do tuo
non negabis mercedem indigen
tis et pauperis fratris tui
siue aduenae qui tecum mora
tur in terra et intra portas
tuas est
sed eadem die reddes ei pre
tium laboris sui ante
solis occasum
quia pauper est et ex eo sus
tentat animam suam
ne clamet contra te ad dnm
et reputetur tibi in peccatum
non occidentur patres pro filiis
nec filii pro patribus
sed unusquisq. pro suo peccato
morietur
non peruertes iudicium
aduenae et pupilli
nec auferes pignoris loco
uiduae uestimentum
mementote quod seruieris
in aegypto
et eruerit te dns ds tuus inde
idcirco praecipio tibi ut
facias hanc rem
quando messueris segetem
in agro tuo
et oblitus manipulum reliquris
non reuerteris ut tollas illum
sed aduenae et pupillo et
uiduae auferre patieris

ut benedicat tibi dns ds tuus in
omni opere manuum tuarum
si fregeris collices oliuarum
quicquid remanserit in arboribus non reuerteris ut colligas
sed relinques aduenae
pupillo ac uiduae
si uindemiaueris uineam tuam
non colliges remanentes
racemos
sed cedent in usus aduenae
pupilli ac uiduae
memento quod et tu seruieris in aegypto
et idcirco praecipio tibi ut
facias hanc rem
si fuerit causa inter aliquos
et interpellauerint iudices
quem iustum esse perspex-
erint illi iustitiae palmam
dabunt
quem impium condempna-
bunt impietatis
sin autem eum qui peccauit
dignum uiderint plagis
prosternent et coram se
facient uerberari
pro mensura peccati erit et
plagarum modus
ita dumtaxat ut quadragena-
rium numerum non excedant
ne foede lacertus abeat frater
tuus ante oculos tuos
non ligabis os bouis terentis
in area fruges tuas
quando habitauerint fratres simul
et unus ex eis mortuus fuerit
absque liberis
uxor defuncti non nubet alteri
sed accipiet eam frater eius
et suscitabit semen fratris sui
primogenitumque ex ea filium
nomine illius appellabit

ut non deleatur nomen
eius ex israhel
sin autem noluerit accipere
uxorem fratris sui quae ei
lege debetur
perget mulier ad portam
ciuitatis
et interpellauit maiores
natu dicetque
non uult frater uiri mei
suscitare nomen fratris
sui in israhel nec me in coniugem sumere
statimque accersiri eum facient et interrogabunt
si responderit nolo eam
uxorem accipere
accedet mulier ad eum
coram senioribus
et tollet calciamentum
de pede eius
spuetque in faciem eius et dicet
sic fiet homini qui non aedifi-
cat domum fratris sui
et uocabitur nomen eius in
israhel domus discalciati
si habuerint inter se
iurgium uiri
et unus contra alterum
rixare coeperit
uolensque uxor alterius
eruere uirum suum
de manibus fortioris
miserit manum et ad prae-
henderit uerenda eius
abscides manum illius nec
flecteris super eam ulla
misericordia
non habebis in sacculo diuersa pondera maius et minus
nec erit in domo tua modius
maior et minor
pondus habebis iustum et uerum
et modius aequalis erit tibi

ut multo uiuas tempore
super terram quam dns
ds tuus dederit tibi
abominabitur enim dns
cum qui facit haec
et auersatur omne iniustum
memento quae peccerit tibi
amalech in uia
quando egrediebaris ex aegypto
quomodo occurrerit tibi
ut extremos agminis tui qui
lassi residebant caederent
quando tu eras fame et
labore confectus
et non timuerit dm
Cum ergo dns ds tuus dede
rit tibi requiem
et subiecerit cunctas per
circuitum nationes
in terram quam tibi
pollicitus est
delebis nomen eius sub caelo
caue ne obliuiscaris
Cumq intraueris terram
quam dns ds tuus tibi data
rus est possidendam
et optinueris eam atq habi
taueris in illa
tolles de cunctis frugib pri
mitias et pones in cartallo
pergensq ad locum quem
dns ds tuus elegerit
ut ibi inuocetur nomen eius
accedesq ad sacerdotem
qui fuerit in dieb illis
et dices ad eum
profiteor hodie coram dno do tuo
quod ingressus sim terram
pro qua iurauit patrib nos
tris ut daret eam nobis
suscipiensq sacerdos cartal
lum de manib eius
ponet ante altare dni di tui
et loqueris in conspectu dni di tui

Syrus persequebatur
patrem meum
qui descendit in aegyptum et
ibi peregrinatus est in
paucissimo numero
creuitq in gentem magnam
et robustam et infinitae
multitudinis
adflixeruntq nos aegyptii
et persecuti sunt
inponentes onera grauissima
et clamauimus ad dnm dm
patrum nostrorum
qui exaudiuit nos et respexit
humilitatem nostram et
laborem atq angustias
et eduxit nos de aegypto in ma
nu forti et brachio extento
in ingenti pauore in signis
atq portentis
et introduxit ad locum istum
et tradidit nobis terram
lacte et melle manantem
et id circo nunc offero primi
tias fructum terrae quam
dedit dns mihi
et dimittes eas in conspectu
dni di tui
et adorato dno do tuo
et epulaueris in omnib bonis
quae dns ds tuus dederit
tibi et domui tuae
tu et leuites et aduena
qui tecum est
quando conpleueris decimas
cunctarum fructum tuarum
anno decimarum tertio
dabis leuitae et aduenae
et papillo et uiduae
ut comedant in tra portas
tuas et saturentur
loquerisq in conspectu
dni di tui
abstuli quod sci ficatum est

dedi domo mea
et dedi illud leuitae et ad
uenae pupillo et uiduae
sicut iussisti mihi
non praeteriui mandata tua
nec sum oblitus imperii
non comedi ex eis in luctu meo
nec separaui ex qualibet
inmunditia
nec expendi ex eis quicquam
in re funebri
oboediui uoci dni mei
et feci omnia sicut prae
cepisti mihi
respice de sanctuario tuo
de excelso caelorum habitaculo
et benedic populo tuo isrl
et terrae quam dedisti nobis
sicut iurasti patribus nostris
terrae lacte et melle mananti
hodie dns ds tuus praecepit
tibi ut facias mandata haec
atq. iudicia.
et custodias et impleas ex
toto corde tuo et ex
tota anima tua.
dnm elegisti hodie ut sit tibi ds
et ambules in uiis eius et custo
dias caerimonias illius
et mandata atq. iudicia. et ob
oedias eius imperio
et dns elegit te hodie ut sis
ei populus peculiaris sicut
locutus est tibi
et custodias omnia prae
cepta eius
et faciat te excelsiorem
cunctis gentib. quas cre
auit in laudem et nomen
et gloriam suam
ut sis populus scs dni di tui
sicut locutus est
Praecepit autem moses et
seniores isrl. populo dicens
custodite omne mandatum
quod praecipio uobis hodie
cumq. transieris iordanen
in terram quam dns ds tuus
dabit tibi
eriges ingentes lapides et
calce leuicabis eos
ut possis in eis scribere omnia
uerba legis huius iordane
transmisso
ut intro eas terram quam dns
ds tuus dabit tibi
terram lacte et melle manante
sicut iurauit patrib. tuis
quando ergo transieris iordanen
eliceres lapides quos ego hodie
praecipio uobis in monte
hebal. et leuicabis calce
et aedificabis ibi altare dno do tuo
ex lapidib. quos ferrum
non tetigit
et de saxis informib. et inpolitis
et offeres super eo holocau
sta dno do tuo
et immolabis hostias pacificas
comedesq. ibi et epulaueris
coram dno do tuo
et scribes super lapides omnia
uerba legis huius et plane
et lucide
dixerunt q. moses et sacerdo
tes leuitici generis ad omne
israhel em adtende et
audi isrl.
hodie factus es populus
dni di tui
audies uocem eius et facies
mandata atq. iustitias quas
ego praecipio tibi
praecepitq. moses populo
in die illo dicens
hii stabunt ad benedicendum
dno super montem garizim
iordanen transmisso

Symeon leui iudas issachar
ioseph et beniamin
et e regione stabunt ad male
dicendum in montem ebal
ruben gad et aser zabulon
dan et neptalim
et pronuntiabunt leuitae
dicentq· ad omnes uiros
isrl· excelsaq· uoce
Maledictus homo qui facit
sculptile et conflatile
abominationem dno
opus manuum artificum ponet
que illud in abscondito
et respondebit omnis popu
lus et dicet amen
Maledictus qui non honorat
patrem suum et matrem
et dicet omnis populus amen
Maledictus qui transfert
terminos proximi sui
et dicet omnis populus amen
Maledictus qui errare facit
caecum in itinere
et dicet omnis populus amen
Maledictus qui peruertit
iudicium aduenae pupilli
et uiduae
et dicet omnis populus amen
Maledictus qui dormierit
cum uxore patris sui et
reuelat operimentum
lectuli eius
et dicet omnis populus amen
Maledictus qui dormierit
cum omni iumento
et dicet omnis populus amen
Maledictus qui dormierit
cum sorore sua filia patris
sui siue matris suae
et dicet omnis populus amen
Maledictus qui dormierit
cum socru sua
et dicet omnis populus amen

Maledictus qui clam percus
serit proximum suum
et dicet omnis populus amen
Maledictus qui accipit mune
ra ut percutiat animam san
guinis innocentis
et dicet omnis populus amen
Maledictus qui non permanet
in sermonib· legis huius nec
eos opere perfecerit
et dicet omnis populus amen
Si autem audieris uocem
dni dei tui
ut facias atq· custodias
omnia mandata eius
quae ego praecipio tibi hodie
faciet te dns dns tuus excelsi
orem cunctis gentib· quae
uersantur in terra
Uenientq· super te uniuersae
benedictiones istae et ad
praehendent te
si tamen praecepta eius
audieris
Benedictus tu in ciuitate
et benedictus in agro
Benedictus fructus uentris
tui et fructus terrae tuae
fructusq· iumentorum tuorum
greges armentorum et
caulae ouium tuarum
Benedicta horrea tua et bene
dictae reliquiae tuae
Benedictus eris tu ingrediens
et egrediens
Dabit dns inimicos tuos qui con
surgent aduersum te con
ruentes in conspectu tuo
per unam uiam uenient contra
te et per septem fugient
a facie tua
emittet dns benedictionem
super cellaria tua et super
omnia opera manuum tuarum

benedicet q̅ tibi in terra
quam acceperis
suscitauit te d̅n̅s sibi in popu
lam s̅c̅m sicut iurauit tibi
si custodieris mandata d̅n̅i d̅i
tui et ambulaueris in uiis eius
uidebunt q̅ omnes terrarum
populi quod nomen d̅n̅i in
uocatum sit super te
et timebunt te
abundare te faciet d̅n̅s
in omnib; bonis
fructu uentris tui et fructu
iumentorum tuorum
fructu terrae tuae quam
iurauit d̅n̅s patrib; tuis
ut daret tibi
aperiet d̅n̅s thesaurum
suum optimum
ut tribuat pluuiam terrae
tuae in tempore suo
benedicet cunctis operib;
manuum tuarum
et fenerabis gentib; multis
et ipse a nullo fenus accipies
constituet te d̅n̅s in caput
et non in caudam
et eris semper supra et non subter
si audieris mandata d̅n̅i d̅i tui
quae ego praecipio tibi hodie
et custodieris et feceris ac
non declinaueris ab eis nec
ad dextram nec ad sinistram
nec secutus fueris alienos
deos neq; colueris eos
quod si audire nolueris
uocem d̅n̅i d̅i tui
ut custodias et facias omnia
mandata eius et caerimo
nias quas ego praecipio
tibi hodie
uenient super te omnes male
dictiones istae et adpre
hendent te

maledictus eris in ciuitate
maledictus in agro
maledictum horreum tuum
et maledictae reliquiae tuae
maledictus fructus uentris
tui et fructus terrae tuae
armenta boum tuorum et
greges ouium tuarum
maledictus eris ingrediens
et maledictus egrediens
mittet d̅n̅s super te famem
et esuriem et increpatio
nem in omnia opera tua
quae facies
donec conterat te et per
dat uelociter
propter adinuentiones tuas
pessimas quib; reliquisti me
adiungat tibi d̅n̅s pestilentiam
donec consumat te de terra
ad quam ingredieris
possidendam
percutiat te d̅n̅s egestate
febri et frigore
ardore et aestu et aere
corrupto ac robigine
et persequatur donec pereas
sit caelum quod supra te est
aereum
et terra quam calcas ferrea
det d̅n̅s imbrem terrae
tuae puluerem
et de caelo descendat super
te cinis donec conteraris
tradet te d̅n̅s conruentem
ante hostes tuos
per unam uiam egrediaris
contra eos et per sep
tem fugias
et dispergaris per omnia
regna terrae
sitq; cadauer tuum esca
cunctis uolatilib; caeli
et bestiis terrae

et non sit qui abigat
percutiat te dns ulcere malig
et parte corporis per quam
stercora egeruntur
scabie quoque et prurigine
ita ut curari nequeas
percutiat te dns amentia et
caecitate ac furore mentis
et palpes in meridie sicut
palpare solet caecus in tene
bris et non dirigas uias tuas
omniq tempore calumniam
sustineas
et opprimaris uiolentia nec
habeas qui liberet
uxorem accipias et alius
dormiat cum ea
domum aedifices et non
habites in ea
plantes uineam et non
uindemies eam
bos tuus immoletur coram
te et non comedas ex eo
asinus tuus rapiatur in con
spectu tuo et non red
datur tibi
oues tuae dentur inimicis
tuis et non sit qui te adiuuet
filii tui et filiae tuae dentur
alteri populo
uidentib oculis tuis et deficien
tib a conspectu
eorum tota die
et non sit fortitudo in manu tua
fructus terrae tuae et
omnes labores tuos come
dat populus quem ignoras
et sis semper calumniam
sustinens et oppressus
cunctis dieb
et stupens ad terrorem eoru
quae uidebunt oculi tui
percutiat te dns ulcere pes
simo in genib et in suris

sanari q non possis a planta
pedis usque ad uerticem tuum
ducet dns te et regem tuum
quem constitueris super te
in gentem quam ignoras tu
et patres tui
et seruies dis alienis ligno
et lapidi
et eris perditus in prouerbium
ac fabulam omnibus populis
ad quos te introduxerit dns
sementem multam iacies in
terram et modicum con
gregabis
quia lucustae omnia deuorabun
uineam plantabis et fodies
et uinum non bibes nec colliges
ex ea quippiam
quoniam uastabitur a uermib
oliuas habebis in omnib
terminis tuis
et non ungueris oleo quia de
fluent et peribunt
filios generabis et filias et no
frueris eis quoniam
ducentur in captiuitatem
omnes arbores tuas et fruges
terrae tuae robigo consumet
aduena qui tecum uersatur
in terra
ascendet super te erit q
sublimior
tu autem descendes
et eris inferior
ipse faenerabit tibi et tu
non faenerabis ei
ipse erit in caput et tu in cauda
et uenient super te omnes
maledictiones istae
et persequentes adpraehen
dent te donec intereas
quia non audisti uocem dni ds
nec seruasti mandata eius
et caerimonias quas

praecepit tibi
et erunt in te signa atque prodigia et in semine tuo
usque in sempiternum
eo quod non servieris dno do
tuo in gaudio cordis q.
laetitia
propter rerum omnium
abundantiam
servies inimico tuo quem in-
mittet dns tibi
in fame et siti et nuditate
et omni penuria
et ponet iugum ferreum
super cervicem tuam
donec te conterat
adducet dns super te gentem
de longinquo et de extre-
mis finibus terrae
in similitudinem aquilae
volantis cum impetu
cuius linguam intellegere
non possis
gentem procacissimam
quae non deferat seni nec
misereatur parvulo
et devoret fructum iumen-
torum tuorum ac fruges
terrae tuae donec intereas
et non relinquat tibi triticum
vinum et oleum
armenta boum et greges
ovium
donec te disperdat et conterat in cunctis urbibus tuis
et destruantur muri tui fir-
mi atque sublimes in quibus
habebas fiduciam in omni
terra tua
obsideberis intra portas
tuas in omni terra quam
dabit tibi dns ds tuus
et comedes fructum
ventris tui

et carnes filiorum et filiarum
tuarum quas dedit tibi
dns ds tuus
in angustia et vastitate qua
opprimet te hostis tuus
homo delicatus in te et
luxuriosus valde
invidebit fratri suo et uxori
quae accubat in sinu suo
ne det eis de carnibus filiorum
suorum quas comedet
eo quod nihil habeat aliud in
obsidione et penuria
qua vastaverint te inimici
tui intra omnes portas tuas
tenera mulier et delicata
quae super terram ingredi
non valebat
nec pedis vestigium figere
propter mollitiem et
teneritudinem nimiam
invidebit viro suo qui cubat
in sinu eius
super filii et filiae carnibus
et inluvie secundarum
quae egrediuntur de me-
dio feminum eius
et super liberis qui eadem
hora nati sunt comedent
enim eos clam
propter rerum omnium
penuriam
in obsidione et vastitate
qua opprimet te inimicus
tuus intra portas tuas
nisi custodieris et feceris
omnia verba legis huius
quae scripta sunt in hoc
volumine
et timueris nomen eius glo-
riosum et terribile hoc
est dnm dm tuum
augebit dns plagas tuas
et plagas seminis tui

plagas magnas et perseuerang
infirmitates pessimas
et perpetuas
et conuertet in te omnes ad
flictiones aegypti quas tim
isti et adherebunt tibi
Insuper et uniuersos languo
res et plagas quae non sunt
scriptae in uolumine legis huius
inducet dns super te
donec te conterat
et remanebitis pauci numero
qui prius eratis sicut astra
caeli prae multitudine
quoniam non audisti
uocem dni di tui
et sicut ante laetatus est
dns super uos bene uobis
faciens uosq; multiplicans
sic laetabitur dns perdens uos
atq; subuertens
Vt auferamini de terra ad qua
ingrediminis possidendam
Disperget te dns in omnes
populos
A summitate terrae usq;
ad terminos eius
et seruies illic diis alienis
quos et tu ignoras et patres
tui lignis et lapidib-
In gentib- quoq; illis non quiesces
nec erit requies uestigio
pedis tui
dabit enim tibi dns ibi cor pau
dum et deficientes oculos
et animam merore consumi
et erit uita tua quasi
pendens ante te
Timebis nocte et die et non
credis uitae tuae
mane dicis quis mihi det uespera
et uespere quis mihi det mane
propter cordis tui formidi
nem qua terreberis

et propter ea quae tuis
uidebis oculis
Reducet te dns classib- in aegyptu
per uiam de qua dixit tibi ut
eam amplius non uideres
Ibi uenderis inimicis tuis in ser
uos et ancillas et non erit
qui emat

xvi Haec sunt uerba foederis quod
praecepit dns mosi ut feri
ret cum filiis israhel
in terra moab
praeter illud foedus quod cum
eis pepigit in horeb
uocauitq; moses
omnem israhelem et dixit ad eos
Vos uidistis uniuersa quae fecit
dns coram uobis in terra aegypti
pharaoni et omnib- seruis eius
uniuersaeq; terrae illius
temptationes magnas quas
uiderunt oculi tui
signa illa portentaq; ingentia
et non dedit dns uobis cor ut intel
legens et oculos uidentes
et aures quae possint audire
usq; in praesentem diem
adduxit uos quadraginta annis
per desertum
non sunt attrita uestimenta
uestra
nec calciamenta pedum tuorum
uetustate consumpta sunt
panem non comedistis uinum
et siceram non bibistis
ut sciretis quia ego sum
dns ds uester
et uenistis ad locum hunc
egressusq; est seon rex esebon
et og rex basan occurrentes
nobis ad pugnam
et percussimus eos et tuli
mus terram eorum
ac tradidimus possidendam

ruben et gad et dimidiae
tribui manasse
custodite ergo uerba pacti
huius et inplete ea
ut intellegatis uniuersa
quae facitis
uos statis hodie cuncti
coram dno do uestro
principes uestri ac trib.
et maiores natu atq. docto
res omnisq. populus isrl
liberi et uxores uestrae
et aduena qui tecum moratur
in castris
exceptis lignorum cesorib.
et his qui conportant aquas
ut transeas in foedere dni di tui
et in iure iurando quod hodie
dns ds tuus percutiet tecum
ut suscitet te sibi in populum
et ipse sit ds tuus
sicut locutus est tibi et sicut
iurauit patrib. tuis abraham
isaac et iacob
nec uobis solis ego hoc foedus
ferio et haec iuramenta
confirmo
sed cunctis praesentib.
et absentib.
uos enim nostis quod habita
uerimus in terra aegypti
et quomodo transierimus
per medium nationum
quas transeuntes uidistis ab
ominationes et sordes
id est idola eorum
lignum et lapidem argentum
et aurum quae colebant
ne forte sit inter uos uir aut
mulier familia aut trib.
cuius cor auersum est hodie
a dno do uestro
ut uadat et seruiat diis
illarum gentium

et sit inter uos radix germi
nans fel et amaritudinem
cumq. audierit uerba iuramen
ti huius benedicat sibi in
corde suo dicens
pax erit mihi et ambulabo in
prauitate cordis mei
et adsumat ebria sitientem
et dns non ignoscat ei
sed tunc quam maxime
furor eius fumet
et zelus contra hominem illum
et sedeant super eo omnia
maledicta quae scripta sunt
in hoc uolumine
et deleat nomen eius sub caelo
et consumat eum in perditi
one ex omnib. tribub. isrl
iuxta maledictiones quae in
libro legis huius ac foede
ris continentur
dicetq. sequens generatio
et filii qui nascentur deinceps
et peregrini qui de longe uenerint
uidentes plagas terrae illius
et infirmitates quib. eam
adflixerit dns
sulphore et solis ardore
conburens
ita ut ultra non seratur nec
uirens quippiam germinet
in exemplum subuersionis
sodomae et gomorrae
adamae et seboim
quas subuertit dns in ira
furoris sui
et dicent omnes gentes quare
sic fecerit dns terrae huic
quae est haec ira furoris
eius inmensa
et respondebunt quia dere
liquerunt pactum dni quod
pepicit cum patrib. eorum
quando eduxit eos de terra

accepti
et seruierunt diis alienis
et adorauerunt eos
quos nesciebant et quib. non
fuerant adtributi
idcirco iratus est furor dni
contra terram istam
ut induceret super eam omnia
maledicta quae in hoc uolu
mine scripta sunt
et eiecit eos de terra sua
in ira et furore et in indigna
tione maxima
proiecitq. in terram alienam
sicut hodie conprobatur
abscondita dno do nostro
quae manifesta sunt nobis
et filiis nostris usq. in aeternum
ut faciamus uniuersa legis huius
cum ergo uenerint super te
omnes sermones isti
benedictio siue maledictio
quam proposuit in conspectu tuo
et ductus paenitudine cordis tui
in uniuersis gentib. in quas dis
perdiderit te dns ds tuus
reuersus fueris ad eum et
oedieris eius imperiis
sicut hodie ego praecipio tibi
cum filiis tuis
in toto corde tuo et in
tota anima tua
reducet dns ds tuus captiuita
tem tuam ac miserebitur tui
et rursum congregauit te
de cunctis populis in quos
te ante dispersit
si ad cardines caeli fueris dissipatus
inde detrahet te dns ds tuus
et adsumet atq. introducet
in terram quam possiderunt
patres tui et obtinebis eam
et benedicens tibi maioris
numeri esse te faciet quam

fuerant patres tui
circumcidet dns cor tuum
et cor seminis tui
ut diligas dnm dm tuum in toto
corde tuo et in tota anima
tua et possis uiuere
omnes autem maledictiones
has conuertet super
inimicos tuos
et eos qui oderunt te
et persequentur
tu autem reuerteris et
audies uocem dni dei tui
faciesq. uniuersa mandata quae
ego praecipio tibi hodie
et abundare te faciet dns ds tuus
in cunctis operib. manuum tuarum
et in subole uteri tui et in
fructu iumentorum tuorum
in ubertate terrae tuae et in
rerum omnium largitate
reuertetur enim dns ut gau
deat super te in omnib. bonis
sicut gauisus est in patrib. tuis
si tamen audieris nomen dni dei tui
et custodieris praecepta eius
et caerimonias quae in hac
lege conscripta sunt
et reuertaris ad dnm dm tuum
in toto corde tuo et in
tota anima tua
mandatum hoc quod ego
praecipio tibi hodie
non supra te est neq. procul
positum nec in caelo situm
ut possis dicere quis nostrum
ualeat ad caelum conscendere
ut deferat illud ad nos et
audiamus atq. opere conpleamus
neq. trans mare positum ut
causeris et dicas
quis ex nobis transfretare
poterit mare
et illud ad nos usq. deferre

Liber

ut possimus audire et facere
quod praeceptum est
sed iuxta te est sermo ualde
in ore tuo et in corde tuo
ut facias illud
considera quod hodie propo
suerim in conspectu tuo
uitam et bonum
et tcontrario mortem et mala
ut diligas dnm dm tuum
et ambules in uiis eius
et custodias mandata illius et
caerimonias atq. iudicia
et uiuas et multipliceris
benedicatq. tibi in terra
quam ingredieris possidenda
sin autem auersum fuerit cor
tuum et audire nolueris
atq. errore deceptus adoraue
ris deos alienos et seruieris eis
praedico tibi hodie quod pereas
et paruo tem pore
moreris in terra
ad quam iordane transmisso
ingredieris possidendam
testes in uoco hodie
caelum et terram
quod proposuerim uobis
uitam et mortem bonum
et malum benedictionem
et maledictionem
elige ergo uitam ut uiuas
et semen tuum
et diligas dnm dm tuum atq.
oboedias uoci eius et illi
adhereas
ipse est enim uita tua et lon
gitudo dierum tuorum
ut habites in terra pro qua
iurauit dns patrib. tuis
abraham isaac et iacob
ut daret eam illis

XVII ABIIT itaq. moses et locutus
XXXI est omnia uerba haec ad

uniuersum israhel et dixit ad eos
centum. xx. annorum sum hodie
non possum ultra incredi
et cecredi
praesertim cum et dns
dixerit mihi
non transibis iordanen istum
dns ergo dns ds tuus
transibit ante te
ipse delebit omnes gentes
has in conspectu tuo
et possidebis eas
et iosue iste transibit ante te
sicut locutus est dns
facietq. dns eis sicut fecit
seon et tog regib. amorrae
orum et terrae eorum
delebitq. eos
cum ergo et hos tradiderit
uobis similiter
facietis eis sicut praecepi uobis
uiriliter agite et confortamini
nolite timere nec paueatis
a conspectu eorum
quia dns ds tuus ipse est
ductor tuus
et non dimittet te
nec derelinquet te
uocauitq. moses iosue et dixit
ei coram omni israhel
confortare et esto robustus
tu enim introduces populum
istum in terram quam
daturam se patrib. eorum
iurauit dns
et tu eam sorte diuides
et dns qui ductor uester est
ipse erit tecum
non dimittet te nec
derelinquet te
noli timere nec paueas
scripsit itaq. moses legem hanc
et tradidit eam sacer
dotib. filiis leui

qui portabant arcam foederis dni
et cunctis senioribus israhel is
praecepitq. eis dicens
post septem annos anno
remissionis
in sollemnitate tabernaculorum
conuenientib. cunctis ex isrl
ut appareant in conspectu dni
di tui in loco quem elegerit dns
leges uerba legis huius
coram omni israhel
audientib. eis et in aurum omni
populo congregato tam
uiris quam mulieribus
paruulis et aduenis qui sunt
intra portas tuas
ut audientes discant et time
ant dnm dm uestrum
ut eus todiant impleantq.
omnes ser mones
legis huius
filii quoq. eorum qui nunc igno
rant audire possint
et timeant dnm dm suum cunc
tis diebus quib. uersantur in terra
ad quam uos iordane transito
pergitis possidendam

XVIII Et ait dns ad mosen
ecce prope sunt dies mortis tuae
uoca iosue et state in taber
naculo testimonii ut
praecipiam ei
abierunt ergo moses et iosue
et steterunt in taberna
culo testimonii
apparuitq. dns ibi in
columna nubis
quae stetit in introitu
tabernaculi
dixitq. dns ad mosen
ecce tu dormies
cum patribus tuis
et populus iste consur
gens fornicabitur

post deos alienos
in terra ad quam ingredietur
et habitauit in ea
ibi derelinquet me et irritum
faciet foedus quod pepigi
cum eo
et irascetur furor meus
contra eum in die illo
et derelinquam eum et ab
scondam faciem meam ab eo
et erit in deuorationem
inuenient eum omnia mala
et adflictiones
ita ut dicant in illo die
uere quia non est ds mecum
inuenerunt me haec mala
ego autem abscondam et ce
labo faciem meam in die
illo propter omnia
mala quae fecit
quia secutus est deos alienos
nunc itaq. scribite uobis
canticum istud
et docete filios israhel
et memoriter teneant
et ore decantent
et sit mihi carmen istud pro
testimonio inter filios isrl
introducam enim eum in ter
ram pro qua iuraui patrib. eius
lacte et melle manantem
cumq. comederint et satu
rati crassatiq. fuerint
auertentur ad deos alienos
et seruient eis
et detrahent mihi et irritum
facient pactum meum
postquam inuenerint eum
mala et adflictiones
respondebit eis canticum
istud pro testimonio
quod nulla delebit obliuio
ex ore seminis tui
scio enim cogitationes eius

Liber

quae pacturus sit hodie
antequam introducam eum
in terram quam ei polli
citus sum
Scribsit ergo moses canticum
et docuit filios israhel
praecepitq. iosue filio nun et ait
confortare et esto robus
tu enim introduces filios isrl
in terram quam pollicitus
sum et ego ero tecum
postquam ergo scribsit
moses uerba legis huius
in uolumine atq. conpleuit
praecepit leuitis qui porta
bant arcam foederis dni dicens
tollite librum istum et poni
te eum in latere archae
foederis dni di uestri
ut sit ibi contra te in testimonio
ego enim scio contentionem
tuam et ceruicem durissimam
adhuc enim uiuente me et in
grediente uobiscum
semper contentiose
egistis contra dnm
quanto magis cum mor
tuus fuero
congregate ad me omnes
maiores natu per trib
ues tras atq. doctores
et loquar audientib. eis
sermones istos
et inuocabo contra eos
caelum et terram
noui enim quod post mortem
meam iniq. agetis
et declinabitis cito de uia
quam praecepi uobis
et occurrent uobis mala
in extremo tempore
quando feceritis malum in
conspectu dni
ut inritetis eum per opera

manuum uestrarum
locutus est ergo moses audi
ente uniuersa coetu isrl
uerba carminis huius et ad
finem usq. conpleuit

Audite caeli quae loquor
audiat terra uerba oris mei
concrescat in pluuia doctrina mea
fluat ut ros eloquium meum
quasi imber super herbam
et quasi stillae super gra
mina quia nomen dni inuocabo
date magnificentiam do nostro
di perfecta sunt opera
et omnes uiae eius iudicia
ds fidelis et absque ulla iniqui
tate iustus et rectus
peccauerunt ei non
filii eius in sordib.
generatio praua
atq. peruersa
haecine reddis dno popule
stulte et insipiens
numquid non ipse est pater
tuus qui possedit et fecit
et creauit te
memento dierum antiquoru
cogita generationes singulas
interroga patrem tuum
et adnuntiauit tibi
maiores tuos et dicent tibi
quando diuidebat altis
simus gentes
quando separabat filios adam
constituit terminos popu
lorum iuxta numerum
filiorum israhel
pars autem dni populus eius
iacob funiculus hereditatis eius
inuenit eum in terra deserta
in loco horroris et uastae
solitudinis
circum duxit eum et docuit

deuteron.

et custodiuit quasi pupillam
oculi sui sicut aquila pro
uocans aduolandum pullos
suos et super eos uolitans
expandit alas suas et ad
sumpsit eum atq; porta
uit in umeris suis
dns solus dux eius fuit et non
erat cum eo ds alienus
constituit eum super
excelsam terram
ut comederet fructus agrora
ut sugeret mel de petra ole
umq; de saxo durissimo
botyrum de armento
et lac de ouib;
cum adipe agnorum et arie
tum filiorum basan
et hircos cum medulla triti
ci et sanguinem uuae
bibere meracissimum
incrassatus est dilectus et
recalcitrauit incrassatus
inpinguatus dilatatus
dereliquit dm factorem
suum et recessit a do
saluatore suo
prouocauerunt eum indiis
alienis et in abominationib;
ad iracundiam concitauer;
immolauerunt daemonib;
et non do diis quos ignorabu;
noui recentes q; uenerant
quos non coluerunt
patres eorum
dm qui te genuit dereliquisti
et oblitus es dni creatoris tui
uidit dns et ad iracundiam
concitatus est
quia prouocauerunt eum
filii sui et filiae
et ait abscondam faciem
meam ab eis
et considerabo nouissima eo
rum

generatio enim peruersa
est et infideles filii
ipsi me prouocauerunt inco
quod non erat ds
et inritauerunt in uanitatib; suis
et ego prouocabo eos in eo
qui non est populus
et ingente stulta inritabo eos
ignis succensus est in furore
meo et ardebit usque
ad inferni nouissima
deuorabitq; terram cum ger
mine suo et montium
fundamenta conburet
congregabo super eos mala
et sagittas meas complebo ineis
consumentur fame et deuo
rabunt eos aues morsu
amarissimo
dentes bestiarum inmittam
in eos cum furore trahen
tium super terram atq;
serpentium
foris uastauit eos gladius
et intus pauor
iuuenem simul ac uirginem
lactantem cum homine sene
dixi ubinam sunt
cessare faciam ex hominib;
memoriam eorum
sed propter iram inimicoru
distuli ne forte superbirent
hostes eorum et dicerent
manus nostra excelsa et
non dns fecit haec omnia
gens absq; consilio est
et sine prudentia
utinam saperent et intelle
cerent ac nouissima prouiderent
quomodo persequitur unus
mille et duo fugiant
decem milia
nonne ideo quia ds suus uendidit
eos et dns conclausit illos

non enim est ds noster ut ds
 corum et inimici nostri
 sunt iudices
de uinea sodomorum uinea
 corum et de suburbanis
 comorrae uua eorum
uua fellis et botrua marissi
mi draconum uinum eorum
 et uenenum aspidum insanabile
nonne haec condita sunt aput
 me et signata in thesauris meis
mea est ultio et ego retribua
 in tempore ut labatur
 pes eorum
iuxta est dies perditionis
 eorum et adesse festi
nant tempora
iudicauit dns populum suum
 et in seruis suis miserebitur
uidebit quod infirmata sit
 manus et clausi quoq. defe
 cerint residui q. consumpti sunt
et dicet ubi sunt dii eorum in
 quib. habebant fiduciam
et quorum uictimis
 comedebant adipes
et bibebant uinum libationum
surgant et opem ferant uobis
 et in necessitate uos protegant
uidete quod ego sim solus et
 non sit alius ds praeter me
ego occidam et ego uiuere fa
ciam percutiam et ego sanabo
et non est qui de manu mea
 possit eruere
leuabo ad caelum manum meam
 et iurabo per dexteram meam
 et dicam uiuo ego in aeternum
si acuero ut fulgur gladium
 meum et arripuerit
 iudicium manus mea
reddam ultionem hostib. meis
et his qui oderunt me retribuam
inebriabo sagittas meas sanguine

et gladius meus manducauit carnes
 de cruore occisorum de captiui
 tate nudato inimicorum capite
laudate gentes populum eius
 quia sanguinem seruorum
 suorum ulciscetur
et uindictam retribuet in hos
 tes eorum et propitius erit
 terrae populi sui
Venit ergo moses et locutus
 est omnia uerba cantici
 huius in auribus populi
ipse et iosue filius nun
conpleuitq. omnes sermones
 istos loquens ad uniuersum
 israhel et dixit ad eos
ponite corda uestra in omnia
 quae ego testificor uobis hodie
ut mandetis ex filiis uestris
custodire et facere et inplere
uniuersa quae scripta sunt
 legis huius quia non incassum
 praecepta sunt uobis
sed ut singuli in eis uiuerent
quae facientes longo perseue
 retis tempore
in terra ad quam iordane trans
misso ingredimini possidendam
Locutus q. est dns ad mosen
 in eadem die dicens
ascende in montem istam
 abarim idest transitum
in montem nebo qui est in terra
 moab contra hiericho
et uide terram chanaan quam
 ego tradam filiis isrl optinendam
et morere in montem quem
 conscendens iungeris popu
 lis tuis. Sicut mortuus est
aaron frater tuus in monte hor
 et adpositus populis suis
quia praeuaricati estis contra
 me in medio filiorum isrl
ad aquas contradictionis

in chades deserti sin
et non scipicastis me inter filios
israhel. e contra uidebis ter
ram et non ingredieris in eam
quam ego dabo filiis israhel.
haec est benedictio quam bene
dixit moses homo di filiis
israhel ante mortem suam
Dns desinai uenit et deseir
ortus est nobis apparuit de
monte pharan et cum eo
sctorum milia
in dextra eius ignea lex dilexit
populos omnes sci in manu
illius sunt
et qui ad propinquant pedib;
eius accipient de doctrina illius
legem praecepit nobis moses
hereditatem multitudinis iacob
erit aput rectissimum rex
con gregatis principib; populi
cum tribub; israhel.
uiuat ruben et non moriatur
et sit paruus in numero
haec est iudae benedictio
audi dne uocem iudae et ad
populum suum introduce eum
manus eius pugnabunt pro eo
et adiutor illius contra
aduersarios eius erit
Leui q; ait
perfectio tua et doctrina
tua uiro sco tuo
quem probasti in temptatione
et iudicasti ad aquas contra
dictionis. qui dixit patri suo
et matri suae nescio uos
et fratrib; suis ignoro uos
et nescierunt filios suos
hii custodierunt eloquium
tuum et pactum tuum
seruauerunt
iudicia tua o iacob et legem
tuam o israhel.

ponent thymiama in furore tuo
et holocaustum super altare tuum
benedic dne fortitudini eius
et opera manuum illius
suscipe
percute dorsa inimicorum
eius qui oderunt eum
non consurgant
Et beniamin ait
amantissimus dni habitauit
confidenter in eo quasi in
talamo tota die morabitur
et inter umeros illius requiescet
ioseph quoq; ait
de benedictione dni terra eius
de pomis fructum caeli et
rore atq; abisso subiacente
de pomis fructum solis atq;
lunae de uertice anti
quorum montium
de pomis collium aeternorum
et de frugib; terrae et pleni
tudine eius
benedictio illius qui apparuit
in rubo ueniat super capud ioseph
et super uerticem nazarei
inter fratres suos
quasi primogeniti tauri
pulchritudo eius
cornua rinocherotis cornua illius
in ipsis uentilauit gentes
usq; ad terminos terrae
hae sunt multitudines
ephraim et haec milia manasse.
et zabulon ait laetare
zabulon in exitu tuo
et isachar in tabernaculis tuis
populos ad montem uocabit
ibi immolabunt uictimas iustitiae
qui inundationem maris quasi
lac sugent et thesauros
absconditos harenarum
Et gad ait benedictus in latitu
dine gad quasi leo requieuit

liber

coepitq́ brachium et uerticem
et uidit principatum suum
quod in parte sua doctor
esset repositus qui fuit
cum principib́ populi
et fecit iustitias dñi et iudicia
suum cum israhel.
Dan quoq́ ait
Dan catulus leonis fluet
largiter de basan
Et neptali dixit neptali abun
dantia perfruetur
et plenus erit benedictione dñi
mare et meridiem possidebit
Aser quoq́ ait benedictus
in filiis aser
sit placens fratrib́ suis
tinguat in oleo pedem suum
ferrum et aes calciamentum eius
sicut dies iuuentutis tua ita
et senectus tua. non est alius
ut dś rectissimi
Ascensor caeli auxiliator tuus
magnificentia eius discurrun
nubes. habitaculum eius sursū
et subter brachia sempiterna
eiciet a facie tua inimicum dicetq́
conterere
habitauit isrl confidenter solus
oculus iacob in terra frumenti
et uini caeliq́ caligabunt rore
Beatus tu isrl quis similis tui
popule qui saluaris
in dño scutum auxilii tui
et gladius gloriae tuae
negabunt te inimici tui et tu
eorum colla calcabis
XXXIIIIᵃ Ascendit ergo moses de cam
pestrib́ moab super
montem nebo
in uertice phasca contra hiericho
ostenditq́ ei dñs omnem ter
ram galaad usq́ dan
et uniuersum neptali

terramq́ ephraim et manasse
et omnem terram usq́ ad mare
nouissimum et austral em parte
et latitudinem campi hiericho
ciuitates palmarum usq́ segor
dixitq́ dñs ad eum
haec est terra pro qua iuraui
abraham isaac et iacob dicens
semini tuo dabo eam uidisti eam
oculis tuis et non transibis ad illā
mortuusq́ est ibi moses ser
uus dñi in terra moab iuben
te dño. et sepeliuit eum in
ualle terrae moab contra
phogor
et non cognouit homo sepul
chrum eius usq́ in praesentem
diem. Moses centum
et uiginti annorum erat
quando mortuus est
non caliginauit oculus eius nec
dentes illius moti sunt
flueruntq́ eum filii isrl in cam
pestrib́ moab triginta dieb́
et completi sunt dies planc
tus lugentium mosen
iosue aero filius nun repletus
est spū sapientiae
quia moses posuit super eum
manus suas et oboedierunt
ei filii isrl.
feceruntq́ sicut praecepit dñs mosi
et non surrexit ultra propheta
in isrl sicut moses
quem nosset dñs facie ad faciem
in omnib́ signis atq́ porten
tis quae misit per eum
ut faceret in terra aegypti
pharaoni et omnib́ seruis eius
uniuersaeq́ terrae illius
et cunctam manum robustam
magnaq́ mirabilia quae fecit
moses coram uniuerso
israhel. amen

XXI

Tandem finita pentatheucu mosi velut
grandi fenore liberati adiesum plu-
rimarum mittimus quem he-
brei iosue bennun· idest iosue filium
nun· vocant· et a iudicum librum
quem sopthim appellant· ad ruth
quoque et hester quos his dem nominibus efferunt· monemusque lecto-
rem ut silvam hebraeorum nomi-
num et distinctiones per membra divisas diligens scriptura con-
servet· nec et noster labor et illius
studium pereat· et ut in primis
quod saepe testatus sum sciat me
non in reprehensionem veterum
nova cudere sicut amici mei crimi-
nantur· sed pro virili parte offerre linguae meae hominibus quos
tamen nostra delectant· at pro
graecorum ἐξαπλοῖς quae et
sumta et labore maximo indigent
editionem nostram habeant·
et sicubi in antiquorum volumi-
num lectione dubitarint· hac illis
conferentes inveniant quod re-
quirunt· maxime cum apud lati-
nos tot sint exemplaria quot
codices· et unusquisque pro arbitrio suo vel addiderit vel sub-
traxerit quod ei visum est· et
utique non possit verum esse
quod dissonet· unde cesset arcu-
ato vulnere contra nos insurgere
scorpius· et sanctum opus venenata
carpere lingua desistat· vel suscipiens si placet vel contemnens
si displicet· memineritque illorum
versuum· os tuum abundavit
malitia· et lingua tua concinnabat
dolum· sedens adversus fratrem
tuum loquebaris et adversus
filium matris tuae ponebas
scandalum· haec fecisti et tacui·
existimasti inique quod ero

tui similis· arguam te et statuam
contra faciem tuam·
Quae enim audientis vel legentis
utilitas est nos labore sudare
et alios detrahendo laborare·
dolere iudeos quod calumniandi eis
et irridendi christianos sit ablata
occasio· et ecclesiae homines id
dispicere immo lacerare unde ad-
versarii torqueantur·
Quod si vetus eis tantum interpretatio placet· quae et mihi non displi-
cet· et nihil extra recipiendum
putant· cur ea quae sub asteriscis
et obelis· vel addita sunt vel ampu-
tata legunt et non legunt· quare
danihelem iuxta theodotionis
translationem ecclesiae susceperunt
Cur origenem mirantur et eusebii
pamphili· cunctas editiones
similiter disserentes· aut quae
fuit stultitia postquam vera
dixerint proferre quae falsa sunt·
Unde autem in novo testamento
probare potuerunt ea sumpta
testimonia quae in libris veterib·
non habentur· haec dicimus ne
omnino calumniantib· tacere
videamur· Ceterum post sexe-
ginta paulae dormitionem cuius vita
virtutis exemplum est· et hos li-
bros quos eustochiae virgini christi
negare non potui decrevimus
dum sps bonos regit artus prophe-
tarum explanationi incumbere
et omissum iam dudum opus quo
dam post liminio repetere· praesertim cum et ad mirabilis sesqui-
air paramachius hoc idem litteris placitet· et nos ad patriam
festinantes mortiferos sirena-
rum cantus surda debeamus
aure transire·

capitula

I   Post mortem moysi iosue dns adlo-
    quitur et hortatur ut surgens iorda-
    ne transmisso ad terram quam pro-
    miserat pergeret obtinendam. iecu(m)
    ero ait conportare et esto robustus
    uolumen legis de ore tuo non re-
    cedat. et cetera.

    Ubi iosue praecepit populo ut a tribus
    ut cibariis praeparatis iordanen per-
    gerent transituri. duos abscon-
    ditos uiros exploratores ad hiericho
    dirigit ciuitatem. qui meretricis
    raab domum ingressi atq. a rege
    quaesiti absconditi sunt. pacto q.
    inito per murum demissi monta-
    na conscendunt. ad iosue ueniunt
    et quae sibi contigerant pandunt.

II Ubi iosue mota castra uenit ad ior-
    danen. populum triduo scit. ext
    dns et ei dicit. hodie te incipiam
    exaltare coram filiis isrl. dic leuity
    ut cum ingressi fuerint aquas
    iordanis stent. ac deinde descen-
    dentib. sacerdotib. in aqua super-
    uenientes aquae instar montiu(m)
    intumescentes in una consiste-
    bant mole. inferiores uero desicca-
    tae sunt. per siccam humum omnis
    populus pertransiit. bis duode-
    nos pro testimonio lapides de eius
    medio adportantes.

III Ubi castra metantur in galgalis.
    dns ad iosue dicit ut lapideos faciat
    cultros. et causa secundae circum-
    cisionis ostendit. in pascha
    celebrant. comedunt de fructibus
    terrae promissionis azyma noua
    et non est ultra eis praestitum
    manna. ibi iosue eleuatis ocu-
    lis militiae caelestis ducem tene-
    tem principem cernit et adit
    solue calciamentum de pedibus
    tuis et cet. Ciuitatem tradit ei
    hiericho et regem eius in manu illa.

sit omnis anathema. sic et sic con-
clamabitis tubis. et supradictae
sequitur interitus ciuitatis.
raab educitur ac seruatur
in populi isrl. praeuaricatum est per
achan filius charmi. Iob ad exercitu(m)
dirigit qui terga hostium dedit.
ipse scissis uestib. dnm deprecatur.
dns dicit quod praeuaricatus populus. inquisitus qui hoc fecerit
deprehenditur et a populo lapidatur.

IIII Ubi praecepit dns ut ad supradicta(m)
    pergeret ciuitatem atq. dyco
    eleuato scire sibi eam fuisse con-
    traditam. qui pergens cepit
    deleuit occidit. iumenta autem
    et praedam ciuitatis populus
    in usum sibi distribuit. et aedifi-
    cato altari sacrificium obtulit.
    deuteronomium scripsit. uerba
    benedictionis et maledictionis
    omni populo legit.

    Ubi reges chanaan turbantur gabao-
    nitae legatos callide mittunt
    foedus ineunt et in seruitio de-
    putantur.

V   Ubi quinq. reges amorreorum
    congregantur aduersus israhel.
    et eos iosue persequitur et dicit
    stet sol in gabaon. et cet. caeso q.
    exercitu quinq. reges in spelunca
    fugiunt. atq. adprehensi occidun-
    tur. eodem die percutit macedam
    et lebna. deinde lachis et ezer.
    omnes q. montanas et plano po-
    sitas ciuitates dno tradente
    possidet.

VI Ubi en achim interfecto reges
    enumerat singulos id est xxxi
    quorum extinctis prouincias eoru(m)
    possidet.

VII Ubi dicit dns ad iosue senuisti et
    longeuus es. diuide terram filiis
    isrl. atq. sedens cum eleazaro

LIB IOSUE

sacerdote uniuersam terram diuid
chaleb adeum loquatur ut exiuit
sepher ciuitatem ei sorte contrade
ret · et sicut iusserat dns et sequi
tur quae sors unicuiq; tribui
sit tradita

VIII Ubi in silo fixerunt tabernacula
testimonii et inde sit tradita ad
reliquam quae nec dum subiecta
fuerat terram dirigit inspec
tores · Leuitis ac sacerdotib;
ad habitandum separat ciuitates
de tribub; singulis et subur
bana adnenda iumenta
praecepit dns iosue ut urbes
in praesidia fugitiuorum sepa
rentur sicut locutus est ad
mosen · et legem dat quillara
ciuitatum debeat intrare prae
sidia · leuitis et sacerdotib; ciuita
tes et suburbana distribuuntur

VIII Ubi iosue uocauit rubenitas et gadi
tas et mediam partem filiorum man
asse ex dicit eis implestis impe
rium dni ite in tabernacula uestra
et pergentes ad tumulos ior da
nis aedificauerunt altare in pin
nae magnitudinis Quod iosue
et isrl putauerunt esse sacri
legium · et nuntios dirigunt
qui ratione accepta leniti sunt

X Ubi iosue uocauit omnem isrl
et admonet ut seruiant dno
et numerat seriem generationum
antiquae et quomodo de aegyp
to sint liberati Quomodo amor
rei uel chananei et ceteri sint
uirtute dni pressi · et optionem
dat utrum uelint seruire an diis
gentium populus spondet se dno
seruiturum · Iosue lapidem po
nit in testimonium · post haec
mortuus et sepultus in tham
nas sare · · · Ossa ioseph sepeli

untur in sycem · et eleazar sacer
dos in cab in monte ephraim

EXPL· CAPITULA

INCP· LIB· IESU NAUE

Et factum est post morte
mosi serui dni
ut loqueretur dns ad iosue
filium nun · ministrum
mosi et diceret ei
moses seruus meus mortuus e
surge et transi iordanen istu
tu et omnis populus tecum
in terram quam ego dabo
filiis israhel
omnem locum quem calca
uerit uestigium pedis
uestri uobis tradam
sicut locutus sum mosi
a deserto et libano usque ad
fluuium magnum eufrate
omnis terra hettheorum
usque ad mare magnum
contra solis occasum erit
terminus uester
nullus uobis poterit resistere
cunctis diebus uitae tuae
sicut fui cum mosi ero tecum
non dimittam nec derelin
quam te
confortare et esto robustu
tu enim sorte diuides
populo huic terram

Liber .i.

pro qua iuraui patribus uestris
ut traderem eam illis
confortare igitur et esto
robustus ualde
ut custodias et facias omnem
legem quam praecepit tibi
moses seruus meus
ne declines ab ea ad dextram
uel ad sinistram ut intelle
gas cuncta quae agis
non recedat uolumen legis
huius de ore tuo
sed meditaueris in eo diebus
ac noctibus
ut custodias et facias omnia
quae scripta sunt in eo
tunc diriges uiam tuam
et intelleges eam
ecce praecipio tibi
confortare et esto robustus
noli metuere et noli timere
quoniam tecum est dns ds
tuus in omnibus ad quae
cumque perrexeris

Praecepitque principibus
populi dicens
transite per medium castrorum
et imperate populo ac dicite
praeparate uobis cibaria
quoniam post diem tertium
transibitis iordanem
et intrabitis ad possidendam
terram quam dns ds uester
daturus est uobis
Rubenitis quoque et gaditis
et dimidiae tribui manasse
mementote sermonis quem
praecepit uobis moses
famulus dni dicens
dns ds uester dedit uobis
requiem et omnem terram
uxores uestrae et filii ac iu
menta manebunt in terra
quam uobis tradidit moses

trans iordanem
uos autem transite armati
ante fratres uestros
omnes fortes manu
et pugnate pro eis
donec det requiem dns
fratribus uestris
sicut et uobis dedit
et possideant ipsi quoque
terram quam dns ds
uester daturus est eis
et sic reuertimini in terram
possessionis uestrae
et habitabitis in ea
quam uobis dedit moses
famulus dni trans iordanem
contra solis ortum

Responderuntque ad iosue
atque dixerunt
omnia quae praecepisti
nobis faciemus
et quocumque miseris ibimus
sicut oboediuimus in cunc
tis mosi ita oboediemus
et tibi
tantum sit dns ds tuus tecum
sicut fuit cum mosi
qui contradixerit ori tuo
et non oboedierit cunctis
sermonibus quos prae
ceperis ei moriatur
tu tantum confortare
et uiriliter age

Misit ergo iosue filius nun
de setthim duos uiros
exploratores abscondite
et dixit eis
ite et considerate terram
urbem que hiericho
qui per gentes ingressi sun
domum mulieris mere
tricis nomine raab
et quieuerunt apud eam
nuntiatumque est regi

hiericho et dictum.
Ecce uiri ingressi sunt huc
per noctem de filiis Israhel
ut explorarent terram
misitque rex hiericho
ad raab dicens
educ uiros qui uenerunt ad te
et ingressi sunt domum tuam
exploratores quippe sunt
et omnem terram conside
rare uenerunt
tollensque mulier uiros
abscondit et ait
fateor uenerunt ad me sed
nesciebam unde essent
cumque porta clauderetur
in tenebris et illi pariter
exierunt
nescio quo abierint
persequimini cito et con
prehenditis eos
ipsa autem fecit ascendere
uiros in solarium domus sue
operuitque eos lini stipula
quae ibi erat
hi autem qui missi fuerant
secuti sunt eos per uiam
quae ducit ad uadum iordanis
illisque egressis statim
porta clausa est
necdum obdormierant
qui latebant
et ecce mulier ascendit
ad eos et ait
noui quod tradiderit dns
uobis terram
etenim inruit in nos terror
uester
et elanguerunt omnes
habitatores terrae
audiuimus quod siccauerit
dns aquas maris rubri
ad uestrum introitum
quando egressi estis ex aegypto

et quae feceritis duobus
amorreorum regibus
qui erant trans iordanen
seon et og quos inter
fecistis
et haec audientes pertimu
imus et elanguit cor
nostrum
nec remansit in nobis sps
ad introitum uestrum
dns enim ds uester ipse est
ds in caelo sursum
et in terra deorsum
nunc ergo iurate mihi per dnm
ut quomodo ego feci
uobiscum misericordiam
ita et uos faciatis cum
domo patris mei
detisque mihi signum uerum
et saluetis patrem meum
et matrem
fratres ac sorores meas
et omnia quaecumque sunt
et eruatis animas nostras
de morte
qui responderunt ei
anima nostra sit pro uobis
in mortem si tamen
non prodideris nos
cumque tradiderit nobis
dns terram
faciemus inte misericordiam
et ueritatem
dimisit ergo eos per funem
de fenestra
domus enim eius herebat muro
dixitque ad eos
ad montana conscendite
ne forte occurrant uobis
reuertentes
ibique latete tribus diebus
donec redeant
et sic ibitis per uiam uestram
qui dixerunt ad eam

innoxii erimus iuramento
hoc quo adiurasti nos
si ingredientibus nobis terram
signum fuerit funiculus
iste coccineus
et ligaueris eum in fenestra
per quam nos dimisisti
et patrem tuum ac matrem
fratresque et omnem
cognationem tuam
congregaueris in domum tuam
qui ostium domus tuae
egressus fuerit
sanguis ipsius erit in caput
eius et nos erimus alieni
cunctorum autem sanguis
qui tecum fuerint in domo
redundabit in caput nostrum
si eos aliquis tetigerit
quod si nos prodere uolue
ris et sermonem istum
proferre in medium
erimus mundi ab hoc iura
mento quo adiurasti nos
et illa respondit sicut
locuti estis ita fiat
dimittensque eos ut pergerent
appependit funiculum
coccineum in fenestra
Illi uero ambulantes per
uenerunt ad montana
et manserunt ibi tres dies
donec reuerterentur
qui fuerant persecuti
quaerentes enim per omnes
uias non reppererunt eos
quibus urbem ingressis
reuersi sunt et descen
derunt exploratores
de monte
et iordane transmisso
uenerunt ad iosue
filium nun
narraueruntque ei omnia

quae accederant sibi atque dixerunt
tradidit dns in manus nostras
omnem terram hanc
et timore prostrati sunt
cuncti habitatores eius
Igitur iosue de nocte con
surgens mouit castra
egredientesque de setthim
uenerunt ad iordanem
ipse et omnes filii israhel
et morati sunt ibi tres dies
quibus euolutis transierunt
praecones per castrorum
medium et clamare
coeperunt
quando uideritis arcam
foederis dni di uestri
et sacerdotes stirpis leuiti
cae portantes eam
uos quoque consurgite
et sequimini praecedentes
sit que inter uos et arcam
spatium cubitorum
duum milium
ut procul uidere possitis
et nosse per quam uiam
ingrediamini
quia prius non ambulastis
per eam
et cauete ne adpropin
quetis ad arcam
dixitque iosue ad populum
scificamini cras enim
faciet dns inter uos
mirabilia
et ait ad sacerdotes
tollite arcam foederis
et praecedite populum
qui iussa complentes
tulerunt et ambulaue
runt ante eos
Dixit quoque dns ad iosue
hodie incipiam exaltare te
coram omni israhel

ut sciant quod sicut cum
mosi fui ita et tecum sim
tu autem praecipe sacerdo
tibus qui portant arcam
foederis et dices
cum ingressi fueritis
partem aquae iordanis
state in ea
dixitque iosue ad filios isrl
accedite huc et audite
uerba dni di uestri
et rursum inhoc inquit
scietis quod dns ds uiuens
in medio uestri est
et disperdat inconspectu uestr
chananaeum hetheum eueu
et ferezeum
gergeseum quoque et amor
reum et iebuseum
ecce arca foederis dni omnis
terrae antecedet uos
per iordanem
parate xii uiros de tribu
bus israhel
singulos per singulas trib
et cum posuerint uestigia
pedum suorum sacerdotes
qui portabant arcam dni
di uniuersae terrae
in aquis iordanis
aquae quae inferiores sunt
decurrent atq. deficient
quae autem desuper ueniunt
in una mole consistent
Igitur egressus est populus
de tabernaculis suis
ut transirent iordanen
et sacerdotes qui portabant
arcam foederis perge
bant ante eum
ingressisque eis iordanem
et pedibus eorum tinctis
in partem aquae
cum iordanes autem ripas

aluei sui tempore messis
impleret
steterunt aquae descen
dentes in uno loco
et instar montis intume
scentes apparebant procul
a burbe quae uocatur adom
usque ad locum sarthan
quae autem inferiores erant
in mare solitudinis
quod nunc uocatur mor
tuum descenderunt
usquequo omnino deficeret
populus autem incedebat
contra iordanem
et sacerdotes qui portabant
arcam foederis dni
stabant super siccam huma
in medio iordanis accincti
omnis que populus per
arentem alueum transiebat
Quibus transgressis
dixit dns ad iosue
elige duodecim uiros singu
los per singulas tribus
et praecipe eis ut tollant
de medio iordanis alueo
ubi steterunt sacerdotum
pedes
xii durissimos lapides
quos ponetis in loco castro
rum ubi fixeritis hac nocte
tentoria
uocauit que iosue xii uiros
quos elegerat de filiis isrl
singulos de tribubus sin
gulis et ait ad eos
ite ante arcam dni di uestri
ad iordanis medium
et portate inde singuli
singulos lapides in hume
ris uestris
iuxta numerum filiorum
israhel

LIBER

ut sit signum inter uos
et quando interrogauerint
uos filii uestri cras dicentes
quid sibi uolunt lapides isti
respondebitis eis
defecerunt aquae iordanis
ante arcam foederis dni
cum transiret eum
idcirco positi sunt lapides
isti in monumentum
filiorum israhel usque
in aeternum
fecerunt ergo filii israhel
sicut eis praecepit iosue
portantes de medio iorda
nis xii lapides
ut ei dns imperarat
iuxta numerum filiorum isrl
usque ad locum in quo
castra metati sunt
ibique posuerunt eos
alios quoque xii lapides
posuit iosue in medio
iordanis alueo
ubi steterunt sacerdotes
qui portabant arcam
foederis
et sunt ibi usque in prae
sentem diem
sacerdotes autem qui porta
bant arcam stabant
in iordanis medio
donec omnia complerentur
quae iosue ut loqueretur
ad populum praeceperat
et dixerat ei moses
festinauitque populus
et transiit
cumque transissent omnes
transiuit et arca dni
sacerdotesque pergebant
ante populum
filii quoque ruben et gad
et dimidiae tribus manasse

armati praecedebant filios
israhel sicut eis praecepe
rat moses
et xl pugnatorum milia
per turmas et cuneos
incedebant per plana atque
campestria urbis hiericho
in die illo magnificauit dns
iosue coram omni israhel
ut timerent eum sicut time
erant mosen dum adhuc uiuera
dixitque ad eum
praecipe sacerdotibus qui
portant arcam foederis
ut ascendant de iordane
qui praecepit eis dicens
ascendite de iordane
cumque ascendissent portan
tes arcam foederis dni
et siccam humum calcare
coepissent
reuersae sunt aquae
in alueum suum
et fluebant sicut ante
consueuerant
populus autem ascendit
de iordane decimo
mensis primi die
et castra metati sunt
in galgalis
contra orientalem plagam
urbis hiericho
duodecim quoque lapides
quos de iordanis alueo
sumpserant
posuit iosue in galgalis
et dixit ad filios israhel
quando interrogauerint
filii uestri cras patres suos
et dixerint eis
quid sibi uolunt isti lapides
docebitis eos atque dicetis
per arentem alueum trans
ibit isrl iordanem istum

Iosue

siccante dno do uestro aquas
eius in conspectu uestro
donec transiretis
sicut fecerat prius in mari
rubro quod siccauit donec
transiremus
ut discant omnes terrarum
populi fortissimam dni
manum
et ut uos timeatis dnm dm
uestrum omni tempore
Postquam ergo audierunt
omnes reges amorreoru
qui habitabant trans iordane
ad occidentalem plagam
et cuncti reges chanaan
qui propinqua possidebant
magno mari loca
quod siccasset dns fluenta
iordanis coram filiis isrl
donec transirent
dissolutum est cor eorum
et non remansit in eis sps
timentium introitum
filiorum israhel
Eo tempore ait dns ad iosue
fac tibi cultros lapideos
et circumcide secundo
filios israhel
fecit quod iusserat dns
et circumcidit filios isrl
in colle praeputiorum
haec autem causa est
secundae circumcisionis
omnis populus qui egres
sus est ex aegypto
generis masculini
uniuersi bellatores uiri
mortui sunt in deserto
per longissimos uiae circuitus
qui omnes circumcisi erant
populus autem qui natus
est in deserto
per xl annos itineris
latissimae solitudinis
incircumcisus fuit
donec consumerentur
qui non audierant uocem dni
et quibus ante iurauerat
ut ostenderet eis terram
lacte et melle manantem
horum filii in locum
successerunt patrum
et circumcisi sunt a iosue
quia sicut nati fuerant
in praeputio erant
nec eos in uia aliquis
circumciderat
postquam autem omnes
circumcisi sunt
manserunt in eodem
castrorum loco
donec sanarentur
Dixit que dns ad iosue
hodie abstuli obprobrium
aegypti a uobis
uocatum que est nomen
loci illius galgala
usque in praesentem diem
manseruntque
filii isrl in galgalis
et fecerunt phase quarta
decima die mensis ad uesperum
in campestribus hiericho
et comederunt de frugibus
terrae die altero azymos
panes et pulentam
eiusdem anni
defecit que manna
postquam comederunt
de frugibus terrae
nec usi sunt ultra cibo illo
filii israhel
sed comederunt de frugibus
praesentis anni terrae
chanaan
Cum autem esset iosue
in agro urbis hiericho

leuauit oculos et uidit uirum
stantem contra se
et euaginatum tenentem
gladium
perrexitque ad eum et ait
noster es an aduersariorum
qui respondit nequaquam
sed sum princeps exercitus
dni et nunc uenio
cecidit iosue pronus inter
ram et adorans ait
quid dns meus loquitur
ad seruum suum
solue inquit calciamentum
tuum de pedibus tuis
locus enim in quo stas scs est
fecitque iosue ut sibi fue
rat imperatum
hiericho autem clausa erat
atque munita timore
filiorum israhel
et nullus egredi audebat
aut ingredi
Dixitque dns ad iosue
ecce dedi in manus tuas
hiericho et regem eius
omnesque fortes uiros
circuite urbem cuncti
bellatores semel per diem
sic facietis sex diebus
septimo autem die sacerdo
tes tollant septem bucinas
quarum usus est in iobeleo
et praecedant arcam foederis
septiesque circuibitis
ciuitatem
et sacerdotes clangent
bucinis
cumque insonuerit uox
tubae longior atq concisior
et in auribus uestris increpuerit
conclamauit omnis populus
uociferatione maxima
et muri funditus corruent

ciuitatis
ingredienturque singuli
per locum contra quem
steterint
Uocauit ergo iosue filius nun
sacerdotes et dixit ad eos
tollite arcam foederis
et septem alii sacerdotes
tollant septem iobeleo
rum bucinas
et incedant ante arcam dni
ad populum quoque ait
audite et circuite ciuitatem
armati praecedentes
arcam dni
cumque iosue uerba finisset
et vii sacerdotes vii bucinis
clangerent ante arcam
foederis dni
omnisque praecederet
armatus exercitus
reliquum uulgus arcam
sequebatur
ac bucinis omnia concrepabant
praeceperat autem iosue
populo dicens
non clamabitis nec audietur
uox uestra
neque ullus sermo ex ore
uestro egredietur
donec ueniat dies in qua
dicam uobis clamate
et uociferamini
circumiuit ergo arca dni
ciuitatem semel per diem
et reuersa est in castra
mansit ibi
Igitur iosue de nocte consur
gente tulerunt sacer
dotes arcam dni
et vii ex eis vii bucinas
quarum in iobeleis usus est
praecedebant que arcam dni
ambulantes atq clangentes

et armatus populus ibat
ante eos
uulgus autem reliquum
sequebatur arcam et buci
nis personabat
circumierunt que ciuitate
secundo die semel
et reuersi sunt in castra
sic fecerunt sex diebus
die autem septimo deluculo
consurgentes
circumierunt urbem sicut
dispositum erat septies
cumque septimo circuitu
clangerent bucinis sacer
dotes
dixit iosue ad omnem popu
lum israhel
uociferamini tradidit enim
uobis dns ciuitatem
sit que ciuitas haec anathema
et omnia quaeque in ea
sunt dno
sola raab meretrix uiuat
cum uniuersis qui cum
ea in domo sunt
abscondit enim nuntios
quos direxiuus
uos autem cauete ne de his
quae praecepta sunt
quippiam contingatis
et sitis praeuaricationis rei
et omnia castra israhel
sub peccato sint atque
turbentur
quicquid autem auri et ar
centi fuerit et uasorum
aeneorum ac ferri
dno consecretur repositu
in thesauris eius
igitur omni uociferante
populo et clangentibus tubis
post quam in aures multi
tudinis uox sonitusque

increpuit
muri ilico conruerunt
et ascendit unusquisque
per locum qui contra se erat
ceperunt que ciuitatem
et interfecerunt omnia
quae erant in ea
a uiro usque ad mulierem
ab infante usque ad senem
boues quoque et oues et asinos
in ore gladii percusserunt
duobus autem uiris qui ex
ploratores missi fuerant
dixit iosue
ingredimini in domum
mulieris meretricis
et producite eam omniaque
quae illius sunt
sicut illi iuramento firmastis
ingressique iuuenes eduxe
runt raab et parentes eius
fratres quoque et cunctam
supellectilem
ac cognationem illius
et extra castra israhel
manere fecerunt
urbem autem et omnia
quae in ea sunt succenderunt
absque argento et auro
et uasis aeneis ac ferro
quae in aerarium dni conse
crarunt
raab uero meretricem
et domum patris eius
atque omnia quae habebat
fecit iosue uiuere
et habitauerunt in medio isrl
usque in praesentem diem
eo quod absconderit nuntios
quos miserat ut explora
rent hiericho
in tempore illo inprecatus
est iosue dicens
maledictus uir coram dno

Liber

quis suscitauerit et aedifi-
cauerit ciuitatem hiericho
in primogenito suo funda-
mentum illius iacat
et innouissimo liberorum
ponat portas eius
fuit ergo dns cum iosue
et nomen eius in omni
terra uulgatum est
Filii autem israhel praeuaricati sunt mandatum
et usurpauerunt de anathemate
nam achan filius charmi
filii zabdi filii zared
de tribu iuda
tulit aliquid de anathemate
iratus que est dns contra
filios israhel
Cumque mitteret iosue
de hiericho uiros
contra abi quae est iuxta
bethauen ad orientalem
plagam oppidi bethel
dixit eis ascendite et explo-
rate terram
qui praecepta complentes
explorauerunt abi
et reuersi dixerunt ei
non ascendat omnis populus
sed duo uel tria milia uirorum
pergant
et deleant ciuitatem
quare omnis populus frustra
uexatur contra hostes
paucissimos
ascenderunt ergo tria milia
pugnatores
qui statim terga uertentes
percussi sunt a uiris
urbis abi
et corruerunt ex eis triginta
sex homines
persecuti que sunt eos

aduersarii de porta usque
ad sabarim
et ceciderunt per prona
fugientes
pertimuit que cor populi
et in star aquae liquefac-
tum est
iosue uero scidit uesti-
menta sua
et cecidit pronus in terram
coram arca dni usque ad uesperam
tam ipse quam omnes
senes israhel
miserunt que puluerem
super capita sua
et dixit iosue
heu dne ds quid uoluisti
transducere populum istum
iordanem fluuium
ut traderes nos in manus
amorrei et perderes
utinam ut coepimus mansis-
semus trans iordanem
mi dne ds quid dicam
uidens israhel hostibus suis
terga uertentem
audient chananaei et omnes
habitatores terrae
ac pariter conglobati circum-
dabunt nos atque delebunt
nomen nostrum de terra
et quid facies magno
nomini tuo
dixitque dns ad iosue
surge cur iaces pronus in terra
peccauit isrl et praeuaricatus est pactum meum
tulerunt que de anathemate
et furati sunt atque mentiti
et absconderunt inter
uasa sua
nec poterit stare israhel
ante hostes suos eosque fugiet
quia pollutus est anathemate

non ero ultra uobiscum
donec conteratis eum qui
　huius sceleris reus est
Surge sctifica populum et dicor
　sctificamini in crastinum
haec enim dicit dns ds isrl
anathema in medio tui israhel
non poteris stare coram
　hostibus tuis
donec deleatur ex te qui hoc
　contaminatus est scelere
Accedetis que mane singuli
　per tribus uestras
et quam cumque tribum
　sors inuenerit
accedet per cognationes suas
et cognatio per domos
　domus que per uiros
et qui cum que ille hoc faci
　nore fuerit deprehensus
comburetur igni cum
　omni substantia sua
quoniam praeuaricatus est
　pactum dni et fecit
　nefas in israhel
Surgens itaque iosue mane
　adplicauit israhel per
　tribus suas
et inuenta est tribus iuda
quae cum iuxta familias
　suas esset oblata inuenta
　est familia zare
illam quoque per uiros
　offerens repperit zabdi
cuius domum in singulos
　diuidens uiros
inuenit achan filium charmi
　filii zabdi filii zare
　de tribu iuda
et ait ad achan
filimi da gloriam dno do isrl
et confitere atque indica mihi
　quid feceris ne abscondas
Respondit q achan iosue

et dixit ei
uere ego peccaui dno do isrl
et sic et sic feci
uidi enim inter spolia pallium
　coccineum ualde bonum
et cc siclos argenti
regulam que auream
　quinquaginta siclorum
et concupiscens abstuli
et abscondi in terra contra
　medium tabernaculi mei
argentum que fossa
　humo operui
misit ergo iosue ministros
qui currentes ad tabernacu
　lum illius
reppererunt cuncta abscon
　dita in eodem loco et ar
　gentum simul
auferentes que de tentorio
　tulerunt ea ad iosue et ad
　omnes filios israhel
proiecerunt que ante dnm
tollens itaque iosue achan
　filium zare
argentum que et pallium
　et auream regulam
filios que eius et filias
boues et asinos et oues
ipsum que tabernaculum
　et cunctam supellectilem
et omnis israhel cum eo
　duxerunt eos ad uallem
　achor ubi dixit iosue
quia turbasti nos exturbet
　te dns in die hac
Lapidauit que eum omnis isrl
et cuncta quae illius erant
　igne consumta sunt
congregauerunt quoque
　super eum aceruum
　magnum lapidum
qui permanet usque in prae
　sentem diem

et auersus est furor dñi ab eis
uocatum que est nomen
loci illius uallis achor
usque hodie
Dixit autem dñs ad iosue
ne timeas neque formides
tolle tecum omnem multi
tudinem pugnatorum
et consurgens ascende
in oppidum abi
ecce tradidi in manu tua
regem eius et populum
urbem q· et terram
facies que urbi abi
et regi eius
sicut fecisti hiericho
et regi illius
praedam uero et omnia
animantia diripietis uobis
pone insidias urbi post eam
Surrexit q· iosue et omnis
exercitus bellatorum
cum eo ut ascenderent
in abi
et electa xxx milia uiroru
fortium misit nocte
praecepit que eis dicens
ponite insidias post ciuita
tem nec longius recedatis
et eritis omnes parati
ego autem et reliqua mul
titudo quae mecum est
accedimus ex aduerso
contra urbem
cumque exierint contra
nos sicut ante fecimus
fugiemus et terga uertemus
donec persequentes ab
urbe longius protrahantur
putabunt enim fugere
nos sicut prius
nobis ergo fugientibus
et illis sequentibus
consurgetis de insidiis
et uastabitis ciuitatem
tradet que eam dñs dš uester
in manus uestras
cum que ceperitis
succendite eam
sic omnia facietis ut iussi
dimisit que eos et perrexe
runt ad insidiarum locum
sederunt que inter bethel
et hi ad occidentalem
placam urbis abi
Iosue autem nocte illa in me
dio mansit populi
surgens que deluculo
recensuit socios
et ascendit cum senioribus
in fronte exercitus
uallatus auxilio pugnatoru
cum que uenissent et asce
dissent ex aduerso
ciuitatis
steterunt ad septentrio
nalem urbis placam
inter quam et eos uallis
media erat
quinque milia autem uiros
elegerat et posuerat
in insidiis inter bethauen
et abi ex occidentali
parte eiusdem ciuitatis
omnis uero reliquus
exercitus ad aquilonem
aciem dirigebat
ita ut nouissimi multitudinis
occidentalem placam
urbis adtingerent
abiit ergo iosue nocte illa
et stetit in uallis medio
quod cum uidisset rex abi
festinauit mane et egressus
est cum omni exercitu
ciuitatis
direxit que aciem contra
desertum

ignorans quod post tergum
    laterent insidiae
iosue uero et omnis israhel
    cesserunt loco
simulantes metum et fugi
    entes per uiam solitudinis
at illi uociferantes pariter
    et semutuo cohortantes
    persecuti sunt eos
cumque recessissent a ciuitate
    et ne unus quidem in urbe
    ahi et bethel remansisset
    qui non persequeretur isrl
sicut eruperant aperta
    oppida relinquentes
dixit dns ad iosue
leua clypeum qui in manu
    tua est contra urbem ahi
    quoniam tibi tradam eam
Cumque leuasset clypeum
    ex aduerso ciuitatis
insidiae quae latebant surre
    xerunt confestim
et pergentes ad ciuitatem
    ceperunt et succenderunt eam
uiri autem ciuitatis qui per
    sequebantur iosue
respicientes et uidentes
    fumum urbis ad caelum
    usque conscendere
non poterant ultra huc
    illuc que diffugere
praesertim cum hi qui simu
    lauerant fugam et tende
    bant ad solitudinem
contra persequentes for
    tissime restitissent
uidens q iosue et omnis isrl
    quod capta esset ciuitas
    et fumus urbis ascenderet
reuersus percussit uiros ahi
siquidem et illi qui ceperant
    et succenderant ciuitatem
egressi ex urbe contra suos
medios hostium perire
    coeperunt
cum ergo ex utraque parte
    aduersarii cederentur
ita ut nullus de tanta multi
    tudine saluaretur
regem quoque urbis ahi
    adprehendere uiuentem
    et optulerunt iosue
igitur omnibus interfectis
    qui israhelem ad deserta
    tendentem fuerant
    persecuti
et in eodem loco gladio
    corruentibus
reuersi filii isrl percusse
    runt ciuitatem
erant autem qui in eo die
    conciderant a uiro usque
    ad mulierem
xii milia hominum
    omnes urbis ahi
iosue uero non contraxit
    manum quam in sublime
    porrexerat tenens clypeu
donec interficerentur
    omnes habitatores ahi
iumenta autem et praedam
    ciuitatis diuiserunt sibi
    filii israhel
sicut praeceperat dns iosue
qui succendit urbem et fecit
    eam tumulum sempiternu
regem quoque eius suspendit
    in patibulo usque ad uesperu
et solis occasum
praecepit quod et deposuerun
    cadauer eius de cruce
proiecerunt q in ipso intro
    itu ciuitatis
congesto super eum magno
    aceruo lapidum qui perma
    net usque in praesentem diem
Tunc aedificauit iosue altare

dno do israhel in monte
hebal
sicut praeceperat moses
famulus dni filiis israhel
et scriptum est in uolumine
legis mosi
altare de lapidibus inpolitis
quos ferrum non tetigit
et obtulit super eo holo
causta dno
immolauitq pacificas
et uictimas
et scripsit super lapides
deuteronomium legis mosi
quod ille dicesserat coram
filiis israhel
Omnis autem populus
et maiores natu duces q
ac iudices
stabant ex utraq parte arce
in conspectu sacerdotum
qui portabant arcam
foederis dni
ut aduena ita et indigena
media eorum pars iuxta
montem garizim
et media iuxta montem hebal
sicut praeceperat moses
famulus dni
et primum quidem benedi
xit populo israheli
post haec legit omnia uerba
benedictionis et maledic
tionis
et cuncta quae scripta erant
in legis uolumine
nihil ex his quae moses iusse
rat reliquit intactum
sed uniuersa replicauit
coram omni multitudine
israhel
mulieribq ac paruulis et ad
uenis qui inter eos
morabantur

IX. Quibus auditis cuncti reges
trans iordanen
qui uersabantur in monta
nis et in campestribus
et maritimis ad litore
maris magni
hi quoque qui habitabant
iuxta libanum
hettheus et amorraeus
et chananaeus
pherezaeus euaeus
et iebusaeus
congregati sunt pariter
ut pugnarent contra
iosue et israhel
uno animo eademq sententia
At hi qui habitabant in gabaon
audientes cuncta quae
fecerat iosue hiericho et hai
et callide cogitantes
tulerunt sibi cibaria
saccos ueteres asinis inponen
et utres uinarios scissos
atque consutos
calciamentaque perantiqua
quae ad indicium uetustatis
pittaciis consuta erant
induti ueterib uestimentis
panes quoq quos portabant
ob uiaticum duruerant
et in frusta comminuti
perrexerunt q ad iosue
qui tunc morabatur in ca
stris in galgala
et dixerunt ei atq omni
simul israheli
de terra longinqua uenimus
pacem uobiscum facere
cupientes
responderunt q uiri israhel
ad eos atq dixerunt
ne forsitan in terra quae nobis
sorte debetur habitetis
et non possumus foedus

inire nobiscum
at illi ad iosue serui inquiunt
tui sumus
quib; iosue quinam ait estis
et unde uenistis
responderunt de terra
longinqua ualde uenerunt
serui tui in nomine dni di tui
audiuimus enim famam
potentiae eius
cuncta quae fecit in aegypto
et duob; amorreorum regib;
trans iordanem
seon regi esebon et oc reg
basan qui erat in astharoth
dixerunt q; nobis seniores
et omnes habitatores
terrae nostrae
tollite in manib; cibaria
ob longissimam uiam
et occurrite eis ac dicite
serui uestri sumus
foedus inite nobiscum
en panes quando egressi
sumus de domib; nostris
ut ueniremus ad uos
calidos sumsimus
nunc sicci facti sunt et uetu
state nimia comminuti
utres uini nouos impleuim;
nunc rupti sunt et soluti
uestes et calciamenta
quib; induimur et quae
habemus in pedibus
ob longitudinem largioris
uiae trita sunt et pene
consumpta
susceperunt igitur de ciba
riis eorum
et os dni non interrogauerunt
fecit q; iosue cum eis pacem
et inito foedere pollicitus
est quod non occiderentur
principes quoque multi
tudinis iurauerunt eis

post dies autem tres initi
foederis audierunt quod
in uicino habitarent et inter
eos futuri essent
moueruntq; castra filii isrl
et uenerunt in ciuitates
eorum die tertio
quarum haec uocabula sunt
gabaon et caphira et beroth
et cariathiarim
et non percusserunt eos
eo quod iurassent eis
principes multitudinis
in nomine dni di isrl
murmurauit itaque omne
uulgus contra principes
qui responderunt eis
iurauimus illis in nomine
dni di israhel
et id circo non possumus
eos contingere
sed hoc faciemus eis
reseruentur quidem ut uiuant
ne contra nos ira dni conci
tetur si peierauerimus
sed sic uiuant ut in usus
uniuersae multitudinis
ligna caedant aquasq;
conportent
Quibus haec loquentibus
uocauit gabaonitas iosue
et dixit eis
cur nos decipere fraude
uoluistis
ut diceretis procul ualde
habitamus a uobis
cum in medio nostri sitis
itaque sub maledictione eritis
et non deficiet de stirpe
uestra
ligna caedens aquasq; compor
tans in domum di mei
qui responderunt
nuntiatum est nobis seruis tuis
quae promisisset dns ds tuus

moysi seruo suo
ut traderet uobis omnem
terram
et disperderet cunctos
habitatores eius
timuimus igitur ualde et pro
uidimus animab; nostris
uestro terrore compulsi
et hoc consilium inuimus
nunc autem in manu tua sumus
quod tibi bonum et rectum
uidetur fac nobis
fecit ergo iosue ut dixerat
et liberauit eos de manu fili
orum isrl. ut non occiderent
decreuitq; in illo die esse eos
in ministerium cuncti
populi et altaris dni
caedentes ligna et aquas
conportantes usque in
praesens tempus
in loco quem dns elegisset
Quae cum audisset adonise
dech rex hierusalem
quod scilicet cepisset iosue
ahi et subuertisset eam
sicut enim fecerat hiericho
et regi eius sic fecit ahi
et regi illius
et quod transfugissent
gabaonitae ad israhel
et essent foederati eorum
timuit ualde
urbs enim magna erat
gabaon
et una regalium ciuitatum
et maior oppido ahi
omnes q; bellatores eius
fortissimi
misit ergo adonisedec
rex hierusalem
ad oham regem hebron
et ad pharam regem
hieremoth
ad iaphie quoq; regem lachis

et ad dabir regem eglon
dicens
ascendite ad me et ferte
praesidium ut expugne
mus gabaon
quare transfugerit ad iosue
et filios israhel
congregati igitur ascende
runt quinque reges
amorraeorum
rex hierusalem rex hebron
rex hieremoth rex lachis
rex eglon
simul cum exercitib; suis
et castrametati sunt circa
gabaon oppugnantes ex
habitatores autem gabaon
urbis obsessae
miserunt ad iosue qui tunc
morabatur in castris apud
galgalam et dixerunt ei
ne retrahas manus tuas
ab auxilio seruorum tuorum
ascende cito et liberanos
fer que praesidium
conuenerunt enim aduersu
nos omnes reges amorrae
orum qui habitabant
in montanis
ascendit q; iosue de galgalis
et omnis exercitus bellato
rum cum eo uiri fortissimi
dixit q; dns ad iosue
ne timeas eos in manus enim
tuas tradidi illos
nullus enim tibi ex eis
resistere poterit
inruit itaq; iosue super eos
repente
tota ascendens nocte
de galgalis
et conturbauit eos dns
a facie israhel
contriuit q; plaga magna
in gabaon

ac persecutus est per uiam
ascensus bethoron
et percussit usque azeca
et maceda
cumq́ fugerent filios israhel
et essent in descensu
bethoron
dns misit super eos lapides
magnos de caelo usq́ azeca
et mortui sunt multo plures
lapidibus grandinis
quam quos gladio percusse
rant filii israhel
tunc locutus est iosue dno
in die qua tradidit amorraeum
in conspectu filiorum isrl
dixitq́ coram eis
sol contra gabaon ne mouea
ris et luna contra uallem
ahialon
steteruntq́ sol et luna donec
ulcisceretur se gens
de inimicis suis
nonne scriptum est hoc
in libro iustorum
stetit itaque sol in medio caeli
et non festinauit occumbere
spatio unius diei
non fuit ante et postea
tam longa dies
oboediente dno uoci hominis
et pugnante pro israhel
Reuersusq́ est iosue cum om-
israhele in castra galgalae
fugerant enim quinque
reges et se absconderant
in spelunca urbis maceda
nuntiatumq́ est iosue quod
inuenti essent quinq́ reges
latentes in spelunca maceda
qui praecepit sociis et ait
doluite saxa ingentia ad os
speluncae
et ponite uiros industrios
qui clausos custodiant

uos autem nolite stare
sed persequimini hostes
et extremos quosque fugi
entium caedite
ne dimittatis eos urbium
suarum intrare praesidia
quos tradidit dns ds
in manus uestras
Caesis igitur aduersariis
plaga magna et usq́ ad inter
nicionem pene consumptis
hi qui israhelem effugere
potuerunt ingressi sunt
ciuitates munitas
reuersus quee est omnis exer
citus ad iosue in maceda
ubi tunc erant castra
sani et integro numero
nullus que contra filios isrl
muttire ausus est
praecepit q́ iosue dicens
aperite os speluncae et pro
ducite ad me quinque reges
qui in ea latitant
fecerunt ministri ut sibi
fuerat imperatum
et eduxerunt ad eum quinq́
reges de spelunca
regem hierusalem regem
hebron regem hieramoth
regem lachis regem eglon
cumq́ educti essent ad eum
uocauit omnes uiros isrl
et ait ad principes exercitus
qui secum erant
ite et ponite pedes super
colla regum istorum
qui cum perrexissent
et subiectorum pedibus
colla calcarent
Rursum ait ad eos
nolite timere nec paueatis
confortamini et estote
robusti
sic enim faciet dns cunctis

hostibus uestris aduersum
quos dimicatis
percussit q̄ iosue et interfecit
eos atq̄ suspendit super
quinque stipites
fueruntque suspensi usque
aduesperum
cumq̄ occumberet sol prae
cepit sociis ut deponerent
eos de stipitibus
qui depositos proiecerunt
in speluncam in qua
latuerant
et posuerunt super os eius
saxa ingentia
quae permanent usque in
praesens
Eodem die maceda quoque
cepit iosue et percussit
in ore gladii
Regem quo q̄ illius interfecit
et omnes habitatores eius
non dimisit in ea saltim
paruas reliquias
fecit q̄ regi maceda sicut
fecerat regi hiericho
Transiuit cum omni isrl̄
de maceda in lebna
et pugnabat contra eam
quam tradidit dn̄s cum rege
suo in manu israhel
percusseruntq̄ urbem in
ore gladii et omnes habita
tores eius
non dimiserunt in ea ullas
reliquias
feceruntq̄ regi lebna sicut
fecerant regi hiericho
De lebna transiuit in lachis
et exercitu per gyrum dispo
sito oppugnabat eam
tradiditq̄ dn̄s lachis
in manu israhel
et cepit eam die altero atq̄
percussit in ore gladii

omnem q̄ animam quae
fuerat in ea sicut fecerat
lebna
Eo tempore ascendit hiram
rex ezer ut auxiliaretur
lachis
quem percussit iosue cum
omni populo eius usque
ad internicionem
transiuitque de lachis in eglon
et circum dedit atq̄ expu
gnauit eam eadem die
percussit que in ore gladii
omnes animas quae erant in ea
iuxta omnia quae fecerat
lachis
Ascendit quoq̄ cum omni
israhele de eglon in hebron
et pugnauit contra eam
cepit q̄ et percussit in ore
gladii
Regem quoq̄ eius et omnia
oppida regionis illius
uniuersasque animas quae
in ea fuerant commoratae
non reliquit in ea ullas
reliquias
sicut fecerat eglon
sic fecit et hebron
cuncta quae in ea repperit
consumens gladio
Inde reuersus in dabir
cepit eam atq̄ uastauit
regem quoque eius et om
nia per circuitum oppida
percussit in ore gladii
non dimisit in ea ullas
reliquias
sicut fecerat hebron
et lebna et regibus earum
sic fecit dabir et regi illius
Percussit itaque iosue
omnem terram montanū
et meridianam atque
campestrem

Iosue

et Asedoth cum regib; suis
non dimisit in ea ullas reliquias
sed omne quod spirare pote
rat interfecit
sicut praeceperat dns ds isrl.
a cades barne usque azam
omnem terram gosen
usque gabaon
uniuersos reges et regiones
eorum uno cepit impetu
atq; uastauit
dns enim ds israhel pugna
bat pro eo
reuersus q· est cum omni
israhele ad locum castro
rum in galgala.
Quae cum audisset iabin
rex asor
misit ad iobab regem madon
et ad regem someron atque
ad regem acsaph
ad reges quoque aquilonis
qui habitabant in monta
nis et in planitie
contra meridiem cheneroth
in campestrib; quoque et in
regionib; dor iuxta mare
chananeum q· ab oriente
et occidente
et amorreum atque hetheu
ac ferezeum et iebuseu
in montanis
eueum quoque qui habita
bat ad radices hermon
in terra maspha
egressi que sunt omnes
cum turbis suis
populus multus nimis
sicut harena quae est in lito
re maris
equi quoq; et currus inme
sae multitudinis
conuenerunt que omnes
reges isti unum ad aquas
merom ut pugnarent
contra israhel.
Dixit que dns ad iosue
ne timeas eos
cras enim hac eadem hora
ego tradam omnes istos
uulnerandos in conspec
tu israhel.
equos eorum subneruabis
et currus igne combures
uenit q· iosue et omnis
exercitus cum eo aduersu
illos ad aquas merom subit
et inruerunt super eos
tradidit q· eos dns in manu
israhel.
qui percusserunt eos
et persecuti sunt usq·
ad sidonem magnam
et aquas maserephoth
campum q· masphe qui est
ad orientalem illius parte
ita percussit omnes ut nul
las dimitteret ex eis
reliquias
fecit sicut praeceperat ei dns
equos eorum subneruauit
currus que combusit
reuersus que statim cepit
asor
et regem eius percussit gladio
asor enim antiquitus inter
omnia regna haec principa
tum tenebat
percussit que omnes animas
quae ibidem morabantur
non dimisit in ea ullas
reliquias
sed usq· ad internicionem
uniuersa uastauit
ipsam que urbem percus
sit incendio
et omnes per circuitum
ciuitates reges que earum
cepit percussit atq· deleuit
sicut praeceperat ei moses

famulus dni
absque urbibus quae erant
in collibus et in tumulis
sitae
ceteras succendit israhel
unam tantum asor munitis
simam flamma consumsit
omnem q̃ praedam istaru
urbium acumenta
diuiserunt sibi filii israhel
cunctis hominib; interfectis
sicut praeceperat dns mosi
seruo suo
ita praecepit moses iosue
et ille uniuersa compleuit
non praeterit de uniuersis
mandatis ne unum quide
uerbum quod iusserat
dns mosi
Cepit itaq; iosue omnem
terram montanam
et meridianam
terram que cosen et plani
tiem et occidentalem
plagam
montemq; israhel
et campestria eius
et partem montis quae
ascendit seir
usque baal ad perplanities
libani super montem
hermon
omnes reges eorum cepit
percussit occidit
multo tempore pugnauit
iosue contra reges istos
non fuit ciuitas quae se
non traderet filiis israhel
praeter eueum qui habita
bat in gabaon omnes bel
lando cepit
dni enim sententiae fuerat
ut indurarentur corda
eorum
et pugnarent contra israhel

et caderent
et non mererentur ullam
clementiam ac perirent
sicut praeceperat dns mosi
In tempore illo uenit iosue
et interfecit enacim
de montanis hebron
et dabir et anab
et de omni monte iuda et isrl̄
urbes que eorum deleuit
non reliquit ullum de stir
pe enacim in terra
filiorum israhel
absq; ciuitatibus caza et geth
et azoto in quibus solis
relicti sunt
Cepit ergo iosue omnem ter
ram sicut locutus est
dns ad mosen
et tradidit eam in possessio
nem filiis israhel
secundum partes et tribus suas
quieuit que terra a proeliis
Hi sunt reges quos percus
serunt filii israhel
et possederunt terram
eorum trans iordanem
ad solis ortum
a torrente arnon usque
ad montem hermon
et omnem orientalem
plagam quae respicit
solitudinem
Seon rex amorraeorum
qui habitauit in esebon
dominatus est ab aroer
quae sita est super ripam
torrentis arnon
et mediae partis in ualle
dimidiique galaad
usque ad torrentem iaboc
qui est terminus filioru
ammon
et a solitudine usque ad
mare cheneroth

contra orientem
et usque ad mare deserti
quod est mare salsissimum
ad orientalem placam
per uiam quae ducit bethsimoth
et ab australi parte quae sub
iacent asedoth phasga
terminas og regis basan
dereliquiis raphaim
qui habitauit in astharoth
et in edrain
et dominatus est in monte
hermon et in salecha
atque in uniuersa basan
usque ad terminos cesuri
et machathi
et dimidiae partis galaad
terminas seon regis esebon
moses famulus dni et filii
israhel percusserunt eos
tradidit que terram eorum
moses in possessionem
rubenitis et gaditis et dimi
diae tribui manasse
Hi sunt reges terrae quos
percussit iosue et filii isrl
trans iordanem ad occidenta
lem placam
a baalgad in campo libani
usque in montem cuius
pars ascendit in seir
tradidit que eam iosue in pos
sessionem tribubus isrl
singulas partes suas
tam in montanis quam in
planis atque campestribus
in aseroth et solitudine
ac meridie
hettheus fuit et amorraeus
chananeus et perezaeus
eueus et iebuseus
Rex hiericho unus
rex hai quae est ex latere
bethel unus
rex hierusalem unus

rex hebron unus
rex hierimoth unus
rex lachis unus
rex eglon unus
rex gazer unus
rex dabir unus
rex gader unus
rex herma unus
rex hered unus
rex lebna unus
rex odollam unus
rex maceda unus
rex bethel unus
rex thaffua unus
rex afer unus
rex afec unus
rex saron unus
rex madon unus
rex asor unus
rex someron unus
rex acsaph unus
rex thenach unus
rex maceddo unus
rex cades unus
rex iachanaem chermeli un
rex dor et prouinciae dor
rex gentium galgal unus
rex thersa unus
omnes reges triginta et un
Iosue senex prouectaeque
aetatis erat
et dixit dns ad eum
senuisti et longaeuus es
terra quae latissima dere
licta est quae necdum
est sorte diuisa
omnis uidelicet galilaea
philistim
et uniuersa gesuri
a fluuio turbido qui inrigat
aegyptum
usque ad terminos accaron
contra aquilonem
terra chanaan quae in quinq
regulos philistim diuiditur

Liber

gazeos azotios ascalonitas
etheos et accaronitas
ad meridiem uero sunt eu aei
omnis terra chanaan et maara
sidoniorum usque afeca
et terminos amorraei
eius que confinia
libani quoque regio contra
orientem
abalgad sub monte hermon
donec incrediaris emath
omnium qui habitabant
in monte
a libano usque ad aquas masre
foth uniuersiq sidonii
ego sum qui delebo eos
a facie filiorum israhel
ueniat ergo in parte heredi
tatis israhel sicut praece
pi tibi
et nunc diuide terram
in possessionem
nouem tribubus et dimidiae
tribui manasse
cum que ruben et gad posse
derunt terram
quam tradidit eis moses
famulus dni
trans fluenta iordanis ad ori
entalem plagam
abaroer quae sita est in ripa
torrentis arnon et in
uallis medio
uniuersaque campestria
medaba usque dibon
et cunctas ciuitates seon
regis amorrei qui regna
uit in esebon
usque ad terminos filiorum
ammon et galaad
a terminum gesuri
et machathi
omnem que montem her
mon et uniuersam basan
usque saleca

omne regnum og in basan
qui regnauit in astharoth
et edraim
ipse fuit de reliquiis rafaim
percussit que eos moses
atque deleuit
nolueruntque disperdere
filii israhel gesuri et machathi
et habitauerunt in medio isrl
usque in praesentem diem
tribui autem leui non dedit
possessionem
sed sacrificia et uictimae
dni di israhel
ipsa est eius hereditas
sicut locutus est illi
dedit ergo moses possessio
nem tribui filiorum ruben
iuxta cognationes suas
fuit que terminus eorum
abaroer quae sita est in ripa
torrentis arnon
et in ualle eiusdem torren
tis media
uniuersam planitiem quae
ducit medaba et esebon
cunetos que uiculos eorum
qui sunt in campestribus
dibon quoq et bamoth
baal et oppidum baalmeon
iessa et cedmoth
et mepheeth
cariathaim et sebama
et sarathasar in monte
conuallis
betpheor et asedoth phasga
et betthesimoth
omnes urbes campestres
uniuersa que regna seon
regis amorraei
qui regnauit in esebon
quem percussit moses
cum principibus madian
euueum et recem
et sur et ur et rabee

duces seon habitatores terre
et balaam filium behor
ariolum occiderunt filii
israhel gladio cum ceteris
interfectis
Factus q̄ est terminus
filiorum ruben
iordanes fluuius
haec est possessio rubenita
rum per cognationes suas
urbium et uiculorum
Dedit q̄ moses tribui gad
et filiis eius per cognatio
nes suas possessionem
cuius haec diuisio est
terminus iazer et omnes
ciuitates galaad
dimidiam que partem terrae
filiorum ammon
usque adaroer quae est
contra rabba
et ab esebon usque ramoth
masphe et bataniim
et manaim usque ad termi
nos dabir
in ualle quoque betharam
et bethnemra et soccoth
et saphon
reliquam partem regni
seon regis esebon
huius quoque iordanis finis
est usque ad extremam
partem maris cheneret
transiordanen ad orienta
lem plagam
haec est possessio filiorum
gad per familias suas
ciuitates et uillae earum
Dedit et dimidiae tribui
manasse filiis que eius
iuxta cognationes suas
possessionem
cuius hoc principium est
amanaim uniuersamq̄ basan
et cuncta regna og regis basan
omnes q̄ uicos iair qui sunt
in basan
sexaginta oppida et dimidiam
partem galaad
astharoth et edrai urbes
regni og in basan
filiis machir filii manasse
dimidiae partis filiorum
machir iuxta cognationes suy
hanc possessionem diuisit
moses in campestrib; moab
trans iordanen contra hieri
cho ad orientalem plagam
Tribui autem leui non dedit
possessionem
quoniam d̄ns d̄s israhel
ipse est possessio eius
ut locutus est illi
hoc est quod possederunt
filii israhel in terra chanaan
quam dederunt eis elezar
sacerdos et iosue filius nun
et principes familiarum
per tribus israhel
sorte omnia diuidentes
sicut praeceperat d̄ns
in manu mosi
nouem tribubus et dimidi
ae tribui
duabus enim tribubus
et dimidiae dederat moses
trans iordanen possessione
absq̄ leuitis qui nihil terrae
acceperunt inter fra
tres suos
sed in eorum successerant loc
filii ioseph in duas diuisi
tribus manasse et efraim
nec acceperunt leuitae
aliam in terra partem
nisi urbes ad habitandum
et suburbana earum
ad alenda iumenta
et pecora sua
sicut praecepit d̄ns mosi

Ita fecerunt filii israhel
et diuiserunt terram
Accesserunt itaque filii iuda
ad iosue in galgal
Locutusque est ad eum caleb
filius iephonne cenezeus
Nosti quod locutus est dns
ad mosen hominem di
de me et te in cades barne
Quadraginta annorum eram
quando me misit moses
famulus dni de cades barne
ut considerarem terram
Nuntiauique ei quod mihi
uerum uidebatur
Fratres autem mei qui ascen
derant mecum dissolue
runt cor populi
et nihilominus ego secutus
sum dnm dm meum
Iurauitque moses in die
illo dicens
Terra quam calcauit pes
tuus erit possessio tua
et filiorum tuorum
in aeternum
quia secutus es dnm dm meu
Concessit ergo dns uitam
mihi sicut pollicitus est
usque in praesentem diem
Quadraginta et quinque
anni sunt ex quo locutus
est dns uerbum istud
ad mosen
quando ambulabat isrl
per solitudinem
hodie LXXXV annorum sum
sic ualens ut eo ualebam
tempore quando ad explo
randum missus sum
Illius in me temporis forti
tudo usque hodie per
seuerat
tam ad bellandum quam ad
gradiendum

Da ergo mihi montem istum
quem pollicitus est dns
te quoque audiente
in quo enim sunt et urbes
magnae atque munitae
Si forte sit dns mecum
et potuero delere eos
sicut promisit mihi
Benedixitque ei iosue et tradi
dit hebron in possessione
atque ex eo fuit hebron
chaleb filio iephonne cenezeo
usque in praesentem diem
quia secutus est dnm dm isrl
Nomen hebron antea uocaba
tur cariatharbe
Adam maximus ibi inter
enacim situs est
et terra cessauit a proeliis
Igitur sors filiorum iudae
per cognationes suas ista fuit
a termino edom desertum
sin contra meridiem
et usque ad extremam
partem australis plagae
initium eius a summitate
maris salsissimi et a lingua
eius quae respicit meridie
egrediturque contra ascen
sum scorpionis et per
transit in sina
ascenditque in cades barne
et peruenit in esrom
ascendens ad arx et circu
iens carica
atque inde pertransiens
in asemona et peruenient
ad torrentem aegypti
eruntque termini eius
mare magnum
Hic erit finis meridianae plagae
Ab oriente uero erit initium
maresalsis signum usque
ad extrema iordanis
et ea quae respiciunt aquilone

a lingua maris usque ad eundem
iordanen fluuium
ascenditque terminus
in bethagla
et transit ab aquilone
in betharaba
ascendens ad lapidem boem
filii ruben
et tendens usque ad termi
nos debera
de ualle achor contra aquilo
nem respiciens galgala
quae est ex aduerso ascensi
onis adommim ab australi
parte torrentis
transitque aquas quae uocan
tur fons solis
et erunt exitus eius ad fon
tem rogel
ascenditque per conuallem
filii ennom ex latere iebu
saei ad meridiem
haec est hierusalem
et inde se erigens ad uerticem
montis qui est contra
gebennon ad occidentem
in summitate uallis raphaim
contra aquilonem
pertransitque a uertice
montis usque ad fontem
aquae nepthoa
et peruenit usque ad uicos
montis ephron
inclinaturque in bala quae
est cariathiarim id est
urbs siluarum
et circuit de bala contra
occidentem usque ad
montem seir
transitque iuxta latus
montis iarim ad aquilonem
in cheslon
et descendit in bethsames
transitque in thamna
et peruenit contra aquilonem

partis accaron ex latere
inclinaturque sechrona
et transit montem baala
peruenitque in iebneel
et maris magni contra occi
dentem fine concluditur
hi sunt termini filiorum
iuda per circuitum in cogna
tionibus suis
Chaleb uero filius iephonne
dedit partem in medio
filiorum iuda
sicut praeceperat ei dns
cariatharbe patris enac
ipsa est hebron
deleuit q ex ea chaleb
tres filios enach
sesai et ahiman et tholmai
de stirpe enach
atq inde conscendens uenit
ad habitatores dabir
quae prius uocabatur cariath
sepher id est ciuitas
litterarum
dixitque chaleb
qui percusserit cariath sepher
et ceperit eam
dabo illi axam filiam meam
uxorem
cepitque eam othoniel
filius cenez frater
chaleb iunior
deditque ei axam filiam
suam uxorem
quae cum pergerent simul
suasit uiro ut peteret
a patre suo agrum
suspirauit q ut sedebat
in asino
cui chaleb quid habes inquit
at illa respondit
da mihi benedictionem
terram australem et aren
tem dedisti mihi
iunge et inriguam

Liber

dcomittag. ei chalebinricuam
superius et inferius
haec est possessio trib. filiorū
iuda per cognationes suas
erant q. ciuitates ab extremis
partib. filiorum iuda iuxta
terminos edom a meridie
cabsebel. et eder et iagur
et cina et dimona adada
et cedes et asor et anzip
et thelem
ualoth et asor noua et cari
oth hesrom hac est
asoramman
same et molada et aser
cadda et asemon
bethpel. et aserual. et ber
sabee et baziotb iualam
et hum
sem et celthola.d exil.
et harom
sicelec et medemena
et sensanna
labaoth et selim et henremon
omnes ciuitates xx et noue
et uillae earum
In campes trib. uero est hal.
et sara et asena et zanoe
et encannim taffua et enai
et hierimoth adulam et soc
coth et azeca et saraim
adithaim et cedera et eit
derothaim
urbes quattuor decim
et uillae earum
sanan et adesa et magdalgad
delean et mespa et iecthel
lachis et basecath et eclon
thelbon et lebemas et
chethlis et cideroth
beth dacon et neema
et macheda
ciuitates. xvi. et uillae earum
labana et eter et asan
ieptha et esna et nesib

ceila et achzib et mare sab
ciuitates nouem et uillae earum
accharon cum uicis et uillalis
suis. ab accaron usq. ad mare
omnia quae uer gunt ad azo
tum et uiculos eius
azotus cum uicis et uillalis suis
gaza cum uicis et uillalis suis
usq. ad torrentem aecipti
mare magnum terminus eius
et in monte samir et iether
et soccoth et edanna
chariath senna haec est dabir
anab et istamo et anim
cosen et olon et ilo
ciuitates xi et uillae earum
arab et roma et essan laxon
et bethpua et afeca
amatha et chariath arbe haec
est ebron et sior
ciuitates nouem et uillae earum
maon et chermel et sip cholbea
iezrehel et iacadam et zanoe
acchaim gaba et thamna
ciuitates decem et uillae earum
alul. et bethsur et cedor
mareth et bethanon
et thel thecim
ciuitates sex et uillae earum
cariath baal. haec est chariat
hiarim urbs siluarum et
arebba ciuitates duae
et uillae earum
In deserto bethraba et med
din et sachacha
anepsan et ciuitas salis. et en gaddi
ciuitates sex et uillae earum
iebusaeum habitatorem hierlm
non potuerunt filii iuda delere
habitauit que iebusaeus cum filiis
iuda in hierusalem usq.
in praesentem diem

cecidit quoq. sors filiorum
ioseph ab iordane contra hie
richo et aquas eius ab oriente

solitudo quae descendit de hiericho admontana bethel et
egreditur debethel luzam
transitq. terminum archi ataroth
et descendit ad occidentem
iuxta terminum iefleth
usq. ad terminos bethoron
inferioris et gazer
finiunturq. regiones eius
inmari magno
possederuntq. filii ioseph
manasse et ephraim
et factus est terminus filiorum ephraim percognationes
suas et possessio eorum
contra orientem ataroth
addar usq. bethoron superiore
egrediunturq. confinia inmare
machim e. taxh. uero aquilonem respicit
et circuit terminus contra
orientem inbanxth selo
et pertransit ab oriente ianoe
descenditq. de ianoe inatha-
roth et noaratha
et peruenit inhiericho
et egreditur ad iordanen
de taffua
pertransitq. contra mare in
ualle arundineti
suntq. egressus eius
inmare salsissimum
haec est possessio trib. ephrai
per familias suas
urbesq. separatae sunt filiis
ephraim inmedio possessi-
onis filiorum manasse
et uillae earum
et non interfecerunt filii ephraim chananaeum qui habitabat ingazer
habitabitq. chananaeus inmedio ephraim usq. indiem
hanc tributarius
cecidit autem sors tribu manasse

ipse est enim primogenitus
ioseph machir primogeni-
tus manasse patri galaad
qui fuit uir pugnator
habuitq. possessionem galaad
et basan et reliquis filiorum
manasse iuxta familias suas
filiis abiezer et filiis eleeh
et filiis esrihel
et filiis sechem et filiis sepher et filiis semida
isti filii manasse filio ioseph
mares percognationes suas
salphat uero filio epher
filii galaad filii machir
filii manasse
non erant filii sed solae filiae
quarum ista sunt nomina
maala et noa egla et melcha
et thersa
ueneruntq. inconspectu eleazari sacerdotis et iosue
filii nun et principum dicentes
dns praecepit per manum
mosi ut daretur nobis possessio inmedio fratrum
nostrorum
deditq. eis iuxta imperium
dni possessionem inmedio
fratrum patris earum
et ceciderunt funiculi
manasse decem
absq. terra galaad et basan
trans iordanen
filii enim manasse posse-
derunt hereditatem in
medio filiorum eius
terra autem galaad cecidit
insortem filiorum manasse
qui reliqui erant
fuitq. terminus manasse
abeser mach maxhath
qui respicit sichem
et egreditur addextram iuxta
habitatores fontis taffuae

etenim insorte manasse cici
derat terra taffuae
quae est iuxta terminos
manasse filiorum ephraim
descenditq; terminus
uallis arundineti
in meridiem torrentis ciuita
tum ephraim quae in medio
sunt urbium manasse
terminus manasse abaqui
lone torrentis
et exitus eius pergit ad mare
ita ut austro sit posses
sio ephraim
et ab aquilone manasse et
utramq; claudat mare
et coniungantur sibi in tribu
aser abaquilone
et intribu issachar aboriene
fuitq; hereditas manasse
in issachar et in aser
bethsan et uiculis eius et
ieblaam cum uillulis suis
et habitatores dor
cum oppidis suis
habitatores quoq; bendor
cum uillulis suis
similiterq; habitatores thanach
cum uillulis suis
et habitatores mageddo
cum uillulis suis
et tertia pars urbis nopheth
nec potuerunt filii manasse
has subuertere ciuitates
sed coepit chananaeus habi
tare in terra ista
postquam autem conualu
erant filii isrl
subiecerunt chananaeos
et fecerunt sibi tributa
rios nec interfecerunt eos
locutiq; sunt filii ioseph
adiosue atq; dixerunt
quare dedisti mihi posses
sionem sortis

et funicali unius
cum sim tantae multitudinis
et benedixerit mihi dns
adquos iosue ait
si populus multus es
ascende in siluam
et succide tibi spatia in terra
ferezei et rafaim
quia angusta est tibi possessio
montis ephraim
cui responderunt filii ioseph
non poterimus ad montana
conscendere
cum ferreis curribus utantur
chananei qui habitant in cam
pestribus
inquibus sitae sunt bethsan
cum uiculis suis
et iezrabel mediam
possidens uallem
dixitq; iosue ad domum ioseph
ephraim et manasse
populus multus es et magnae
fortitudinis non habebis sor
tem unam sed transibis ad mon
et succides tibi atq; purgabis
ad habitandum spatia
et poteris ultra procedere
cum subuerteris chananaeum
quem dicis ferreos habere cur
rus et esse fortissimum
XVIII. Congregatiq; sunt omnes
filii israhel insilo ibiq; fixe
runt tabernaculum testimon
et fuit eis terra subiecta
remanserant autem filiorum
isrl septem trib
quae necdum acceperant
possessiones suas
adquos iosue ait usquequo
marcetis ignauia
et non intratis ad possidendum
terram quam dns ds patrum
uestrorum dedit uobis
eligite desingulis tribub; ternos
uiros

ut mittam eos et perg̃ant
atq̃ circum eant terram
et describant eam iuxta nume
rum uniuscuiusq̃ mult̃itudinis
referantq̃ ad me quod descrip
serint diuidite uobis ter
ram inseptem partes
iudas sit interminis suis
abaustrali plaga
et domus ioseph abaquilone
medium interhos terram in
septem partes describite
et huc uenietis ad me
ut coram dno do uestro mitta
uobis sortem quia non est
inter uos sors leuitarum
sed sacerdotium dns est
eorum hereditas
Gad autem et ruben et dimidia
trib̃ manasse iam acce pe
rant possessiones suas trans
iordanen ad orientalem plag̃
quas dedit eis moses famul̃ dn̄i
cumq̃ surrexissent uiri ut per
gerent ad describendam terrã
precepit eis iosue dicens
circuite terram et describite
eam ac reuertimini ad me
ut hic coram dno do insilo
mittam uobis sortem
itaq̃ perrexerunt et lustran
tes eam inseptem partes diui
serunt scribentes inuolumine
reuersiq̃ sunt adiosue in castra
silo qui misit sortes coram
dn̄o insilo
diuisitq̃ terram filiis isr̃l.
inseptem partes
et ascendit sors prima filiorū
beniamin per familias suas
et possederunt terram inter
filios iuda et filios ioseph
fuitq̃ terminus eorum contra
aquilonem abiordanem
pergens iuxta latus hiericho

septentrionalis plagae
et inde contra occidentem
ad montana conscendens
et perueniens insolitudinem
bethaben atq̃ pertransiens
iuxta luzam ad meridiem
ipsa est bethel
descenditq̃ inataroth addar
inmontem qui est ad meridie
bethoron inferioris
et inclinatur circumens contra
mare et ameridie montis
qui respicit bethoron
contra africum
suntq̃ exitus eius incariath
baal quae uocatur cariathiarim
urbem filiorum iuda
haec est plaga contra mare
et occidentem
Ameridie autem exparte cari
athiarim egreditur terminus
contra mare
et peruenit usq̃ ad fontem
aquarum nepthoa
descenditq̃ inpartem montis
qui respicit uallem filio
rum ennom
et est contra septentriona
lem plagam inextrema par
te uallis rafaim
descenditq̃ gebennon id est
uallis ennom iuxta latus
iebusei ad austrum
et peruenit ad fontem rogel
transiens adaquilonem et egre
diens adensemes id est fon
tem solis
et pertransit usq̃ ad tumu
los qui sunt ecregione
ascensus adommin
descenditq̃ adabenboen id est
lapidem boen fil● ruben
et pertransit ex● latere
aquilonis ad campestria
descenditq̃ in planitiem

et praeter creditar contra
aquilonem bethagla
suntq. exitus eius contra
linguam maris salsissimi
ab aquilone
In fine iordanis ad australem
placam quiest terminus
illius ab oriente
haec est possessio filiorum
beniamin per terminos suos
in circuitu et familias singulas
fueruntq. ciuitates eius hie
richo et bethagla et uallis casis
betharaba et samaraim et
bethel et auim et affara
et ofera
uilla emona et ofni et abee
ciuitates XII et uillae earum
Gabaon et rama et beroth
et mespeth
Cafera et ammosa et recem
iraphel et tharala et sala
et eleph et iebus quae est
hierusalem et gabath
et cariath
ciuitates XIIII et uillae earum
fiunt omnes ciuitates XXVI
haec est possessio filiorum
beniamin iuxta familias suas
Egressa est sors secunda
filiorum symeon per
cognationes suas
fuitq. hereditas eorum in
medio possessionis
filiorum iuda
Bersabee et sabee et molada
et asersua balam et asem
et bel tholath
Bethul arma et secelee
et bethmar chamoth
asersua et bethlabaoth
et sa roen
ciuita tes tredecim
et uillae earum
abin et remmon et athar

et asan
ciuitates quattuor et uillae
earum omnes uiculi per cir
cuitum urbium istarum
usq. ad balat beramet con
tra australem placam
haec est hereditas filiorum
symeon iuxta cognationes suas
In funiculo et possessione
filiorum iuda quia maior erat
et id circo possederunt
filii symeon in medio here
ditatis eorum
ccidit quoq. sors tertia
filiorum zabulon per cog
nationes suas
et factus est terminus pos
sessionis eorum usq. sarith
ascenditq. de mari et me
dala ac per uenit inde bla
seth usq. ad torrentem
quiest contra iecennam
et reuertitur de sarith con
tra orientem in fines
ceseloch et thabor
et egreditur ad dabereth
ascenditq. contra iepie
et inde pertransit ad orien
talem placam getheper
et tacasin
et egreditur in remmon
amphare et noa
et circuit ad aquilonem et
nathon suntq. egressus
eius ualles iepthabel
et chatbeth et nebala et
semron et iedala et betlem
ciuitates XII et uillae earum
haec est hereditas tribus
filiorum zabulon per cognatio
nes suas urbis et uiculi earum
Isachar egressa est sors quarta
per cognationes suas fuitq.
eius hereditas
saloth ieabel et chiana

Iosue

etsonem etaparaim
scon etanaarath etsabbith
etcesion abes etrameth
etenansi etenadda
etbetpheres
etperuenit terminus usq.
thabor etsecsima etbeth
sames eruntq. exitus
eius iordanes
ciuitates xvi etuillae earum
haec est possessio filiorum
issachar percognationes
suas urbes etuillae earum
Cecidit sors quinta trib. filioru
aser percognationes suas
fuitq. terminus eorum
alchath etolia etbeten elaxab
etmelech etamad emessal
etperuenit usq. ad carmelum
maris etsiorlabanath
ac reuertitur contra occi
dentem bethdagon
etpertransit usq. zabulon
etuallem ceptahel contra
aquilonem inbethemech
etneibel
egrediturq. ad cabul chabul
etachran etrobooth etamon
etcane usq. sidonem magnam
reuertiturq. innorma usq.
ad ciuitatem munitissima
tirum etusq. osa
eruntq. exitus eius inmare
defuniculo aeziba etamma
etafeca etroab
ciuitates xxii etuillae earum
haec est possessio filiorum
aser percognationes suas
urbes etuillae earum
Filiorum nepthalim sexta pars
cecidit per familias suas
et coepit terminus
deleb etbelon
isanim etadami

quae est neceb etienabel
usq. loccum
et egressus coram usq. ad ior
danem reuertiturq. termi
nus contra occidentem
inaznoth thabor
atq. inde ingreditur in acoc
etpertransit inzabulon
contra meridiem
etinaser contra occidentem
et iniudaea ad iordanem
contra ortum solis
ciuitates munitissimae
asseddim ser etamoath etrecath
cenereth etedem etaram
asor etcedes etedrai
nasor etieron etmagdalel
horem etbethanath etbethsemes
ciuitates decem etnouem
etuillae earum
Haec est possessio tribus filioru
nepthali percognationes suas
urbes etuillae earum
Tribui filiorum dan perfamilias
suas egressa est sors septima
etfuit terminus possessionis eor
saraa etesthaol etabirsemes
id est ciuitas solis
selebin etaialon etiethala
helon etthemna etacron
helthecen etgebthom etbalath
iud etnebarach etgethremmon
atq. heron etareccon cumter
mino qui respicit ioppen
et inipso fine concluditur
ascenderuntq. filii dan etpug
nauerunt contra lesem
coeperuntq. eam etpercusse
runt inore gladii
ac possederunt ethabitaue
runt ineam
uocantes nomen eius lesem dan
ex nomine dan patris sui
haec est possessio trib. filioru

dan percognationes suas
urbes et uiculi earum
cumq. conplesset terram sorte
diuidere singulis per
tribus suas
dederunt filii isrl. possessi
onem iosue filio nun in
medio sui
iuxta praeceptum dni urbem
quam postulauit
Thamnath saree in monte ephraim
et aedificauit ciuitatem
habitauitq. in ea
hae sunt possessiones quas
sorte diuiserunt
Eleazar sacerdos iosue
filius nun
et principes familiarum ac
tribuum filiorum isrl.
in silo coram dno ad ostium
tabernaculi testimonii
partitiq. sunt terram
Et locutus est dns ad iosue
dicens loquere filiis isrl.
et dicis eis
Separate urbes fugitiuorum
de quib. locutus sum ad
uos per manum mosi
ut confugiat ad eas quicumq.
animam percusserit nescius
ut possit euadere iram proxi
mi qui ultor est sanguinis
cum ad unam harum confugerit
ciuitatem
stabitq. ante portam ciuitatis
et loquetur senioribus urbis
illius ea quae se conprobent
innocentem
sicq. suscipient eum et dabunt
ei locum ad habitandum
cumq. ultor sanguinis eum
fuerit persecutus non
tradent in manu eius
quia ignorans percussit proximum
eius

nec ante biduum triduum ue
eius probatur inimicus
habitauit in ciuitate illa donec
stet ante iudicium causam
reddens facti sui
et moriatur sacerdos magnus
qui fuerit in illo tempore
tunc reuertetur homicida
et ingreditur ciuitatem
et domum suam de qua fugerat
decreueruntq. cedes in galilaea
montis nepthali
et sychem in monte ephraim
et cariatharbe ipsa est hebron
in monte iuda
et trans iordanem contra orien
tale plagam hiericho
statuerunt bosor qua est sita
in campestri solitudine
de tribu ruben
et ramoth in galaad de tribu
gad et taulon in basan
de tribu manasse
hae ciuitates constitutae
sunt cunctis filiis isrl.
et aduenis qui habitant inter eos
ut fugeret ad eas qui animam
nescius percussisset
et non moreretur in manu pro
ximi effusum sanguinem
uindicare cupientis
donec staret ante populum
expositurus causam suam
Accesseruntq. principes fili
orum leui ad eleazarum sacer
dotem et iosue filium nun
et ad duces cognationum per
singulas trib. filiorum isrl.
locutiq. sunt ad eos in silo
terra chanaan atq. dixerunt
dns praecepit per manum mosi
ut darentur nobis urbes
ad habitandum
et suburbana earum ad alenda
iumenta

dederuntq; filiis israhel
de possessionib; suis
iuxta imperium dni
ciuitates et suburbana earum
egressaq; est sors in familiam
caath filiorum aaron sacerdotis
de tribub; iuda et symeon et
beniamin ciuitates tredecim
et reliquis filiorum caath idest
leuitis qui superfuerant
de tribub; ephraim et dan et
dimidia tribu manasse
ciuitates decem
porro filiis gerson egressa est
sors ut acci perent de tribub;
issachar et aser et nepthalim
dimidiaq; tribu manasse in basan
ciuitates numero tredecim
et filiis merari per cognationes suas
de tribub; ruben et gad et zabu
lon urbes duodecim
dederuntq; filii isrl leuitis ciui
tates et suburbana earum
sicut praecepit dns per manum
mosi singulis sorte tribuentes
de tribub; filiorum iuda et symeon
dedit iosue ciuitates quarum
ista sunt nomina
filiis aaron per familias caath
leuitici generis
prima cessit sors illis egressa est
cariatharbe patris enach quae
uocatur hebron in monte iuda
et suburbana eius per circuitum
agros uero et uillas eius dede
rat chaleb filio iepphone
ad possidendum
dedit ergo filiis aaron sacerdotis
hebron confugii ciuitatem
ac suburbana eius
et lebna cum suburbanis suis
et iether et esthimon et helon
dabir et ain et iethan
et bethsemes

cum suburbanis suis ciuita
tes nouem
de tribub; ut dictum est duab;
de tribu autem filiorum beniamin
gabaon et gabee et anatoth
et almon
cum suburbanis suis ciuitates iiii
omnes simul ciuitates filiorum
aaron sacerdotis tredecim
cum suburbanis suis
reliquis uero per familias fili
orum caath leuitici generis
haec est data possessio
de tribu ephraim urbs confugii
sichem cum suburbanis suis
in monte ephraim
et gazer et cebsam et bethoron
cum suburbanis suis ciui
tates quattuor
de tribu quoq; dan
eltheccee et gebbethon et
achilon et getremmon
cum suburbanis suis
ciuitates quattuor
porro de dimidia tribu manasse
thanach et getremmon cum
suburbanis suis ciuitates duas
omnes ciuitates decem et
suburbana earum datae sun
filiis caath inferioris gradus
filiis quoq; gerson leuitici
generis
dedit dimidia tribu manasse
confugii ciuitatem gaulon
in basan et bosram cum subur
banis suis ciuitates duę
porro de tribu issachar cesion
daberreth et iaramoth et en
gannim cum suburbanis suis
ciuitates quattuor
de tribu autem aser masal
et abdon et ab chrondon
et alachoth et roob
cum suburbanis suis ciuitates quat
tuor

de tribu quoq. nepthali ciuitate
confugii cedes in galilea
et ammoth dor et charthan
cum suburbanis suis ciui
tates tres
omnes urbes familiarum ger
son tredecim cum subur
banis suis
filiis autem merari leuitis in
ferioris gradus perfami
lias suas data est de tribu zabulon
Iechenam et charatha
et domna et alol.
ciuitates quattuor cum subur
banis suis
et de tribu gad ciuitates con
fugii ramoth in galaad
et manaim et esebon et iazer
ciuitates quattuor cum subur
banis suis Omnes urbes filio
rum merari perfamilias suas
et cognationes suas duodeci
Itaq. uniuersae ciuitates leui
tarum in medio possessio
nis filiorum israhel.
fuerunt xlviii cum subur
banis suis sicut lex perfami
lias distribuit
deditq. dns israheli omnem
terram quam traditurum
se patrib. eorum iurauerat
et possederunt illam atq. habi
tauerunt in ea
dataq. est ab eo pax in omnes
per circuitum nationes
nullusq. eis hostium
resistere ausus est
sed cuncti in eorum dicionem
redacti sunt
ne unum quidem uerbum
quod illis prestaturum
se esse promiserat
inritum fuit
sed reb. expletis sunt omnia

Eodem tempore uocauit iosue
rubenitas et gaditas et dimi
diam tribum manasse dixitq.
ad eos
fecistis omnia quae uobis
praecepit moses famulus
dni mihi quoq. in omnib. oboedisti
nec reliquistis fratres ues
tros longo tempore usq.
in praesentem diem
custodientes imperium
dni di uestri
qui igitur dedit dns ds uester
fratrib. uestris quietem
ac pacem sicut pollicitus est
reuertimini et ite in taberna
cula uestra
et in terram possessionis qua
tradidit uobis moses famu
lus dni trans iordanem
Ita dumtaxat ut custodiatis
actenatis et opere conplean
mandatum et legem quam
praecepit uobis moses
seruus dni
et diligatis dnm dm uestrum
et ambuletis in omnib. uiis eius
et obseruetis mandata illius
adhaereatisq. ei ac seruiatis
in omni corde et in omni anima
uestra Benedixitq. eis
iosue ac dimisit eos
qui reuersi sunt in tabernacula sua
tribui autem manasse mediae
possessionem moses
dederat in basan
et idcirco mediae quae super
fuit dedit iosue sortem in
ter ceteros fratres suos
trans iordanem ad occidenta
lem eius plagam
cumq. dimitteret eos in taber
nacula sua et benedixisset
illis dixit ad eos

in multa substantia atq· diui
tiis reuertimini ad sedes
uestras
cum argento et auro aere
ac ferro et uestem multiplici
diuidite praedas hostium
cum fratrib· uestris
reuersiq· sunt et abierunt
filii ruben et filii gad et
dimidiae trib· manasse
a filiis israhel
de silo quae sita est in chanaan
ut intrarent galaad terram
possessionis suae
quam obtinuerunt iuxta impe
rium dni in manu mosi
cumq· uenissent ad tumulos
iordanis in terra chanaan
aedificauerunt iuxta iordanē
altare infinitae magnitudinis
quod cum audissent filii isrl
et ad eos certi nuntii
detulissent
aedificasse filios ruben et gad
et dimidiae trib· manasse altare
in terra chanaan super iordanis
tumulos contra filios isrl
conuenerunt omnes in silo
ut ascenderent et dimica
rent contra eos
et interim miserunt ad illos
in terram galaad finees filium
eleazar sacerdotem
et decem principes cum eo
singulos de tribubus singulis
qui uenerunt ad filios ruben
et gad et dimidiae trib· manas
se in terram galaad
dixeruntque ad eos
haec mandat omnis populus dni
quae est ista trans gressio
cur reliquistis dnm dm isrl
aedificantes altare sacril·egum
et a cultu illius recedentes

an parum uobis est quod pec
castis in bel·phecor
et usq· in praesentem diem
macula huius sceleris
in nobis permanet
multiq· de populo corruerunt
et uos hodie dereliquistis dnm
et cras in uniuersum isrl.
eius ira desaeuiet
quod si putatis inmundam esse
terram possessionis uestrae
transite in terram in qua taberna
culum dni est
et habitate inter nos
tantum ut a dno et a nostro con
sortio non recedatis
aedificato altari praeter altare
dni dei uestri
nonne achan filius zare praeteriit
mandatum dni
et super uniuersam populum isrl
ira eius incubuit
et ille erat unus homo
atq· utinam solus perisset
in scelere suo
responderuntq· filii ruben et gad
et dimidia trib· manasse
principib· legationis isrl
fortissimus ds dnm fortissimus
ds dns ipse nouit
et isrl simul intelleget
si praeuaricationis animo hoc
altare construximus
non custodiat nos sed puniat
in praesenti
et si ea mente fecimus ut holo
causta et sacrificium et paci
ficas uictimas super eo impo
neremus
ipse quaerat et iudicet
et non ea magis cogitatione atq·
tractatu ut diceremus
cras dicent filii uestri filiis nostris
quid uobis et dno do isrl

Terminum posuit dns inter
nos et uos o filii ruben et
filii gad iordanen fluuium
et id circo partem non habetis
in dno. et per hanc occasi
onem auertent filii uestri
filios nostros a timore dni
putauimus itaq; melius et dixim;
extruamus nobis altare
non in holocaus ta neq; ad uicti
mas offerendas
sed in testi monium in ter nos
et uos
et subolem nostram uestra
q; progeniem
ut seruiamus dno do nostro
et iuris nostri sit offerre
holocaus ta et uictimas
et pacificas hostias
et nequaquam dicant cras
filii uestri filiis nostris
non est uobis pars in dno
quod si uoluerint dicere respon
debunt eis ecce altare dni
quod fecerunt patres nostri
non in holocaustum neq; in sacri
ficium sed in testimonium
uestrum ac nostrum
absit a nobis hoc scelus
ut recedamus a dno et eius uesti
gia derelinquamus
extructo altari ad holocausta
et sacrificia et uictimas offe
rendas praeter altare dni dni
quod extructum est ante taberna
culum eius. quib; auditis pinees
sacerdos et principes legati
onis isrl qui erant cum eo placu
et uerba filiorum ruben et gad
et dimidiae tribus manasse
liben tissime susceperunt
dixitq; finees filius eleazari sacer
dos ad eos nunc scimus quod nobis
cum sit ds q. ml. ien. t. es. iis apmam
exhone hac

et liberastis filios isrl de manu dni
reuersusq; est cum principib; a filiis
ruben et gad de terra cal aad finia
chanaan ad filios isrl et re tul it eis
placuitq; sermo cunctis audientib;
et laudauerunt dnm filii isrl.
et nequaquam ul tra dixerunt ut as
cenderent ad eos atq; pugnarent
et delerent terram possessionis eoru
uocaueruntq; filii ruben et gad
altare quod extruxerant
testimonium nostrum quod dns
ipse sit ds
Euoluto autem multo tempore
postquam pacem dns dederat isrl
subiectis in gyrationib; uniuersis
et iosue iam longeuo et persenili
s aetatis
uocauit iosue omnem israhel
maiores q. natu et principes ac
duces et magistros dixitq; ad eos
ego senui et progressioris ac tissim
uosq; cernitis omnia quae fece
rit dns ds uester cunctis per
circuitum nationib;
quomodo pro uobis ipse pugnauerit
et nunc quia uobis sorte diui
sit omnem terram
ab orientali parte iordanis usq;
ad mare magnum multaeq;
ad huc super sunt nationes
dns ds uester disperdet eas et
auferet a facie uestra
et possidebitis terram sicut
uobis pollicitus est. tantum
confortamini et estote solliciti
ut custodiatis cuncta quae scrip
ta sunt in uolumine legis mosi
et non declinetis ab eis nec ad
dextram nec ad sinistram
ne postquam intraueritis ad gen
tes quae inter uos futurae sunt
iuretis in nomine deorum earu
et seruiatis eis et adoretis illos

se adhereatis dno do uestro
quod fecistis usq. addiem hanc
et tunc auferet dns inconspectu
uestro gentes magnas et robu-
tissimas et nullus uobis resistere poterit. Unus enim uobis persequetur hostium mille uiros
quia dns ds uester pro uobis ipse
pugnauit sicut pollicitus est
hoc tantum diligentissime precauete
ut diligatis dnm dm uestrum
quod si uolueritis gentium harum
quae inter uos habitant erroribus
adherere. et cum eis miscere coniu-
bia atq. amicitias copulare
iam nunc scitote quod dns ds uester
non eas delea tanteq. faciem uestram
sed sint uobis in foueam et lagueam
et offendiculum ex latere uestro
et sudes in oculis uestris
donec uos auferat atq. disperdat
de terra hac optima quam tradidit uobis. En ego hodie in-
gredior uniuersae terrae —
et toto animo cognoscitis
quod de omnib. uerbis quae dns
prestaturum nobis esse pollicitus est. Unum non prae-
terierit incassum
Sicut ergo impleuit opere quae
promisit et prospera cuncta
uenerunt. Sic adducet super
uos quicquid malorum conmi-
natus est. donec uos auferat
atq. disperdat
de terra hac optima quam tradidit uobis
eoquod praeterieritis pactum
dni dei uestri quod pepigit uobis
et seruieritis diis alienis et adora-
ueritis eos. et ocius uelocitér
consurget in uos furor dni
et auferemini de terra hac optima
quam tradidit uobis. Congrega-
uitq. iosue omnes trib. isrl

in sychem. et uocauit maiores natu
ac principes et iudices et magistros
steteruntq. inconspectu dni
et ad populum sic locatus est
haec dicit dns ds isrl. Trans fluuium
habitauerunt patres uestri ab initio
thare pater abraham et nachor
seruieruntq. diis alienis
tuli ergo patrem uestrum abraham
de mesopotamiae finibus
et adduxi eum in terram chanaan
multiplicauiq. semen eius dediq. ei
illi. q. rursum dedi iacob et esau
e quib. es au dedi monte seir ad possidendum. Iacob uero et filii eius
descenderunt in aecyptum
misiq. mosen et aaron et percussit
aecyptum multis signis
atq. portentis
eduxiq. uos et patres uestros
de aecypto et uenistis ad mare
persecutiq. sunt aecyptii patres
uestros cum curribus et equitatu
usq. ad mare rubrum
clamauerunt ad dnm filii isrl.
qui posuit tenebras inter uos et aecyptios. et adduxit super illos
mare et operuit eos. uiderunt oculi uestri quae in aecypto fecerim
et habitastis in solitudine multo tempore
et introduxi uos ad terram amorrei
qui habitabat trans iordanem
cumq. pugnarent contra uos tradidi eos in manus uestras
et possedistis terram eorum
atq. interfecistis illos
surrexit autem balac filius sepphor rex moab. et pugnauit contra
isrl eum. misitq. et uocauit bala-
filium beor ut malediceret uobis
et ego nolui audire eum. sed econtrario per illum benedixi uobis
et liberaui uos de manu eius
transistisq. iordanem et uenistis ad
hiericho

LIBER

pugnaverunt contra vos Amorreus & Ua-
niseus. Amorreus & Pherezeus
et Chananeus. Hertheus et Cer-
gesseus et Eueus et Iebuseus
et tradidi illos in manus vestras
misiq, ante eos crabrones et eieci
eos de locis suis duos reges Amorreorum non in gladio et in arcu tuo
dediq, uobis terram in qua non labo-
rastis et urbes quas non aedifi-
castis ut habitaretis in eis
uineas et oliueta quae non plantastis
nunc ergo timete dňm et seruite ei
perfecto corde atq, uerissimo
et auferte deos quib, seruierunt
patres uestri in mesopotamia
et in aegypto. ac seruite dňo
sin autem malū uobis uidetur
ut dňo seruiatis optio uobis
datur elegite hodie quod placet
cui potissimum seruire debeatis
utrum diis quib, seruierunt patres
uestri in mesopotamia an diis amorreorum in quorum terra habitatis
ego autem et domus mea seruiemus dňo
responditq, populus et ait
absit a nobis ut relinquamus dňm
et seruiamus diis alienis
dňs dňs noster ipse eduxit nos et patres nostros de terra aegypti
de domo seruitutis
fecitq, uidentib, nobis signa ingentia
et custodiuit nos in omni uia per
quam ambulauimus et in cunctis
populis per quos transiuimus
et eiecit uniuersas gentes
amorreorum habitatores terrae
quam nos intrauimus
seruiemus igitur dňo quia ipse est
dňs dňs noster dixitq, iosue ad populum non poteritis seruire dňo
dš enim scs et fortis aemulator est
nec ignoscet sceleribus uestris
atq, peccatis. si dimiseritis dňm

et seruieritis diis alienis
conuertet se et adfliget uos atq,
subuertet. postquam uobis prae-
stiterit bona. dixitq, populus ad iosue
nequaquam ut loqueris erit sed dňo
seruiemus. et iosue ad populū
testes inquit uos estis quia ipsi
elegeritis uobis dňm ut seruiatis eo
responderunt q, testes. nunc ergo ait
auferte deos alienos de medio uestri
et inclinate corda uestra ad dňm dm
isrł. dixitq, populus ad iosue
dňo dňo nostro seruiemus oboedientes praeceptis eius
percussit ic itur iosue in die illo foedus
et proposuit populo praecepta
atq, iudicia in sychem. scripsitq,
omnia uerba haec in uolumine legis
et tulit lapidem pergrandem posuitq, eum subter quercum qui
erat in sanctuario dňi. et dixit ad omnē
populum. en lapis iste erit uobis
in testimonium. quod audierit
omnia uerba dňi quae locutus est
uobis. ne forte postea negare
uelitis et mentiri dňo dňo uestro
dimisitq, populum singulos in possessionem suam. et post haec
mortuus est iosue filius nun
seruus dňi cx annorum
sepelieruntq, eum in terram possessionis suae in thamnath sarae
quae sita est in monte ephraim
a septentrionali parte montis gaas
seruiuitq, isrł dňo cunctis diebus iosue
et seniorum qui longo uixerunt tempore post iosue. et qui nouerant
omnia opera dňi quae fecerat in isrł.
ossa quoq, ioseph quae tulerant fłi isrł
de aegypto. sepelierunt in sychem in parte
agri quae emerat iacob a filiis emor patris
sychem. c nouellis ouib, et facta in possessione filiorum ioseph. eleazar quoq, filius aaron
mortuus est et sepelierunt eum in gabaath phinees
filius eius quae data est ei in monte ephraim.

CAPITULA IUDICUM

I Ubi post mortem iosue consulue
runt filii israhel dominum quis esset
dux belli et dominus iudas. Adonibezech
rex israhel comprehenditur ciuitas
capitur. Deinde cariathbarbe et cele
rae ciuitates. De chaleb et axa
filia eius. De agro postulato.
De gaza. De filiis enach extinctis.
De bethel. De luza et homine
proditore eius quarum cum habita
tores non deleuissent postea re
uersi obpresserunt israhelem.
Et angelus domini uenit et in properat
eis flentibus.

II Ubi taquam mox mortuum iosue
commemorat. Et senioribus simo
ratis mortuis nouella aetas laeua
subcreuit. Quidam domino non coluit
et bahalim seruiendo dominum ad iracun
diam prouocauit. Et tradidit eos
in manibus hostium. De quinque
satrapis phylistinorum relictis.
De filiis chananeorum et filiis
eorum sociatis. De chusanrasalaim
regem mesopotamiae et de othoni
hel. iudices israhel.

III Ubi peccauerunt filii israhel. Et tradi
dit eos dominus eglon regi moab.
et clamauerunt ad dominum et suscitauit
eis aoth filium gera. Qui occidit
eglon crassum et mouabitas x milia.
De samgari filio anath qui occidit
sescentos uiros de uomere.
Ubi iterum peccauerunt et traditi
sunt iabin regi. De debbora et barach
qui exercitu ducto occiderunt iabin.
De iahel. uxore haber qui de pala
occidit sisara. Et cantico debbore
et barach.

IIII Ubi peccantes iterum traditi sunt
in manum madian et humiliati sunt ad
dominum et misit ad eos prophetam
in properans. Ubi angelus domini uenit
ad gedeon frumenta terentem
et salutauit eum et mala que sibi acci
derant enumerauit et audiit quod per
ipsum liberaturus esset dominus israhelem.
De sacrificio oblatio et cetera.
Ubi dixit dominus ad eum nocte ut destruerat
aram baal. et luco exciso. De uiro sep
tinario patris sui ut altero operat
sacrificium. De conuentu madian.
Ubi gedeon uelle reposito in area quaesit
signum. Item ut siccitas in uellere ros
in omni terra. Ubi dominus dicit multus est
populus tecum ad aquas probantur.
Et cccc uiri probi inueniuntur.
Ubi dominus dicit descende in castra et audi
somnium referentem. Et de prouentu
belli. De salmana et zebe. De oreb et zeb
de uiris socchith. De turre fanahel.
et c. xx milia occisorum. De inauribus
aureis a gedeon de praeda postulatis.
Et de morte quieta eiusdem gedeon.

V Ubi iterum peccauerunt filii israhel.
Ubi abimelech naturalis gedeon conspi
rat cum sychimitis. Et conductus uagi
occidit lxx uiros gedeon et ionathan
minor absconditus est. Ubi uenit
ioatha et dicit super eos parabolam.
Abigal filius oberth cum fratribus suis
transit insidia. Et zebul princeps
ciuitatis mittit ad abimelech occulte.
Ubi committunt proelium de turbe
sychimitis. Ubi fumo et igne mille
homines perierunt. De oppido thebes
et turre in medio eius firmissima.
Ad quam accedens abimelech iecit
mulier fragmentum molae super
caput eius et occidit eum.

VI Post abimelech surrexit thola. Post
eum iair. Iterum peccauerunt filii israhel
domino et traditi sunt phylisteis et ad fili
sunt nimis et clamauerunt ad dominum
dicentes peccauimus tibi. Et loquutus
est eis dominus et in properauit illis.
Iterum clamauerunt ad dominum et miser
tus est eis de iepthe galadite

constituto principe super israhel.
Ubi legatos mittit ad philisthim.
De uoto temerario. De uictoria belli.
et morte filiae. De seditione ephraim.
Post iepthe surrexit abessa deinde
abialon. et abdo. Rursum de peccato isrl.

VII De angelo et ubi angelus apparuit.
De natiuitate samson. Ubi adul.tas acce
pit muliere. De filiab. philisthim.
Deleone occiso parabolam proposuit
quam uxor publicat quadimissa pater
alteri tradidit. Iratus uulpes capit
et conligatas igne sur posito in segete
mittit. Ueniunt philisthim et eum
capiunt. Et de maxilla asini mille uiros
occidit. Et inde aquam sitienti processit.
De muliere in gaza adamata. De dalila
et qualiter eum deceperit. Ubi eiectis
oculis in carcerem mittunt. producitq
ut luderet. Templum super eos una
secum deiecit. Ubi pariter mortui sunt.

VIII De michas et mille c argenteis. De sculp
tili et conflatili. De altero adule
scente bethleemitae peregrinante
qui pactus est sacerdos in domo micha.
De filiis dan. euntib. laches auferen
tib. sacerdotem et idola. De ionathan
filio gersan. filii mosi sacerdotis idolu

VIIII De leuite accipiente uxorem de berlee
em quae reuersa est in domum patris
sui quam uir eius secutus grate suscepit
De laetitia eorum. De tinere. De gabaa
beniamin et hominib. eius iniquis
uirum appetentib. ac mulierem.
De abusa muliere ac fatigata coitu
et mortua. De cadauere eius in posito
iumento in duodecim partes emisso
per omnes trib. Omnis popul. is con
gregatur ad tribum beniamin dirigi
tur tribubus sceleris patratores
tradantur despiciunt. Coniurantes
tribus undecim in uno conspirant.
Interrogant dnm et aduersus eos
indicent bellum. Semel et iterum

superantur tertio uictores existunt.
paenitentia ducti flentes dolent
unam perisse tribum extinctis uniuer
sis uiris ac feminis remanentibus
uiris sol.is sescentis. Consilium
ineunt qual.iter tribus quae cecidit
reparetur. Et de urbis galaad
quadringentae uirgines adducuntur.
quae quadringentae directae sunt
singulae ducentis qui supercrant.
consilium dederunt ut de choros
silo singuli singulas raperent.

☩ LIB · NOUM ☩

Post morte Iosue consu
luerunt filii israhel dnm
dicentes
quis ascendet ante nos contra
chananaeum et erit dux belli
Dixitque dns iudas ascendet
ecce tradidi terram in manus eius
Et ait iudas symeoni fratri suo
ascende mecum in sorte mea
et pugna contra chananaeum
ut et ego pergam tecum in sorte tua
Et abiit cum eo symeon
Ascenditque iudas et tradidit dns
chananaeum ac perezeum
in manus eorum
Et percusserunt in bezec
decem milia uirorum
Inueneruntque adonibezec in bezec
et pugnauerunt contra eum
et percusserunt chananaeum
et perezeum
Fugit autem adonibezec
quem secuti conprehenderunt
caesis summitatibus manuum
eius ac pedum
Dixitque adonibezec
Septuaginta reges amputatis
manuum ac pedum summitatibus
colligebant sub mensa mea
ciborum reliquias
sicut feci ita reddidit mihi ds
Adduxeruntque eum in hierusalem
et ibi mortuus est
Obpugnantes ergo filii iuda
hierusalem ceperunt eam
et percusserunt in ore gladii
tradentes cunctam incendio ciuitatem
Et postea descendentes pugna
uerunt contra chananaeum
qui habitabat in montanis et ad
meridiem et in campestribus
perrexitque iudas contra chana
naeum qui habitabat in hebron
cuius nomen fuit antiquitus

cariatharbe
percussit sisai et ahiman et tholmai
atque inde profectus abiit
ad habitatores dabir
cuius nomen uetus erat cariath sepher
id est ciuitas litterarum
Dixitque chaleb
qui percusserit cariath sepher
et uastauerit eam
dabo ei axam filiam meam uxorem
Cumque cepisset eam othonihel
filius cenez frater chaleb minor
dedit ei filiam suam coniugem
quam pergentem in itinere
monuit uir suus
ut peteret a patre suo agrum
quae cum suspirasset sedens asino
dixit ei chaleb quid habes
at illa respondit
da mihi benedictionem
quia terram arentem dedisti mihi
da et inriguam aquis
dedit ergo ei chaleb inriguum
superius et inriguum inferius
Filii autem cinei cognati mosi
ascenderunt de ciuitate
palmarum cum filiis iuda
in desertum sortis eius
quod est ad meridiem arad
et habitauerunt cum eo
Abiit autem iudas cum symeone
fratre suo
et percusserunt simul chananaeum
qui habitabat in sephath
et interfecerunt eum
uocatumque est nomen urbis horma
id est anathema
Cepitque iudas gazam cum finibus suis
et ascalonem atque accaron
cum terminis suis
Fuitque dns cum iuda
et montana possedit
nec potuit delere habitatores uallis
qui falcatis curribus abundabant

☩ LIBER ☩

dederuntq; chaleb hebron
sicut dixerat moses
quidelebit exeatres filios enach
Jebusaeum autem habitatorem
hierusalem nondeleuerunt
filii beniamin
habitauitq; iebusaeus cumfiliis
beniamin inhierusalem
usque inpraesentem diem
Domus quoq; ioseph ascendit
inbethel
fuitq; dns cum eis
Nam cum obsiderent urbem
quae prius luza uocabatur
uiderunt hominem egredientem
deciuitate
dixeruntq; ad eum
ostende nobis introitum ciuitatis
et faciemus tecum misericordiam
quicum ostendisset eis
percusserunt urbem inoreglaďii
hominem autem illum etomne
cognationem eius dimiserunt
quidimissus abiit interrametthi
et aedificauit ibi ciuitatem
uocauitq; eam luzam
quae ita appellatur
usque inpraesentem diem
Manasses quoq; nondeleuit
bethsan etthanach
cum uiculis suis
et habitatores dor et ieblaam
et maceddo cum uiculis suis
cepitq; chananeus habitare cumeis
postquam autem confortatus
est israhel
fecit eos tributarios etdelere
noluit
Efraim etiam noninterfecit
chananeum
quihabitabat ingazer
sed habitauit cum eo
Zabulon nondeleuit habitatores
cetron et naalon

sed habitauit chananaeus inmedio eius
factusq; est ei tributarius
Aser quoq; nondeleuit habita
tores accho et sidonis
alab et achazib et alba
et afec et roob
habitauitq; inmedio chananaei
habitatoris illius terrae
nec interfecit eum
Nephtalim nondeleuit habita
tores bethsemes et bethaneth
et habitauit interchananaeum
habitatorem terrae
fueruntq; ei bethsemitae
et bethanitae tributarii
artauitq; amorraeus
filios dan inmonte
nec dedit eis locum utadpla
niora descenderent
habitauitq; inmonte hares
quod interpretatur testacio
in ahilon et salabin
et adgrauata est manus
domus ioseph
factusq; est ei tributarius
fuit autem terminus amorraei
abascensu scorpionis petra
et superiora loca
Ascenditq; angelus dni decal cal
adlocum flentium et ait
eduxi uos deaegypto
et introduxi interram
proqua iuraui patribus uestris
sicut pollicitus sum
utnonfacerem inritum pactum
meum uobiscum insempiternum
ita dumtaxat utnonferiretis
foedus cumhabitatoribus
terrae huius
et aras eorum subuerteretis
et noluistis audire uocem meam
cur hoc fecistis
quam obrem nolui deleregeos
afacie uestra

Iudicum

ut habeatis hostes
et dii eorum sint uobis in ruinam
Cumq; loqueretur angelus dni
uerba haec ad omnes filios isrl·
Eleuauerunt uocem suam
et fleuerunt
Uocatumq; est nomen loci illius
flentium siue lacrimarum
immolaueruntque ibi hostias dno
Dimisit ergo iosue populum
et abierunt filii israhel unusquisq;
in possessionem suam
ut optinerent eam
Serueruntq; dno cunctis dieb; eius
et seniorum qui longo post eum
uixerant tempore
et nouerant omnia opera dni
quae fecerat cum israhel·
/11 Mortuusq; est iosue filius nun
famulus dni
centum et x annorum
et sepelierunt eum infinibus
possessionis suae
in thamnathsarae in monte ephraï
a septentrionali plaga
montis caas
Omnisq; illa generatio congre
gata est ad patres suos
Et surrexerunt alii qui non no
uerant dnm et opera
quae fecit cum israhel·
Feceruntq; filii isrl· malum
in conspectu dni
et serueruntbaal·im
ac dimiserunt dnm dm
patrum suorum
qui eduxit eos de terra aegypti
et secuti sunt deos alienos
deosq; populi qui habitabat
in circuitu eorum
et adorauerunt eos
et ad iracundiam concitauerunt dnm
dimittentes eum et seruientes
baal· et astaroth

Iratusq; dns contra israhel·
tradidit eos in manus diripientium
qui coeperunt eos et uendiderunt
hostib; qui habitabant per gyrum
Nec potuerunt resistere
aduersariis suis
Sed quocumq; pergere uoluis
sent manus dni super eos erat
sicut locutus est et iurauit eis
et uehementer adflicti sunt
Suscitauitq; dns iudices qui libe
rarent eos deuastantium
manibus
Sed nec illos audire uoluerunt
fornicantes cum diis alienis
et adorantes eos
Cito deseruerunt uiam per quam
ingressi fuerant patres eorum
nec audientes mandata dni omnia
fecere contraria
Cumq; dns iudices suscitasset
in dieb; eorum flectebatur
misericordia
Et audiebat adflictionem gemitus
et liberabat eos de cede
uastantium
Postquam autem mortuus
esset iudex
reuertebantur et multo
maiora faciebant
quam fecerant patres sui
sequentes deos alienos et seruien
tes illis et adorantes illos
Non dimiserunt adinuentiones suas
et uiam durissimam per quam
ambulare consuerant
Iratusq; est furor dni
in israhel· et ait
quia inritum fecit gens ista
pactum meum quod pepigera
cum patrib; eorum
et uocem meam audire
contempsit
et ego non delebo gentes quas

☩ LIBER ☩

dimisit iosue et mortuus est
ut in ipsis experiar israhel.
utrum custodiant uiam dni
et ambulent in ea
sicut custodierunt patres
eorum annon
dimisit ergo omnes has nationes
et cito subuertere noluit
nec tradidit in manu iosue
hae sunt gentes quas
dereliquit dns
ut erudiret in eis israhel. eum
et omnes qui non nouerunt
bella chananaeorum
ut postea discerent filii eorum
certari cum hostibus
et haberent consuetudinem
proeliandi
quinq; satrapas phylistinorum
omnemq; chananeum et sidonium
adq; eueum qui habitabant
in monte libano
de monte baal hermon
usq; ad introitum emath
dimisitq; eos ut in ipsis
experiretur israhel.
utrum custodiret mandata dni
quae praeceperat patribus
eorum per manum mosi
annon
itaq; filii israhel habitauerunt
in medio chananei et ferezei
et euei et iebusaei
et duxerunt uxores
filias eorum
ipsiq; filias suas eorum filiis
tradiderunt
et seruerunt dis eorum
feceruntq; malum in conspectu
dni et obliti sunt di sui
seruientes baalim
et astaroth
iratusq; dns contra israhel.
tradidit eos in manus chusan

rasathaim regis mesopotamiae
seruieruntq; ei octo annis
et clamauerunt ad dnm quis suscitauit eis saluatorem
et liberauit eos
othonihel. uidelicet filium cenez
fratrem caleb minorem
fuitq; in eo sps dni et iudicauit isrl.
egressusq; est ad pugnam
et tradidit dns in manu eius
chusan rasathaim regem
syriae et obpressit eum
quieuitq; terra quadragintannis.
et mortuus est othonihel
filius cenez
Addiderunt autem filii israhel.
facere malum in conspectu dni
qui confortauit aduersum eos
eglon regem moab
qui fecerunt malum
in conspectu eius
et copulauit ei filios ammon
et amalech
abiitq; et percussit israhel.
adq; possedit urbem
palmarum
seruieruntq; filii israhel.
eglon regi moab decem
et octo annis
postea clamauerunt ad dnm
qui suscitauit saluatorem
uocabulo ahoth filium gera.
filium iemini
qui utraq; manu utebatur
pro dextra
miseruntq; filii israhel.
per illum munera
eglon regi moab
qui fecit sibi gladium ancipitem
habentem in medio capulum
longitudinis palmae manus
et accinctus est eo subter
sagum in dextero latere
obtulitq; munera eglon

※ IUDICUM ※

REGI MOAB
ERAT AUTEM EGLON CRASSUS NIMIS
CUMQ; OBTULISSET EI MUNERA
PROSECUTUS EST SOCIOS
QUI CON UENERANT
ET REUERSUS DE GALGALIS UBI ERANT
IDOLA DIXIT AD REGEM
UERBUM SECRETUM HABEO
AD TE O REX
ET ILLE IMPERAUIT SILENTIUM
EGRESSISQ; OMNIB; QUI CIRCA
EUM ERANT
INGRESSUS EST ACHOT AD EUM
SEDEBAT AUTEM IN AESTIBO
CAENACULO SOLUS
DIXITQ; UERBUM DI HABEO AD TE
QUI STATIM SURREXIT DE THRONO
EXTENDITQ; ACHOT MANUM
SINISTRAM
ET TULIT SICAM DE DEXTRO
FEMORE SUO
INFIXITQ; EAM IN UENTRE EIUS
TAM UALIDE UT CAPULUS FERRUM
SEQUERETUR IN UULNERE
AC PINGUISSIMO ADIPE
STRINGERETUR
NEC EDUXIT GLADIUM
SED ITA UT PERCUSSERAT RELINQUIT
IN CORPORE
STATIMQ; PER SECRETA NATURAE
ALUI STERCORA PRORUPERUNT
ACHOTH AUTEM CLAUSIS DILIGEN
TISSIME OSTIIS CAENACULI
ET OBFIRMATIS SERRA PER POSTI
CAM EGRESSUS EST
SERUIQ; REGIS INGRESSI UIDERUN
CLAUSAS FORES CAENACULI
ADQ; DIXERUNT
FORSITAN PURGAT ALUUM
IN AESTIBO CUBICULI
EXPECTANTESQUE DIU DONEC
ERUBESCERENT
ET UIDENTES QUOD NULLUS
APERIRET

TULERUNT CLAUEM
ET APERIENTES INUENERUNT
DOMINUM SUUM IACENTEM
IN TERRA MORTUUM
ACHOTH AUTEM DUM ILLI
TURBARENTUR EFFUGIT
ET PERTRANSIIT LOCUM IDOLORUM
UNDE REUERSUS FUERAT
UENITQUE IN SETRATH
ET STATIM INSONUIT BUCINA
IN MONTE EPHRAIM
DESCENDERUNTQ; CUM EO FILII ISRL
IPSO IN FRONTE GRADIENTE
QUI DIXIT AD EOS
SEQUIMINI ME TRADIDIT ENIM
DNS INIMICOS NOSTROS MOABITAS
IN MANUS NOSTRAS
DESCENDERUNTQ; POST EUM
ET OCCUPAUERUNT UADA IORDANIS
QUAE TRANSMITTUNT IN MOAB
ET NON DIMISERUNT TRANSIRE
QUEMQUAM
SED PERCUSSERUNT MOABITAS
IN TEMPORE ILLO X MILIA
OMNES ROBUSTOS ET FORTES UIROS
NULLUS EORUM EUADERE POTUIT
HUMILIATUSQ; EST MOAB IN ILLO
SUB MANU ISRAHEL
ET QUIEUIT TERRA LXXX ANNIS
POST HUNC FUIT SAMGAR
FILIUS ANATH
QUI PERCUSSIT DE PHILISTIM
SESCENTOS UIROS DE UOMERE
ET IPSE QUOQ; DEFENDIT ISRAHEL
ADDIDERUNTQ; FILII ISRAHEL
FACERE MALUM IN CONSPECTU DNI
POST MORTEM ACHOTH
ET TRADIDIT ILLOS DNS IN MANU IABIN
REGIS CHANAAN QUI REGNAUIT
IN ASOR
HABUITQ; DUCEM EXERCITUS SUI
NOMINE SISARAM
IPSE AUTEM HABITABAT
IN AROSETH GENTIUM

※ LIBER ※

clamuerunt filii isrl̄ ad dn̄m
nungentos enim habebat
falcatos currus
et per uiginti annos uehementer
obpresserat eos
Erat autem debbora prophetis
uxor lapidoth
quae iudicabat populum
illo tempore
et sedebat sub palma quae illius
nomine uocabatur
interram et bethel
in monte ephraim
ascendebantq́ue ad eam filii isrl̄
in omne iudicium
quae misit et uocauit barach
filium abinoem de cedes
nepthalim
dixitq́ue ad eum praecepit
dn̄s d̄s israhel
uade et duc exercitum
in montem thabor
tollesq́ue tecum x milia
pugnatorum
de filiis nepthalim
et filiis zabulon
ego autem educam ad te in loco
torrentis cison
sisaram principem
exercitus iabin
et currus eius adq́ue omnem
multitudinem
et tradam eos in manu tua
dixitq́ue ad eam barach
si uenis mecum uadam
si uenire nolueris non pergam
quae dixit ad eum
ibo quidem tecum sed in hac uice
tibi uictoria non reputabitur
quia in manu mulieris
tradetur sisara
surrexit itaq́ue debbora et per
rexit cum barach in cedes
qui accinctis zabulon et nepthalim

ascendit cum decem milibus
pugnatorum
habens secum debboram
cum comitatu suo
aber autem cinaeus recesserat
quondam a ceteris cinaeis
fratrib; suis
filiis obab cognati mosi
et tetenderat tabernacula
usq́ue ad uallem quae
uocatur sennim
et erat iuxta cades
nuntiatumq́ue est sisarae
quod ascendisset barach
filius abinoem in montem thabor
et congregauit nungentos
falcatos currus omnemq́ue
exercitum
de aroseth gentium
ad torrentem cison
dixitq́ue ad barach debbora
surge haec est enim dies
in qua tradidit dn̄s sisaram
in manus tuas
en ipse ductor est tuus ·
k descendit itaq́ue barach
de monte thabor
et decem milia pugnatorum cum eo
perterruitq́ue dn̄s sisaram
et omnes currus eius
uniuersamq́ue multitudinem
in ore gladii
in conspectu barach
in tantum ut sisara de curru
exiliens pedib; fugeret
et barach persequeretur
fugientes currus et exercitū
usq́ue ad aroseth gentium
et omnis hostium multitudo
usq́ue ad internicionem caderet
sisara autem fugiens peruenit
ad tentorium iahel uxoris
aber cinaei
erat enim pax inter iabin regem

☩ IUDICUM ☩

assor et domum aber cinei
egressa igitur iahel inoccursum
sisarae dixit ad eum
intra ad me domine mi
intra ne timeas
qui ingressus est tabernaculum eius
et opertus ab ea pallio
dixit ad eam
da mihi obsecro paululum aquae
quia ualde sitio
qui aperuit utrem lactis
et dedit ei bibere et operuit illu̲
dixitq; sisara ad eam sta ante
ostium tabernaculi
et cum uenerit aliquis interro
gans te et dicens
Numquid hic est aliquis
respondes nullus
Tulit itaq; iahel uxor aber
clauum tabernaculi
adsumens pariter malleum
et ingressa abscondite
et cum silentio
et posuit supra tempus
capitis eius clauum
percussumq; malleo
defixit in cerebrum eius
usq; ad terram
qui soporem morti consocians
defecit et mortuus est
et ecce barach sequens sisaram
ueniebat
egressaq; iahel in occursum
eius dixit ei
ueni et ostendam tibi uirum
quem quaeris
qui cum intrasset ad eam uidit
sisaram iacentem mortuum
et clauum infixum
in tempore eius
Humiliauit ergo ds in die illo
iabin regem chanaan
coram filiis isrl.
qui crescebant cotidie et forti

manu obprimebant iabin
regem chanaan
donec delerent eum
Cecineruntq; debbora et barach
filius abinoem in die illo dicentes
qui sponte obtulistis animas
uestras ad periculum
benedicite dno
Audite reges percipite auribus
principes
ego sum ego sum quae dno canam
psallam dno do israhel.
dne cum exires de seir et transires
per regiones edom
terra mota est caeli ac nubes
stillauerunt aquis
montes fluxerunt a facie dni
et sinai a facie dni di israhel.
in dieb; sangar filii anach
in dieb; iahel quieuerunt semitae
et qui ingrediebantur per eas
ambulauerunt per calles
deuios
Cessauerunt fortes in israhel
et quieuerunt donec
surgeret debbora surgeret
mater in israhel.
Noua bella elegit dns et portas
hostium ipse subuertit
clypeus et hasta si apparuerint
in quadraginta milib; israhel.
cor meum diligit principes isrl.
qui propria uoluntate obtulistis
uos discrimini
Benedicite dno qui ascenditis
super nitentes asinos
et sedetis in iudicio et ambulati̲
in uia loquimini
ubi conclisi sunt currus
et hostium est suffocatus
exercitus
Ibi narrentur iustitiae dni
et clementia in fortes isrl.
Tunc descendit populus dni

LIBER

ad portas et obtinuit principium
Surge surge Debbora surge surge
et loquere canticum
Surge Barach et adpraehende
captiuos tuos filii Abinoem
Saluatae sunt reliquiae populi
dns in fortib; dimicauit
Ex Ephraim deleuit eos
in Amalech et post eum
ex Beniamin
In populos tuos o Amalech
de Machir principes
descenderunt
Et de Zabulon qui exercitum
ducerent ad bellandum
Duces Issachar fuere cum
Debbora et Barach
uestigia sunt secuti
Qui quasi in praeceps ac baratrū
se discrimini dedit
Diuiso contra se Ruben
et magnanimorum repperta
contentio est
Quare habitas inter duos
terminos ut audias sibilos
gregum
Cad trans Iordanen quiescebat
et Dan uacabat nauibus
Aser habitabat in litore maris
et in portib; morabatur
Zabulon uero et Nepthalim
obtulerunt animas suas
morti in regionem Romae
Uenerunt et pugnauerunt
reges
Chanaan in Thanach iuxta aquas
Mageddo et tamen nihil
tulere praedantes
De caelo dimicatum est
contra eos
Stillae micantes in ordine
et cursu suo
Aduersum Sisaram pugnauern̄
torrḗs Cison traxit cadauera

eorum torrens Cadumim
torrens Cison
Conculca anima mea robustos
Ungulae equorum ceciderunt
fugientib; impetum et per
praeceps ruentib; fortissimis
hostium
Maledicite terrae Meroz
dixit angelus dni
Maledicite habitatorib; eius
quia non uenerunt ad auxilium
dni in adiutorium fortissi
morum eius
Benedicta inter mulieres
Iabel uxor Aber Cinaei
benedicatur in tabernaculo suo
Aquam petenti lac dedit
et fyala principum obtulit
botyrum
Sinistram manum
misit ę clauum
et dexteram ad fabrorum
malleos
Percussitq; Sisaram quaerens
in capite uulneris locum
et tempus ualidae
perforans
Inter pedes eius ruit defecit
et mortuus est
Ante pedes illius uoluebatur
et iacebat exanimis
et miserabilis
Per fenestram prospiciens
ululabat mater eius
et de caenaculo loquebatur
Quur moratur regredi currus
eius quare tardauerunt
pedes quadrigarum eius
Una sapientior ceteris uxorib;
eius haec socrui uerba
respondit
Forsitan nunc diuidit spolia
et pulcherrima fortissi
maque feminarum

IUDICUM

eligetur ei
uestes diuersorum colorum
  sisarae traduntur inpraeda
et suppellex uaria adornanda
  colla congeritur
sic pereant omnes
  inimici tui dñe
qui autem diligunt te sicut sol
  in ortu suo splendet
  ita rutilent
quieuitq́ terra perannos
  quadraginta
Fecerunt autem fil ii israhel. VI
  malum inconspectu dñi
qui tradidit eos inmanu madian
  septem annis
et oppressi sunt ualde abeis
feceruntq́ sibi antra et spelun
  cas inmontibus
et munitissima adrepugnan
  dum loca
cumq́ seruisset israhel
  ascendebat madian et ceteri
  orientalium nationum
et ad puteos figentes tentoria
sicut erant inherbis
  cuncta uastabant
usq́ adintroitum gazae
nihilq́ omnino aduitam pertinens
  relinquebant in israhel
non oues non boues non asinos
ipsi enim et uniuersi greges
  eorum ueniebant cum
  tabernaculis
et instar lucustarum
  uniuersa conplebant
innumera multitudo hominum
et camelorum quicquid
  tetigerant deuastantes
humiliatusq́ est ualde isrł
  in conspectu madian
et clamauit ad dñm postulans
  auxilium contra madianitas
qui misit adeos prophetam

et locutus est
haec dicit dñs ds israhel
ego uos feci conscendere
  de aegypto
et eduxi dedomo seruitutis
et liberaui demanu aegyptiorum
et omnium inimicorum
  qui adfligebant uos
ieciq́ eos adintroitum uestrum
et tradidi uobis terram
  eorum et dixi
ego dñs ds uester
ne timeatis deos amorraeorum
  inquorum terra habitatis
et noluistis audire uocem meam
uenit autem angelus dñi
et sedit superquaercum
  quae erat inephra
et pertinebat adioas patrem
  familiae ezri
cumq́ gedeon filius eius excuteret
  adq́ purgaret frumenta
  intorculari
ut fugeret madian apparuit
  ei et ait
dñs tecum uirorum fortissime
dixitq́ ei gedeon
obsecro dñe si dñs nobiscum est
cur ad praebenderunt nos
  haec omnia
ubi sunt mirabilia eius quae nar
  rauerunt patres adq́
  dixerunt
de aegypto eduxit nos dñs
nunc autem dereliquit nos
et tradidit inmanu madian
respexit dñs adeum et ait
uade inhac fortitudine tua
et liberabis israhelem
  demanu madian
scito quod miserim te
qui respondens ait
obsecro dñe mi inquo
  liberabo israhelem

℣ LIBER ℣

ecce familia mea infirma est
  in manasse
et ego minimus indomo
  patris mei
dixitq; ei dns
ego ero tecum et percuties
  madian quasi unum uirum
et ille si inueni inquit
  gratiam coram te
da mihi signum quod tu sis
  qui loquaris ad me
ne recedas hinc donec
  reuertar ad te
portans sacrificium
  et offerens tibi
qui respondit ego praestolabor
  aduentum tuum
ingressus itaque gedeon
  coxit hedum et defarinae
  modio azymos panes
carnesq; ponens in canistro
  et ius carnium ponens inolla
tulit omnia subquercum
  et obtulit ei
cui dixit angelus dni
tolle carnes et panes azymos
  et pone super petram illam
  et ius desuper funde
cumq; fecisset ita
extendit angelus dni summitatem
  uirgae quam tenebat in manu
et tetigit carnes et azymos
  panes
ascenditq; ignis depetra
  et carnes azymosq; panes
  consumsit
angelus autem dni euanuit
  ex oculis eius
uidensq; gedeon quod esset
  angelus dni ait
heu mi dne ds quia uidi angelum
  dni faciem ad faciem
dixitq; ei dns pax tibi ne timeas
  non morieris

aedificauit ergo ibi gedeon
  altare dno
uocauitq; illud dns pax
  usq; inpraesentem diem
cum autem adhuc esset inephra
  quae est familiae esdri
nocte illa dixit dns ad eum
tolle taurum patris tui et alterum
  taurum annorum septem
destruesq; aram baal quae est
  patris tui
et nemus quod circa aram
  est succide
et aedificabis altare dno do tuo
  in summitatem petrae huius
  super quam sacrificium
  ante posuisti
tollensq; taurum secundum
  et offeres holocaustum
  super lignorum struem
  quae dequercu succideris
adsumtis igitur gedeon decem
  uiris deseruis patris sui
fecit sicut praeceperat dns
timens autem domum
  patris sui
et homines illius ciuitatis
  perdiem id facere noluit
  sed omnia nocte conpleuit
cumq; surrexissent uiri
  oppidi eius mane
uiderunt distructam aram
  baal lucumq; succisum
et taurum alterum inpositum
  super altare quod tunc
  aedificatum erat
dixeruntq; adinuicem
  quis hoc fecit
cumq; perquirerent auctorem
  facti dictum est
gedeon filius ioas fecit
  haec omnia
et dixerunt ad ioas produc
  filium tuum ut moriatur

† iudicum †

quia destruxit aram baal.
et succidit nemus
quib· ille respondit
Numquid ultores estis bahal.
et pugnatis pro eo
qui aduersarius eius est moriatur
antequam lux crastina ueniat
si ds est uindicet se, de eo qui sus-
fodit aram eius
ex illo die uocatus est gedeon
hierobahal: eo quod dixisset
ioas ulciscatur se baal, de eo
qui suffodit altare eius
Igitur omnis madian et amalech
et orientales populi
congregati sunt simul.
et transeuntes iordanen
castrametati sunt in ualle
hiezrahel.
Sps autem dni induit gedeon
qui clangens bucina conuocauit
domum aiezer ut sequeretur
misitq· nuntios in uniuersum
manassen
qui et ipse secutus est eum
et alios nuntios in aser
et zabulon et nephthalim
qui occurrerunt ei
dixitq· gedeon ad dnm
si saluum facis per manum
meam israhel, sicut lucutus es
ponam bellus hoc lanae in ara.
Si ros in solo uellere fuerit
et in omni terra siccitas
sciam quod in manu mea
sicut locutus es liberabis isrl.
factum que est ita
et de nocte consurgens
expresso uellere conchum
rore conpleuit
dixit que rursus ad dnm
ne irascatur furor tuus
contra me
si adhuc semel templauero

signum quaerens in uellere
oro ut solum uellus siccum sit
et omnis terra rore madens
fecitq· dns nocte illa
ut postulauerat
et fuit siccitas in solo uellere
et ros in omni terra
Igitur hierobahal. qui est
et gedeon
de nocte consurgens et omnis
populus cum eo
uenit ad fontem qui
uocatur arad
Erant autem castra madian
in ualle
ad septentrionalem plagam
collis excelsi
dixitq· dns ad gedeon
multus tecum est populus
nec tradetur madian
in manu eius
nec glorietur contra me
isrl. et dicat
meis uirib· liberatus sum
Loquere ad populum et cunctis
audientib· praedica
qui formidolosus et timidus
est reuertatur
recesseruntq· de monte galaad
et reuersi sunt de populo
uiginti duo milia uirorum
et tantum decem milia
remanserunt
dixitq· dns ad gedeon adhuc
populus multus est
duces eos ad aquas et ibi probabo
et de quo dixero tibi ut tecum
uadat ipse pergat
quem ire prohibuero
reuertatur
Cumque descendisset populus
ad aquas
dixit dns ad gedeon
qui lingua lambuerint aquas

liber

sicut solent canes lambere.
separabis eos seorsum
qui autem curvatis genu s
biberint in altera parte erunt
fuit itaq; numerus eorum
qui manu ados proicientes
aquam lambierant
trecenti uiri
omnis autem multitudo
reliqua flexo poplite bibebat
et ait dns ad gedeon
In trecentis uiris qui lambierun
aquas liberabo uos
et tradam madian in manu tua
omnis autem reliqua multitudo
reuertatur in locum suum
Sumptis itaq; pro numero
cibariis et tubis
omnem reliquam multitudinem
abire praecepit ad taber
nacula sua
et ipse cum trecentis uiris
se certamini dedit
Castra autem madian erat
subter in ualle
Eadem nocte dixit dns ad gedeon
surge et descende in castra
quia tradidi eos in manu tua
Sin autem solus ire formidas
descendat tecum phara
puer tuus
et cum audieris quid loquantur
tunc confortabuntur
manus tuae
et securior ad hostium
castra descendes
Descendit ergo ipse et phara
puer eius in partem
castrorum
ubi erant armatorum
uigiliae
madian autem et amalech
et omnes orientalium
populi

fusi iacebant in ualle ut lucusta
rum multitudo
Cameli quoq; innumerabiles
erant
Sicut harena quae iacet
in litorib; maris
Cumq; uenisset gedeon
narrabat aliquis somnium
proximo suo
et in hunc modum quod
uiderat referebat
uidi somnium et uidebatur
mihi quasi subcinericius
panis ex hordeo
uoluietin madian castra
descendere
Cumq; uenisset ad tabernaculū
percussit illud adq; subuertit
et terrae funditus coequauit
respondit is cui loquebatur
non est aliud nisi gladius gedeonis
filii ioas uiri israhelitae
tradidit dns in manu eius madian
et omnia castra eius
Cumq; audisset gedeon somniū
et interpraetationem eius
adorauit
et reuersus ad castra
israhel, ait
Surgite tradidit enim dns
in manus nostras
castra madian
Diuisitq; trecentos uiros
in tres partes
et dedit tubas in manib; eorum
lacynasq; uacuas ac lampadas
in medio lacynarum
et dixit ad eos quod me facere
uideritis hoc facite
Ingrediar partem castrorum
et quod fecero sectamini
quando personauerit bucina
in manu mea
uos quoq; per circuitum

Iudicum

castrorum clangite et con-
clamate dno et cedeoni
ingressusq· est cedeon
et trecenti uiri qui erant
cum eo in partem castrorum
incipientibus uigiliis
noctis mediae
et custodibus suscitis
coeperunt bucinis clangere
et conplodere inter se lagunas
cumque per gyrum castrorum
in tribus personarent locis
et hydrias confregissent
tenuerunt sinistris
manibus lampadas
et dextris sonantes tubas
clamaueruntque gladius
dni et cedeonis
stantes singuli in loco suo
per circuitum castrorum
hostilium
omnia itaque castra
turbata sunt
et uociferantes ululantesq·
fugerunt
et nihilominus insistebant
trecenti uiri bucinis
personantes
inmisitq· dns gladium
in omnib· castris
et mutua se cede truncabant
fugientesq· usq· bethsecae et tere-
binthum abelmaula in tebbath
conclamantes autem uiri israel
de nepthali et asser et omni
manasse
persequebantur madian
misitq· cedeon nuntios
in omnem montem
ephraim dicens
descendite in occursum
madian et occupate aquas
usq· bethbera adque
iordanem
clamauitq· omnis ephraim
et praeoccupauit aquas adque
iordanem usq· bethbera
adpraehensosq· duos uiros oreb
et zeb interfecit
oreb in petra oreb zeb uero
in torculari zeb
et persecuti sunt madian
capita oreb et zeb portantes
ad cedeon trans fluenta iordanis
dixeruntq· ad eum uiri ephraim
quid est hoc quod facere uoluisti
ut nos non uocaris cum ad pugna
perceres contra madian
iurgantes fortiter et prope
uim inferentes
quib· ille respondit
quid enim tale facere potui
quale uos fecistis
nonne melior est racemus
ephraim uindemiis abiezer
in manus uestras tradidit
dns principes madian
oreb et zeb
quid tale facere potui
quale uos fecistis
quod cum locutus esset
requieuit sps eorum quo
tumebant contra eum
cumque uenisset cedeon
ad iordanem
transiit eum cum trecentis
uiris qui secum erant
et prae lassitudine fugientes
persequi non poterant
dixitq· ad uiros soccoth
date obsecro panes populo
qui mecum est quia ualde
defecerunt
ut possemus persequi zebee
et salmana reges madian
responderunt principes soccoth
forsitan palmae manuum
zebee

☧ LIBER ☧

et salmana inmanib; tuis sunt
et idcirco postulas ut demus
exercitui tuo panes
quib; ille ait
cum ergo tradiderit dns zebee
et salmana in manu mea
conteram carnes uestras
cum spinis tribulisque
deserti
et inde consurgens uenit
in phanubel
locutusq; est ad uiros loci
illius similia
cui illi responderunt sicut responderant uiri soccoth
dixitq; et eis
cum reuersus fuero uictor
in pace destruam
turrem hanc
zebee autem et salmana
requiescebant cum omni
exercitu suo
quindecim milia enim uiri
remanserant ex omnibus
turmis orientalium
populorum
cesis centum uiginti milibus
bellatorum et educentium
gladium
ascendensq; gedeon per uiam
eorum qui in tabernaculis
morabantur
ad orientalem partem nobee
et hiecbaa
percussit castra hostium
qui secur erant et nihil
aduersi suspicabantur
fugeruntque zebee et salmana
quos persequens gedeon
con praehendit
turbato omni exercitu eorum
reuertensq; de bello
ante solis ortum
adpraehendit puerum de uiris
soccoth
interrogauitq; eum nomina
principum et seniorum
soccoth
et descripsit septuaginta
septem uiros
uenitq; ad soccoth et dixit eis
en zebee et salmana super
quib; exprobrastis mihi
dicentes
forsitan manus zebee et salmana
in manib; tuis sunt
idcirco postulas ut demus
uiris qui lassi sunt
et defecerunt panes
tulit ergo seniores ciuitatis
et spinas deserti ac tribulos
et contriuit cum eis atque
comminuit uiros soccoth
turrem quoq; fanubel
subuertit occisis habitatoribus ciuitatis
dixitq; ad zebee et salmana
quales fuerunt uiri quos
occidistis in thabor
qui responderunt similes tui
et unus ex eis quasi filius regis
quib; ille ait
fratres mei fuerunt
filii matris meae
uiuit dns si seruassetis eos
non uos occiderem
dixitq; et ther primogenito suo
surge et interfice eos
qui non eduxit gladium
timebat enim quia adhuc
puer erat
dixeruntq; zebee et salmana
tu surge et inrue in nos
quia iuxta aetatem robur
est hominis
surrexit gedeon et interfecit
zebee et salmana
et tulit ornamenta ac bullas

iudicum

quib; colla regalium camelorum
decorari solent
dixeruntq; omnes uir israhel
ad gedeon
dominare nostri tu et filius tuus
et filius filii tui
quia liberasti nos de manu madian
quib; ille ait
non dominabor uestri nec domi
nabitur in uos filius meus
sed dominabitur dns
dixitq; ad eos unam petitionem
postulo a uobis
date mihi inaures ex praeda uestra
inaures enim aureas ismahelite
habere consuerant
qui responderunt libentis
sime dabimus
extendentesq; super
terram pallium
proiecerunt in eo inaures
de praeda
et fuit pondus postulatarum
inaurium mille septingen
torum auri sicli
absq; ornamentis et monilibus
et ueste purpurea
quib; madian reges uti
soliti erant
et praeter torques aureas
camelorum
fecitq; ex eo gedeon ephod
et posuit illud in ciuitate
sua ephra
fornicatusq; est in eo
omnis israhel
et factum est gedeoni et omni
domui eius in ruinam
humiliatus est autem madian
coram filiis israhel
nec potuerunt ultra
leuare ceruices
sed quieuit terra
quadraginta annos

quib; praefuit gedeon
abiit itaq; hierobahal filius ioas
et habitauit in domo sua
habuitq; septuaginta filios
qui egressi sunt de femore eius
eo quod plures haberet uxores
concubina autem illius
quam habebat in sychem
genuit ei filium nomine
abimelech
mortuusq; est gedeon filius
ioas in senectute bona
et sepultus in sepulchro ioas
patris sui in ephra
de familia ezri
Postquam autem mortuus
est gedeon
auersi sunt filii isrl et forni
cati sunt cum bahalim
percusseruntq; cum bahal
foedus ut esset eis in deum
nec recordati sunt dni dei sui
qui eruit eos de manibus
inimicorum suorum
per circuitum
nec fecerunt misericordiam
cum domo hierobahal
et gedeon
iuxta omnia bona quae
fecerat israheli
Abiit autem abimelech filius
hierobahal in sychem
ad fratres matris suae
et locutus est ad eos
et ad omnem cognationem
domus patris matris
suae dicens
loquimini ad omnes uiros
sychem
quid melius est uobis ut domi
nentur uestri septuaginta
uiri omnes filii hierobahal
an ut dominetur uestri
unus uir

simul q̄ considerate
quia os uestrum et caro
uestra sum
Locutiq; sunt fratres matris
eius de eo ad omnes uiros
sychem uniuersos
sermones istos
Et inclinauerunt cor eorum
post abimelech dicentes
frater noster est
Deduntq; illi septuaginta
pondo argenti de phano
baal brith
qui conduxit sibi ex eo uiros
inopes et uagos
Secutiq; sunt eum
Et uenit in domo patris
sui ephra
et occidit fratres suos filios
hierobaal septuaginta
uiros super lapidem unum
Remansitq; ioathan filius
hierobaal minimus
et absconditus est
Congregati sunt omnes
uiri in sychem
Et uniuersae familiae
urbis mello
Abieruntq; et constituerunt
regem abimelech iuxta
quercum quae stabat
in sychem
uniuersae familiae
urbis mello
quod cum nuntiatum esset
ioathan
ibit et stetit in uertice
montis garizim
eleuataq; uoce clamauit
et dixit
Audite me uiri sychem
ita ut audiat uos ds̄
Ierunt ligna ut ungueret
super se regem

Dixeruntq; oliuae impera nobis
quae respondit eis
Numquid possum deserere
pinguedinem meam qua et dii
utuntur et homines
et uenire ut inter ligna
promouear
Dixeruntq; ligna ad arborem
ficum
ueniet super nos regnum accipe
quae respondit eis
Numquid possum deserere
dulcedinem meam fructusq;
suauissimos
et ire ut inter cetera ligna
commouear
Locuta sunt quoq; ligna
et ad uitem ueniet
impera nobis
quae respondit
Numquid possum deserere
uinum meum quod letificat
dm̄ et hominem
et inter ligna cetera
commoueri
Dixerunt que omnia ligna
ad ramnum
ueni impera super nos
quae respondit eis
Siuere me regem constitu
istis uobis
uenite et requiescite
sub mea umbra
sin autem non uultis egrediatur
ignis de ramno et deuoret
cedros libani
Nunc igitur si recte et absque
peccato constituistis
super uos regem abimelech
et bene egistis cum hierobaal
et cum domo eius
et reddidistis uicem
beneficiis eius
qui pugnauit pro uobis

et animam suam dedit
periculis
ut erueret uos de manu madian
qui nunc surrexistis contra
domum patris mei
et inter fecistis filios eius
septuaginta uiros super
unum lapidem
et constituistis regem abime
lech filium ancillae eius
super habitatores sychem
eo quod frater uester sit
si ergo recte et absque uitio
egistis cum hierobaal
et domo eius
hodie laetamini in abimelech
et ille laetetur in uobis
sin autem peruerse
egrediatur ignis ex eo et con
sumat habitatores sychem
et oppidum mello
egrediaturq. ignis de uiris syche
et de oppido mello et deuoret
abimelech
quae cum dixisset fugit
et abiit in ephra
habitauitq. ibi metu
abimelech fratris sui
regnauit itaque abimelech
super isrl trib. annis
misitq. ds spm pessimum inter
abimelech et habitatores
sychem
qui coeperunt eum detestari
et scelus interfectionis
septuaginta filiorum
hierobaal et effusionis
sanguinis eorum
conferre in abimelech
fratrem suum
et in ceteros sychimarum
principes qui eum
adiuuerant
posueruntque insidias

aduersus eum in montium
summitatem
et dum illius praestolantur
aduentum
exercebant latrocinia agentes
praedas de praetereuntibus
nuntiatumq. est abimelech
uenit autem gaal filius obed
cum fratrib. suis et transiuit
in sycimam
ad cuius aduentum erecti
habitatores sychem egressi
sunt in agros
uastantes uineas uuasque
calcantes
et factis cantantium choris
ingressi sunt phanum dei sui
et inter epulas et pocula
maledicebant abimelech
clamantes gaal filio obed
qui est abimelech et quae est
sychem ut seruiamus ei
numquid non est filius hierobaal
et constituit principem zebul
seruum suum super uiros
emmor patris sychem
cur igitur seruiemus ei
utinam traderet aliquis
populum istum sub manu mea
ut auferrem de medio abimelech
dictum q. est abimelech
congrega exercitus
multitudinem et ueni
zebul enim princeps ciuitatis
auditis sermonibus gaal filii
obed iratus est ualde
et misit clam ad abimelech dicens
ecce gaal filius obed uenit
in sychimam cum fratrib. suis
et obpugnat aduersum te
ciuitatem
surge itaq. nocte cum populo
qui tecum est et latita
in agro

libri

et primo mane oriente sole
in rue super ciuitatem
illo autem egrediente aduersu
tecum populo suo fac ei
quod potueris
surrexit itaq; abimelech
cum omni exercitu suo nocte
et tetendit insidias iuxta sychima
in quattuor locis
egressusque est gaal
filius obed
et stetit in introitu portae
ciuitatis
surrexit autem abimelech
et omnis exercitus cum eo
de insidiarum loco
cumq; uidisset populum
gaal dixit ad zebul
ecce de montib; multitudo
descendit
cui ille respondit
umbras montium uides quasi
hominum capita hoc errore
deciperis
rursumq; gaal ait
ecce populus de umbilico
terrae descendit
et unus cuneus uenit per uiam
quae respicit quercum
cui dixit zebul
ubi est nunc os tuum quo loque
baris quis est abimelech
ut seruiamus ei
nonne iste est populus
quem despiciebas
egredere et pugna
contra eum
abiit ergo gaal spectante
sychimarum populo
et pugnauit contra abimelech
qui persecutus est eum
fugientem et in urbem
conpulit
cecideruntq; ex parte eius

plurimi usque ad portas
ciuitatis
et abimelech sedit in ruma
zebul autem gaal et socios
eius expulit de urbe nec
in ea passus est commorari
sequenti ergo die egressus est
populus in campum
quod cum nuntiatum esset
abimelech
tulit exercitum suum
et diuisit in tres turmas
tendens insidias in agris
uidensq; quod egrederetur
populus de ciuitate
surrexit et inruit in eos
cum cuneo suo
obpugnans et obsidens
ciuitatem
duae autem turmae palantes
per campum aduersarios
persequebantur
porro abimelech omni illo
die obpugnabat urbem
quam cepit interfectis
habitatorib; eius ipsamq;
destructa
ita ut sal in ea dispergeret
quod cum audissent qui habita
bant in turre sychimorum
ingressi sunt fanum
dei sui brith
ubi foedus cum eo pepigerant
et ex eo locus nomen acceperat
qui erat ualde munitus
abimelech quoque audiens
uiros turris sychimorum
pariter conglobatos
ascendit in montem selmon
cum omni populo suo
et arrepta securi praecidit
arboris ramum
inpositumq; ferens humero
dixit ad socios quod me uideritis

IUDICUM

facere cito facite
Igitur certatim ramos de arboribus praecidentes
sequebantur ducem
quos circumdantes praesidio
succenderunt
Adq; itapactum est ut a fumo
et igne mille homines
necarentur
uiri pariter ac mulieres
habitatores turris sychem
Abimelech autem inde proficiscens
uenit ad oppidum thebes
quod circumdans obsedebat
exercitu
Erat autem turris excelsa
in media ciuitate
ad quam confugerant uiri
simul ac mulieres
et omnes principes ciuitatis
clausa firmissime ianua
et super turris tectum
stantes per pugnacula pro
Accedensq; abimelech iuxta
turrem pugnabat fortiter
Et adpropinquans ostio ignem
subponere nitebatur
Et ecce una mulier fragmentum
molae desuper iaciens
inlisit capiti abimelech
Et confregit cerebrum eius
qui uocauit cito armigerum
suum et ait ad eum
Euagina gladium tuum
et percute me
Ne forte dicatur quod a femina
interfectus sim
qui iussa perficiens
interfecit eum
Illoq; mortuo omnes qui cum
eo erant de israhel reuersi
sunt in domos suas
Et reddidit dns malum quod
fecerat abimelech
contra patrem suum
Interfectis septuaginta fratribus
sychimitis quoque quod operati
erant retributum est
et uenit super eos maledictio
ioatham filii hierobaal. .x.

Post abimelech surrexit dux
in israhel thola filius phox
patrui abimelech uir
de issachar
qui habitauit in sanir
montis ephraim
et iudicauit israhel uiginti
tribus annis
Mortuusq; est ac sepultus
in sanir
Huic successit iair galadites
qui iudicauit israhel uiginti
et duos annos
Habens triginta filios sedentes
super triginta pullos
asinarum
et principes triginta ciuitatum
quae ex nomine eius appellatae
sunt auoth iair idest
oppida iair
Usq; in praesentem diem
in terra galaad
Mortuusque est iair ac sepultus
in loco cui est uocabulum
camon
Filii autem israhel peccatis
ueteribus iungentes noua
fecerunt malum
in conspectu dni
et seruierunt idolis bahalim
et astaroth
et diis syriae ac sidonis
et moab et filiorum ammon
et philisthim
Dimiseruntque dnm
et non colebant eum
Contra quos iratus tradidit eos
in manu philisthim

LIBER

et filiorum ammon
adflictique sunt et uehemen
ter obpressi per annos
decem et octo
omnes qui habitant trans
iordanem in terra amorrei
qui est in galaad
intantum ut filii ammon
iordane transmisso
uastarent iudam et beniamin
et ephraim
adflictusque est isrl nimis
et clamantes ad dnm dixerunt
peccauimus tibi quia dereliqui
mus dm nrm et seruiuimus
bahalim
quib; locutus est dns
numquid non aegyptii
et amorrei filii quoq; ammon
et philisthim
sidonii quoq; et amalech
et chanaan obpresserunt uos
et clamastis ad me et erui uos
de manu eorum
et tamen reliquistis me
et coluistis deos alienos
idcirco non addam ultra
uos liberare
ite et inuocate deos
quos elegistis
ipsi uos liberent in tempore
angustiae
dixerunt q; filii israhel ad dnm
peccauimus redde nobis
quid quid tibi placet
tantum nunc libera nos
quae dicentes omnia
de finibus suis alienorum
deorum idola proiecerunt
et seruierunt do
qui doluit super miseriis eor
itaq; filii ammon conclaman
tes in galaad fixere tentoria
contra quos congregati filii isrl

in maspha castrametati sunt
dixeruntq; principes galaad
singuli ad proximos suos
qui primus ex nobis contra filios
ammon coeperit demicare
erit dux populi galaad
XI Fuit illo tempore iepthe
galaadites uir fortissimus
adque pugnator
filius mulieris meretricis
qui natus est de galaad
habuit autem galaad uxorem
de qua suscepit filios
qui post quam creuerant
eiecerunt iepthe dicentes
heres in domo patris nostri
esse non poteris
quia de adultera matre
generatus es
quos ille fugiens adq; deuitans
habitauit in terra tob
congregatiq; sunt ad eum
uiri inopes et latrocinantes
et quasi principem
sequebantur
in illis dieb; pugnabant filii
ammon contra israhel
quibus acriter instantibus
perrexerunt maiores natu
de galaad
ut tollerent in auxilium sui
iepthe de terra tob
dixeruntq; ad eum
ueni et esto princeps noster
et pugna contra filios
ammon
quib; ille respondit
nonne uos estis qui odistis me
et eiecistis de domo patris
mei · Et nunc uenistis
ad me necessitate
conpulsi
dixerunt principes
galaad ad iepthe

☩ IUDICUM ☩

Ob hanc igitur causam
nunc ad te uenimus
ut proficiscaris nobiscum
et pugnes contra filios ammon.
Sitq; dux omnium qui
habitant in galaad
Iepthe quoq; dixit eis
Si uere uenistis ad me ut pugne
pro uobis contra filios
ammon
Tradideritq; eos dns in manus
meas ego ero princeps
uester
Qui responderunt ei
dns qui haec uidit ipse
mediator ac testis est
quod nostra promissa
faciamus
Abiit itaq; iepthe cum
principibus galaad
Fecitque eum omnis populus
principem sibi
Locutusq; est iepthe omnes
sermones suos coram dno
in maspha
Et misit nuntios ad regem
filiorum ammon qui ex per
sona sua dicerent
quid mihi et tibi est quia uenisti
contra me ut uastares
terram meam
quibus ille respondit
quia tulit israhel terram
meam quando ascendit
de aegypto
A finib; arnon usque iaboc
ad que iordanem
Nunc igitur cum pace
redde mihi eam
per quos rursum
mandauit iepthe
Et imperauit eis ut dicerent
regi ammon
Haec dicit iepthe

Non tulit isrl terram moab
nec terram filiorum ammon
Sed quando de aegypto
conscenderunt
Ambulauerunt per solitudine
usque ad mare rubrum
et uenit in cades
Misitque nuntios ad regem
edom dicens
dimitte me ut transeam
per terram tuam
qui noluit adquiescere
praecib; eius
Misitq; ad regem moab
qui et ipse transitum
praebere contempsit
Mansit itaque in cades
et circuibit ex latere
terram edom et terram
moab
Uenitque contra orientalem
plagam terrae moab
et castrametatus est
trans arnon
Nec uoluit intrare
terminos moab
Arnon quippe confinium est
terrae moab
Misit itaq; nuntios ad seon
regem amorraeorum
qui habitabat in esebon
et dixerunt ei
dimitte me ut transeam
per terram tuam
usque ad fluuium
qui et ipse israhelis uerba
despiciens
Non dimisit eum transire
per terminos suos
Sed infinita multitudine
congregata egressus est
contra eum in iassa
et fortiter resistebat
Tradiditque eum dns

Liber

in manu israhel cum omni
exercitu suo
qui percussit eum et possedit
omnem terram amorrei
habitatoris regionis illius
et uniuersos fines eius
de arnon usque iaboc
et de solitudine usque
ad iordanem
dns ergo ds israhel subuertit
amorraeum
pugnante contra eum
populo suo israhel
et tu uis nunc possidere
terram eius
nonne ea quae possidet
chamos deus tuus tibi iure
debentur
quae autem dns ds noster
uictor optinuit in nostram
cedent possessionem
nisi forte meliores bala ac
filio sepphor rege moab
aut docere potes quod iurga
tus sit contra israhel
et pugnauerit contra eum
quando habitauit in eseбon
et uiculis eius
in aroer et uillis eius
uel in cunctis ciuitatibus
iuxta iordanem
per trecentos annos
quare tanto tempore nihil
super hac repetitione
temptastis
igitur non ego pecco inte
sed tu contra mal eagis
indicens mihi bella
non iusta
iudicet dns arbiter huius
diei inter israhel et inter
filios ammon
noluitq acquiescere rex
filiorum ammon uerbis

iepthe quae per nuntios
mandauerat
factusq est ergo super iepthe
sps dni
et circuiens galaad et manasse
maspha quoque galaad
et inde transiens ad filios ammon
uotum uouit dno dicens
si tradideris filios ammon
in manus meas
quicumq primus egressus
fuerit de foribus
domus meae
mihi quoq occurrerit reuer
tenti cum pace a filiis
ammon
eum holocaustum
offeram dno
transiuitque iepthe ad filios
ammon ut pugnaret
contra eos
quos tradidit dns in manus eius
percussit itaque ab aroer
usque dum uenias
in mennith uiginti ciuitates
et usque ad abel quae est
uineis consita plaga
magna nimis
humiliatique sunt filii ammon
a filiis israhel
reuertente autem iepthe
in maspha domum suam
occurrit ei unigenita filia
cum tympanis et choris
non enim habebat alios
liberos
qua uisa scidit uestimenta
sua et ait
heu filia mi decepisti me
et ipsa decepta es
aperui enim os meum ad dnm
et aliud facere non potero
cui illa respondit
pater mi si aperuisti os tuum

iudicum

ad dnm fac mihi quodcumque
  pollicitus es
concessa tibi ultionem adque
  victoria de hostib; tuis
dixitq; ad patrem
hoc solum mihi praesta
  quod deprecor
dimitte me ut duob; mensibus
  circumeam montes
et plangam uirginitatem
  meam cum sodalib; meis
cui ille respondit uade
et dimisit eam duob; mensibus
cumq; abisset cum sociis
  ac sodalibus suis
flebat uirginitatem suam
  in montibus
expletisq; duobus mensibus
  reuersa est ad patrem suum
et fecit ei sicut uouerat
  quae ignorabat uirum
exinde mos increbruit
  in isrl̄ et consuetudo
  seruata est
ut post anni circulum conueni
  ant in unum filiae israhel
et plangant filiam iepthe
  galaaditae dieb; quattuor
ecce autem in ephraim
  orta seditio est
nam transeuntes contra aqui
  lonem dixerunt ad iepthe
quare uadens ad pugnam
  contra filios ammon
uocare nos noluisti
  ut pergeremus tecum
igitur incendimus
  domum tuam
quibus ille respondit
disceptatio erat mihi
  et populo meo
contra filios ammon
  uehemens
uocauique uos ut mihi auxiliū

praeberitis et facere noluistis
quod cernens posui in manibus
  meis animam meam
transiuiq; ad filios ammon
et tradidit eos dn̄s
  in manus meas
quid commeruit ut aduersus
  me consurgatis in proelium
uocatis igitur ad se cunctis
  uiris galaad pugnabat
  contra ephraim
percusserunt filii galaad
  ephraim
quia dixerat fugitibus est
  galaad de ephraim
et habitat in medio ephraim
  et manasse
occupauerunt galaaditae
  uada iordanis per quae
  ephraim reuersus erat
cumq; uenisset ad eam de ephraim
  numero fugiens adq; dixisset
obsecro ut me transire
  permittatis
dicebant ei galaaditae num
  eufrateus es
quo dicente non sum
  interrogabant eum
dic ergo sebboleth
  quod interpretatur spica
qui respondebat thebboleth
  eadem littera spicam
  exprimere non ualens
statimq; adpraehensum
  iugulabant in ipso iordanis
  transitu
et ceciderunt in illo tempore
  de ephraim quadraginta
  duo milia
iudicauitque iepthe galaadites
  israhel sex annis
et mortuus est ac sepultus
  in ciuitate sua galaad
Post hunc iudicauit in israhel

LIBER

abessam de bethleem
qui habuit triginta filios
et totidem filias
quas emittens foras maritis
tradidit
et eiusdem numeri filiis suis
accepit uxores introducens
domum suam
qui septem annis iudicauit isrl̄
mortuusq; est ac sepultus
est in bethleem
cui successit hialon
zabulonites
et iudicauit israhelem
decem annis
mortuusque est ac sepultus
in zabulon
Post hunc iudicauit in israhel
abdo filius illel
pharathonites
qui habuit quadraginta filios
et triginta eis nepotes
ascendentes super septuaginta
pullos asinarum
et iudicauit in israhel
octo annis
mortuusque est ac sepultus
in pharathon terrae
ephraim in monte amalech
Rursumq; filii israhel
fecerunt malum
in conspectu dn̄i
qui tradidit eos in manu phil·is
thinorum quadraginta annis
Erat autem uir quidam
de saraa et de stirpe dan
nomine manue
habens uxorem sterilem
cui apparuit angelus dn̄i
et dixit ad eam
sterilis es et absq; liberis
sed concipies et paries filium
caue ergo ne uinum bibas
ac siceram

Ne inmundum quidquam
comedas
quia concipies et paries filium
cuius non tanget caput
nouacula
erit enim nazoreus dī
ab infantia sua et ex
matris utero
et ipse incipiet liberare
israhel de manu
philisthinorum
quae cum uenisset ad maritum
suum dixit ei
uir dī uenit ad me habens
uultum angelicum
terribilis nimis
quem cum interrogassem
quis esset et unde
uenisset et quo nomine
uocaretur
noluit mihi dicere
sed hoc respondit
ecce concipies et paries
filium
caue ne uinum bibas
nec siceram
et ne aliquo uescaris
in mundo
erit enim puer nazoreus dī
ab infantia sua
ex utero matris usque ad diem
mortis suae
orauit itaq; manue dn̄m et ait
obsecro dn̄e ut uir dī quem
misisti ueniat iterum
et doceat nos quid debeamus
facere de puero qui nasci
turus est
exaudiuitque dn̄s praecem
manue
et apparuit rursum angelus
dn̄i uxori eius sedenti
in agro
manue autem maritus eius

☧ IUDICUM ☧

NONERAT CUMEA
QUAE CUM UIDISSET ANGELUM
  FESTINAUIT ETCUCURRIT ADUIRUM
  SUUM NUNTIAUITQ· DICENS
ECCE APPARUIT MIHI UIR
  QUEM ANTE UIDERAM
QUI SURREXIT ET SECUTUS EST
  UXOREM SUAM
UENIENSQ· ADUIRUM SUUM DIXIT EI
TUES QUI LOCUTUS ES MULIERI
CUI ILLE RESPONDIT EGO SUM
CUI MANUE
QUANDO INQUIT SERMO TUUS
  FUERIT EXPLETUS
QUID UIS UT FACIAT PUER AUT
  AQUO SE OBSERUARE DEBEBIT
DIXITQ· ANGELUS DNI AD MANUE
AB OMNIBUS QUAE LOCUTUS SUM
  UXORI TUAE ABSTINEAT SE
ET QUIDQUID EX UINEA NASCITUR
  NON COMEDAT
UINUM ET SICERAM NON BIBAT
NULLO UESCATUR INMUNDO
ET QUOD EI PRAECEPI INPLEAT
  AD CUSTODIAT
DIXITQUE MANUE AD ANGELUM DNI
OBSECRO TE UT ADQUIESCAS
  PRAECIB· MEIS
ET FACIAMUS TIBI HEDUM
  DE CAPRIS
CUI RESPONDIT ANGELUS
SI ME COGIS NON COMEDAM
  PANES TUOS
SI AUTEM UIS HOLOCAUSTUM
  FACERE OFFER ILLUD DNO
ET NESCIEBAT MANUE QUOD
  ANGELUS DNI ESSET
DIXITQ· ADEUM QUOD EST TIBI NOMEN
UT SI SERMO TUUS FUERIT
  EXPLETUS HONOREMUS TE
CUI ILLE RESPONDIT
QUARE QUAERIS NOMEN MEUM
  QUOD EST MIRABILE
TULIT ITAQ· MANUE HEDUM

DE CAPRIS ET LIBAMENTA
ET POSUIT SUPER PETRAM
OFFERENS DNO QUI FACIT MIRABILIA
IPSE AUTEM ET UXOR EIUS
  INTUEBANTUR
CUMQ· ASCENDERET FLAMMA
  ALTARIS INCAELUM
ANGELUS DNI IN FLAMMA
  PARITER ASCENDIT
QUOD CUM UIDISSENT MANUE
  ET UXOR EIUS PRONI
  CECIDERUNT INTERRAM
ET ULTRA NON EIS APPARUIT
  ANGELUS DNI
STATIMQ· INTELLEXIT MANUE
  ANGELUM ESSE DNI ET DIXIT
  AD UXOREM SUAM MORTE
  MORIEMUR QUIA UIDIMUS DM
CUI RESPONDIT MULIER
SI UELLET DNS OCCIDERE NOS
DE MANIBUS NOSTRIS HOLOCAUSTUM
  ET LIBAMENTA NON SUSCIPISSET
NEC OSTENDISSET NOBIS
  HAEC OMNIA
NEQUE EA QUAE SUNT UENTURA
  DIXISSET
PEPERIT ITAQ· FILIUM
  ET UOCAUIT NOMEN EIUS SAMSON
CREUITQUE PUER ET BENE
  DIXIT EI DNS
COEPITQ· SPS DNI ESSE CUM EO
  IN CASTRIS DAN INTER SARAA
  ET ESTHABOL
DESCENDIT IGITUR SAMSON
  IN THAMNATHA
UIDENSQ· IBI MULIEREM
  DE FILIAB· PHILISTHIM
ASCENDIT ET NUNTIAUIT
  PATRI SUO ET MATRI DICENS
UIDI MULIEREM IN THAMNATHA
  DE FILIAB· PHILISTHINORUM
QUAM QUAESO UT MIHI
  ACCIPIATIS UXOREM
CUI DIXERUNT PATER ET MATER SUA·

LIBER

Numquid non est mulier
in filiabus fratrum tuorum
et in omni populo meo
quia vis accipere uxorem
de Philisthim qui circum
cisi sunt
Dixitque Samson ad patrem suum
Hanc mihi accipe quia placuit
oculis meis
Parentes autem eius nescie
bant quod res a Domino fieret
et quaereret occasionem
contra Philisthim
Eo enim tempore Philisthim
dominabantur Israheli
Descendit itaque Samson
cum patre suo et matre
in Thamnatha
Cumque venissent ad vineas
oppidi
Apparuit catulus leonis saevus
rugiens et occurrit ei
Inruit autem spiritus Domini in Samson
et dilaceravit leonem quasi
hedum in frusta discerpens
nihilominus habens in manu
Et hoc patri et matri
noluit indicare
Descenditque et locutus est
mulieri quae placuerat
oculis eius
Et post aliquos dies revertens
ut acciperet eam
declinavit ut videret
cadaver leonis
Et ecce examen apium in ore
leonis erat ac favus mellis
quem cum sumpsisset in manibus
comedebat in via
veniensque ad patrem suum
et ad matrem quiet ipsi
comederunt
nec tamen eis voluit indicare
quod mel de corpore leonis
ad sumpserat
Descendit itaque pater eius
ad mulierem
et fecit filio suo Samson
convivium
Sic enim iuvenes facere
consuerant
Cum igitur cives loci vidissent
eum dederunt ei sodales
triginta ut essent cum eo
quibus locutus est Samson
proponam vobis problema
ΠΡΟΒΛΗΜΑ
quod si solveritis mihi intra
septem dies convivii
dabo vobis triginta sindones
et totidem tunicas
Sin autem non potueritis
solvere
vos dabitis mihi triginta
sindones
et eiusdem numeri tunicas
qui responderunt ei propone
problema ut audiamus
dixitque eis
de comedente exivit cibus
et de forte egressa est
dulcedo
nec potuerunt per tres dies
propositionem solvere
cumque ad esset dies
septimus
dixerunt ad uxorem Samson
blandire viro tuo et suade ei
ut indicet tibi quid significet
problema
quod si facere nolueris
incendimus te et domum
patris tui
An idcirco nos vocastis ad nup
tias ut spoliaretis
quae fundebat apud Samson
lacrimas et querebatur
dicens

Iudicum

odisti me et non diliges idcirco
problema quod proposuisti
filiis populi mei non uis mihi
exponere
ad ille respondit
patri meo et matri meae nolui
dicere et tibi dicere potero
septem igitur dieb· conuiuii
flebat apud eum
tandemq· die septimo cum ei
molesta esset exposuit·
& quae statim indicauit
ciuibus suis
et illi dixerunt ei die septimo
ante solis occubitum
quid dulcius melle
et quid leone fortius
qui ait ad eos
si non arassetis in uitula mea
non inueniretis proposi
tionem meam
Inruit itaq· in eum sps dni
descenditq· ascalonem
et percussit ibi triginta uiros
quorum ablatas uestes
dedit eis quiproblema
soluerant
Iratusq· nimis ascendit
in domum patris sui
uxor autem eius accepit
maritum unum de amicis eius
et pronubis ·⁊·
Post aliquantum autem
temporis
cum dies tritici messis
instaret
uenit samson inuisere uolens
uxorem suam
et adtulit ei hedum de capris
cumq· cubiculum eius solito
uellet intrare
prohibuit eum pater
illius dicens
putaui quod odisses eam
et ideo tradidi illam amico tuo
sed habet sororem quae iunior
et pulchrior illa est
sit tibi pro ea uxor
cui respondit samson
ab hac die non erit culpa in me
contra philistheos
faciam enim uobis mala
perrexitque et coepit
trecentas uulpes
caudasque earum iunxit
ad caudas
et faces ligauit in medio
quas igne succendens dimisit
ut huc illucq· discurrerent
quae statim perrexerunt
in segetes philisthinorum
quib· successis et conportate
iam fruges et ad huc
stantes in stipula
concrematae sunt
In tantum ut uineas quoque
et oliueta flamma
consumeret
dixeruntque philisthim
quis fecit hanc rem
quibus dictum est samson
gener thamnathei
quia tulit uxorem eius
et alteri tradidit haec
operatus est
ascenderuntque philisthim
et combuserunt tam mulierem
quam patrem eius
quib· ait samson
Licet haec feceritis tamen
ad huc ex uobis expetam
ultionem et tunc quiescam
percussit quoque eos
ingenti plaga
ita ut stupentes suram femori
inponerent
et descendens habitauit
in spelunca petrae etham

℣ LIBER ℣

Igitur ascendentes philisthim
 interram iuda castrame
 tatisunt
Et inloco qui post exuocatus
 est lechi idest maxilla
 eorum fusus exercitus
Dixeruntq́; adeos trib; iuda
Cur ascendistis aduersum nos
Qui responderunt
Ut ligemus samson uenimus
 et reddamus ei quod innos
 operatus est
Descenderunt ergo
 tria milia uirorum
De iuda ad specum silicis
 hetham
Dixeruntq́; adsamson
Nescis quod philisthim
 imperant nobis
Quare haec facere uoluisti
Quibus ille ait
Sicut fecerunt mihi fecieis
Ligare inquiunt te uenimus
 et tradere in manu
 philisthinorum
Quibus respondit
Iurate respondentes mihi
 quod me non occidatis
Dixerunt non te occidimus
 sed uinctum trademus
Ligaueruntq́; cum deduobus
 nouis funib; et tulerunt
 depetra hetham
Qui cum uenissent adlocum
 maxillae
Et philisthim uociferantes
 occurrissent ei
Inruit sps dni ineum
Et sicut solent adodorem
 ignis ligna consumi
Ita uincula quib; ligatus erat
 dissipata sunt et soluta
Inuentaque maxilla idest
 mandibulam asini

Quae iacebat arripiens
Interfecit inea mille uiros et ait
Inmaxilla asini inmandibula
 pulli asinorum deleui eos
 et percussi mille uiros
Cumque haec canens uerba
 conplesset
Proiecit mandibulam demanu
 et uocauit nomen loci illius
 ramath lechi
Quod interpretatur
 eleuatio maxillae
Sitiensq́; ualde clamauit
 addnm et ait
Tu dedisti in manu serui tui
 salutem hanc maximam
 adque uictoriam
Et en siti morior incidamque
 inmanus incircumcisorum
Aperuit itaque dns molarem
 dentem inmaxilla asini
Et egressae sunt exeo aquae
 largissimae
Quib; haustis refocilauit spm
 et uires recepit
Idcirco appellatum est
 nomen loci illius fons
 inuocationis demaxilla
Usque in praesentem diem
Iudicauitq́; israhel indiebus
 philisthim uiginti annis
Abiit quoque ingazam et uidit
 ibi mulierem meretricem
Ingressusque est adeam
Quod cum audissent philisthim
 et percrebruisset adeos
 intrasse urbem samson
Circumdederunt eum positis
 inporta ciuitatis custodibus
Et ibi tota nocte cum silentio
 praestolantes
Ut facto mane exeuntem
 occiderent
Dormiuit autem samson

IUDICUM

usq; ad noctis medium
et inde consurgens adprehendit
 ambas portae fores cum
 postib; suis et sera
In postasq; humeris portauit
 ad uerticem montis
 qui aspicit hebron
Post haec amauit mulierem
 quae habitabat inualle
 sorech et uocabatur dalila
Ueneruntque adeam
 principes philisthinorum
 adq; dixerunt
Decipe eum et disce abillo
 inquo tantam habet fortitudine
 et quomodo eum superare
 ualeamus
et uinctum adfligere
quod si feceris dabimus tibi
 singuli mille centum
 argenteos
Locuta est ergo dalila
 ad samson
Dic mihi obsecro inquo sit tua
 maxima fortitudo
et quid sit quod ligatus
 erumpere nequeas
Cui respondit samson
Si septem funib; neruicis
 necdum siccis et adhuc
 humectibus ligatus fuero
Infirmus ero ut ceteri
 homines
Adtuleruntq; adeam satrapae
 philisthinorum septem
 funes ut dixerat
quib; uinxit eum latentibus
 apud se insidiis et incubiculo
 finem rei expectantibus
Clamauitque adeum
 philisthim super te samson
Rupitque uincula quomodo
 si rumpat quis filum
 de stuppae tortum puiamine
 cum odorem ignis acceperit
Et non est cognitum inquo esset
 fortitudo eius
Dixitque ad eum dalila
Ecce inlusisti mihi et falsum
 locutus es
Saltem nunc indica mihi
 inquo ligari debeas
Cui ille respondit
Si ligatus fuero nouis funib;
 qui numquam fuerunt
 in opere
Infirmus ero et aliorum
 hominum similis
quib; rursum dalila
 uinxit eum et clamauit
philisthim super te samson
Incubiculo insidiis
 praeparatis
qui ita rupit uincula quasi
 filatelarum
Dixitq; dalila rursum
 ad eum usquequo decipis
 me et falsum loqueris
Ostende quo uinci debeas
Sin quit septem crines capitis
 mei cum licio plexueris
et clauum his circum ligatum
 terrae fixeris infirmus ero
quod cum fecisset dalila
 dixit ad eum
philisthim super te samson
qui consurgens de somno
 extraxit clauum
 cum crinib; et licio
Dixitq; ad eum dalila
quomodo dicis quod ames
 me cum animus tuus
 non sit mecum
Per tres uices mentitus
 es mihi
et noluisti dicere inquo sit
 tua maxima fortitudo
Cumq; molesta ei esset

et per multos dies iugiter
ad hereret
spatium adquietem
non tribuens
defecit anima eius et ad mortem
usq; perlata esset
Tunc aperiens ueritatem
rei dixit ad eam
Ferrum nam quam ascendit
super caput meum
quia nazareus id est consecra
tus sum dō deutero
matris meae
Si rasum fuerit caput meum
recedet a me fortitudo mea
et deficiam
eroq; ut ceteri homines
uidens illa quod confessus ei
esset omnem animam suam
misit ad principes phylis
tinorum adq; mandauit
Ascendite ad hucsemel quia
nunc mihi aperuit cor suum
qui ascenderunt adsumpta
pecunia quam promiserānt
At illa adormire eum fecit
super genua sua
et in sinu suo reclinare caput
uocauitq; tonsorem et rasit
septem crines eius
Et coepit abicere eum
et a se repellere
Statim enim ab eo fortitudo
discessit
dixitq; philisthim super
te samson
qui de somno consurgens
dixit in animo suo
Egrediar sicut ante feci
et me excutiam
Nesciens quod dn̄s discessisset
ab eo
quem cum adprehendissent
phylistim statim eruerunt

oculos eius
et duxerunt gazam uinctum
catenis
et clausum carcere molere
fecerant
Iamq; capilli eius renasci
coeperant
et principes philisthinorum
conuenerunt in unum
ut immolarent hostias
pacificas dagon deo suo
et aepularentur dicentes
Tradidit deus noster inimicum
nostrum samson
in manus nostras
quod etiam populus uidens
laudabat deum suum
eademque dicebat
Tradidit deus noster in manus
nostras aduersarium
qui deleuit terram nostram
et occidit plurimos
Laetantesque per conuiuia
sumptis iam aepulis
praeceperant
ut uocarent samson
et ante eos luderet
qui adductus decarcere
ludebat ante eos
feceruntque eum stare
inter duas columnas
qui dixit puero regenti
gressus suos
dimitte me ut tangam columna
quibus; omnib;
inminet domus
et recliner super eas
et paululum requiescam
domus autem plena erat
uirorum ac mulierum
et erant ibi omnes principes
philisthinorum
ac de tecto solario
circiter tria milia

utriusq; sexus
spectabant ludentem samson
ad ille inuocato dño ait
dñe ds memento mei
et redde nunc mihi pristinam
 fortitudinem meam ds meus
ut ulciscar me de hosti
 bus meis
ut pro amissione duorum
 luminum unam ultionem
 recipiam
et adprehendens ambas
 columnas quib; nitebatur
 domus
alteramq; earum dextra
et alteram leua tenens ait
moriatur anima mea
 cum philisthim
concussisque fortiter
 columnis cecidit domus
super omnes principes
et ceteram multitudinem
 quae ibi erat
multoque plures interfecit
 moriens quam ante uiuus
 occiderat
descendentes autem fratres
 eius et uniuersa cognatio
tulerunt corpus eius
et sepelierunt
inter saraa et esthahol
in sepulchro patris manue
iudicauitque israhel
 uiginti annis

Fuit eo tempore uir quidam
 de monte ephraim nomine
 michas
qui dixit matrisuae
mille centum argenteos
 quos separaueras tibi
et super quibus me audiente
 iuraueras
ecce ego habeo et apud
 me sunt

cui illa respondit benedictus
 filius meus dño
reddidit ergo eos matrisuae
 quae dixerat ei
consecraui et uoui argentum
 hoc dño
ut de manu mea suscipiat
 filius meus
ut faciat sculptile
 adque conflatile
et nunc trado illud tibi
reddidit igitur matrisuae
quae tulit ducentos argenteos
et dedit eos argentario
ut faceret ex eis sculptile
 adque conflatile quod fuit
 in domo micha
qui dicula[m] quoque
 in ea dō separauit
et fecit ephod et theraphin
id est uestem sacerdotalem et idola
inpleuitq; unius filiorum
 suorum manum
et factus est ei sacerdos
in diebus illis non erat
 rex in israhel
sed unusquisq; quod sibi
 rectum uidebatur
 hoc faciebat
fuit quoque alter adulescens
 de bethlem iuda et cogna
 tione eius
eratque ipse leuites
et habitauit ibi
egressusque de ciuitate
 bethleem
peregrinari uoluit ubicumque
 sibi commodum repperisset
cumque uenisset in monte
 ephraim iter faciens
et declinasset parumper
 in domum micha
interrogatus est ab eo
 unde uenis

qui respondit leuita sum
de bethlem iuda
et uado ut habitem ubi potu
ero et utile mihi esse
praespexero· dixitq; oncha
mane inquit apud me esto
mihi parens ac sacerdos
daboq; tibi per annos singulos
decem argenteos et uestem
duplicem et quae ad uictum
necessaria sunt
adquieuit et mansit
apud hominem
fuitq; illi quasi unus de filiis
impleuitq; micha manum eius
et habuit apud se puerum
sacerdotem
nunc scio dicens quod bene
mihi faciat ds
habenti leuiti generis
sacerdotem
xviii· In illo tempore non erat
rex in israhel·
et trib; dan quaerebat posses
sionem sibi ut habitaret in ea
usque ad illum enim diem
inter ceteras trib; sortem
non acceperat
miserunt igitur filii dan
stirpis et familiae suae
quinq; uiros fortissimos
de saraa et esthahol· ut ex
plorarent terram
et diligenter inspicerent
dixeruntq; eis ite et conside
rate terram
qui cum pergentes uenissent
in monte ephraim
et intrassent domum micha
requieuerunt ibi
et agnoscentes uocem
adulescentis leuitae
utentesq; illius diuersorio
dixerunt ad illum

qui s te huc adduxit quid hic agis
quam ob causam huc uenire
uoluisti
qui respondit eis haec et haec
praestitit mihi michas
et me mercede conduxit
ut sim ei sacerdos
rogaueruntq; eum
ut consuleret dnm
et scire possent an prospero
itinere pergerent et res
haberet effectum
qui respondit eis ite in pace
dns respicit uiam uestram
et iter quo pergitis
euntes itaque quinque uiri
uenerunt lais
uideruntque populum
habitantem in ea absque
ullo timore
iuxta sidoniorum consue
tudinem
securum et quietum nulloque
paenitus resistente
magnarumq; opum et procul
a sidone adq; a cunctis
hominibus separatum
reuersiq; sunt ad fratres suos
in saraa et esthahol
et quid egissent sciscitantib;
responderunt
surgite et ascendamus ad eos
uidimus enim terram ualde
opulentam et uberem
nolite neglegere
nolite cessare
eamus et possideamus eam
nullus erit labor intrauimus
ad securos in regionem
latissimam
tradetq; nobis dns locum
in quo nullius rei est
penuria eorum quae
gignuntur in terra

Profecti igitur sunt de cognatione dan id est de saraa
et estahol
Sescenti uiri accinctis armis
bellicis
Ascendentesq; manserunt
in chariathiarim iudae
qui locus ex eo tempore
castrorum dan nomen accepit
et est post tergum
chariathiarim
Inde transierunt in monte
ephraim
Cumq; uenissent in domum
micha
Dixerunt quinque uiri qui prius
missi fuerant ad considerandam terram lais ceteris
fratribus suis
Nostis quod in domibus istis sit
ephod et therafin
et sculptile adq; conflatile
uidete quid uobis placeat
Et cum paululum declinassent
ingressi sunt domum adulescentis leuitae qui erant
in domo micha
Salutaueruntque eum
uerbis pacificis
Sescenti autem uiri ita ut
erant armati stabant
ante ostium
Ad illi qui ingressi fuerant
domum iuuenis
sculptile et ephod et therafin
adque conflatile tollere
nitebantur
Et sacerdos stabant
ante ostium
Sescentis uiris fortissimis
haut procul expectantibus
Tulerunt igitur qui intra-
uerant sculptile ephod
et idola adq; conflatile

Quibus dixit sacerdos quid facitis
Cui responderunt tace
et pone digitum super os tuum
Veniq; nobiscum ut habeamus
te patrem et sacerdotem
quid tibi melius est ut sis
sacerdos in domo
unius uiri
An in una tribu et familia
in israhel
quod cum audisset adquieuit
sermonib; eorum
et tulit ephod et idola
ac sculptile
et cum eis profectus est
qui cum pergerent et antese
ire fecissent paruulos
et iumenta et omne quod
erat pretiosum
Iamq; a domo michae essent
procul
uiri qui habitabant in hedibus
michae clamantes secuti sunt
et post tergum clamare
coeperunt
qui cum respexissent
dixerunt ad micham
quid tibi uis cur clamas
qui respondit deos meos
quos mihi feci tulistis
et sacerdotem et omnia
quae habeo
et dicitis quid tibi est
Dixeruntque ei filii dan
caue ne ultra loquaris
ad nos
et ueniant ad te uiri animo
concitati
et ipse cum omni domo
tua pereas
et sic cepto itinere perrexer
Videns autem micha
quod fortiores essent
reuersus est in domum suam

※ LIBER ※

Sescenti autem uiri tuleruntᵗ
sacerdotem et quae
supra diximus
ueneruntq; in Lais ad populum
quiescentem ac securum
et percusserunt eos
in ore gladii
urbemque incendio
tradiderunt
nullo penitus ferente
praesidium
eo quod procul habitarent
a sidone
et cum nullo hominum
haberent quidquam
societatis ac negotiis
Erat autem ciuitas sita
in regione roob
quam rursus extruentes
habitauerunt in ea
uocato nomine ciuitatis dan
iuxta uocabulum patris sui
quem genuerat israhel
quae prius lais dicebatur
posueruntq; ibi sculptile
et ionathan filium gersan
filii mosi ac filios eius
sacerdotes in tribu dan
usq; ad diem captiuitatis suae
mansitq; apud eos
idolum michae
omni tempore quo fuit
domus di in silo
in diebus illis non erat
rex in israhel

XVIIII Fuit quidam uir leuites
habitans in latere
montis ephraim
qui accepit uxorem
de bethlem iuda
quae reliquit eum et reuersa
est in domo patris sui
bethlem
mansitq; apud eum quattuor
mensibus
secutusq; est eam uir suus
uolens ei reconciliari adque
blandiri et secum reducere
habens in comitatu puerum
et duos asinos
quae suscepit eum et intro
duxit in domum patris sui
quod cum audisset socer eius
eumque uidisset
occurrit ei laetus et amplex
atus est hominem
mansitq; gener in domo
soceri trib; diebus
comedens cum eo et bibens
familiariter
die autem quarto de nocte
consurgens proficisci
uoluit
quem tenuit socer
et ait ad eum
gusta prius pauxillum panis
et conforta stomachum
et sic proficisceris
sederuntque simul et come
derunt ac biberunt
dixitq; pater puellae
ad generum suum
quaeso te ut hodie hic maneas
pariterq; laetemur
Ad ille consurgens coepit
uelle proficisci
et nihilominus obnixe eum
socer tenuit et apud se
fecit manere
mane facto parabant
leuites iter
cui rursus socer
oro te inquid ut paululum
cibi capias
et ad sumptis uiribus donec
increscat dies postea
proficiscaris
comederunt ergo simul

† Iudicum †

surrexitq́ adulescens ut per
  ceret cum uxore sua
  et puero
cui rursum locutus est socer
considera quod dies ad occasum
  declibior sit et propinquet
  ad uesperum
mane apud me etiam hodie
  et duc laetum diem
et cras proficisceris ut uadas
  in domum tuam
noluitq́ gener adquiescere
  sermonibus eius
sed statim perrexit
  et uenit contra hiebus
quae altero nomine uocabatur
  hierusalem
ducens secum duos asinos
  onustos et concubinam
iamq́ aderant iuxta hiebus
  et dies mutabatur in nocte͞
dixitq́ puer ad dominum suū
ueni obsecro declinemus
  ad urbem hiebusaeorum
  et maneamus in ea
cui respondit d̄n̄s
non ingrediar oppidum
  gentis alienae
quae non est de filiis israhel
sed transibo usq́ cabaa
et cum illuc peruenero
  manebimus in ea
aut certe in urbe rama
transierunt igitur in hiebus
  et coeptum carpebant iter
obcubuitq́ eis sol iuxta cabaa
quae est in tribu beniamin
deuerteruntque ad eam
  ut manerent ibi
quo cum intrassent sedebant
  in platea ciuitatis et nullus
  eos recipere uolebat
  hospitio
et ecce apparuit homo senex

reuertens de acro et de opere
  suo uespere
qui et ipse erat de monte
  ephraim
et peregrinus habitabat
  in cabaa
homines autem regionis illius
  erant filii iemini
eleuatis q́ oculis uidit senex
  sedentem hominem
  cum sarcinulis suis in platea
  ciuitatis · et dixit ad eum
unde uenis et quo uadis
qui respondit ei
profecti sumus de bethlem
  iuda et pergimus
  ad locum nostrum
qui est in latere montis ephraim
unde ieramus bethlem
et nunc uadimus ad domum d̄i̅
nullus q́ nos subtecto suo
  uoluit recipere
habentes paleas et faenum
  in asinorum pabulum
et panem ac uinum in meos
  et ancillae tuae usus
  et pueri qui mecum est
nulla re indigemus
  nisi hospitio
cui respondit senex
pax tecum sit ego praebebo
  omnia quae necessaria sunt
tantum quaeso ne
  in platea maneas
introduxitque eum
  in domum suam
et pabulum asinis praebuit
ac postquam laberant
  pedes suos recepit eos
  in conuiuium
illis epulantibus et post
  laborem itineris cibo
  ac poto reficientib corpora
uenerunt uiri ciuitatis illius

filii belial, id est absq; iugo
et circumdantes domum
 senis fores pulsare
 coeperunt
clamantes ad dominum domus
 adq; dicentes
educ uirum qui ingressus est
 domum tuam ut abutamur eo
egressusq; est ad eos
 senex et ait
Nolite fratres nolite facere
 hoc malum
quia ingressus est homo
 hospitium meum et cessate
 ab hac stultitia
habeo filiam uirginem et hic
 homo habet concubinam
educam eas ad uos ut humilietis
 eas et uestram libidinem
 conplextis
Tantum obsecro ne scelus hoc
 contra naturam operimini
 in uirum
Nolebant adquiescere
 sermonib; eius
quod cernens homo eduxit
 ad eos concubinam suam
et eis tradidit inludendam
quam cum tota nocte
 abusi essent dimiserunt
 eam mane
At mulier decedentibus
 tenebris
uenit ad ostium domus
 ubi manebat dominus suus
 et ibi conruit
mane facto surrexit homo
 et aperuit ostium
 ut coeptam expleret uiam
et ecce concubina eius iacebat
 ante ostium sparsis
 in limine manibus
cum ille putans eam quiescere
 loquebatur

Surge ut ambulemus
qua nihil respondente
 intellegens quod erat
tulit eam et inposuit asino
reuersusq; est in domum suam
quam cum esset ingressus
 arripuit gladium
et cadauer uxoris
 cum ossibus suis
in duodecim partes
 ac frusta concidens
et misit in omnes terminos isrl'
quod cum uidissent singuli
 conclamabant
Numquam res talis facta
 est in israhel
Ex eo die quo ascenderunt
 patres nostri de aegypto
 usq; in praesens tempus
ferte sententiam et in com
 mune decernite quid
 facto opus sit
·xx· Ingressi sunt itaq; omnes
 filii israhel
et pariter congregati
 quasi uir unus
de dan usque bersabee
 et terra galaad ad dnm
 in maspha
omnesq; anguli populorum
 et cunctae trib; israhel
in ecclesiam populi di
 conuenerunt
quadraginta milia peditum
 pugnatorum
Nec latuit filios beniamin
 quod ascendissent filii isrl'
 in maspha
Interrogatusq; leuita
 maritus mulieris
 interfectae
quomodo tantum scelus
 perpetratum esset
respondit

ueni in Gabaa Beniamin cum uxore
mea illucque deuerti
Et ecce homines ciuitatis illius
circumdederunt nocte
domum in qua manebam
uolentes me occidere
et uxorem meam incredibili
libidinis furore uexantes
denique et mortua est
quam adreptam in frusta
concidi
misique partes in omnes termi
nos possessionis uestrae
quia numquam tantum nefas
et tam grande piaculum
factum est in Isrl.
Adestis omnes filii Isrl.
decernite quid facere
debeatis
Stansque omnis populus quasi
unius hominis sermone
respondit
Non recedimus in tabernacula
nostra
Nec suam quisquam
intrauit domum
Sed hoc contra Gabaa in com
mune faciamus
Decem uiri elicantur ex centum
ex omnib; tribubus Israhel.
et centum de mille
et mille de decem milibus
ut conportent exercitui
cibaria
et possemus pugnantes
contra Gabaa Beniamin
reddere ei pro scelere
quod meretur
Conuenitque uniuersus Isrl
ad ciuitatem quasi unus homo
eadem mente unoque consilio
et miserunt nuntios
ad omnem tribum Beniamin
qui dicerent

Cur tantum nefas in uobis
reppertum est
Tradite homines de Gabaa
qui hoc flagitium perpetrarn̄
ut moriantur et auferatur
malum de Israhel.
Qui noluerunt fratrum suorum
filiorum Israhel audire
mandatum
Sed ex cunctis urbibus quae suae
sortis erant conuenerunt
in Gabaa
ut illis ferrent auxilium
et contra uniuersum Isrl
populum dimicarent
Inuentique sunt uiginti milia
de Beniamin ducentium gladiū
praeter habitatores Gabaa
qui septingenti erant
uiri fortissimi
Ita sinistra ut dextra
proeliantes
et sic fundis ad certum
iacientes lapides
ut capillum quoque possent
percutere
et nequaquam in alteram
partem iactus lapidis
deferretur
uirorum quoque Israhel.
absque filiis Beniamin
inuenta sunt quadraginta
milia educentium gladios
et paratorum ad pugnam
qui surgentes uenerunt
in domum dī hoc est in Silo
consuluerūtque eum
adque dixerunt
quis erit in exercitu nostro
princeps certaminis
contra filios Beniamin
Quibus respondit dn̄s
Iudas sit dux uester
Statimque filii Isrl

surgentes mane
castrametati sunt iuxta Gabaa
et inde procedentes ad pugnam
contra Beniamin urbem
obpugnare coeperunt
egressique filii Beniamin
de Gabaa
occiderunt de filiis Israhel
die illo uiginti duo
milia uiros
Rursum filii Israhel et forti
tudine et numero
confidentes
in eodem loco in quo prius
certabant aciem direxerunt
Ita tamen ut prius ascenderent
et flerent coram dno
usque ad noctem
consulerentque eum
et dicerent
debeo ultra procidere
ad dimicandum contra filios
Beniamin fratres meos
an non
quibus ille respondit
ascendite ad eos et inite
certamen
Cumque filii Isrl altero die
contra Beniamin ad proelium
processissent
eruperunt filii Beniamin
de portis Gabaa
et occurrentes eis tanta
in illos cede baccati sunt
ut decem et octo milia uiro
rum educentium gladium
prosternerent
quam ob rem omnes filii Isrl
uenerunt in domum dī
et sedentes flebant coram dno
ieiunauerunt quoque illo die
usque ad uesperam
et obtulerunt ei holocausta
et pacificas uictimas

et super statu suo interro
gauerunt
eo tempore ibi erat arca
foederis dī
et Finees filius Eleazari
sacerdotis filii Aron
praepositus domus dni
consuluerunt igitur dnm
atque dixerunt
exire ultra debemus ad pugnam
dum contra filios Beniamin
fratres nostros an quiescere
quibus ait dns ascendite
cras enim tradam eos
in manus uestras
posueruntque filii Israhel
insidias per circuitum
urbis Gabaa
et tertia uice sicut semel
et bis contra Beniamin
exercitum produxerunt
sed et filii Beniamin audacter
eruperunt de ciuitate
et fugientes aduersarios
longius persecuti sunt
ita ut uulnerarent ex eis
sicut primo et secundo die
et cecidissent per duas semitas
terga uertentes
quarum una ferebat in Bethlem
altera in Gabaa
atque prosternerent triginta
circiter uiros
putauerunt enim eos solito
more cedere
qui fugam arte simulantes
in iere consilium
ut abstraherent eos de ciuitate
et quasi fugientes ad supra
dictas semitas perducerent
omnes itaque filii Isrl surgentes
de sedibus suis
tetenderunt aciem in loco
qui uocatur Balthamar

Iudicum

Insidiae quoq̆ quae circa urbem
erant paulatim se aperire
coeperunt
Et ab occidentali urbis parte
procedere
Sed et alia decem milia uirorum
de uniuerso israhel habita
tores urbis ad certamina
prouocabant
Ingrauatumq̆ est bellum
contra filios beniamin
et non intellexerunt quod
ex omni parte illis
instaret interitus
Percussitq̆ eos dns
in conspectu filiorum isrl
Et interfecerunt in illo die
uiginti quinque milia
et centum uiros omnes
bellatores educentes
gladium
Filii autem beniamin cum se
inferiores esse uidissent
coeperunt fugere
Quod cernentes filii isrl
dederunt eis ad fugiendum
locum
ut ad praeparatas insidias
deuenirent
Qui cum repente de latibulis
surrexissent
Et beniamin terga caedentibus dara
ingressi sunt ciuitatem
et percusserunt eam
in ore gladii
Signum autem dederant
filii israhel his quos
in insidiis conlocauerant
ut postquam urbem coe
pissent ignem accenderent
et ascendente fumo in altum
captam urbem demons
trarent
Quod cum cernerent

filii israhel in ipso certa
mine positi
Putauerunt enim filii beniamin
eos fugere
Et instantius sequebantur
caesis de exercitu eorum
triginta uiris
Et uiderent quasi columnam
fumi de ciuitate conscendere
Beniamin quoque retro
aspiciens captam cerneret
ciuitatem
Et flammas in sublime ferri
qui prius simulauerant
fugam uersa facie fortius
resistebant
Quod cum uidissent filii beniamin
in fugam uersi sunt
Et ad uiam deserti ire coeperunt
illuc quoq̆ eos aduersariis
persequentibus
Sed et hi qui urbem succenderant
occurrerunt eis
Atq̆ ita factum est ut ex utraq̆
parte ab hostib̄ caederentur
Nec erat ulla morientium
requies
Ceciderunt q̆ atq̆ prostrati sn̄t
ad orientalem placam
urbis caba
Fuerant autem qui in eodem
loco interfecti sunt
decem et octo milia uirorum
omnes robustissimi bellatores
Quod cum uidissent qui reman
serant de beniamin
fugerunt in solitudinem
et pergebant ad petram
cuius uocabulum est remmon
In illa quoq̆ fuga palantes
et in diuersa tendentes occide
runt quinq̆ milia uiros
Et cum ultra tenderent
persecuti sunt eos

et interfecerunt etiam alios
duo milia
Et sic factum est ut omnes
qui cecideranт de beniamin
in diuersis locis
essent uiginti quinque milia
pugnatorum ad bella
promtissimi
Remanserunt itaq; de omni
numero beniamin qui euadere
potuerunt et fugere in soli
tudine sescenti uiri
Sederuntq; in petra remmon
mensibus quattuor
Regressi autem filii israhel
omnes reliquias ciuitatis
a uiris usq; ad iumenta
gladio percusserant
cunctasq; urbes et uiculos
beniamin uorax flamma
consumpsit
Jurauerunt quoq; filii israhel
in maspha et dixerunt
Nullus nostrum dabit filiis
beniamin de filiabus suis
uxorem
Ueneruntq; omnes
ad domum dñi in silo
Et in conspectu eius sedentes
usq; ad uesperam
Eleuauerunt uocem et magno
ululatu coeperunt flere
dicentes
Quare dñe ds israhel factum
est hoc malum in populo tuo
ut hodie una tribus
auferetur ex nobis
Altera autem die diluculo
consurgentes extruxe
runt altarem
obtuleruntque ibi holocausta
et pacificas uictimas
et dixerunt
Quis non ascendit in exercitu
dñi

de uniuersis trib; israhel
Grandi enim se iuramento
constrinxerant cum essent
in maspha
Interfici eos qui defuissent
ductiq; paenitentia filii isral
super fratre suo beniamin
coeperunt dicere ablata est
una trib; de israhel
Unde uxores accipient
omnes enim in commune
iurauimus non daturos nos
filias nostras his
Io circo dixerunt quis est
de uniuersis tribub; isral
qui non ascendit ad dñm
in maspha
Et ecce inuenti sunt habita
tores iabis galaad in illo
exercitu non fuisse
Eo quoq; tempore cum essent
in silo nullus ex eis
ibi reppertus est
Miserunt itaq; decem milia
uiros robustissimos
et praeceperunt eis
Ite et percutite habitatores
iabis galaad in ore gladii
Tam uxores quam paruulos
eorum
Et hoc erit quod obseruare
debetis
Omne generis masculini
et mulieres quae cognoue
runt uiros interficite
Inuentaeq; sunt de iabis galaad
quadringentae uirgines
quae nescierunt uiri thorum
Et adduxerunt eas in castra
in silo in terra chanaan
Miseruntq; nuntios ad filios
beniamin qui erant
in petra remmon
et praeceperunt eis ut eos

in pace susciperent
uenerunt q filii beniamin
in illo tempore
et date sunt eis uxores de fili
iabis galaad
alias autem non reppererunt
quas simili modo traderent
uniuersusq israhel ual de
doluit et egit penitudinem
super interfectionem
unius trib israhel
dixeruntq omnes maiores
natu quid faciemus reliquis
qui non acceperunt uxores
omnes in beniamin feminae
conciderunt cura
et magna nobis ingentiq studio
prouidendum est
ne una trib deleatur ex israhel
filias nostras eis dare
non possumus
constricti iuramento
et maledictione qua diximus
maledictus qui dederit
de filiabus suis uxorem
beniamin
coeperuntq consilium
atq dixerunt
ecce sollemnitas dni est
in silo anniuersaria
quaesita est ad septentrione
urbis bethel
et ad orientalem plagam
uiae quae de bethel tendit
ad sychimam
et ad meridiem oppidi lebona
praeceperuntq filiis
beniamin atq dixerunt
ite et latete in uineis
cumque uideritis filias silo
adducendos choros ex mor
procedere ex ite repente
de uineis et rapite eas
singuli uxores singulas

et pergite in terram beniamin
cumque uenerint patres earum
ac fratres
et aduersum uos quaeri coeperin
ac iurgari
dicemus eis miseremini eorum
non enim rapuerant eas iure
bellantium atq uictorum
sed rogantib ut acciperent
non dedistis
et a uestra parte peccatum est
feceruntq filii beniamin
ut sibi fuerat imperatum
iuxta numerum suum rapuerun
sibi de his quae ducebant
choros uxores singulas
abieruntq in possessionem suam
aedificantes urbes et habi
tantes in eis
filii quoq israhel reuersi sun
per trib et familias
in tabernacula sua
in diebus illis non erat rex
in israhel
sed unusquisq quod sibi
rectum uidebatur
hoc faciebat amen

EXPLI LIB IUDICUM

INCIP LIB RUTH

Liber

In diebus unius iudicis
quando iudices praeerant
facta est fames in terra
abiitque homo de bethlem iuda
ut peregrinaretur in regione moabitide
cum uxore sua ac duobus liberis
ipse uocabatur helimelech
uxor eius noemi
et duo filii eius alter maalon
et alter cellion
efratheus de bethlem iuda
egressique in regionem moabitide
morabantur ibi
et mortuus est helimelech
maritus noemi
remansitque ipsa cum filiis
qui acceperunt uxores
moabitidas
quarum una uocabatur
orpha et altera ruth
manseruntque ibi decem annis
et ambo mortui sunt
maalon uidelicet et cellion
remansitque ibi mulier orbata
duobus liberis ac marito
et surrexit ut patriam
pergeret
cum utraque nuru sua
de regione moabitide
audierat enim quod respexisset dns populum suum
et dedisset eis escas
egressa est itaque de loco peregrinationis suae
cum utraque nuru
et iam in uia positae revertendi
in terram iuda dixit ad eas
ite in domum patris uestri
faciat dns uobis misericordiam
sicut fecistis cum mortuis
meis et mecum
det uobis inuenire requiem
in domibus uirorum

quos sortiturae estis
et osculata est eas
quae leuata uoce flere
coeperunt et dicere
tecum pergemus ad populum tuum
quibus illa respondit
reuertimini filiae mi
cur uenitis mecum
num ultra habeo filios
in utero meo
ut uiros ex me sperare possitis
reuertimini filiae mi abite
iam enim senectute
confecta sum
nec apta uinculo coniugali
etiam si possem hac nocte
concipere et parere filios
si eos expectare uelitis
donec crescant et annos
impleant pubertatis
ante eritis uetulae quam nubatis
nolite quaeso filiae mi
quia uestra angustia me
magis premit
et egressa est manus dni
contra me
elata igitur uoce rursum
flere coeperunt
orpha osculata socrui
reuersa est
ruth adhesit socrui suae
cui dixit noemi
en reuersa est cognata tua
ad populum suum et ad deos
suos uade cum ea
quae respondit
ne aduerseris mihi ut relinquam
te et abeam
quocumque perrexeris pergam
ubi morata fueris et ego
pariter morabor
populus tuus populus meus
ds tuus ds meus
quae te morientem terra

℣ Ruth ℣

susceperit in eamoriar
ibiq- locum accipiam sepulture
haec mihi faciat ds et haec addat
si non sola mors me et te
    separauerit
Uidens ergo noemi quod
    obstinato ruth animo decre
    uisset secum pergere
    aduersari noluit
nec ultra ad suos reditum
    persuadere
profecteq- sunt simul
    et uenerunt in bethlem
quib- urbem ingressis uelox
    apud cunctos fama percrebuit
dicebantq- mulieres
    haec est illa noemi
quib- ait ne uocetis me noemi
    id est pulchram
sed uocate me mara
    id est amaram
quia ualde me amaritudine
    repleuit omnipotens
egressa sum plena et uacuam
    reduxit me dns
cur igitur uocatis me noemi
    quam humiliauit dns et ad
    flixit omnipotens
Uenit igitur noemi cum ruth
    moabitide nuru sua de terra
    peregrinationis suae
ac reuersa est in bethlem
    quando primum hordea
    metebantur
·ij· Erat autem uir helimelech
    consanguineus
homo potens ac magnarum
    opum nomine booz
dixitq- ruth moabitidis
    ad socrum suam
si habes mandam in agrum et
    colligam spicas quae meten
    tium fugerint manus
abicui- cumq- clementis in me

patris familias repperero
    gratiam
cui illa respondit uade filia mi
ibit itaq- et colligebat spicas
    post terga metentium
Accidit autem ut ager ille
    haberet dominum nomine booz
    qui erat de cognatione
    helimelech
et ecce ipse ueniebat
    de bethlem
dixitq- messorib- dns uobiscum
    qui responderunt ei
    benedicat tibi dns
dixitq- booz iuueni qui messo
    ribus praeerat
cuius est haec puella
qui respondit
haec est moabitis quae uenit
    cum noemi de regione moabitide
et rogauit ut spicas colligeret
    remanentes sequens
    messorum uestigia
et de mane usque nunc
    stat in agro
et ne ad momentum quidem
    domum reuersa est
et ait booz ad ruth
audi filia ne uadas ad colligend'
    in alterum agrum nec
    recedas ab hoc loco
sed iungere puellis meis
et ubi messuerint sequere
mandaui enim pueris meis
    ut nemo tibi molestus sit
sed etiam si sitieris uade
    ad sarcinulas
et bibe aquas de quibus
    et pueri bibunt
quae cadens in faciem suam
    et adorans super terram
dixit ad eum
unde mihi hoc ut inuenirem
    gratiam ante oculos tuos

et nosse me dignareris
peregrinam mulierem
cui respondit
nuntiata sunt mihi omnia quae
feceris socrui tuae post
mortem uiri tui
et dereliqueris parentes tuos
et terram in qua natae s
et ueniris ad populum
quem ante nesciebas
reddat tibi dns pro opere tuo
et plenam mercedem recipias
a dno do israhel
ad quem uenisti et sub cuius
confugisti alas
quae ait
inueni gratiam ante oculos
tuos domine mi
qui consolatus es me et locutus
es ad cor ancillae tuae
quae non sum similis unius
puellarum tuarum
dixitq̄ ad eam booz
quando hora descendi fuerit
ueni huc et comede panem
et intingue buccellam
tuam in aceto
sedit itaq̄ ad messorum latus
et congessit pulentam sibi
comeditq̄ et saturata est
et tulit reliquias
atque inde surrexit ut spicas
ex more colligeret
praecepit autem booz
pueris suis dicens
etiam si uobiscum metere
uoluerit ne prohibeatis eam
et de uestris quoq̄ manipulis
proicite de industria
et remanere permittite
ut absq̄ rubore colligat
et colligentem nemo
corripiat
collegit ergo in agro

usque ad uesperum
et quae collegerat uirga
cedens et excutiens
inuenit hordei quasi ephi
mensuram
id est tres modios
quos portans reuersa est
in ciuitatem
et ostendit socrui suae
insuper protulit et dedit ei
de reliquiis cursu
quo saturata fuerat
dixitq̄ ei socrus
ubi hodie collegisti
et ubi fecisti opus
sit benedictus qui misertus
est tui
indicauitq̄ ei apud quem
fuisset operata
et nomen dixit uiri quod booz
uocaretur
cui respondit noemi
benedictus sit a dno
quoniam eandem gratiam
quam praebuerat uiuis
seruauit et mortuis
rursumq̄ propinqus ait
noster est homo
et ruth hoc quoq̄ inquit
praecepit mihi
ut tam diu messoribus eius
iungerer
donec omnes segetes
meterentur
cui dixit socrus
melius est filia mi ut cum
puellis eius exeas
ad metendum
ne in alieno agro quispiam
resistat tibi
iuncta est itaque puellis booz
et tam diu cum eis messuit
donec hordea et trititicum
in horreis conderentur

iii Post quam autem reuersa est
ad socrum suam audiuit ab ea
filia mi quaeram tibi requiem
et prouidebo ut bene sit tibi
Booz iste cuius puellis in agro
iuncta es propinquus
noster est
et hac nocte aream hordei
uentilat
laua igitur et unguere et in
duere cultioribus uesti
mentis ac descende in aream
non te uideat homo donec
esum potumq; finierit
quando autem ierit
addormiendum
nota locum in quo dormiat
ueniesq; et discoperies
pallium quo operietur
a parte pedum
et proicies te et ibi iacebis
ipse autem dicet tibi
quid agere debeas
quae respondit quidquid
praeceperis faciam
descenditq; in aream et fecit
omnia quae sibi impera
uerat socrus
cumq; comedisset booz
et bibisset et factus
esset hilarior
issetq; addormiendum iuxta
aceruum manipulorum
uenit abscondite et discoperto
a parte pedum pallio eius
se proiecit
et ecce nocte iam media
expauit homo et contur
batus est
uiditque mulierem iacentem
ad pedes suos
et ait illi quae es
illaq; respondit
ego sum ruth ancilla tua
expande pallium tuum super
famulam tuam quia propin
quus es et ille
benedicta inquit es a dño filia
et priorem misericordiam
posteriorem superasti
quia non es secuta iuuenes
pauperes siue diuites
noli ergo metuere sed quid
quid dixeris mihi faciam tibi
scit enim omnis populus
qui habitant intra portas
urbis meae
mulierem te esse uirtutis
nec abnuo me propinquam
sed est alius me propinquior
quiesce hac nocte et facto mane
si te uoluerit propinquitatis
iure retinere bene res
acta est
sin autem ille noluerit ego te
sine ulla dubitatione
suscipiam uiuit dñs dormi
usque mane
dormiuit itaque ad pedes eius
usq; ad noctis abscessum
surrexit itaque antequam
homines se cognoscerent
mutuo
dixitq; booz caue ne quis
nouerit quod huc ueneris
et rursum expande inquit
palliolum tuum quo opereris
et tene utraq; manu
qua extendente et tenente
mensus est sex modios hordei
et posuit super eam
quae portans ingressa est
ciuitatem et uenit ad socrus suã
quae dixit ei quid egisti filia
narrauitq; ei omnia quae sibi
fecisset et ait
ecce sex modios hordei
dedit mihi et ait

Liber

nolo uacuam te reuerti
  ad socrum tuam
Dixitque noemi expecta filiam
  donec uideamus quem res
  exitum habeat
Neq; enim cessauit homo nisi
  conpleuerit quod locutus est
iiii Ascendit ergo booz
  ad portam et sedit ibi
Cumq; uidisset propinquum
  praeterire
De quo sermo prius habitus est
  dixit ad eum
Declina paulisper et sede hic
  uocans eum nomine suo
Qui deuertit et sedit tollens
  autem booz decem uiros
  de senioribus ciuitatis dixit
  ad eos sedete hic
Quib; residentib; locutus est
  ad propinquum
Partem agri fratris nostri
  helimelech
Uendit noemi quae reuersa est
  de regione moabitide
Quod audire te uolui et tibi
  dicere coram cunctis
  sedentibus et maioribus
  natu de populo meo
Si uis possedere iure propin
  quitatis eme et posside
Sin autem tibi displicet hoc
  ipsud indica mihi ut sciam
  quid facere debeam
Nullus est enim propinquus
  excepto te qui propinquior es
  et me qui secundus sum
Ad ille respondit ego agrum
  emam
Cui dixit booz
Quando emeris agrum
  de manu mulieris
Ruth quoq; moabitidem
  quae uxor defuncti fuit
debes accipere
Ut suscites nomen propinqui
  in hereditate sua
Qui respondit
Cedo iure propinquitatis
Neque enim posteritatem
  familiae meae delere debeo
Tu meo utere priuilegio
  quo libenter carere
  profiteor
Hic autem erat mos
  antiquitus in israhel
  inter propinquos
Et si quando alter alteri
  suo iure cedebat
Ut esset firma concessio
  soluebat homo calciamentum
  suum et dabat proximo suo
Hoc erat testimonium
  cessionis in israhel
Dixit ergo propinquus booz
Tolle calciamentum quod statim
  soluit de pede suo
Ad ille maiorib; natu
  et uniuerso populo
Testes inquit uos estis hodie
  quod possederim omnia que
  fuerunt helimelech
  et cellion et maalon
  tradente noemi
Et ruth moabitidem uxorem
  maalon in coniugium sumserim
Ut suscitem nomen defuncti
  in hereditate sua
Ne uocabulum eius de familia
  sua ac fratrib; et populo
  deleatur
Uos inquam huius rei testes estis
Respondit omnis populus
  qui erat in porta et maiores
  natu nos testes sumus
Faciat dns hanc mulierem
  quae ingreditur domum tuam
Sicut rachel et liam

quae aedificauerunt domum israel
ut sit exemplum uirtutis
in ephrata
ut habeat celebre nomen
in bethleem
fiatq; domus tua sicut domus
phares quem peperit thamar
iudae de semine quod dederit
dns tibi ex hac puella
Tulit itaque booz ruth et acce
pit uxorem ingressusq; est
ad eam et dedit illi dns
ut conciperet et pareret filiu
Dixeruntq; mulieres ad noemi
Benedictus dns qui non est
passus ut deficeret succes
sor familiae tuae
et uocaretur nomen eius
in israbel, et habeas qui con
solaretur animam tuam
et enutriat senectutem
De nuru enim tua natus est
quae te diligit et multo tibi
melior est quam si septem
haberis filios
Susceptumque noemi puerum
posuit in sinu suo
et nutricis ac gerulae
fungebatur officio
Uicinae autem mulieres
congratulantes dicebant
Natus est filius noemi uocaue
runt nomen eius obed
hic est pater isai patris dauid.
Hae sunt generationes phares
phares genuit esrom
esrom genuit haram
haram genuit aminadab
aminadab genuit naason
naason genuit salma
salma genuit booz
booz genuit obed
obed genuit isai
isai genuit dauid regem

explicit lib ruth.

praefatio regnorum

Uiginti et duas esse litteras
apud hebreos syrorumquoq; et chaldae
orum lingua testatur quae hebreae
magna ex parte confinis est nam et ipsi
uiginti duo elementa habent eodem
sono sed diuersis characteribus samari
tani etiam pentateuchum mosi.
totidem litteris scriptitant figuris tantum
et apicib; discrepantes. Certumq; est
ezram scribam legisque doctorem
post capta hierosolyma et instauratio
nem templi sub zorobabel. Alias litte ra
repperisse. quib; nunc utimur cum ad
illud usq; tempus idem samaritanorum
et hebraeorum characteres fuerint.
In libro quoq; numerorum haec eadem
supputatio sub leuitarum ac sacerdotu
censu mystice ostenditur. Et nomen
domini tetragrammaton. in quib; cum
graecis uoluminibus usque hodie
antiquis expressum litteris inuenim;
Sed et psalmi tricensimus sextus
et centissimus decimus et centensimus
undecimus et centensimus octauusdecim;
et centensimus quadragensimus quartus
quamquam diuerso scribantur metro
tamen eiusdem numeri texuntur
alphabeto et hieremiae lamentationes
et oratio eius. Salomonis quoq; in fine
prouerbia a be oloois in quo ait. Mulierem
fortem quis inueniet Isdem alfabetis uel
incisionib; supputantur. Porro quinque
literae duplices aput eos sunt
chaph mem nun phe sade. Aliter enim
per has scribunt principia media tesq;
uerborum aliter fines. Unde et quinque
a plerisq; libri duplices aestimantur.
Samuhel. Malachim dabreiamin ezras
hieremias cum cinoth hest lamentationib;
suis quomodo igitur uiginti duo elementa
sunt per quae scribimus hebraice omne
quod loquimur. et eorum initiis uoxhu
mana conpraehenditur ita uiginti duo
uolumina supputantur quib; quasi literis

www.ingramcontent.com/pod-product-compliance
Lightning Source LLC
Chambersburg PA
CBHW081344230426
43667CB00017B/2712